Kirchen und Liberalismus im 19. Jahrhundert

Studien zur Theologie und Geistesgeschichte
des Neunzehnten Jahrhunderts

Band 19

Forschungsunternehmen „Neunzehntes Jahrhundert"
der Fritz Thyssen Stiftung

Kirchen und Liberalismus im 19. Jahrhundert

Herausgegeben von
Martin Schmidt und Georg Schwaiger

GÖTTINGEN · VANDENHOECK & RUPRECHT · 1976

Kurztitelaufnahme der Deutschen Bibliothek

Kirchen und Liberalismus im 19. [neunzehnten] Jahrhundert /
hrsg. von Martin Schmidt und Georg Schwaiger.

(Studien zur Theologie und Geistesgeschichte des neunzehnten
Jahrhunderts; Bd. 19)
ISBN 3-525-87473-1

NE: Schmidt, Martin [Hrsg.]

Vorwort

Die Fritz Thyssen Stiftung ergriff 1962 die Initiative zu einem weitgespannten Forschungsunternehmen „Neunzehntes Jahrhundert". Die Absicht ging dahin, Untersuchungen im Zusammenwirken der verschiedenen Disziplinen über die geistesgeschichtliche Stellung des neunzehnten Jahrhunderts in der Entwicklung überhaupt und die Auswirkungen auf unsere Zeit anzuregen. In den Jahren 1972 bis 1974 haben sich die Arbeitskreise „Evangelische Theologie" und „Katholische Theologie" mehrmals zu gemeinsamen Tagungen getroffen, um den vielschichtigen Komplex „Kirchen und Liberalismus im 19. Jahrhundert" zu untersuchen. Vorliegender Sammelband bringt eine Auswahl von Referaten aus dieser Arbeit.

Es bleibt die angenehme Pflicht, für alle Mitarbeit, Anregung und Förderung aufrichtig zu danken: den Herren Referenten und Autoren, den Mitgliedern und Gästen der Arbeitskreise, besonders der Thyssen Stiftung und ihrem stets hilfreichen Vertreter Herrn Dr. Gerd Brand, nicht zuletzt dem Verlag für die umsichtige Betreuung.

Die Herausgeber

Inhalt

Inhalt

Der Liberalismus als Problem für die Kirche und Kirchengeschichte im 19. Jahrhundert, insbesondere seine Stellung zum evangelischen Christentum

MARTIN SCHMIDT

1. Voraussetzungen

Fragt man nach dem Verhältnis des politischen und kulturellen Liberalismus, wie er die Normalanschauung des gebildeten und wirtschaftlich aufstrebenden Bürgertums im 19. Jahrhundert war, zum Christentum und zur christlichen Überlieferung des Abendlandes, erst recht zu den Kirchen und ihrem institutionellen Gefüge, so gerät man in Verlegenheit. Denn eigentlich niemals ist dieses thematisch angesprochen, geschweige programmatisch behandelt oder gar prinzipiell formuliert worden. Bezeichnend genug blieb der politische Liberalismus auf diesem Gebiet im Formalen stecken: Im Gründungsprogramm der Deutschen Fortschrittspartei (1861) wurde nur die Gleichberechtigung für alle Religionsgesellschaften proklamiert. Ähnlich geschah es im Programm der freisinnigen Partei im Jahre 1884: hier wurde die Religionsfreiheit ausdrücklich deklariert. Im Gründungsprogramm der Nationalliberalen Partei von 1867 fehlten Kirche und Staat völlig; die moderne Privatisierung der Glaubensfrage war hier vorweggenommen[1].

Man muß daher die innere Vorgeschichte der liberalen Grundhaltung als Weltanschauung aufzuweisen versuchen. Ganz allgemein gilt von vornherein, daß sie in der Aufklärung wurzelt. Das wäre aber für Kirche und Christentum näher zu definieren und genauer zu individualisieren. Ein wesentlicher Grundzug wird durch das Prinzip und die Absicht bezeichnet, Staat und Christentum voneinander zu trennen. Das war bereits in der frühesten Gestalt des Täufertums, des sogenannten „linken Flügels der Reformation", im Rahmen des entschlossenen Versuchs, das Urchristentum voll wiederzugewinnen, erstrebt worden. Die kleine Täufergemeinde in Zollikon bei Zürich hatte es — im Gegensatz zu dem Staatskirchentum Zwinglis — in den Jahren 1524 und 1525 verwirklicht[2]. Später war die Trennung leidenschaftlich vom mystischen Spiritualismus und vom radikalen Pietismus gefordert worden[3]. Sieht man auf den Grundsatz, so waltet hier der entschiedene Einsatz für den freien Verein, der auf eigener Überzeugung der Mitglieder ruht, gegen die institutionell, traditionell oder sakramental vorgegebene Kirche — anders gesagt: für das eigene, prinzipiell und aktuell freie innere Leben gegen auferlegte dogmatische Wahrheiten und institutionelle Ordnungen.

Unter den führenden Geistern waren hier vor allem Lessing und Rousseau maßgebend, Lessing mit seiner Apologie für das selbständige Suchen nach der Wahrheit,

sogar auf die Gefahr hin, immer und ewig zu irren, Rousseau mit dem Eintreten
für die freie Sprache des Herzens gegen die logisch gebundene Sprache des Verstandes. Lessing erklärte, daß die Absicht des Christentums dahin gehe, daß die
Menschen ihre Seligkeit nicht einfach als eine übergestülpte Zuwendung oder Aus-
stattung von Gott erlangten. Vielmehr sollten sie sie in freier, überzeugender Weise
mit Hilfe ihrer Erleuchtung erwerben. Darum formulierte er die alte — wohl isla-
mische — Ringparabel modern, indem er sie mit dem Erkenntnisverzicht ausstattete,
der sowohl heroisch als auch tragisch genannt werden konnte. Darum wünschte er,
daß der *menschliche* Charakter, die menschliche Qualität jedes einzelnen mehr gelten
sollte als seine religiöse, insbesondere christliche oder jüdische Bestimmtheit. Intellektuelle Unbestechlichkeit und humanistisches Bildungsideal verbanden sich miteinander, um jene Haltung toleranter Humanität zu erzeugen, die das 19. und 20. Jahrhundert weithin kennzeichnete, ehe der Einbruch dogmatisch-totalitärer Vergewal-
tigung im Zeichen der Politik, insbesondere der politischen Ideologie in Europa Platz
griff. Die Tatsache, daß der überreiche, naturgemäß widerspruchsvolle Geist Herder
die Humanität als christlicher Theologe mit einem besonderen Adel und einem
weithin leuchtenden Glanze versah, steigerte die Werbekraft einer solchen Grundeinstellung.

Bei Lessing verband sich damit eine bestimmte Geschichtsdeutung: Geschichte
wurde als Heilsgeschichte in der Form einer fortlaufenden Erziehung verstanden.
Der Offenbarungsbegriff des dogmatischen Christentums wurde durch den Erzie-
hungsbegriff des moralischen Geschichtsbewußtseins ersetzt. Demgemäß wurde
das Historische durch das Vernunftgemäße oder, wie Fichte später sagte, durch
das Metaphysische ersetzt — wobei man freilich fragen muß, ob die beiden Größen,
Lessings Vernunftnotwendiges und Fichtes Metaphysisches, wirklich identisch
sind. Lessings Betrachtungsweise ging über Johann Salomo Semlers „moralische"
Religion, die an die Stelle der „dogmatisch-historischen" zu treten hatte, wesentlich hinaus[4]. Für ihn löste sich keineswegs alles in Ethik auf. Sein Gewichtlegen
auf die Unsterblichkeit als unveräußerliche und zentrale christliche Wahrheit hatte
ein tiefes Verlangen und Verständnis für die Identität der Persönlichkeit, für den
Adel des individuellen Menschentums zur Grundlage. Lessing als Theologe über-
ragte die Theologie der Lessingzeit.

Rousseau bot mit der Sprache des Herzens, die er gegen diejenige des Verstandes
stellte, das unmittelbare Erleben gegen die bloße Reflexion auf. Ihn leitete die
brennende Leidenschaft für das Natürliche, für den Menschen nicht nur als kulti-
viertes Wesen, sondern als Naturphänomen. Voltaires spöttisches Wort, daß er ihm
Lust gemacht habe, auf allen Vieren zu laufen, kennzeichnet die ganze Verachtung, die der kulturbewußte Gebildete gegenüber der Primitivität empfand — verstand doch die Aufklärung, etwa in dem britischen Historiker William Robertson
(1721—1793) die ganze Geschichte als Kulturgeschichte, als Entwicklungsgang von
der Barbarei zur Sittenverfeinerung. Die Humanität war bei Rousseau anders ak-
zentuiert als bei Lessing: Gefühl und Leben, Unmittelbarkeit und Anschauung
führten hier das Wort. Im deutschen Raum war darum Herder, aber auch Lavater
und Pestalozzi, stärker von Rousseau bestimmt als Lessing.

Was das Verhältnis zum Christentum anging, so hat sich der Prophet des Naturalismus darüber an einer Stelle seines Erziehungsromans Émile sehr konzentriert und substantiell ausgesprochen, im Glaubensbekenntnis des savoyardischen Vikars im 4. Buche. Hier ging er vom Gewissen und vom Gefühl aus; sie bedeuteten ihm die Grundgegebenheiten der menschlichen Existenz. Da ihm das Interesse fundamental war gegenüber der Erkenntnis und da ihm das Ungenügen des menschlichen Verstandes feststand, ruhte die religiöse Beziehung nicht — wie in der Normalaufklärung — auf dem abstrakten Nachdenken über Gott, nicht auf der Leistung der Vernunft, sondern auf der persönlichen Ergriffenheit. Goethes berühmte Verse:

> Doch im Erstarren such' ich nicht mein Heil,
> Das Schaudern ist der Menschheit bestes Teil;
> Wie auch die Welt ihm das Gefühl verteure,
> Ergriffen, fühlt er tief das Ungeheure. [5]

können als ein Nachklang von Rousseau aufgefaßt werden. Dieser wandte sich gegen den Mechanismus der Aufklärungsphilosophie, der nur allgemeine Ideen und das monotone Thema von Materie und Bewegung kannte. Demgegenüber wollte er der inneren Stimme Gehör und Anerkenntnis schaffen, die den Menschen als lebendiges Wesen auszeichnete. Ebenso wollte er den Willen als die Grundausstattung für ein freies Wesen anerkannt wissen. Jesus war für ihn der größte Mensch. Daher verwarf er die Wunder, die seine Größe nur verdunkeln konnten. Nach seinem Urteil paßten sie eher für fanatische Sekten als für denkende Menschen.

Lessing und Rousseau ergänzten einander. Wohl jeder, insbesondere jeder junge Mensch war an der Wende vom 18. zum 19. Jahrhundert von beiden berührt und bestimmt. Niemand konnte an ihnen vorbei. Wilhelm von Humboldt hatte Joachim Heinrich Campe, den deutschen Propagandisten für Rousseau, zum Hauslehrer, desgleichen sein Bruder Alexander. Auch Metternich empfing seine Jugendbildung völlig im Geiste Rousseaus, wenn er auch schon früh zu der Gewißheit gelangte, daß seine Lebenslaufbahn im entschiedenen Gegensatz dazu gestaltet werden müßte[6]. Der russische Zar Alexander I. wurde durch den französischen Schweizer Frédéric César Laharpe im Sinne Rousseaus erzogen. Kant mit seinem Eifer für die Majestät des Sittlichen, die antagonistisch mit dem Pathos der Freiheit verbunden war, überstieg und übertraf die beiden, Lessing und Rousseau. Er war aber ebenfalls von ihnen mitgeprägt, auch wenn er sich schroff von dem Naturalismus des letzteren abwandte. Seine „Religion innerhalb der Grenzen der bloßen Vernunft" betrachtete er als verpflichtendes Programm, das aber in vielen Aussagen die Grenzen der Vernunft überschritt. Es war in der Tat durchaus ein Glaubensbekenntnis. Wilhelm von Humboldt, der Klassiker des Bildungstriebes und der Bildungstheorie, betrachtete die Religion völlig als Privatsache. Sie gehörte zur Welt des Schönen, des Schmucks, des Überflusses und war daher für die entscheidenden Potenzen und Aufgaben des Lebens, an erster Stelle eben für die Bildung entbehrlich.

Dies alles darf man als die atmosphärischen Voraussetzungen für das religiöse Bewußtsein der liberal eingestellten Bildungsbürger im 19. Jahrhundert betrachten, insbesondere auch für den Klassiker der liberalen Geschichtsschreibung Friedrich Christoph Schlosser (1776–1861) in Heidelberg, den wir als Muster für liberales Religionsdenken und Christentumsverständnis herausgreifen, zumal er 42 Jahre lang mehrere Generationen mit seinem Geiste prägte.

2. Friedrich Christoph Schlosser

Der einflußreiche Historiker wurde in Jever in Ostfriesland, in einem Gebiet freier Bauern als Sohn eines trunksüchtigen Advokaten geboren, der bald starb. So wuchs er im wesentlichen vaterlos auf, und dies förderte seine Selbständigkeit. Er studierte Theologie in Göttingen, wurde Hauslehrer in Frankfurt/Main, danach von 1808–1810 Konrektor in seiner Heimatstadt Jever, von 1812–1814 Gymnasiallehrer wieder in Frankfurt/Main, so daß er sich in seiner Frühzeit pendelnd zwischen den beiden Orten, der norddeutschen Kleinstadt und der Freien Reichsstadt, bewegte. Beide Stätten, so verschieden sie sonst erscheinen, waren wichtige Zentren mit eigenem Leben und Profil. Durch die institutionelle und praktische Freiheit der Lebensform wurden sie für den jungen Mann zu einer inneren Einheit verbunden. Im Jahre 1811 lehnte Schlosser, der seine historiographischen Fähigkeiten durch Arbeiten über Abälard, Dolcino, Beza und Peter Martyr Vermigli unter Beweis gestellt hatte, eine Berufung als Professor der Theologie, und zwar der Kirchengeschichte, nach Heidelberg ab. Im Jahre 1812 schrieb er eine Geschichte der bilderstürmenden Kaiser. 1814 wurde er Stadtbibliothekar, 1819 Professor der Geschichte in Heidelberg und blieb hier bis zum Lebensende. Damit hatte er sein Ziel erreicht. Denn er wollte nicht Kirchengeschichte, sondern „Profangeschichte", ja „Universalgeschichte" mit besonderer Betonung pflegen und bieten. Darum verfaßte er nun keine Monographien mehr, sondern Gesamtdarstellungen, eine „Weltgeschichte in zusammenhängender Erzählung" (1815–1824) ([2]1839–1841), eine Geschichte des 18. Jahrhunderts (2 Bde. 1823) (2. Aufl. unter dem Titel: Geschichte des 18. Jahrhunderts und des 19. Jahrhunderts bis zum Sturze des französischen Kaiserreichs, 6 Bde. 1836–1848; 3. Aufl. in 8 Bdn. 1864–1866), eine „Universalhistorische Übersicht der Geschichte der Alten Welt und ihrer Kultur (9 Bde. 1826–1834) sowie die „Weltgeschichte für das deutsche Volk" in 18 Bänden, die von 1844–56 (1. Aufl.) bis 1910 29 Auflagen erlebte.

In diesen vor allem erzieherisch gemeinten Geschichtswerken hatte die Begeisterung für die Freiheit und Sittlichkeit, für Liberalität und Moralität die innere Führung, gemäß dem Worte Goethes, daß die Begeisterung das beste sei, was die Beschäftigung mit der Geschichte zu erwecken vermöge. Es waren feste Grundsätze, die unerbittlich angewandt werden mußten — ähnlich wie Lessing den unbestechlichen Wahrheitssinn zu Beginn der Aufklärung beschworen hatte. Belehrung und Einwirkung auf das Gefühl sollten zusammenwirken; so wurden Lessing und Rousseau miteinander verbunden. Die Geschichte war hier zur sittlichen Bildungsmacht erhoben, und diese Zweckbestimmung wurde energisch geltend gemacht, „gegen die Zeitungsschreiber und Romanfabrikanten"[7], gegen „die Professoren und Doktrinäre, die sich für Staatsmänner halten, ohne es zu sein"[8], „gegen die systematischen Theologen und unter ihnen speziell gegen den Pfarrer Schleiermacher"[9]. Die Weltgeschichte bedeutete keineswegs immer das Weltgericht im Sinne Schillers. Schlosser legte z. B. den Erfahrungssatz fest, daß radikale Reformen durch moralische Werkzeuge nicht ausgeführt werden können, daß vielmehr Männer von frevelhaftem Unternehmungsgeist dazu nötig sind[10] — ein Urteil, das ihm seine Beobachtung der Französischen Revolution nahegelegt hatte. Aus Richelieus Verrätereien und Freveltaten gewann er den anderen Erfahrungssatz, daß der Erfolg und nicht die Beachtung der bürgerlichen Moralität dem Staatsmanne unsterblichen Ruhm verleiht. Er fügte jedoch sofort hinzu, daß man sich dem nicht anschließen dürfe, denn dann müsse man nicht Christus, sondern seinen Versucher anbeten[11]. So war sein sittliches Urteil trotz allem Kantianismus zugleich tief christlich verwurzelt. Das Christentum selbst scheint freilich von ihm primär moralisch aufgefaßt worden zu sein. Von seiner Überlegenheit über andere Religionen war er fest überzeugt, und er meinte, Jesus Christus sei als der gottgesandte Messias den frommen Juden durchaus erkennbar gewesen[12]. Er, Jesus, lehrte eine Religion des Herzens und schärfte das Gebot der Liebe ein[13]. Paulus befreite Jesu Lehre gänzlich von den Fesseln des Judentums[14]. Durch die „göttliche Religion Jesu Christi"[15] war seiner Meinung nach die größte und wichtigste Veränderung geschehen, die jemals in der Weltgeschichte eingetreten ist[16]. Die Entartung kam durch die orientalische despotische Gottesvorstellung, weiterhin durch die heidnisch-abergläubischen Sakramente und schließlich die Hierarchie[17]. Auf diese Weise wurde die innere Kirche der äußeren aufgeopfert[18] — ein Urteil, das genau mit der mystisch-spiritualistischen Sicht Gottfried Arnolds in seiner „Unparteiischen Kirchen- und Ketzerhistorie" (1699/1700 u. ö.) übereinstimmt. Liberalismus und radikaler Pietismus reichten einander hier die Hände. Durch Fanatismus, Aberglauben, Eigennutz und Heuchelei wurde die Lehre der Liebe und des Erbarmens in eine Praxis der Verfolgung, des Pfaffenbetrugs, des Götzendienstes und der Frömmelei verwandelt[19]. Andererseits wurde sie dadurch befähigt, die entarteten Griechen und Römer zu gewinnen[20]. Eine List der Idee lag vor: Gott rief in der moralischen Welt aus dem Tode ein neues Leben hervor, er ließ aus der Verwesung eine neue Blüte sprießen[21].

Das Mittelalter wurde nahezu ausschließlich finster gemalt; hier sprach der reine Aufklärer. Alles, was etwa Herder inzwischen zu Gunsten dieser Epoche geltend gemacht und in Umlauf gesetzt hatte, ließ Schlosser außer acht. Besonders fällt bei einem Theologen auf, daß er Andacht und Klosterleben als Aberglauben und Müßiggang bewertete und in dieses Urteil auch die mühsamen Wallfahrten mit ihren Entbehrungen einschloß[22]. Die Kleriker waren ihm Polizeibeamte der Gemeinden[23] und Ketzerverfolger[24]. Nur ganz wenige Lichtpunkte vermochte er zu erblicken: Zuerst galt seine Sympathie dem Apostel der Deutschen Winfried-Bonifatius[25]. Sodann stand er den Albigensern und Waldensern freundlich gegenüber, weil sie das „Evangelium der Freiheit gegen Unterdrückung" predigten[26]. Trotzdem war ihr Auftreten Unfug und Schwärmerei, außerdem aber — wie er echt aufklärerisch sagte — polizeiwidrig, da sie keinen Auftrag besaßen[27]. In ähnlicher Weise hatte der Wiener aufgeklärte Kirchenhistoriker Johann Matthias Schröckh

(1733–1808), der von 1767 bis 1808 in Wittenberg lehrte, Luthers Verbrennung der Bannbulle am 10. Dezember 1520 als Auflehnung gegen die Obrigkeit heftig getadelt, obwohl er sonst den Reformator lobte[28]. Schlosser billigte einem Manne wie Savonarola zwar zu, daß er Prediger eines tätigen Glaubens war, so wie ein Aufklärer sich einen Verkündiger von Jesu Botschaft wünschte[29]. Jedoch verwarf er seine apokalyptisch-revolutionären Ideen; er war ihm ein Ochlokrat und religiöser Sozialist und darum kein Verläufer von Luther[30]. Die Reformation entsprach in seiner Sicht dem Bedürfnis der Zeit, der geistlichen und weltlichen Freiheit nachzustreben[31]. Luther setzte der verdorbenen eine ideale Kirche entgegen, die rein aus der Bibel konstruiert war[32]. Freilich gelang sein Bemühen nicht. Er kam nicht zum Ziel, er schaffte nur Mißbräuche ab, warf aber die zum Staat gewordene Kirche des Mittelalters nicht endgültig nieder. So formulierte Schlosser als Ergebnis der Reformation: „Die halb geistliche, halb weltliche Gestalt der christlichen Kirche"[33]. Im Hintergrund eines solchen Urteils wird die rein geistliche Kirche der mystischen Spiritualisten erkennbar: Die wahre Kirche besteht aus den wahrhaft Wiedergeborenen; alle weltlichen Elemente haben kein Recht in ihr, sie müssen ausgetilgt werden. Diese rein geistliche Kirche der mystischen Spiritualisten setzte sich in die rein moralische Kirche der Aufklärer um, wie man am deutlichsten in Kants Religionsschrift „Die Religion innerhalb der Grenzen der bloßen Vernunft" (1793) erkennen kann.

Unter den Reformatoren wandte Schlosser seine stärkste Sympathie Philipp Melanchthon zu. Denn dieser schuf die Wissenschaft, deren Kampf, wie er in echter Wissenschaftsgläubigkeit urteilte, einzig Leben gibt und Probleme entscheidet[34]. Aus solchem Geiste begann gleichzeitig der Rationalist Karl Gottlieb Bretschneider (1776–1848), dem ein akademisches Katheder versagt blieb, die wissenschaftliche Gesamtausgabe der reformatorischen Werke, das Corpus Reformatorum, mit den Schriften Melanchthons.

Schlosser lobte in der Folgezeit die Pietisten Philipp Jakob Spener und August Hermann Francke, weil sie die Christenheit von der toten Orthodoxie befreiten, welche starre Fesseln auferlegte[35], insbesondere, wie er sich beinahe journalistisch gekonnt ausdrückte: von der „Konsistorial-, Katheder-, Katechismus-Dogmatik". Die Protestanten waren nach seiner Meinung übler dran als die traditionsbewußten und von der Tradition getragenen Katholiken, denen „nicht alle paar Jahre etwas anderes als echter Glaube geboten wurde".[36] Eine wirklich große historische Einsicht sprach er aus, als er den Kampf gegen das Mittelalter ein erhebendes Schauspiel vom 16.–18. Jahrhundert nannte: „Zwei Jahrhunderte lang hat die deutsche Nation um die Frage zu kämpfen gehabt, ob ihre Staatsreligion eine für Künstler, Dichter, Könige, Fürsten, Grafen und Ritter passende bleiben oder eine moralisch bürgerliche werden sollte. In diesem Kampfe für ein geistiges Gut mußten alle äußeren Güter aufgeopfert werden, und man entsagte endlich sogar der politischen Freiheit, um nur Glaubens- und Lehrfreiheit genießen zu können."[37]

In diesem Satze darf man das Glaubensbekenntnis des von der Aufklärung getragenen und in ihrem Geiste weiter denkenden liberalen Menschen des 19. Jahrhunderts erblicken. Obenan steht die Entscheidung für die Freiheit. Sie wird als religiöse Freiheit (Glaubensfreiheit), als geistige Freiheit (Wissenschaftsfreiheit), als Betätigungsfreiheit (Lehrfreiheit) und als politische Freiheit (bürgerliche Freiheit) aufgefaßt. Ihr Wurzelgrund ist die moralische Freiheit, weil der Mensch nicht mehr primär als Glaubender, an Gott gebundener und darum theonomer Mensch verstanden ist, sondern als ein autonomes, sittlich handelndes Wesen. Man meint, einen Nachklang von Fichtes stolzem Wort zu hören: Dein Handeln, allein dein Handeln, macht deinen Wert aus. Darum galt dem Aufklärer auch die Lehrfreiheit so viel, weil er im Unterrichten, das er als Erziehen verstand, die entscheidende Tätigkeit schlechthin erblickte. Zugleich wird der gesellschaftliche Epochenwandel ins Spiel gebracht: Seit der Aufklärung haben nicht mehr Könige, Fürsten, Grafen und Ritter die Führung, die sich vielleicht Künstler und Dichter als ihr Hofpersonal zur Bereicherung ihres Daseins halten, sondern die in bürgerlicher Moralität handelnden arbeitenden Menschen. Es ist nicht sicher, ob Schlosser den grundlegenden Deuter der Französischen Revolution als Sozialereignis, Henri Claude de Saint-Simon (1760–1825), gelesen hat. Auf alle Fälle hat er hier seine Feststellung, daß von nun an der Mensch nicht mehr nach seiner Geburt und Ahnenreihe gemessen werden würde, sondern allein auf seine Arbeitskraft befragt werden würde, ins Moralische abgewandelt. Man merkt diesen Sätzen an, mit welchem Stolz ein Liberaler das 19. Jahrhundert als sein Zeitalter empfand. Man kann hier unmittelbar die Worte Heinrich von Treitschkes anfügen, die er für dieses Jahrhundert fand:

Mit der Revolution von 1803 begann für Deutschland das neue Jahrhundert, das in Frankreich schon vierzehn Jahre früher angebrochen war. Das große neunzehnte Jahrhundert stieg herauf, das reichste der neuen Geschichte; ihm ward beschieden, die Ernte einzuheimsen von den Saaten des Zeitalters der Reformation, die kühnen Ideen und Ahnungen jener gedankenschweren Epoche zu gestalten und im Völkerleben zu verwirklichen. Erst in diesem neuen Jahrhundert sollten die letzten Spuren mittelalterlicher Gesittung verschwinden und der Charakter der modernen Kultur sich ausbilden, es sollte die Freiheit des Glaubens, des Denkens und der wirtschaftlichen Arbeit, wovon Luthers Tage nur redeten, ein gesichertes Besitztum Westeuropas werden; es sollte das Werk des Kolumbus sich vollenden und die transatlantische Welt mit den alten Kulturvölkern zu der lebendigen Gemeinschaft welthistorischer Arbeit sich verbinden; und auch das Traumbild der Hutten und Machiavelli, die Einheit der beiden großen Nationen Mitteleuropas, sollte noch Fleisch und Blut gewinnen. In diese Zeiten der Erfüllung trat Deutschland ein, als der theokratische Staatsbau seines Mittelalters zusammenstürzte und also das politische Testament des sechzehnten Jahrhunderts endlich vollstreckt wurde. [38]

Unter den Größen der Aufklärung lobte Schlosser infolgedessen Johann Salomo Semler [39] und Friedrich d. Großen [40], weil sie Geistes- und Religionsfreiheit forderten und verwirklichten. Andererseits erkannte er deutlich den Mangel, den die Aufklärung im Gefolge hatte: Die eigentliche Volksreligion litt, besonders durch Carl Friedrich Bahrdts Schriften, „weil ohne die Tugend die Freiheit ein utopischer Traum und das Recht ein Schatten bleiben". [41] Auch die Französische Revolution wurde von Schlosser nicht nur gebilligt und als Notwendigkeit empfunden, sondern trotz ihrer Ausschreitungen gepriesen. Offenbar spielte dabei seine Abneigung gegen die ihr folgende Romantik in Glauben und Politik mit. Die Leere, welche die Revolution hinter sich ließ, wurde „durch bunte Schwärmerei ausgefüllt, die dem blinden Köhlerglauben den Weg bahnt". [42] Hier war die Abhängigkeit von Lessings Verwerfung der Schwärmerei am Anfang des „Nathan" mit Händen zu greifen. [43]

Schlosser lehnte die Verfestigung, die zu seiner Zeit im kirchlichen Bereich vor sich ging, scharf ab. Ihre eigentliche Heimat war das Neuluthertum, das vor allem die Bekenntnisschriften und die Kirchenordnungen der Reformationszeit wiederentdeckte und auf eine entschiedene Lehre vom kirchlichen Amt und seiner Vollmacht zusteuerte. Er selbst trat für ein undogmatisches Laienchristentum ein, in dessen Mittelpunkt die Bibel als Volksbuch stehen sollte [44]. Er mißbilligte Chateaubriand, den künstlerischen, ästhetisierenden Rhetor eines neuen Katholizismus und Parteigänger der französischen Restauration unter Karl X. Artois und sah in der allgemeinen Begeisterung für ihn ein bedenkliches Zeichen. Die Erscheinungen, die ihm mißfielen, nannte er beim Namen und bekräftigte damit seine aufklärerisch-liberale Grundgesinnung: Der französische Romantiker bot Ästhetizismus statt Sittlichkeit an und verherrlichte unkritisch den Katholizismus des Konzils von Trient. [45]

Als Liberaler war Schlosser der schärfste Ankläger aller Gewalt. Von ihm stammt das gewöhnlich Jakob Burckhardt zugeschriebene, aber von ihm nur aufgegriffene und wiederholte Urteil, daß die Macht an sich böse sei. [46] Er versicherte, daß er seine seligsten Stunden der Kontemplation, dem göttlichen Schauen verdankte. [47] Über das Christentum im ganzen, so wie er es verstand, fällte er ein höchst positives Urteil, und zwar gerade deswegen, weil es mit seinen Kernforderungen von Liebe und Barmherzigkeit im unversöhnlichen Gegensatz zu aller Gewalt stand, wie sie Politik und römischer Katholizismus als geschichtliche Beispiele im großem Stil und über weite Epochen hin darboten. Er erklärte:

Was das Wesen des Christentums, Liebe und Barmherzigkeit und Aufopferung angeht, so hat er (der Verf.) die beseligenden Wirkungen des christlichen Glaubens in einem langen Leben so sehr erfahren, und tröstet sich, von den mit der Muttermilch eingesognen biblischen Vorstellungen und Begriffen erfüllt, so vollkommen im höchsten Alter mit den Wahrheiten desselben über die Kürze des Lebens und die Nichtigkeit jedes Ruhms bei den Menschen und aller irdischen Bestrebungen, daß er unmöglich vom Christentum unvorteilhaft urteilen kann und wird. [48]

Man sieht, das Bekenntnis zu Jesus Christus und zur gesamten christlichen Überlieferung, die er protestantisch-liberal von allen Schlacken, die er wahrnahm, reinigte, ist ein echtes Bekenntnis. Der Liberalismus solcher Prägung war überzeugt, daß er mit seinem Tun, mit seiner Kritik, mit seinen Urteilen, mit seiner Belehrung, mit seinen pädagogischen, moralischen und politischen Forderungen, mit seiner sozialen Energie zur Beseitigung von Volksschäden den Willen Jesu erfüllte und auf urchristlichen Pfaden wandelte. Er sah sich als geläuterten Testamentsvollstrecker des Pietismus an. Diejenigen Erscheinungen und Phasen in der Geschichte des Christentums, die er verwarf, wie Orthodoxie, Ketzerrichterei, Verfolgungssucht, politischen Ehrgeiz und Machtwillen, standen sowieso mit dem wahren Christentum in Widerspruch und konnten nur als Verkehrungen, mindestens als Verirrungen der Menschheit betrachtet werden. Das auf Gottfried Arnolds Kirchen- und Ketzerhistorie begründete abfällige Urteil Goethes über die Kirchengeschichte, daß sie ein Mischmasch von Irrtum und Gewalt sei [49], konnte sich ein solcher Liberalismus nur partiell aneignen. Die positiven Erscheinungen, die durch die Kernbegriffe von Liebe, Aufopferung, Gerechtigkeit, Freiheit, Zucht, Gehorsam und Dankbarkeit bezeichnet waren, überwogen die negativen bei weitem. Ein Bruch mit dem Christentum, insbesondere mit der Bibel, die gerade als Volksbuch neu zur Wirkung kommen sollte, verbot sich von selbst. Es verbot sich aber auch eine, dem späteren Liberalismus oft zugeschriebene, aber im einzelnen schwer zu fassende und fast nie zu belegende Gleichgültigkeit ihm gegenüber. Sucht man nach den Wurzeln für eine solche Haltung, so wird man mit der größten Wahrscheinlichkeit auf Wilhelm von Humboldts Apotheose des Bildungsgedankens geführt: die sich in dem Kernsatz ausdrücken ließe: der Mensch ist alles durch seine Bildung, und sie ist wieder seine eigentliche Selbstverwirklichung. Es wäre im einzelnen zu untersuchen, inwieweit der Bildungs-liberalismus dieses überragenden Denkers auch den politischen und kulturellen Liberalismus, vielleicht sogar den — sich später gegen ihn erhebenden — sozialen „Liberalismus" mitgeprägt hat. Der Grundgedanke, der Individualismus, war auf alle Fälle für die Anfänge des politischen Liberalismus ein konstitutives Element, das naturgemäß eine Parteibildung mit verbindlichen Organisationsformen erschwerte. Um so höher muß die atmosphärische Kraft solcher Haltung veranschlagt werden.

3. Ausblick

Das läßt sich deutlich an drei ebenso sympathischen wie einflußreichen Denkern des späteren 19. und frühen 20. Jahrhunderts ablesen, die im Liberalismus wurzelten, ohne sich in jeder Hinsicht mit ihm zu identifizieren. Immerhin würden sie auf Befragen ihn als ihre eigentliche geistige Heimat genannt haben. Der erste von ihnen ist Jakob Burckhardt (1818–1897).

a) Jakob Burckhardt[50]

Der schlichte Basler Historiker, in dessen Vorlesung „Weltgeschichtliche Betrachtungen" auch der junge altphilologische Kollege Friedrich Nietzsche saß, machte die Kultur zum eigentlichen Subjekt der Geschichte und pflichtete, wie bemerkt, Schlossers Wort von dem bösen Charakter der Macht bei — ja weitete es zu einer umfassenden Geschichtsphilosophie im ganzen aus. Was ihn fesselte und womit er sich beständig als Historiker konfrontiert sah, war der Antagonismus zwischen politischer Macht und geistiger Kultur. Als gewissenhafter Beobachter begnügte er sich aber nicht im Hegelischen Schematismus mit dieser einen Antithese. Vielmehr sah er vor sich ein Kräftespiel zwischen den drei Größen: Staat, Religion und Kultur. Dabei faßte er ebenso wie die Gegensätze die Vermittlungen und Verbindungen zwischen ihnen ins Auge und gelangte so zu einem sehr reichen Bilde von der abgelaufenen menschlichen Wirklichkeit. Auch er hatte wie Schlosser als evangelischer Theologe begonnen. Wilhelm Leberecht de Wette (1780–1849), der Schüler Herders, war als Professor des Alten Testaments in Basel und darüber hinaus als Historiker und Religionsphilosoph sein Lehrer gewesen, ohne daß sich statistisch genau angeben ließe, welche Inhalte er ihm im einzelnen vermittelte. Es wird der Natur beider entsprechend die Gesamtauffassung von Glaube, Geschichte, Wissenschaft und Lebenswirklichkeit gewesen sein, die sich ihm mitteilte. Wenn man die brutale Frage stellt: War für Burckhardt und vielleicht vorher für de Wette die Religion eine Funktion der Kultur, war sein Glaube, ihr Glaube ein Kulturglaube, eine innere Überzeugung von dem Höchstwert der Kultur und eine tiefe Anhänglichkeit an sie? so wird man mit nein antworten müssen. Denn Burckhardt verhielt sich tief pessimistisch gegenüber der Welt, auch gegenüber der scheinbar von ihm so enthusiastisch begrüßten aufgehenden und reifenden Welt der italienischen Renaissance. Er schrieb in einem Brief am 3. Juli 1870, also als 52jähriger auf der Höhe des Lebens: „Notwendig ist der Wiedergewinn eines Verhältnisses zum Überweltlichen."[51] Eine freie, rein menschliche autonome Moral werde das nicht leisten können. Die Theokratie auf der Gegenseite ist aber auch als Weltbeherrschung eine Verweltlichung, d. h. ein Bündnis mit der verderblichen Gewalt und Macht.[52] Es wäre zu fragen, ob hier womöglich unentdeckt, undurchdacht, ungeprüft ein pietistischer oder gar gnostisch-mystischer Weltbegriff aus der langen spätantiken und mittelalterlichen verchristlichten Tradition im Hintergrund steht und eine starke Wirkung entfaltet. Gerade für den modernen Betrachter, der daran gewöhnt worden ist und sich auch freiwillig selbst daran gewöhnt hat, das Wort „Welt" im positiven Sinne als Lebensgrundlage und Gestaltungsaufgabe anzuwenden, legt sich eine solche Frage nahe. Es überrascht, daß Denker wie Burckhardt, die gern auf der Linie der Säkularisierung angesiedelt werden, einem solchen negativen Weltverständnis verhaftet sind. In der großen Frage von Macht und Freiheit steht der Staat eindeutig am Pole der Macht, die Kultur eindeutig am Gegenpol, die Religion in der Mitte.[53] Die Religion, so meinte Burckhardt, muß sich mit der Freiheit verbinden. Dies ist die Aufgabe und die Überwindung der Krise zugleich. Er sah sie propädeutisch und symbolisch im Mysterium der Schönheit, in der Wiedereinsetzung der Kunst in ihre Würde gegeben.[54] Es könnte sein, daß bei derartigen auf Andeutungen beschränkten Gedankengängen das theologische Urdatum vom Menschen als dem Ebenbild Gottes wirksam geworden ist. Ähnlich wie bei Ernst Troeltsch[55] werden auch bei Burckhardt die theologischen Elemente im Alter wieder deutlich, Verschüttetes tritt wieder ans Tageslicht. Was er über historische Größe sagt, ist nicht nur ästhetisch mitempfunden, sondern auch im Glauben mitbegründet, eben im Glauben an die Fähigkeit des Menschen und seine Bestimmung, Ebenbild Gottes zu werden. Darüber hinaus werden Töne von Herder hörbar, der sehr direkt — völlig im Gegensatz zur Aufklärung, aber auch unterschieden von der Romantik — den Pfarrer, den Verkündiger der christlichen Botschaft als „Redner Gottes" bezeichnet hatte.[56]

Neben Herder war aber auch Wilhelm von Humboldt bei Jakob Burckhardt eine wirksame Kraft. Dieser Denker, der von Rousseau, vom Griechentum im Sinne Winckelmanns und von Kant in seiner geistigen Entwicklung bestimmt worden war, Herder gegenüber sich jedoch eine merkwürdige Fremdheit bewahrt hatte, war zum eigentlichen Klassiker für den Bildungsgedanken im Sinne des Neuhumanismus im 19. Jahrhunderts geworden. Für ihn schrumpfte auch die Religion, der er nur in der Jugend eine ernsthafte Beachtung gewidmet hatte, eine Beachtung, die er in seine langsam gereifte Schrift „Versuch, die Grenzen des Staates zu bestimmen" aufnahm, in die Bildung zusammen. Es hieß bei ihm in dem Essay „Über Religion" (1789): Die Religion ist schon ganz in den Zusammenhang der Ideen und Empfindungen übergegangen, anders gesagt: Sie ist ein Bestandteil der höheren Bildung geworden. Immerhin besaß sie noch einen gewissen Eigenwert.

Als Kernsatz stellte der Zwanzigjährige die Behauptung auf, die ein halbes Jahrhundert später Ludwig Feuerbach zum Ausgangspunkt einer phänomenologischen Analyse und – vielleicht – Destruktion des Religiösen überhaupt machte und damit einen Welterfolg erzielte: „Alle Religion . . . beruht auf einem Bedürfnis der Seele. Wir hoffen, wir ahnden, weil wir wünschen." Auf die psychologische Ableitung der Religion hatte Humboldt eine Betrachtung ihrer geschichtlichen Erscheinung und Funktion folgen lassen. Dabei hatte sich ihm die Tatsache aufgedrängt, daß sie überall mit der herrschenden politischen Ordnung in eine innige Verbindung eingetreten war, was sich in der Antike in dem Anspruch der Fürsten auf Abkunft von den Göttern ausdrückte. Nur auf der untersten Stufe der Menschheit hatte sie in der Furcht und in der Hoffnung vor bzw. auf Naturereignisse ihr eigentliches Feld gefunden. Sobald aber geistige Kultur anfing, nahm die Religion an ihr teil; sie verhielt sich also nach seiner Ansicht dienend, im besten Falle mitgestaltend an der Bildung. Die Bildung selbst war das Primäre. „Alle Bildung hat ihren Ursprung allein in dem Innern der Seele" – dieser Satz war für Humboldt Axiom. Sie erwächst, so fuhr er fort, „aus dem Anschauen irgendeiner Vollkommenheit, von der ein Funke in ihr glimmt, von der sie aber ein weit höheres Maß außer ihr ahndet."[57] Das erste ist mithin, wie gesagt, die Bildung, die aus dem Vollkommenheitsdrang erwächst, das zweite die Religion, welche die Anschauung des Vollkommenen zur Bewunderung, ja zur Liebe aus Sehnsucht, ihm ähnlich zu werden, schließlich mit ihm in eines zu verschmelzen, steigert.[58] Mit dieser genauen Beschreibung des platonischen Eros glaubte Humboldt, die Religion erfaßt zu haben. Die Anfangssätze darin wiesen in die Nähe von Schleiermachers Wort in den „Reden über die Religion", daß die Religion alles Tun des Menschen wie eine heilige Musik zu begleiten habe.[59] Jedoch verwandte Humboldt keine weitere Energie auf die Aufhellung ihrer Eigenart. Er verzichtete auf jede Verhältnisbestimmung zwischen Religion und Christentum und damit auf die Dimension der Geschichte. Fast könnte man meinen, die betreffenden Partien in Schleiermachers „Reden", welche die Geschichte als den vornehmsten Gegenstand der Religion, als ihren Anfang und ihr Ende bezeichneten, seien gegen ihn, wenn nicht unmittelbar, so doch mittelbar gegen die durch ihn repräsentierte und artikulierte Geistigkeit gerichtet. Später vertrat jedoch Humboldt die Autonomie der Bildung entschieden und sagte: „Die bloße Idee geistiger Vollkommenheit ist groß und füllend und erhebend genug, um nicht mehr einer andern Hülle oder Gestalt zu bedürfen."[60] Bei ihm entsprach die Autonomie der Menschenbildung genau der kantischen Autonomie der Erkenntnis und der kantischen Autonomie der Sittlichkeit. Hier lag die eigenständige Leistung Humboldts, die seinen Platz in der Geistesgeschichte und im besonderen innerhalb des Deutschen Idealismus begründete. Die Religion trübte für sein Urteil die Klarheit solcher Autonomie, ja sie gefährdete sie. Sie konnte bestenfalls Hülle werden, aber wehe, wenn sie mehr beanspruchte! Die Religion war damit nichts Notwendiges, sondern etwas Entbehrliches, eine Art seelischer Luxus. Sie wurde in die Unverbindlichkeit des Privaten im Sinne des individuell Zufälligen abgedrängt. So nebenbei das hier scheinbar ausgesprochen wurde, so folgenschwer erwies es sich für die Zukunft: Das sozialdemokratische Schlagwort des 19. und 20. Jahrhunderts, zuerst offiziell formuliert im Programm des Erfurter Parteitags 1891, dem gegenüber die evangelische Kirche und Theologe immer verlegen blieb, „Religion ist Privatsache" ist auf diesen Boden erwachsen. Es hat genau den gleichen Sinn. Zielbewußte, im Deutschen Idealismus wurzelnde Denker wie der große liberale Gestalter der Volksschule im 19. Jahrhundert, Friedrich Adolf Diesterweg (1790–1866), haben hier mindestens atmosphärisch als Vermittler gewirkt, zumal die gemeinsame Abkunft von Rousseau klar zutage liegt.

Das Gewicht von Humboldts Urteil wird größer, wenn man es auf dem Hintergrunde des Zeitalters sieht. Weder der Altprotestantismus noch der Pietismus noch der theologische und kirchliche Rationalismus, der in der Aufklärung wurzelte und und sie praktisch anwandte, hatten der christlichen Religion, wie verschieden sie sie auch verstanden, ihre Verbindlichkeit nehmen wollen. Die aufgeklärten praktischen Theologen fühlten sich und handelten als Volkserzieher. Ihre Leidenschaft für das Normale und Gesunde, die sich nicht scheute, in die Trivialität der alltäglichen Lebensaufgaben hinabzusteigen und die kleinen Naturvorgänge sorgfältig zu beobachten, lebte von solcher Überzeugung der Allgemeinverbindlichkeit und vermochte deshalb, wie mit Recht geurteilt worden ist, zum letzten Male innerhalb des Protestantismus einen volkskirchlichen Zustand zu schaffen.[61] Ähnliches galt für den Katholizismus, wie man an den Bemühungen um einen volksnahen Katechismus im Aufklärungszeitalter, aber auch an Adalbert Stifters großartiger Vorrede zu seiner Novellensammlung „Bunte Steine" (1852) ablesen kann.[62]

Der Grundgedanke von Humboldts Versuch, die Grenzen des Staates zu bestimmen, war die Freiheit, aber die Freiheit nur als Bildung: „Die Möglichkeit eines höheren Grades der Freiheit erfordert immer einen gleich hohen Grad der Bildung."[63] Damit gab er dem politischen Liberalismus eine tiefe Begründung, indem er ihm zugleich eine unendliche Aufgabe stellte. Bezeichnenderweise verdankte das Werk dem Gegensatz zu dem römisch-katholischen Kurfürsten und Großherzog Karl von Dalberg in Mainz-Frankfurt seinen Ursprung, der das überkommene geistlich-rechtliche Gefüge seines Gebietes im Sinne der josephinischen Aufklärung umgestalten wollte, d. h. unter unbedingtem Primat des Staates im Geiste des aufgeklärten Absolutismus, für welchen Friedrich II. von Brandenburg-Preußen die Symbolgestalt darstellte. Demgegenüber schärfte Humboldt ein: Der wahre Zweck des Menschen ist die Bildung seiner Kräfte, darum gehört zum Menschen die Erziehung. Mit Nachdruck zitierte er Rousseaus Kennzeichnung von Platons Politeia als Erziehungsschrift. Ohne in eine Einzelanalyse einzutreten, sah er das Staatsleben, den Staatsgeist, das Staatsgefühl, die Staatsgesinnung der Antike als vorbildlich und wegweisend an und formulierte den Unterschied zur Gegenwart mit schneidender Schärfe: Heute wird der Mensch nach dem bestimmt, was er besitzt — in der Antike nach dem, was er ist. Der Mensch ist zu definieren durch seine Kraft und seine Bildung. Beide tragen individuelles Gepräge, so protestierte Humboldt gegen den Schematismus des aufgeklärten Einheitsmenschen, der sein Soll erfüllt.

In der Staatslehre ging er daher nicht vom Staate und seinen Aufgaben aus, sondern von dem Menschen in seiner Vielfalt und in seinen Kräften. Über die Gegenwart urteilte er tadelnd — und das richtete sich gegen die Aufklärung: „Die Men-

schen werden um der Sachen, die Kräfte werden um der Resultate willen vernachlässigt."[64] Bildung verstand er dabei — und dies dürfte für Jakob Burckhardt besonders bedeutsam geworden sein — nicht als organisches Wachstum, sondern als
Überwindung von Grenzsituationen: „Alle Situationen, in welchen sich die Extreme
aneinander anknüpfen, sind die interessantesten und bildendsten."[65] So wollte er
den Konflikt, freilich auch die Überwindung des Konflikts. Derartige Gedanken
äußerte Jakob Burckhardt immer wieder einmal; sie lagen vermutlich seiner geschichtlichen Gesamtanschauung zugrunde. Wenn Nietzsche übertreibend und provo-
zierend im Eingang zum „Zarathustra" formulierte: „Der Mensch ist etwas, das
überwunden werden muß", so hat diese Forderung ihre Vorstufe in Humboldts
Überzeugung: Der Mensch ist etwas, das „gebildet", d. h. erzogen werden muß.
Dahinter steht deutlich genug Pindars Leitsatz, daß der nicht geschundene und
gequälte Mensch auch nicht wirklich erzogen und gebildet wird — das Wort, das
Goethe seiner Autobiographie „Aus meinem Leben. Dichtung und Wahrheit" voran-
stellt. Zur Erziehung gehörte in Humboldts Sinne vom Staate aus gesehen, nicht
eigentlich vom Menschen aus gesehen, auch die Religion. Sie war ein Mittel, auf
den Charakter und die Sitten der Nation zu wirken. Darüber hinaus rückte er sie
unter ästhetische Kategorien: Die religiösen Gefühle „begründen ein schönes, von
Kälte und Schwärmerei gleich fernes Dasein".[66]

Humboldt hat somit die Religion dem Oberbegriff der Bildung als dem eigentlichen Wert untergeordnet und sie damit in eine Dimension gestellt, durch die sie
im bürgerlichen Bewußtsein des 19. und 20. Jahrhunderts fest angesiedelt worden
ist. An diesem Punkte setzte er Herder fort, der in seinem Reisejournal von 1769
neben Luthers Katechismus, den er hoch schätzte, gleichwertig einen Katechismus
der Bildung für die Zukunft forderte.[67] Er hat zugleich dadurch, daß er den Begriff
der Bildung individualisierte, die Religion der Notwendigkeit und Allgemeinverbindlichkeit beraubt. Er hat sie privatisiert und der Welt des Schönen, des Schmuckes
zugeordnet. Das volkstümliche Verständnis der kirchlichen Amtshandlungen als
Ausschmückung der Familienfeste konnte hier einen Ansatzpunkt gewinnen. Er
hat schließlich die Religion, wie es dem geschichtlichen Hergang entsprach, dem
Staate als Einwirkungsmöglichkeit auf die Sittlichkeit des Volkes zugeordnet, wenn
auch nicht gleichsam amtlich zugewiesen. In allen drei Punkten hat er Grundüber-
zeugungen des Liberalismus ausgesprochen und festgelegt. Jakob Burckhardt darf
man in den Aporien seines Denkens als einen gleichzeitig von Herder und Humboldt
geprägten Geist auffassen und würdigen, als eine Spätfrucht der schöpferischen
Energien des überreichen 18. Jahrhunderts. Der Geist der Skepsis, der die zweite
Hälfte und das letzte Drittel des 19. Jahrhunderts erfaßt hatte, um in der fin-de-
siècle-Stimmung eines Friedrich Nietzsche und Max Nordau zu gipfeln, versah diese
Grundhaltung mit einem eigentümlich bewegenden Pessimismus. Dieser Pessimismus
war mehr als eine Stimmung, als eine Resignation angesichts der unerfüllten Er-
wartungen, die man hochgespannten Sinnes zu seinem Beginn gehegt hatte. Er war
geistesgeschichtlich durch die naturwissenschaftlich genaue Beobachtung und
Analyse der historischen Vorgänge und ihrer Bedingungen mitbestimmt, durch
die Haltung, die man „Positivismus", richtige Einschätzung der positiven Kräfte
und Konstellationen nennt. Jakob Burckhardt, der Schüler De Wettes und Rankes,

der Mann der unbestechlichen Beobachtung und sicheren Urteilskraft, trug all das in sich, und insbesondere seine von Nietzsche geschätzten „Weltgeschichtlichen Betrachtungen" spiegelten das auf jeder Seite. Die großartige Überschau über die gesamte Geschichte, die intime Kenntnis führender Epochen und Schlüsselgestalten, das Gegengewicht in der Kunst, die er sowohl — im Sinne Humboldts — ästhetisch als auch historisch verstand, wirkten zusammen, um ihn in einer ausgezeichneten Weise zum Exponenten liberalen Denkens zu machen. Weil er als Theologe begonnen hatte, konnte er schwer religionsfeindlich werden und die enorme Bedeutung des Christentums für die abendländische Geschichte unterschätzen. Als wirklicher Teilnehmer an den historischen Vorgängen fehlte ihm das abgeklärte, überlegene distanzierte Urteilen. Vielmehr vermied er alles Formelhafte, um der wirklichen Geschichte auf der Spur zu bleiben. So war er ein zutreffender Ausdruck für die Möglichkeiten und für die Verlegenheiten des Liberalismus gegenüber dem Christentum.

b) Wilhelm Dilthey (1833–1911)

Auch Wilhelm Dilthey, der Pfarrerssohn aus Wiesbaden-Biebrich, war ursprünglich Theologe und blieb es in gewisser Weise bis zum Ende, was sich in seinem schmerzlichen Bekenntnis zum unausweichlichen Relativismus kundgab. Er verstand Kulturgeschichte im Unterschied zu Burckhardt rein als Geistesgeschichte und blickte überhaupt nicht mehr auf den Antagonismus zur Macht. Von Burckhardts Trinität: Staat, Religion und Kultur blieben nur die beiden letzten übrig. Er war der eigentliche Kulturprotestant und begründete diese Geisteshaltung in der Nachfolge Schleiermachers, dessen Biographie er als sein erstes großes Lebenswerk schrieb. Man kann jedoch zweifeln, ob er es im Geiste Schleiermachers tat. Denn Schleiermacher hatte einen tieferen und weiteren Begriff von Kultur, sowohl in den „Reden" und „Monologen" als auch in der „Christlichen Sitte". Am Ende des Weges, den Dilthey eröffnete, stand Paul Tillichs Theologie der Kultur, für die er schon als junger Mann im „System der Wissenschaften nach Gegenständen und Methoden" (1923) ein Gerüst geschaffen hatte. Dilthey schrieb die beste Würdigung Schlossers, die ihn freilich überhöhte und ganz im Spiegel des eigenen Wollens sah, ja ihn geradezu als Vorläufer in Anspruch nahm, ähnlich wie er auch in seine Darstellung von Schleiermachers Gedankenwelt eigene Konzeptionen eingetragen hatte. Sein Problem war der Umschlag vom Idealismus zum Realismus und Positivismus, von der umfassenden Kultur zur vereinzelnden empirischen Wissenschaft, von der Tiefe zur Fläche. Es war eine tragische Situation, die bei ihm einen sprechenden, nicht wie bei Jakob Burckhardt einen schweigenden Ausdruck fand. Er bewunderte an Schlosser, daß „es ihm gelang, die Resultate dieser beschaulichen abstrakten Bildung auf Politik und praktisch wirksame Geschichte anzuwenden — ohne mit der Vergangenheit zu brechen".[68] Für Dilthey stellte die Biographie die klassische Form der Geschichtsschreibung überhaupt dar. Darin wirkte sich einerseits die Auffassung Goethes aus, der in seiner Identifizierung von Natur und Kunst vom menschlichen Leben erwartete, daß sein Träger es zu einem organischen Kunstwerk zu machen vermochte. Andererseits lag darin ein Verzicht: Größere historische Einheiten, eine Familie, ein Volk, eine Kultur, wie sie noch Burckhardt gezeichnet hatte, schienen ihm unerreichbar. Im Vorwort zu seinem „Leben Schleiermachers" (1870) sagte er anschaulich, eindrucksvoll und mit einem hohe Grade von Bewußtheit das Folgende, das man als sein historiographisches Programm auffassen darf:

Den weiteren Umfang, in welchem ich die Aufgabe fasse, noch ausdrücklich zu bestimmen und zu begründen, erschien überflüssig, weil durch treffliche Vorgänger die umfassendere Aufgabe der biographischen Geschichtsschreibung wohl ein- für allemal tatsächlich festgestellt ist. Denn in dem Verhältnis des einzelnen zu der Gesamtheit, in welcher er sich entwickelt und auf die er zurückwirkt, liegt der Schwerpunkt der Biographie wie des Lebens selber; zumal aber die Biographie eines Denkers oder Künstlers hat die große geschichtliche Frage zu lösen, wie ganz zerstreute Elemente der Kultur, welche durch allgemeine Zustände, gesellschaftliche und sittliche Voraussetzungen, Einwirkungen von Vorgängern und Zeitgenossen gegeben sind, in der Werkstatt des einzelnen Geistes verarbeitet und zu einem originalen Ganzen gebildet werden, das wiederum schöpferisch in das Leben der Gemeinschaft eingreift. [69]

Die Einleitung legte das konkret in den folgenden Sätzen dar:

Der innere Zusammenhang, den die Reformation zwischen den Geistlichen, den Universitäten und dem Volke gestiftet hatte, trug nun seine Früchte in der einheitlichen Kultur des deutschen Protestantismus, und gerade in Preußen, dem Schleiermacher angehörte, vollendete sich diese Einheit der geistigen Kultur in der aufgeklärten Selbstherrschaft des großen Königs. Die Aufklärung bildet den Hintergrund der Entwicklungsgeschichte Schleiermachers. Sie gab dem Predigtamt in dem protestantischen Preußen die Bewegungsfreiheit, ohne die Schleiermachers rückhaltlos wahrhaftiger Bildungsgang unmöglich gewesen wäre. Und sie überlieferte demselben die Ergebnisse der Bibelkritik, die seine Seele vom Druck der alten Dogmatik befreiten. Seine Jugendjahre bis zu seiner Übersiedlung nach Berlin 1796 fallen dann in die große Epoche, in der die Hauptwerke Kants nacheinander hervortraten und unsere klassische Dichtung ihren Höhepunkt erreichte. Atemlos verfolgten damals alle philosophischen Köpfe Deutschlands das Hervortreten des Systems von Kant in der Aufeinanderfolge seiner Hauptwerke. Dieses System vollendete die Aufklärung in ihrer kritischen Stellung und zugleich in der Begründung ihres Glaubens an Gott, Unsterblichkeit, unendliche Entwicklung; und es eröffnete zugleich eine neue Zeit. In der Auseinandersetzung mit ihm vollzog sich Schleiermachers Entwicklung; und auch die Arbeit seiner späteren Jahre in seinem zweiten Hauptwerk, der Glaubenslehre, und in der Dialektik stand unter dem Zeichen Kants. Daher wird die Geschichte der wissenschaftlichen Laufbahn des großen Theologen von der Darstellung dieses Systems und Verhältnisses von Schleiermacher zu ihm ausgehen müssen. Leiser, stiller, langsamer vollzog sich die Einwirkung unserer großen Dichtung und Literatur auf den Geist des jungen Predigers, der im preußischen Nordosten fern von den Zentren der poetischen Bewegung lebte . . . [70]

Daß sich so bei uns in einer dichterischen Bewegung die Umwälzung der Lebens- und Weltansicht vollzog, ja daß sie den eigentlichen Gehalt dieser Dichtung bildet, diese Tatsache muß aus den dargelegten geschichtlichen Bedingungen verstanden werden. Als auf die Befreiung des Denkens in der Aufklärung die Entfesselung aller Kräfte des Gefühlslebens, der Leidenschaften, der Imagination bei uns folgte, allmählich anwachsend unter den Einwirkungen der Gesellschaft, der Literatur des Auslandes, der kriegerischen Taten Friedrichs, alsdann Rousseaus und der Naturforschung: da traf sie unsere Nation in engen Sitten, in einem altgewohnten Vorstellungskreis, aber nach innen gerichtet, mit Gemütsverhältnissen beschäftigt, der Spielraum der größten Kräfte diese innere Welt. Und hieraus ergab sich nunmehr ihr Charakter. [71]

Dilthey faßte in dieser inneren Bewegung alles zusammen. Nachreformation, Pietismus, dem er keine besondere Beachtung schenkte, Späthumanismus, Neustoizismus, Aufklärung und Romantik hatten einen einheitlichen Sinn und vollbrachten eine einheitliche Leistung: Sie befreiten den Menschen aus der Enge in die Weite, weil sie ihn in die Tiefe seines inneren Lebens hineinführten und dieses als die eigentliche Wunderwelt entdeckten. Liberalismus war für ihn ebensosehr eine Haltung, also eine subjektive Größe, wie ein Vorgang von geschichtlicher Kraft, also etwas objektiv Feststellbares. Zu diesem Liberalismus bekannte er sich selbst mit innerer Leidenschaft. Die Darstellung seiner Absichten, seiner Ideale, seiner Phasen und Stadien, seiner Ergebnisse bildete den Inhalt seines Lebenswerkes. So begründete er — eine schöpferische Tat ersten Ranges — aus dem Geiste des Liberalismus die neue Wissenschaft der Geistesgeschichte. Vielleicht hat damit der Liberalismus seinen höchsten Rang überhaupt erreicht. Der christliche Glaube konnte nur, mußte aber auch in diesen Rahmen eingezeichnet werden. Kirchengeschichte wurde durch Dilthey nahezu unwiderruflich Geistesgeschichte und Theologiegeschichte, die sich kritisch und verstehend zugleich um die Erfassung theologischer Daten und kirchlicher Vorgänge als geistiger Entscheidungen bemühte. Er griff ein Urteil Mirabeaus über das frühidealistische und vorromantische Deutschland auf und formulierte es mit seinen eigenen Worten:

Schon Mirabeau bemerkte das Auftreten unserer Dichtung inmitten eines hohen Standes der wissenschaftlichen Reflexion und seine Folgen. Die deutsche Poesie, sagte er, trägt den Charakter einer Epoche an sich, in welcher der Verstand den Sieg über die Einbildungskraft erlangt hat; darum mußte sie eher Früchte als Blüten bringen. So sind unsere Dichter nicht nur wissenschaftliche Denker neben ihrer poetischen Tätigkeit; ihre dichterische Entwicklung ist geradezu durch den Fortgang ihrer Forschung bedingt. Unmittelbar bringen sie eine großartige wissenschaftliche Bewegung hervor, neue Richtungen der Forschung, ja eine neue Weltanschauung. Und damit erklärt sich die Tatsache, daß die Generation, die auf sie folgte, wenig glücklich in der Dichtung, aber schöpferisch in wissenschaftlicher Forschung —, in sittlicher Ansicht, in Gestaltung einer Weltanschauung war, und daß diese Schöpfungen alle nur die Vollendung dessen waren, was jene begonnen hatten . . .

Es galt, durch das neue Lebensideal das sittliche Leben und die moralische Wissenschaft umzugestalten. Einst hatte Fichte als seine Aufgabe bezeichnet, durch die Philosophie Kants die Welt zu reformieren. Auf der umfassenden Grundlage der Ergebnisse der ganzen großen Bewegung, inmitten einer gewaltigen sittlichen Gärung, wie sie in der großstädtischen Gesellschaft am schärfsten heraustrat, erhob sich nun Schleiermachers reformatorischer sittlicher Beruf. Auf die Dichter folgte in ihm der Ethiker, auf die in sich gesättigte Darstellung einer idealen Welt die tiefe Gesinnung, die das Neuerrungene allen aneignen will.

Es galt dann, wandte er sich solchergestalt zu den die Wirklichkeit bewegenden idealen Mächten, die hervorragendste unter ihnen in der neueren europäischen Kultur, die Religion, das Christentum, mit tieferem Verständnis zu umfassen, inmitten der Umwälzung der Weltansicht ihre ewige Bedeutung aufzuzeigen und so der nachlassenden, sinkenden den Anstoß tieferer Wirkung damit zu geben. Es war ein Anstoß, wie Claus Harms sich ausdrückte, „zu einer ewigen Bewegung": er entschied eine Vertiefung des ganzen religiösen Lebens . . .

Spät erst, in seiner letzten Epoche, mit einer bewunderungswürdigen Besonnenheit, unternahm Schleiermacher, an Kants kritischem Resultat festhaltend, mit der von seinen Reden errungenen Anerkennung der Bedeutung, welche der religiösen Anschauung der Weltharmonie in der Gestaltung jeder Weltansicht zukommt, einfache Grundlinien seiner Weltanschauung zu entwerfen. Der Zauber dichterischer Fassung des Weltzusammenhangs ist nicht in ihnen, aber eine tiefe, wahrhaftige Einsicht in die Beweggründe und die Bildungsgeschichte aller Weltanschauungen, für seinen kritischen Geist der Ertrag des Erlebten . . .

So steht Schleiermacher in der Mitte aller Bestrebungen seiner Generation. Er umfaßte das Größte, was seine Zeit bewegte, was die Generation vor ihm vorbereitet hatte. Der ganze Lebensgehalt der voraufgegangenen Epoche erhielt in ihm die Wendung auf das handelnde Leben, auf die Herrschaft der Ideen in der Welt. [72]

So feinsinnig die Interpretation Schleiermachers im einzelnen nach diesem Programm vorgenommen wurde, so sehr ist deutlich, daß Dilthey ihn als Ethiker auffaßte und ihm als solchem seinen Rang zuerkannte. Auch darin lag ein Charakteristikum des Liberalismus. Kulturprotestantismus hieß Bekenntnis zu einer auf sittliche Entscheidungsfreiheit angesichts menschlicher Höchstwerte gegründeten Kultur. Bildung war die notwendige Voraussetzung für eine solche Haltung, und das Christentum wurde ausschließlich auf seinen Bildungswert befragt. Es drohte die Gefahr und trat wohl auch nicht nur hie und da ein, daß der Glaube der schlichten Menschen ohne höhere geistige Bildung in seiner Kraft, Leiden zu ertragen, sittliche Entscheidungen zu fällen, sich der Hoffnung auf ein ewiges Leben zu trösten, Geduld und Bescheidenheit in echter Demut nach dem Beispiel Jesu selbst zu üben, unterschätzt wurde. Aus diesem Grunde hat der Liberalismus seine natürliche Heimat in den Bildungsschichten gehabt, während noch die Aufklärung alle Stände ohne Unterschied erreichen konnte.

Es ist vielleicht übertrieben scharf gesagt, jedoch als allgemeines Urteil in der Tendenz unvermeidlich, wenn man feststellt: Die Kirche, insbesondere die evangelische Kirche in Deutschland, findet an das geistige Leben seit 1850 nur schwer Anschluß. Man kann sagen: Sie verpaßt überall den Anschluß, zuerst an das demokratisch-liberale Staatsbewußtsein, an die Arbeiterbewegung, an die Industrie und ihre neuen Lebensformen, an die Großraumwirtschaft, an die Technik, an die Dichtung, an die Kunst, an die Musik, an die Philosophie, an die Pädagogik und Psychologie. Sie steht weithin im Winkel, soweit sie nicht ein fragwürdiges Bündnis mit der neu erstarkenden, aber nur einen kleinen Teil des Volksbewußtseins repräsentierenden Reaktion eingeht. Auch diesem Bündnis fehlt eine überzeugende, groß gedachte Legitimation. Der einzige, der sie zu geben vermochte, Friedrich Julius Stahl (1802–1861), stieß Anhänger und Gegner durch seine maßlose Polemik vor den Kopf und schwächte seinen Einfluß durch sein allzu subjektiv emotionales Auftreten. Sein Grundgedanke, daß die Revolution nicht auf dem Unglauben beruhe, sondern auf dem Gegenglauben an den Menschen, der an die Stelle Gottes trat, vermochte so nicht wirklich fruchtbar zu werden und den Dienst im allgemeinen Denken zu leisten, zu dem er imstande gewesen wäre. Die Anschlußlosigkeit bewirkt, daß das kirchliche Leben seit 1850 überwiegend einen privaten und kleinbürgerlichen Charakter annahm, daß die Kirche als Traditionsmacht und nicht als bewegende Kraft der Gegenwart erschien. Alles was sie positiv unternahm, hatte etwas Nachträgliches an sich. Dies galt besonders für die mit ihren Anliegen und ihren Leistungen durchaus zeitgerechte, notwendige Innere Mission. Johann Hinrich Wicherns (1808–1881) wirksamer Aufruf auf dem Wittenberger Kirchentag im Revolutionsjahr 1848: „Die Kirche erkläre: Die Liebe ist mein wie der Glaube!"[73] war pietistisch gedacht und empfunden. Man konnte ihn so interpretieren, daß er besagte: Der Glaube mag in Ordnung sein, heute aber kommt es auf die Tat der Liebe an. Das war die pietistische Grundkonzeption vom „lebendigen Glauben", d.h. dem Glauben, der sein Leben und seine Lebendigkeit durch Früchte erwies. Während die Kirche noch in den Revolutionsjahren 1848/49 große Zeitprediger hatte, vor allem August Tholuck, Adolf Harleß und Friedrich Ahlfeld, wurde ihre Verkündigung danach in Deutschland sehr persönlich und privat bis emotional. Sie kreiste um die Frage Gott und die Seele, die Seele und ihr Gott.[74] Trotzdem blieb sie fleißig in kleinem Zuschnitt. Sie trieb eifrige Gemeindearbeit, treue Predigt, treuen Unterricht, treue Sozialfürsorge in der Inneren Mission. Sie baute die Äußere Mission auf, sie gründete zahllose Gemeindegruppen nach Geschlechtern und Lebensaltern und bot so vor allem den einfachen Menschen eine seelische Heimat mit Familiencharakter. Jedoch gelang es ihr nicht, Züge im Gesicht der Zeit zu verändern und wirksam in den geistigen Fluß und Streit der Meinungen einzugreifen. Das beste, was sie konnte, war, Kreise von Treuen zu sammeln. So entstand aus angelsächsischen Einflüssen im Gegenschlag zu dem vordringenden Liberalismus die landeskirchliche Gemeinschaftsbewegung (seit etwa 1875), die den Nachdruck auf Bibelfrömmigkeit und persönliche Erfahrung im Heilsglauben legte. Wichtig war auch die bescheidene Lebenshaltung der Pfarrhäuser im Zeitalter wirtschaftlicher Blüte: Die Kirche nahm nicht an den Segnungen des Kapitalismus teil, obwohl manche ihrer großartigen Kirchenbauten aus dieser Zeit und auch der Aufbau manches kirchlichen Krankenhauses auf die Freigebigkeit liberaler Wirtschaftsführer zurückgingen. Lange Zeit waren die Pfarrer gegenüber den anderen Beamten mit voll akademischer Ausbildung unterbesoldet.

Seit der Erweckungsbewegung am Anfang des 19. Jahrhunderts, welche die Reaktion gegen die Aufklärung und ihre kirchliche Erscheinungsform, dem Rationalismus, gewesen war, hatte die Kirche keine neue wirkliche Glaubensbewegung erlebt. Die beiden großen Konfessionen waren auf diesem Boden nahe zusammengeführt worden, und es hatten bedeutungsvolle Begegnungen stattgefunden, die aber ohne kirchliche, kirchenpolitische oder gar kirchenrechtliche Folgen blieben. Der Liberalismus hatte keine neue Glaubenskraft entzündet. Es bleibt fraglich, ob er es je ernsthaft versuchte, ob er sich etwa darum bemühte, seinen Grundbegriff der persönlichen Freiheit auch biblisch zu sichern und in seinem Verhältnis zu Bindung und Dienst genauer zu bestimmen. Für den Kulturprotestantismus, die eigentliche geistige Erscheinung, die er hervorgebracht hat, war das Christentum ein Bildungselement nach dem Vorgang Wilhelms von Humboldt, als solches willkommen, aber nicht eigentlich führend und bestimmend. Es überrascht nicht, daß in diesen Kreisen als das Hauptanliegen die Bildung der religiös- sittlichen Persönlichkeit empfunden und proklamiert wurde. Die Theologie hatte durch das Ende des deutschen Idealismus, vor allem Hegels und seiner Jünger, einen schweren Schlag erhalten. Der linke Flügel seiner Schule, von dem nie klar wurde, ob er sich mit Recht oder zu Unrecht auf ihn berief, hatte Christentumszersetzung und Religionsbekämpfung in größtem Stil, z. T. in gehässiger, niederreißender Form geübt. Die Wortführer waren Ludwig Feuerbach mit seinem „Wesen des Christentums" (1841), das kein geringerer als der schweizerische Dichter Gottfried Keller weitgehend und erfolgreich verbreitete, Bruno Bauer mit seiner Anklageschrift „Das entdeckte Christentum", die nie gedruckt, sondern vor der Drucklegung 1843 beschlagnahmt wurde[75], und David Friedrich Strauß mit seinem „Leben Jesu" (1835), das die neutestamentlichen Erzählungen zu Mythen aus alttestamentlichen Voraussetzungen erniedrigte, obwohl der Verfasser damals noch an ihrer inneren Wahrheit festhielt und erst durch seine Amtsentsetzung in Zürich in den antichristlichen und atheistischen Radikalismus hineingetrieben wurde. Bruno Bauer erklärte das ganze Neue Testament für eine Fälschung, Jesus und das ganze Christentum für Phantasiegebilde, Ludwig Feuerbach die christlichen Dogmen zu Erzeugnissen frommer Wünsche und seelischer Elementarbedürfnisse des Menschen. Der Anspruch der christlichen Botschaft, Offenbarung von Geheimnissen zu sein, wurde völlig preisgegeben. Eine Anknüpfung an Hegel, wie sie Ferdinand Christian Baur (1792–1860) eindrucksvoll, selbständig und konsequent versucht hatte, ohne nach rechts und links zu schauen, so daß er sich nicht in die herkömmlichen Schemata einordnen ließ, schien nicht mehr möglich. Sören Kierkegaard (1813–1855) versetzte in seinen beißend ironischen Schriften jedem derartigen Versuch den Todesstoß, und auch wenn er infolge der geringen Kenntnis der dänischen Sprache in Deutschland zunächst nicht wirksam wurde, so fehlte es doch an Denkern, die ihn auf gleicher Höhe hätten widerlegen können. Die Erweckungstheologie war geistig zu anspruchslos, die des Neuluthertums wirkte trotz beachtlichen Bemühungen, wie sie Gottfried Thomasius (1802–1875), Johannes von Hofmann (1810–1877), Christoph Ernst Luthardt (1823–1902) und Franz Hermann Reinhold Frank (1827–1894) unternahmen, im ganzen repristinatorisch. Sie erschien als unreflektierte Neuaufnahme der Reformation, der lutherischen Bekenntnisbildung und Orthodoxie. So unterblieb das Gespräch mit dem Zeitbewußtsein und seinen inneren Energien. Es entstand der Eindruck, als ob evangelische Kirche und Theologie nahezu stumm geworden wären und das Vermögen verloren hätten, wie in früheren Epochen, ein überzeugendes Wort zu sprechen oder gar die Führung im Streit der Geister zu ergreifen. Es vollzog sich dasselbe, was man in der bildenden Kunst des 19. Jahrhunderts beobachten kann: eine engbrüstige, weitgehend — wenn auch nicht ausschließlich — introvertierte Haltung, und dort, wo man wirklich die Verbindung mit den Tendenzen der Gegenwart suchte, eine eigentümliche Lähmung, ein Versagen, eine Unfähigkeit, die rechten Mittel für eine Auseinandersetzung zu finden und sich ihrer zu bedienen, von der bloßen Verteidigung zum Angriff überzugehen, eigene Fragestellungen aufzubieten und dem Partner aufzunötigen — kurz eine Haltung der apologetischen Schwäche.

c) Eduard Spranger (1882–1969)

Der führende Berliner und Tübinger Philosoph, Pädagoge und Kulturdeuter, der seinen akademischen Weg als blutjunger Ordinarius 1911 an der bedeutenden Universität Leipzig begann und sowohl durch seine Gesamtdeutung Wilhelm von Humboldts als auch durch seine „Psychologie des Jugendalters" und seine „Lebensformen" Weltruf erlangte [76], wurde der Schüler und Fortsetzer Diltheys. Er war nicht Theologe wie die beiden vorgenannten Denker. Vielmehr hatte er sich ganz in Humboldt hineingedacht und hineingelebt, ohne jedoch dessen Fremdheit gegenüber dem Phänomen der Religion zu übernehmen. Es war bezeichnend, daß er diesen Zug seines Helden und Vorbilds völlig unerwähnt ließ, als ob er ihn überhaupt nicht bemerkt hätte. Sprangers Kulturprotestantismus war von andrer Art als derjenige Diltheys: reicher, stärker philosophisch-prinzipiell, weniger geschichtlich-individualisierend, substantiell pädagogisch, daher immer mit einem Unterton von kategori-

schem Imperativ, der die Bildung nicht so sehr als Angebot als vielmehr als Verpflichtung verstand. Stimmungsmäßig kennzeichnete diesen humanistischen Kulturprotestantismus keineswegs ein relativistischer, skeptischer oder pessimistischer
Grundton. Er erschien vielmehr mannhaft optimistisch, entschlossen zum Stand-
halten und zum Gestalten. Das verlieh seinen Büchern und Aufsätzen etwas Mit-
reißendes. Man konnte ihnen gegenüber nicht neutral bleiben. Es schien unmöglich,
bei ihrer Lektüre als Betrachtender in meditierender Haltung zu verharren. Wurde
Dilthey bewundert, besonders als nach seinem Tode durch die hingebende Tätigkeit
seines Schwiegersohnes Georg Misch die Fülle seiner Visionen in der stattlichen
Reihe der „Gesammelten Schriften" ans Licht trat, so wünschte, forderte und er-
zeugte Spranger Gefolgschaft, vielleicht auch Gegnerschaft trotz seinem liebens-
würdigen Auftreten und seiner verbindlichen Art. Bezeichnendes Licht auf diesen
Tatbestand wirft die Beobachtung, daß in der Festschrift, die ihm zum 60. Geburtstag am 27. Juli 1942 unter dem sehr allgemein und daher leicht blaß wirkenden
Titel „Geistige Gestalten und Probleme" gewidmet wurde, unter den 19 Beiträgen
mindestens 11 Probleme behandelten, die vom Menschen ausgingen, seiner Bildung
oder Erziehung dienten, auf seine Stellung in der Welt und auf seine Möglichkeiten
gerichtet waren. Der geehrte Forscher und Lehrer erschien eindeutig als Menschen-
bildner.

Da es nicht möglich ist, sein gesamtes literarisches Werk überzeugend und ange-
messen zu würdigen, begnügen wir uns mit einer Schrift, die als eine Art Zusammenfassung seines Denkens angesehen werden darf. Es ist sein Vortrag „Weltfrömmigkeit" (1942), der mündlich und literarisch ein großes Echo weckte und vielfältige Beachtung fand. Auch die Tatsache, daß er auf dem Höhepunkt des natio-
nalsozialistischen Weltkrieges gehalten wurde, hat ihre Bedeutung und begründet
einen einzigartigen historischen Wert, wie sich im einzelnen zeigen läßt.

Nachdem er einleitend die Merkwürdigkeit hervorgehoben hatte, daß nicht der
übliche Gegenstand „Gott" für die Frömmigkeit in den Mittelpunkt gestellt wurde,
sondern der Gegenwert „Welt" — auch nicht „Mensch" —, wies er solche Weltfrömmigkeit in dreifacher Gestalt auf: zunächst als Weltfrömmigkeit des Gefühls.
Dafür dienten ihm — geschickt gewählt — Schleiermachers „Reden über die Religion", sodann Goethe und Gottfried Keller mit ihrem gesamten Lebenswerk als
große Beispiele. Hier gab es nur *eine* Welt. Welt hieß alles, was sie innerlich erfüllte. Ganz besonders deutlich ließ sich das an Schleiermachers „Reden" erweisen, die daher auch den Verdacht eines atheistischen, an Spinoza angelehnten,
ihm womöglich im Innersten verpflichteten Pantheismus hervorriefen. Aber auch
bei Goethe trat Gott in seiner Geschiedenheit von der Welt, in seiner Selbständigkeit und Unabhängigkeit völlig zurück zugunsten dessen, der in der Welt überall
wirkte, überall wahrnehmbar und erkennbar wurde. Sicheinsfühlen mit der Welt,
in der Welt seinen Platz finden — darin bestand die Aufgabe der Frömmigkeit. Ein
Gegensatz zu ihr war undenkbar, unvollziehbar. Gottfried Keller schließlich, der
Schüler und Bewunderer Feuerbachs, drängte Gott völlig zurück, so daß er auf
Zeitgenossen und spätere Beurteiler als Atheist wirkte, der sich an die Welt verlor.

Der Weltfrömmigkeit des Gefühls, die sich bei Goethe und Keller vorwiegend als Naturverbundenheit äußerte, trat die Weltfrömmigkeit der Tat gegenüber. Als ihre Repräsentanten nannte Spranger Friedrich II., den König von Brandenburg-Preußen, und den Philosophen Johann Gottlieb Fichte. Sie sind untereinander in bemerkenswerter Weise verschieden. Denn während Friedrich in der irdischen Welt des Staates, die durch unaufhaltsame Arbeit bestimmt war, völlig aufging und keinen andern Lebensinhalt kannte, als sich in ihr, für sie, d. h. für den ihm anvertrauten Staat, zu verzehren, sah Fichte die irdische Wirklichkeit keineswegs als die einzige an. Er war davon durchdrungen, daß es über ihr und hinter ihr eine höhere Sphäre gab, in der alles irdische Tun unsagbar klein und bedeutungslos erschien. In seiner ethischen Mystik, wie er sie vor allem in der „Anweisung zum seligen Leben" (1806) darlegte, setzte er bedeutungsvoll Leben, Seligkeit und Liebe gleich. Er entwickelte die Ansicht, daß sich in der Sinnenwelt, aber der Sache nach über ihr eine neue eigentlich moralische Welt bilde, um deretwillen sich allein zu leben lohne, weil sie die Identität von Leben, Seligkeit und Liebe herstellt.

Die dritte Erscheinungsform der Weltfrömmigkeit erblickte Spranger in der Weltfrömmigkeit des Wissens, der Normalfrömmigkeit des Gelehrten. Hier legte er naturgemäß ein Selbstbekenntnis ab. Man kann fragen, ob er sich nicht auch in der Tatfrömmigkeit Fichtes wiedererkannt hatte, aber sicher läßt sich das nicht ausmachen. Vielleicht vermochte sie nur einen Teil seines Wesens zu erfüllen.

Hinter der zweiten und der dritten Form von Weltfrömmigkeit, mit denen er offenkundig besonders sympathisierte, lag die tiefe Erkenntnis, daß die Welt als solche, die Welt, wie sie ist, den Menschen nicht befriedigen kann. Sie genügt ihm in keiner Weise. Darum stellen sich Grundgefühle wie Weltangst und Heimatlosigkeit in der Welt ein, Grundtatsachen des menschlichen Daseins, für die der Tod mit seiner unwiderruflichen Einmaligkeit den stärksten Ausdruck darstellt. Spranger urteilte aus solchen Erwägungen, daß ein Leben in der Welt nur von einem überweltlichen Bewußtsein aus sinnvoll sei. Das Tragische in der Welt, so meinte er, lasse sich nur überwinden, wenn man wisse, daß es durch die göttliche Versöhnung (in Jesus Christus) tatsächlich überwinden *ist*. So enthüllt sich der Ernst der Weltfrömmigkeit in ihrer Offenheit für die Wahrheit der christlichen Erlösungsbotschaft.

Über ein Jahrhundert hinweg reicht vielleicht so der Kulturphilosoph der jüngsten Vergangenheit dem liberalen Historiker mit seinem späten Selbstbekenntnis die Hand.

Blickt man zurück und läßt das Ganze dieser in sich verschiedenen, aber im verpflichtenden Bekenntnis zur Freiheit des Geistes, des Glaubens und der Weltanschauung einheitlichen Geister auf sich wirken, so kann man nicht anders als urteilen, daß es immerhin beachtenswerte Einsichten waren, welche der Liberalismus gewann. Es waren sowohl Einsichten in die Wirklichkeit selbst als auch in ihr Verhältnis zum Christentum. Das gilt, auch wenn man die Frage nicht unterdrücken kann, ob er damit nicht seine eigene Grundhaltung gefährdete oder ob er damit über die Grenzen hinausschritt, die ihm diese, seine Grundhaltung zog.

Anmerkungen

1 Die Stellung und Stellungnahme des politischen Liberalismus zum Christentum und zu den konkreten Kirchen gehört in den allgemeinen Zusammenhang der Beziehung zwischen Kirche und Staat in Deutschland im 19. Jahrhundert hinein, die noch gründlicher Untersuchung bedarf. An ihrem Ende könnte eine Neuauflage des bekannten, weithin als Klassiker benutzten Buches von Karl Rothenbücher, Die Trennung von Kirche und Staat (1926) stehen. In diese müßte dann vor allem auch das Selbstbewußtsein sowie die Selbstkritik der Kirche(n) aufgenommen werden. Während im römischen Katholizismus die Trennung der beiden Größen als Irrlehre galt (vgl. vor allem den Syllabus Pio Nonos von 1864, Error 55) wurde sie von den führenden evangelischen Theologen begrüßt, vor allem von Friedrich Schleiermacher und Wilhelm Löhe, aber auch von Johann Hinrich Wichern und August Kahnis. Der Pietismus hatte hier vorgearbeitet. In der bisherigen, stark juristisch orientierten Diskussion, die von der Gegenüberstellung der beiden Größen als Institutionen bestimmt war, fanden die Hintergründe zu geringe Erwähnung. Das bequeme Schlagwort von der „Trennung" verleitete dazu, die Frage vom Glauben und von der Kirche aus als nicht vorhanden zu betrachten. Eine völlige Privatisierung geht m. E. — wenn auch ungewollt und nebenbei — auf Wilhelm von Humboldt zurück; vgl. meinen Aufsatz „Religion und Christentum bei Wilhelm von Humboldt", in: Humanitas-Christianitas, Walther von Loewenich zum 65. Geburtstag, Witten (Ruhr) 1968, S. 150—166, bes. S. 159. Man vergaß, daß auch die „Trennung", da sie ja in rechtlichen Formen erfolgt, eine letzte — wenn auch dünne und schmale — Verbindung mit dem „Staate" begründet, da die Kirche eine seiner Rechtsformen benutzen muß.
2 Vgl. Fritz Blanke, Brüder in Christo. Die älteste Täufergemeinde in Zollikon 1524/25. Zürich 1955.
3 Hier sind genauere Untersuchungen nötig. Vgl. außer meiner Analyse von Speners Pia Desideria (1675) in der Aufsatzsammlung „Wiedergeburt und neuer Mensch", Witten (Ruhr) 1969, S. 129—168, bes. S. 146f., bes. Martin Kruse, Speners Kritik am landesherrlichen Kirchenregiment und ihre Vorgeschichte, Witten (Ruhr) 1971.
4 Unter Semlers Schriften kommt vor allem in Betracht „Über historische, gesellschaftliche und moralische Religion der Christen" (1786), die beinahe programmatischen Charakter trägt.
5 Faust II, 1, Verse 6271—6674.
6 Metternichs Tagebücher veröffentlicht von Helmut Mathy, Ein berühmter Student der Mainzer Universität: Die diplomatischen Lehr- und Wanderjahre Metternichs, in: Jahrb. der Vereinigung „Freunde der Universität Mainz" 17 (1968), S. 73f.
7 Weltgeschichte für das deutsche Volk, 19 Bde., 1841—57, erschienen in 28 Auflagen bis 1910, von mir benutzt in der 1. Auflage, danach zitiert: V, S. 465 XVII, S. 154.
8 Ebd. IX, S. 465.
9 Ebd. XVIII, S. 454.
10 Ebd. XVII, S. 126.
11 Ebd. XIV, S. 471.
12 Ebd. IV, S. 242.
13 Ebd. IV, S. 244 ähnlich IX, S. 245.
14 Ebd. IV, S. 421.
15 Ebd. IV, S. 561.
16 Ebd. IV, S. 421.
17 Ebd. IV, S. 426—434.
18 Ebd. IV, S. 433.
19 Ebd. IV, S. 416.
20 Ebd. IV, S. 425.
21 Ebd. V, S. IX; IV, S. 426.
22 Ebd. XIV, S. 235f.
23 Ebd. VII, S. 269.
24 Ebd. VII, S. 401.

25 Ebd. V, S. 363.
26 Ebd. VI, S. 268.
27 Ebd. VII, S. 254.
28 Vgl. Heinrich Boehmer, Luther und die Verbrennung der Bannbulle, in: LJ (= Luther-Jahrb.) 2/3 (1920/21), S. 7–53, S. 7; jetzt auch in: Heinrich Boehmer, Studien zur Kirchengeschichte, hrsg. v. Heinrich Bornkamm und Hans Hofmann, München 1974 (Theol. Bücherei, Hist. Theol. B. 52), S. 77–123, S. 77.
29 Schlosser (s. Anm. 7), IX, S. 464; XI, S. 137f.
30 Ebd. IX, S. 460.
31 Ebd. XI, S. 334.
32 Ebd. XI, S. 349.
33 Ebd. XI, S. 447.
34 Ebd. XI, S. 337–343.
35 Ebd. XVI, S. 276f.
36 Ebd. XVI, S. 52.
37 Ebd. XI, S. 447.
38 Heinrich von Treitschke, Deutsche Geschichte im 19. Jahrhundert I, [8]Leipzig 1909, S. 193f.
39 Schlosser (s. Anm. 7), XVII, S. 105.
40 Ebd. XVI, S. 276f.
41 Ebd. XVI, S. 126, ähnlich XVII, S. 144.
42 Ebd. XVIII, S. 473.
43 Nathan der Weise I, 1.2.
44 Schlosser (s. Anm. 7), XI, S. 459.
45 Ebd. XVIII, S. 472f.
46 Jacob Burckhardt, Weltgeschichtliche Betrachtungen, hrsg. v. Alfred von Martin, Krefeld 1948, S. 42.
47 Schlosser (s. Anm. 7), V, S. VI.
48 Ebd. V, S. VII.
49 Zahme Xenien IX. Nachlese Werke (Sophienausg.) I Bd. 1, S. 130f., vgl. dazu Peter Meinhold, Goethe zur Geschichte des Christentums, Freiburg i. Br. 1958, S. 181f.
50 Vgl. die wahrscheinlich abschließende Biographie von Werner Kaegi, Jacob Burckhardt I–III, Basel 1946–56.
51 Burckhardt an Preen 3. Juli 1870, bei v. Martin (s. Anm. 46), Nachwort S. 347 A. 54.
52 Ebd. S. 355.
53 Ebd. S. 357.
54 Burckhardt ebd. S. 231.
55 Vgl. meinen Aufsatz: Züge eines theologischen Geschichtsbegriffs bei Ernst Troeltsch, in: Reformatio und Confessio. Festschrift für Wilhelm Maurer, Berlin 1965, S. 244–258.
56 Werke (Suphan) 12, S. 3–11.
57 Ges. Schriften (Akademieausg.) Berlin I, 1 (1903), S. 65.
58 Ebd. S. 52.
59 R[1] (Otto), S. 68f.
60 Humboldt (s. Anm. 57), S. 67.
61 Horst Stephan, Geschichte der evangelischen Theologie in Deutschland seit dem Idealismus (1938), Berlin [3]1973 (hrsg. v. Martin Schmidt), S. 76.
62 Adalbert Stifter, Gesammelte Erzählungen, Leipzig 1954, S. 1–8. Folgende Sätze sind besonders wichtig: „Es ist einmal gegen mich bemerkt worden, daß ich nur das Kleine bilde, und daß meine Menschen stets gewöhnliche Menschen seien. Wenn das wahr ist, bin ich heute in der Lage, den Lesern ein noch Kleineres und Unbedeutenderes anzubieten, nämlich allerlei Spielereien für junge Herzen. Es soll sogar in denselben nicht einmal Tugend und Sitte predigt werden, wie es gebräuchlich ist, sondern sie sollen nur durch das wirken, was sie sind." (S. 1 = Anfang der Einleitung bzw. Vorrede) „Das Wehen der Luft, das Rieseln des Wassers, das Wachsen der Getreide, das Wogen des Meeres, das Grünen der Erde, das Glänzen des Himmels, das Schimmern der Gestirne halte ich für groß: das prächtig

einherziehende Gewitter, den Blitz, welcher Häuser spaltet, den Sturm, der die Brandung treibt, den feuerspeienden Berg, das Erdbeben, welches Länder verschüttet, halte ich nicht für größer als obige Erscheinungen, ja ich halte sie für kleiner, weil sie nur Wirkungen viel höherer Gesetze sind. Sie kommen auf einzelnen Stellen vor, und sind die Ergebnisse einseitiger Ursachen" (S. 2). „So wie es in der äußeren Not ist, so ist es auch in der inneren, in der des menschlichen Geschlechtes. Ein ganzes Leben voll Gerechtigkeit, Einfachheit, Bezwingung seiner selbst, Verstandesgemäßigkeit, Wirksamkeit in seinem Kreise, Bewunderung des Schönen, verbunden mit einem heiteren gelassenen Sterben halte ich für groß: mächtige Bewegungen des Gemütes, furchtbar einherrollenden Zorn, die Begier nach Rache, den entzündeten Geist, der nach Tätigkeit strebt, umreißt, ändert, zerstört, und in der Erregung oft das eigene Leben hinwirft, halte ich nicht für größer, sondern für kleiner, da diese Dinge so gut nur Hervorbringungen einzelner und einseitiger Kräfte sind, wie Stürme, feuerspeiende Berge, Erdbeben. Wir wollen das sanfte Gesetz zu erblicken suchen, wodurch das menschliche Geschlecht geleitet wird" (S. 4).

63 Humboldt (s. Anm. 59) S. 100.
64 Ebd. S. 126.
65 Ebd. S. 138.
66 Ebd. S. 152.
67 Werke (Suphan) 4, S. 345–461.
68 Wilhelm Dilthey, Friedrich Christoph Schlosser, in: Pr Jb (= Preußische Jahrbücher) 9 (1862), S. 374f.
69 Leben Schleiermachers I, Berlin 1870, S. I (Neuausg. v. Martin Redeker Berlin 1970, S. XXIII).
70 Ebd. Neuausg. Redeker, S. XXXVIIf. (spätere Änderung Diltheys).
71 Ebd. 1870, S. VII (Neuausg. Redeker, S. XXXVIII).
72 Ebd. 1870, S. VIII–X (Neuausg. Redeker, S. XXXIX–XLI); vgl. auch meinen Aufsatz: Wilhelm Dilthey als Biograph Schleiermachers, in: Kirche in der Zeit XVII (1962), S. 33f. (Festschrift für Martin Niemöller).
73 Johann Hinrich Wichern, SW I, 1962, S. 165.
74 Vgl. die überaus einflußreiche Predigtsammlung unter diesem Titel von Christian Geyer und Friedrich Rittelmeyer (1906, zahlreiche Neuauflagen), dazu Wolfgang Trillhaas, Der freie Protestantismus im 20. Jahrhundert und die „Nürnberger Richtung", in: Humanitas-Christianitas (s. Anm. 1), S. 193–204.
75 Erst Ernst Barnikol, Das „Entdeckte Christentum" im Vormärz. Bruno Bauers Kampf gegen Religion und Christentum und Erstausgabe seiner Kampfschrift (1927), gab sie heraus.
76 Bezeichnend dafür war, daß er für eine Weile nach Japan berufen wurde.

„Liberale Theologie"

HANS-JOACHIM BIRKNER

I.

Unter den zahlreichen Richtungsbezeichnungen, die in der protestantischen Theologie des 19. Jahrhunderts aufgetreten sind, ist „liberale Theologie" unverkennbar diejenige, welche die stärkste Beharrungskraft bewiesen hat. Während Begriffe wie „Rationalismus" oder „Vermittlungstheologie" oder „modern-positive Theologie" schon seit langem nur noch an die theologiegeschichtliche Erinnerung appellieren, steht es bei der „liberalen Theologie" anders. Dieser Begriff hat einen programmatischen Klang behalten; er wird selten genannt, ohne daß zugleich Stellung- und Parteinahme sich andeutet.

Den Wandlungen im Gebrauch und im Geltungswert dieser Richtungsbezeichnung sind die folgenden Ausführungen gewidmet[1]. Sie begrenzen sich auf die Ausdrücke *„theologischer Liberalismus"* und *„liberale"* bzw. *„freisinnige Theologie"*[2]. Dagegen finden verwandte Begriffsbildungen wie „kirchlicher Liberalismus", „religiöser Liberalismus", „liberaler Protestantismus", „liberales Christentum" allenfalls am Rande Berücksichtigung, da sie nicht als Richtungsbezeichnungen der *Theologie* aufgekommen sind und gedient haben, so unscharf die Grenzen des Gebrauchs gelegentlich sein mögen.

II.

Ich setze ein beim kirchlich-theologischen Sprachgebrauch des zeitgenössischen deutschen Protestantismus. Hier wird man drei Weisen der Bezugnahme auf „liberale Theologie" unterscheiden können. An erster Stelle ist die Verwendung des Begriffs im Sinne einer polemischen Etikette zu erwähnen. Die Kennzeichnung einer Auffassung als „liberal" hat dabei den Sinn, theologischen Irrtum zu signalisieren, einen Irrtum überdies, der als längst durchschaut und überwunden gilt. Wem „Rückfall" in den theologischen Liberalismus attestiert wird, der sieht sich mit dem Vorwurf der Heterodoxie zugleich noch dem der Rückständigkeit ausgesetzt. Diese polemische Verwendung hat sich verbreitet im Gefolge der neuen theologischen Entwürfe, die nach dem 1. Weltkrieg aufgetreten waren. Vor allem die Wortführer der frühen dialektischen Theologie haben in der Auseinandersetzung mit den eigenen theologischen Vätern die „liberale" als Paradigma verkehrter Theologie dargestellt. Als bezeichnendes Exempel kann Rudolf Bultmanns Aufsatz „Die liberale Theologie und die jüngste theologische Bewegung" (1924) angeführt werden, der seine Kritik summiert in dem Satz: „Der Gegenstand der Theologie ist Gott, und der Vorwurf gegen die liberale Theologie ist der, daß sie nicht von Gott, sondern von Menschen gehandelt hat."[3] Eine solche Formulierung, die der befehdeten Richtung den Verlust des theologischen Gegenstandes bescheinigt und ihr so gewissermaßen die Qualität von Theo-logie abspricht, demonstriert in schöner Durchsichtigkeit, wie „liberale Theologie" aus der Benennung einer theologischen Richtung zum Titel theologischer Verfehlung werden konnte.

Neben der polemischen Verwendung und gegen sie steht eine zweite, gänzlich andere. Sie kann, wenn nicht als programmatisch, so doch als affirmativ bezeichnet werden. Ein unumwunden programmatischer Gebrauch, der „liberal" zum aktuellen Richtungsbegriff erhebt, begegnet in Deutschland vergleichsweise selten, häufiger schon bei Schweizer Theologen; als Beispiel nenne ich die Schrift von Ulrich Neuenschwander „Die neue liberale Theologie" (1953). Es macht eine interessante Differenz in den Bedingungen theologischer Arbeit aus, daß in der Schweiz — anders als hierzulande — das kirchlich-theologische Richtungsgefüge über mehr als ein Jahrhundert hinweg eine erstaunliche Stabilität bewiesen hat[4]. Daß „liberale Theologie" eine nicht nur historisch, sondern auch aktuell belangvolle Angelegenheit meint, das ist schon vorausgesetzt, wenn theologische Programmatik diesen Begriff — anknüpfend und neu definierend — aufnimmt[5]. Für die deutsche Situation ist umgekehrt gerade das Fehlen derartiger Richtungskontinuität kennzeichnend. „Liberale Theologie" bezeichnet eine Richtung und Gruppierung der Vergangenheit. Die anknüpfende Bezugnahme richtet sich infolgedessen nicht auf den Namen, sondern auf das „Erbe", das — mit welchen Näherbestimmungen und Einschränkungen auch immer — bewahrt und neu zur Geltung gebracht werden soll.

Sowohl in der polemischen wie in der programmatisch-affirmativen Verwendung empfängt der Begriff seine Konturen und seine Farben aus der Theologiegeschichte. An dritter Stelle ist der im engeren Sinne theologiegeschichtliche Verwendungsmodus noch für sich zu betrachten. Versucht man, genauer zu erfassen, wer der „liberalen Theologie" zugerechnet wird, so drängt sich alsbald die Beobachtung auf, daß der Begriff in unterschiedlicher Weise und Weite gebraucht wird. Vereinfachend kann man eine enge und eine weite Fassung unterscheiden. In der engen Fassung dient er primär zur Benennung einer theologischen Gruppierung des Jahrhundertanfangs. Als klassischer Repräsentant gilt vor allem Adolf v. Harnack; neben ihm sind sofort Wilhelm Herrmann und Ernst Troeltsch zu nennen; die sogenannte Religionsgeschichtliche Schule gehört in diesen Zusammenhang hinein, ebenso das in der 1. Auflage wesentlich von ihr geprägte Nachschlagewerk „Die Religion in Geschichte und Gegenwart". Im wesentlichen handelt es sich um den Kreis der theologischen Freunde, Schüler und Enkelschüler Albrecht Ritschls — um den Kreis, der in der „Christlichen Welt" sein Organ und in der „Vereinigung der Freunde der Christlichen Welt" einen organisatorischen Zusammenschluß gehabt hat[6].

Daneben wird der Begriff in einem weiten Sinn gebraucht, und zwar so, daß er eine theologische Linie und Richtung bezeichnet, die sich durch das gesamte 19. Jahrhundert verfolgen läßt. Einen Beleg für diesen Gebrauch bietet z. B. der einschlägige Artikel in der 3. Auflage der RGG, in dem es heißt: „Der Liberalismus bildet

neben der restaurativen und der Vermittlungstheologie die dritte Hauptrichtung in
der Theologie des 19. Jahrhunderts. Man kann im theologischen Liberalismus des
19. Jahrhunderts drei Epochen unterscheiden: Für die erste sind die radikale Kritik
und die philosophische Spekulation im Anschluß an Hegel bezeichnend; die zweite
steht unter dem Einfluß A. Ritschls, der philosophisch Kant verpflichtet ist; in der
dritten übernimmt die Religionsgeschichtliche Schule die Führung in der liberalen
Theologie"[7]. Wo der Begriff in dieser weiten Fassung begegnet, dort tritt nicht
selten Schleiermacher als der eigentliche Anfänger auf, so daß dann von „liberaler
Theologie" im selben Sinne wie von der „Ära Schleiermacher-Harnack" gesprochen
werden kann.

III.

Von der gegenwärtigen Handhabung des Begriffs soll nun abgehoben werden seine
Verwendung in demjenigen Zeitraum, für den er heutzutage gebraucht wird, also
im 19. und im frühen 20. Jahrhundert. Dabei ergeben sich einige überraschende
und interessante Beobachtungen; ich fasse sie in sechs Punkten zusammen.

1. Zunächst ist auf einen elementaren Sachverhalt statistischer Art hinzuweisen,
darauf nämlich, daß die breite und weite Verwendung des Begriffs überhaupt erst
in der Theologie unseres Jahrhunderts üblich geworden ist. Sie gehört zu den Cha-
rakteristika des neuen Vokabulars, das seit den zwanziger Jahren als Effekt des
Miteinanders und Widereinanders der neu aufgetretenen Programme sich herausgebildet hat. Im gesamten 19. und im frühen 20. Jahrhundert gehört „liberale
Theologie" *nicht* zu den großen Programmvokabeln und Richtungsbegriffen. Bis
zur Mitte des vorigen Jahrhunderts und noch darüber hinaus sind „Rationalismus"
und „Supranaturalismus" die unermüdlich repetierten und kombinierten Leit- und
Orientierungsbegriffe gewesen. Charakteristische Bildungen, die in der Folgezeit
aufgetreten sind und als Richtungsnamen gedient haben, sind „spekulative Theologie", „wissenschaftliche Theologie", „moderne Theologie" auf der einen Seite,
„gläubige Theologie", „positive Theologie", „kirchliche Theologie" auf der anderen Seite. „Liberale Theologie" hingegen gehört nicht in diese Reihe, sondern
nimmt einen bescheideneren Platz ein. Das wichtigste theologische Nachschlagewerk des 19. Jahrhunderts, die „Realencyklopädie für protestantische Theologie
und Kirche", hat in allen drei Auflagen das Stichwort weder eines Artikels noch
der Aufnahme in das Register gewürdigt. In den großen theologiegeschichtlichen
Selbstdarstellungen des 19. Jahrhunderts — bei Ferdinand Christian Baur, Karl v.
Hase, Carl Schwarz, Gustav Frank, Isaak August Dorner, Otto Pfleiderer — findet
sich der Begriff an keiner Stelle in betonter Weise als Richtungsbezeichnung gebraucht.

2. Dieser Sachverhalt kann um so auffälliger anmuten, als der Begriff schon früh
im 19. Jahrhundert für eine derartige Funktion vorgeschlagen worden ist. Karl
Gottlieb Bretschneider hat im Jahre 1820 einen Aufsatz „Die Ultras und die Liberalen in der Theologie" veröffentlicht[8], in dem er dafür plädiert, den politischen
Begriff „liberal" als theologische Programmvokabel zu adoptieren, als Bezeichnung

für das Konzept des theologischen Rationalismus[9]. Sein Vorschlag zielt ausdrücklich darauf, den Zusammenhang von Theologie und Politik im allgemeinen sowie die Konvergenz von politischem Liberalismus und theologischem Rationalismus im besonderen ins Bewußtsein zu heben[10]. In analoger Weise sind übrigens die Begriffsbildungen *„religiöser Liberalismus"* und *„kirchlicher Liberalismus"* aufgekommen, die sich etwa gleichzeitig bei Wilhelm Traugott Krug finden[11].

Bretschneiders Vorschlag ist Episode geblieben. Er selber hat in späteren Publikationen von dem Programmbegriff, den er vorgeschlagen hatte, keinen Gebrauch mehr gemacht[12]. Eine vergleichbare Verwendung findet sich — wiederum nur vereinzelt — ein Vierteljahrhundert später noch einmal bei David Friedrich Strauß. Sein Aufsatz „Der politische und der theologische Liberalismus", der 1848 in der von Gustav Adolf Wislicenus herausgegebenen Zeitschrift „Reform", also im Organ der Lichtfreunde, erschienen ist[13], gebraucht den Begriff „theologischer Liberalismus" als Benennung für das eigene Konzept einer „Fortbildung des Christentums zum reinen Humanismus", das auf diese Weise sich dem politischen Liberalismus als Partner empfiehlt[14].

3. Bei Bretschneider wie bei Strauß ist es der politische Liberalismusbegriff, dem ein theologisches Äquivalent an die Seite gestellt wird. Es verdient Beachtung, daß die unter diesem Akzent stehende Begriffsbildung sich nicht durchgesetzt hat. Daß der Ausdruck „liberale Theologie" in der zweiten Hälfte des Jahrhunderts allmählich häufiger vorkommt, das geht nicht auf programmatische Adoption des politischen Begriffs, es geht anscheinend überhaupt nicht auf programmatische Verwendung durch einzelne Theologen zurück. Es scheint vielmehr damit zusammenzuhängen, daß „liberal" zur *kirchenpolitischen* Richtungsbezeichnung geworden war. Wenn z. B. Daniel Schenkel, einer der Wortführer des 1863 gegründeten Protestantenvereins, von Zeitgenossen als „liberaler" Theologe apostrophiert wird, so dürfte das Beiwort weniger auf seine Wirksamkeit als Universitätslehrer und theologischer Schriftsteller als auf seine kirchenpolitische Aktivität gemünzt sein. Es liegt jedoch auf der Hand, daß im Beziehungsgefüge von Kirchenpolitik, Theologiepolitik und Theologie die Grenze zwischen kirchenpolitischer Einordnung und theologischer Richtungsbenennung fließend werden konnte.

Als im engeren Sinne theologische Richtungsbezeichnung ist „liberale Theologie" dann vorzugsweise gebraucht worden für eine Gruppierung, die daneben und häufiger auch „spekulative Theologie" hieß. Die Theologen, die als ihre Hauptvertreter gelten — Alois Emanuel Biedermann, Richard Adalbert Lipsius, Otto Pfleiderer —, sind im übrigen samt und sonders auch in liberaler Kirchenpolitik engagiert gewesen. Als *liberale* wurde die spekulative Theologie dieser Gruppe abgehoben von der spekulativen Theologie der Hegelschen Rechten. Wo im letzten Drittel des Jahrhunderts von „liberaler Theologie", die Rede ist, dort sind fast durchweg ihre Vertreter und Anhänger gemeint.

Die Benennung dürfte eher als Fremdbezeichnung denn als Selbstbezeichnung aufgekommen sein. Bei keinem der genannten Theologen fungiert sie als Programmbegriff. In Biedermanns programmatischer Frühschrift „Die freie Theologie oder

Philosophie und Christentum in Streit und Frieden" (1844), die dem kirchlichen
und theologischen Liberalismus der Schweiz als Ursprungsdokument gilt, kommt
der Begriff „liberale" bzw. „freisinnige" Theologie gar nicht vor[15]. In Vorträgen
und Aufsätzen aus späterer Zeit findet er sich gelegentlich, jedoch nur in Ausführungen, die auf die gegebenen kirchlichen und theologischen Richtungen sich beziehen[16]. Otto Pfleiderer hat „Die Entwicklung der protestantischen Theologie in
Deutschland seit Kant und in Großbritannien seit 1825" dargestellt (1891), ohne
„liberale Theologie" als Richtungsbezeichnung, gar als Kapitelüberschrift, zu verwenden; Biedermann hat er im Kapitel „Spekulative Theologie", Lipsius im Kapitel „Vermittlungstheologie" behandelt.

Trotz der Zurückhaltung der Wortführer ist der Begriff bei Gegnern wie bei Anhängern als Richtungsname gängig gewesen. Als 1893 der Ritschl-Schüler Hans Hinrich Wendt als Nachfolger für Lipsius nach Jena berufen wurde, hat das öffentliche
Debatten und heftige Proteste ausgelöst. Die Berufung eines Ritschlianers ist von
Lipsius' Freunden und Schülern als Verstoß gegen die Interessen der liberalen Theologie und gegen die liberale Tradition Jenas befehdet worden[17]. Die Begebenheit
zeigt, daß die Richtungsbezeichnung immerhin soweit eingebürgert war, daß sie
als theologiepolitisches Argument ins Feld geführt werden konnte[18].

4. An der Jenenser Auseinandersetzung ist auch das aufschlußreich, daß der Schule
Ritschls das Prädikat „liberal" ausdrücklich verweigert wurde. Das stimmte mit
dem Selbstbewußtsein und Selbstverständnis der Betroffenen freilich aufs beste
zusammen. Die Theologen im Gefolge Albrecht Ritschls, die dem neueren Sprachgebrauch als die eigentlichen Liberalen gelten, haben nicht daran gedacht, diesen
Titel für sich zu reklamieren. Im Gegenteil: sie waren erfüllt und geleitet von dem
Bewußtsein, die vorgefundenen Schulbildungen und Richtungsgegensätze allesamt
hinter sich gelassen zu haben. „Liberale Theologie" galt ihnen als der Name einer
fremden, schon überholten Konzeption, mit der sie selber nur als Kritiker oder als
Historiker befaßt waren.

Ein schöner Beleg für diesen Überwindungsanspruch wie für die Art und Weise, in
der dabei auf den Gegensatz von „liberal" und „positiv" Bezug genommen wurde,
findet sich in dem Beitrag „Christlich-protestantische Dogmatik", den Wilhelm
Herrmann 1906 für das Sammelwerk „Die Kultur der Gegenwart" geschrieben hat[19].
Seine abschließende kritische Skizze der damaligen theologischen Lage gipfelt in
dem Satz: „Auch aus dieser Dämmerung wird einmal ein Tag, und dann wird
die positive mit der liberalen Dogmatik in dasselbe Grab geworfen"[20].

Wie unter den Voraussetzungen der Ritschl-Schule „liberale Theologie" historisch
eingeordnet wurde, kann man an Ferdinand Kattenbuschs Schrift „Die deutsche
evangelische Theologie seit Schleiermacher"[21] ablesen. Sie unterscheidet für die
Zeit zwischen Schleiermacher und Ritschl drei „Schulen", die sie — „ohne die landläufig gewordenen Ausdrücke auf die Goldwaage zu legen" — als „liberale, konfessio-
nelle und Vermittlungstheologie" bezeichnet (S. 36). Als Hauptvertreter des „theologischen Liberalismus" werden Ferdinand Christian Baur und A. E. Biedermann
behandelt (S. 41); R. A. Lipsius und O. Pfleiderer werden als „Nachhut" (S. 60)
eingestuft[22].

5. Auch die Enkelschüler Albrecht Ritschls, die Theologen der „Christlichen Welt",
der „Religion in Geschichte und Gegenwart", der religionsgeschichtlichen Schule[23]
haben „liberal" nicht als Benennung ihrer theologischen Position gebraucht. Wo sie
in kirchenpolitischem Kontext diesen Namen — der dann die „Freunde der Christlichen Welt" mit den Anhängern des Protestantenvereins zusammenschloß[24] — ak-
zeptiert haben, sind sie darauf bedacht gewesen, ihn auf diesen Gebrauch zu begrenzen. Welche Hemmungen auch in dieser Hinsicht bestanden haben, zeigt die
Erörterung, zu der Martin Rade durch die „Geschichte des religiösen Liberalismus"
(1937) von Walter Nigg veranlaßt worden ist: Sie gilt ausdrücklich der Frage, ob er
und seine Freunde eigentlich zu Recht in diese Geschichte einbezogen seien[25].
Erich Foerster hat in seiner Besprechung des gleichen Buches im Blick auf den
theologischen Richtungsbegriff rundweg konstatiert: „Liberalismus scheint mir
kein geeigneter Begriff zu sein, um theologische Erscheinungen des 19. Jahrhunderts auf einen Nenner zu bringen, kein geeigneter Leitfaden, an dem man sie auf-
reihen könnte; und ich meine deshalb, daß wir gut täten, Wortbildungen wie „religiöser Liberalismus" und „liberale Theologie" endgültig den Abschied zu geben"[26].
Ganz im gleichen Sinne hatte sich ein Vierteljahrhundert früher Hermann Mulert
in dem Artikel „Liberalismus und Kirche" geäußert, den er 1912 für die 1. Auflage der RGG geschrieben hat. Er geht erst am Schluß, nur mit wenigen Zeilen
und nur in abweisendem Sinne, auf den Ausdruck „liberale Theologie" ein: „Von
theologischem Liberalismus oder liberaler Theologie zu reden, wird besser vermie-
den, weil kirchenpolitische Parteibezeichnungen der wissenschaftlich-theologischen
Arbeit und den unzähligen Unterschieden der wissenschaftlichen Auffassungen nicht
gerecht werden." Mulert nennt es einen „Holzweg", wenn man „Parteischlagworte
auf wissenschaftliche Arbeit überträgt"[27].

6. Mulerts Abwehr setzt freilich voraus, daß solche Übertragung stattgefunden hat.
In der Tat bietet besonders die kirchliche Publizistik jener Zeit dafür zahlreiche
Belege. Der Begriff „liberale Theologie" hat — vor allem in der simplifizierenden
Unterscheidung einer liberalen und einer positiven Richtung — auf der Ebene aka-
demischer Theologie und wissenschaftlich-theologischer Debatte nur eine geringe
Rolle gespielt. Ihren eigentlichen Ort, ihren „Sitz im Leben", haben dieser Begriff
und dieses Schema in der kirchlichen Zeitschriften- und Broschürenliteratur gehabt.
Auf dieser Ebene konnte gerade der Vereinfachungseffekt diese Terminologie emp-
fehlen, zumal bei Erwägungen und Debatten über die Besetzung von Lehrstühlen.
Auch für die Bemühung, die theologische Situation und Diskussion für „Laien"[28]
oder für Studienanfänger überschaubar zu machen, bot das Schema liberal — positiv
bzw. konservativ sich als Orientierungshilfe an. Heinrich Bassermann hat 1905 ein
Büchlein veröffentlicht, das die Frage des Titels „Wie studiert man evangelische
Theologie?" unter anderem dadurch beantwortet, daß es eine förmliche Aufglie-
derung der theologischen Fakultäten unter Richtungsgesichtspunkten gibt[29]. Er
notiert im übrigen zu den „dem politischen Leben" entnommenen Begriffen „konservativ" und „liberal", daß sie nicht ganz sachgemäß seien und daß besser „zwischen
einer traditionell-gebundenen und einer kirchlich-freien Theologie" unterschieden
würde (S. 29).

IV.

Wenn man die Wandlungen im Gebrauch wie in der Abwehr des Begriffs „liberale Theologie" überblickt, so stellt sich der Sprachgebrauch, der seit den zwanziger Jahren — wesentlich durch die dialektische Theologie — üblich geworden ist, noch einmal in einem neuen Lichte dar. Es ist die Diktion der kirchlichen Presse, die damals von den neuen Wortführern übernommen worden ist. Im Stile einer Theologie für Nichttheologen und für Erstsemester haben sie die eigenen theologischen Väter und Vettern mit einer Benennung bedacht, die von diesen ausdrücklich abgelehnt worden war. Daß sich dabei im Vokabular ein Gleichklang herstellte mit derjenigen Kritik, die dem politischen Liberalismus zuteil wurde, mag verstärkend gewirkt haben. Liberalismus wurde nun hier wie dort als eine Sache des 19. Jahrhunderts traktiert, die es endgültig zu überwinden galt. Zugleich konnte die Aufnahme des Simplifikationsschemas „liberal — positiv" noch einmal in den Dienst des Anspruchs treten, einen Neubeginn diesseits aller vorgefundenen Richtungen zu setzen — in eigenartiger Wiederholung der Überwindungsansprüche, von denen schon die Ritschl-Schule beflügelt worden war.

Der weite Gebrauch von „liberaler Theologie", der sich im Gefolge jener Diktion seither eingebürgert hat, ergibt freilich für die theologiegeschichtliche Orientierung des zeitgenössischen Protestantismus einen eigenartigen Effekt. Er hebt nämlich auf eine Kontinuität ab und stellt eine Traditionsreihe her, die so vorher nicht bestanden hat. Wenn man sich die großen Namen vergegenwärtigt, die nun durch den Titel „liberale Theologie" zusammengeschlossen werden — Troeltsch, Harnack, Herrmann, Ritschl, Biedermann, Strauß, Baur, Rothe, Schleiermacher — dann wird deutlich, daß der Begriff unversehens eine neue Funktion zu gewinnen scheint: er umfaßt nun diejenigen Entwicklungen des 19. und des frühen 20. Jahrhunderts, in denen die gegenwärtige protestantische Theologie ihre Herkunftsgeschichte erkennen muß.

Anmerkungen

1 Zuerst gedruckt in: Zeugnis und Dienst. Beiträge zu Theologie und Kirche in Geschichte und Gegenwart, hrsg. v. G. Sprondel, Bremen 1974, S. 174—186.
2 „Freisinnig" wird seit dem frühen 19. Jh. als Verdeutschung für „liberal" gebraucht.
3 Theologische Blätter, Jg. 1924, (S. 73—86) 73; wieder abgedruckt in: Glauben und Verstehen. Gesammelte Aufsätze 1. Band, 1933, (S. 1—25), S. 2.
4 Vgl. dazu Paul Schweizer: Freisinnig — Positiv — Religiössozial. Zur Geschichte der Richtungen im schweizerischen Protestantismus, Zürich 1972.
5 Diese besondere Konstellation hat es ermöglicht, daß selbst Karl Barth — einer Aufforderung der „Schweizerischen Theologischen Umschau" folgend — sich in einem Aufsatz zu „Möglichkeiten liberaler Theologie heute" einfallsreich geäußert hat (Jg. 30, 1972, S. 95—101).
6 Vgl. dazu die materialreiche Geschichte der „Christlichen Welt", die Johannes Rathje geschrieben hat: Die Welt des freien Protestantismus. Ein Beitrag zur deutsch-evangelischen Geistesgeschichte, dargestellt am Leben und Werk von Martin Rade, 1952.

7 Hans Graß: Art. „Liberalismus. III. Theologischer und kirchlicher Liberalismus", RGG³, IV.
   Band, (Sp. 351–355) 351f.
8 Die Ultra's und die Liberalen in der Theologie; eine Parallele, in: Für Christenthum und
   Gottesgelahrtheit. Eine Oppositionsschrift, hrsg. v. W. Schröter u. F. A. Klein, III. Band,
   Jena 1820 (S. 195–227). Der Aufsatz ist wieder abgedruckt in: Bretschneider: Kirchlich-
   politische Zeitfragen, behandelt in zerstreuten Aufsätzen, Leipzig 1847 (S. 1–7).
9 „Die Namen aber *Ultra* und *Liberale* haben einen sehr bestimmten Sinn, und bezeichnen
   eine fest ausgeprägte, entgegengesetzte Denkart in der Politik, welche dem, was man in
   der Theologie Supernaturalismus und Rationalismus nennt, Zug für Zug so genau entspricht,
   daß die Adoption jener Namen für beide theologische Parteien ganz passend erscheint."
   (Zeitfragen, S. 2). – „ . . . würde die Benennung *Liberale* schicklicher seyn, als die der
   Rationalisten. Denn diese Bezeichnung spricht nicht nur ihren Hauptcharakter aus, nämlich, daß sie die Freiheit des Denkens, Prüfens und Entscheidens in religiösen Angelegenheiten und Principien der Vernunft- und der Erfahrungswissenschaft behaupten, und die
   neuern, freiern Ansichten der Theologie aufgenommen haben und vertreten, sondern es
   findet sich auch wirklich eine große Aehnlichkeit zwischen den politischen Liberalen und
   den sogenannten Rationalisten." (Zeitfragen, S. 4).
10 Vgl. zu diesem Themenkreis Manfred Baumotte: Theologie als politische Aufklärung, 1973;
   ferner Hans Rosenberg: Theologischer Rationalismus und vormärzlicher Vulgärliberalismus.
   Hist. Zeitschrift, Band 141, 1930, (S. 497–541); wieder abgedr. in: Rosenberg: Politische
   Denkströmungen im deutschen Vormärz, 1972, (S. 18–50).
11 Seine „Geschichtliche Darstellung des Liberalismus alter und neuer Zeit" (Leipzig 1823) berücksichtigt durchgängig das „doppelte Verhältnis", in dem sich „der gebildete Mensch"
   findet: das „bürgerliche" und das „kirchliche" (S. 3) sowie „die Ansichten und Urteile,
   welche einzelne freisinnige Denker über die bürgerlichen und kirchlichen Verhältnisse der
   Menschen von Zeit zu Zeit aufstellten" (S. 5). Der Zusammenhang von „religiosem" und
   „politischem" Liberalismus wird mehrfach hervorgehoben (vgl. S. 148, 151). Das Christentum heißt „die liberalste unter allen positiven Religionsformen" (S. 149, vgl. S. 46); v. a.
   aber ist „der Protestantismus seinem Wesen nach ein religioser und kirchlicher Liberalismus" (S. 134).
12 In einem Aufsatz aus dem Jahre 1842 über „Das conservative Prinzip und seine Anwendung auf die Theologie" ist das Motiv der Korrespondenz von politischer und kirchlich-
   theologischer Parteibildung wieder aufgenommen, wobei in der Zählung wie in der Benennung der Parteien die veränderte Situation sich abzeichnet: „Sehen wir auf die protestantische Kirche, so finden wir in ihr drei Parteien: Absolutisten, Revolutionäre und
   Rationalisten, welche den politschen Parteien der Absolutisten, Revolutionäre und Constitutionellen entsprechen. Die *Absolutisten* sind die Männer der Berliner Kirchenzeitung,
   welche die altsymbolische Theologie erhalten und wieder allein giltig machen wollen, und
   jedes dem Rationalismus zu machende Zugeständniß verweigern. Sie sind ein Extrem, und
   ihnen entgegen als anderes Extrem stehen die Hegelianer (Strauß, Feuerbach, Bruno Bauer),
   die vom historischen Christus eben so wenig, als die Revolutionäre vom historischen Staate
   wissen wollen, und das Christenthum aus dialectischen Begriffen constituiren, wie die Revolutionäre den Staat aus ihren politischen Theorien. Wie diese das Oberste zum Untersten
   kehren und das Volk zum Souverän machen wollen, so suchen diese den objectiven, persönlichen Gott vom Throne zu stoßen und an dessen Stelle das subjective Denken des Menschen von Gott zu setzen. – Eine dritte Partei, welche im Politischen die *Constitutionellen*
   sind, die eine Fortbildung des Staats unter Beirath und Mitwirkung der Stände wollen, sind
   in der Theologie die *Rationalisten*, welche eine Fortbildung der theologischen Wissenschaft,
   aber aus biblischem Grund und Boden, jedoch unter Beirath und Mitwirkung der Vernunft und der empirischen Wissenschaften, zu erstreben suchen." (Zeitfragen, S. 328f.).
13 Der Aufsatz ist gleichzeitig auch gesondert gedruckt worden (Halle 1848). In die von Eduard Zeller herausgegebenen „Gesammelten Schriften" ist er nicht aufgenommen.
14 „Diese Fortbildung des Christenthums zum reinen Humanismus, oder vielmehr die Her-
   ausbildung des letzteren aus dem gesammten Boden der modern-europäischen Cultur, in

welchem das Christenthum nur einen Bestandtheil ausmacht, ist nun zugleich der einzige Weg, um über den Gegensatz im Katholicismus und Protestantismus hinaus zu kommen; es arbeitet also hierin der theologische Liberalismus dem politischen in die Hände, welcher jene Spaltung die er im Interesse des deutschen Vaterlandes beklagt, auf seinem Wege vergeblich auszugleichen sucht. Dessen ungeachtet nimmt der letztere keinen Anstand, den ersteren als Radicalismus, der alle häusliche und politische Moral zersetze, von sich zu weisen." (S. 15f. des gesonderten Abdrucks).

15 Die für Biedermann charakteristischen Programmbegriffe sind verbunden in der Formel „die speculative oder freie Theologie", die folgendermaßen erläutert wird: „Frei ist eine Wissenschaft, die 1) ihr Princip innerhalb des menschlichen Geistes hat und es nicht von außen erhält; 2) in der Entfaltung dieses Princips nur den immanenten Gesetzen des Geistes folgt und durch keine äußere Autorität bestimmt wird; und endlich 3) sich zu einer selbständigen Gestalt in sich abrundet. Diess trifft bei derjenigen Gestalt der Theologie zu, welche die Entfaltung des speculativen Begriffs der Religion zu einer ganzen Wissenschaft ist; darum heißt sie die *freie* Theologie." (S. 177).

16 Vgl. Ausgewählte Vorträge und Aufsätze, hrsg. v. J. Kradolfer, Berlin 1885, S. 268, 284f., 379, 432.

17 Als Nachfolger Biedermanns war 1886 in Zürich ebenfalls ein Ritschl-Anhänger, nämlich Theodor Häring, berufen worden, und zwar auf Betreiben und unter dem Beifall der „Positiven"; vgl. dazu das in Anmerkung 4 genannte Werk von P. Schweizer, S. 163, 238f.

18 Eine detailreiche Darstellung dieser Auseinandersetzungen findet sich bei Friedrich Nippold: Die theologische Einzelschule im Verhältnis zur evangelischen Kirche, 2 Bände, Braunschweig 1893; II, 108ff.

19 Die Kultur der Gegenwart, hrsg. v. Paul Hinneberg, Teil I, Abteilung IV (Die christliche Religion) 1906 (1909²) S. 583–632. Die Abhandlung ist – in der Fassung der 2. Auflage – wieder abgedruckt in: W. Herrmann: Schriften zur Grundlegung der Theologie, hrsg. von Peter Fischer-Appelt, 2 Bde., 1966/67 (I, 298–361).

20 A.a.O. S. 630 – In seinem „Rückblick auf ein halbes Jahrhundert der theologischen Wissenschaft" (1908) hat Ernst Troeltsch an der Dogmatik der Ritschlianer – die von ihm kritisch erörtert wird – ebenfalls den Erledigungsanspruch gegenüber orthodoxer wie liberaler Theologie hervorgehoben, und zwar in einer Formulierung, die sichtlich auf das Herrmannsche Dictum anspielt: „Derart verselbständigt gegen die eigentliche Historie und gegen die Spekulation hat die neue Dogmatik die Aufgabe, sowohl die orthodoxe als die liberale Dogmatik mit ihren Voraussetzungen wirklicher Erkenntnisse ins Grab zu legen und statt dessen eine aus der Predigt Jesu, Pauli und Luthers geschöpfte einheitliche praktisch-religiöse Lebenseinrichtung ... zu formulieren." Gesammelte Schriften, II. Bd., 1913 (S. 193–226) 205.

21 1. Aufl. 1892 (unter dem Titel: Von Schleiermacher zu Ritschl), 6. Aufl. 1934; ich beziehe mich auf die 1924 erschienene 4. Auflage.

22 Daß sich mit dem Begriff „liberale Theologie" zu Beginn unseres Jahrhunderts die Erinnerung an Theologen vergangener Jahrzehnte verband, zeigt auch Albert Schweitzers „Geschichte der Leben-Jesu-Forschung" (1913). Sie behandelt unter der Überschrift „Die liberalen Leben-Jesu" die einschlägigen Werke von David Friedrich Strauß (Das Leben Jesu für das deutsche Volk bearbeitet, 1864), Daniel Schenkel, Karl Heinrich v. Weizsäcker, Heinrich Julius Holtzmann, Rudolf Keim, Karl v. Hase, Willibald Beyschlag, Bernhard Weiß. Ähnlich steht es bei Heinrich Weinel: Jesus im neunzehnten Jahrhundert, Tübingen 1907, S. 116ff.

23 Die Zusammenstellung der hier anvisierten Gruppen will lediglich dem Umstand Rechnung tragen, daß sie es sind, die der heute gängigen Vorstellung von „liberaler Theologie" die kräftigsten historischen Farben leihen.

24 Die wichtigste Demonstration eines solchen Zusammengehens ist der „Weltkongreß für Freies Christentum und Religiösen Fortschritt" von 1910 gewesen, der gemeinsam vom deutschen Protestantenverein, von den „Freunden der Christlichen Welt" und von Verbänden der „Freunde der evangelischen Freiheit" organisiert worden ist.

25 Religiöser Liberalismus. Glosse zu W. Nigg's „Geschichte des religiösen Liberalismus". Zeitschrift für Theologie und Kirche NF 19. Jg., 1938, S. 243–261.
26 Die Aufklärung in der Theologie des 19. Jahrhunderts. Theologische Rundschau NF 10. Jg., 1938, (329–357), S. 334.
27 RGG¹ III. Band (1912), Sp. 2109.
28 Vgl. z. B. die – von irenischen Absichten geleitete – Schrift von Robert Kübel: Über den Unterschied zwischen der positiven und der liberalen Richtung in der modernen Theologie, Nördlingen 1881.
29 Als konservativ gelten Erlangen, Greifswald, Königsberg, Leipzig, Rostock; ein „entschieden liberales" Gepräge wird Gießen, Heidelberg, Jena, auch Kiel, Marburg und Straßburg attestiert; als eine Mittelstellung einnehmend werden Berlin, Breslau, Göttingen, Halle, Tübingen genannt; Bonn wird eigens hervorgehoben als eine Fakultät, in der „fast alle Lehrstühle doppelt, mit Vertretern beider Richtungen" besetzt sind (S. 29).

Friedrich Julius Stahls Bild des Liberalismus

HANNS-JÜRGEN WIEGAND

I.

Friedrich Julius Stahls Bild des Liberalismus, wie es um die Mitte der fünfziger Jahre des 19. Jahrhunderts ausgeprägt vorlag, war das Ergebnis einer ineinandergreifenden persönlichen, wissenschaftlichen und politischen Auseinandersetzung mit liberalen Einflüssen und Strömungen, die — von dessen Studienzeit bis zu dessen Lebensende — einen Zeitraum von über dreißig Jahren umfaßte.

Der Genese dieser Auseinandersetzung, welche zu einer grundsätzlichen Ablehnung der weltanschaulichen, rechtlichen und politischen Doktrinen des Liberalismus unter eingeschränkter Anerkennung bestimmter Einzelelemente führte, um dessen Ideologie und deren praktisch-politische Forderungen im Sinne einer höheren „christlichen Wissenschaft" vom Rechte, vom Staate und von der Kirche „aufzuheben" und zu „überwinden", kann an dieser Stelle nicht ausführlich nachgegangen werden; sie muß auf eine kurze Skizze der wichtigsten Daten, Ereignisse und Lagen beschränkt bleiben[1].

Der konkurrierende Einfluß konservativer und liberaler Strömungen auf Stahl reicht bis in dessen Kindheit und Jugend zurück. Im Jahre 1802 als Sohn des jüdischen Kaufmanns Valentin Jolson geboren, aufgewachsen im Hause seines Großvaters Abraham Uhlfelder, des strenggläubigen Vorstehers der jüdischen Kultusgemeinde zu München, und erzogen in den Traditionen rabbinischer Religiosität, insbesondere in der Achtung vor der Autorität des gottgegebenen kultischen wie der des weltlichen Gesetzes und des monarchischen Staates[2], gelangte er als Schüler des Münchener Alten Gymnasiums und des Lyzeums unter den Einfluß von Friedrich Thiersch, der sein Lehrer, väterlicher geistiger Führer und späterer Taufpate und Namensgeber wurde.

Im Kreise der „Gelehrtenkolonie" der Thiersch, F. H. Jacobi und F. J. Niethammer lernte er das humanistische Bildungsgut des protestantischen Norddeutschland, insbesondere dessen Literatur und Philosophie, kennen. Die Prägung, die er in diesem Kreise erfuhr, führte zu seiner geistigen und sozialen Emanzipation vom Judentum und — verbunden mit der Sorge um sein berufliches Fortkommen — im Jahre 1819 zu dem Entschluß, zum lutherischen Protestantismus überzutreten.[3] Während seines juristischen Studiums, das er in den Jahren 1819—1824 in Würzburg, Heidelberg und Erlangen absolvierte, unterlag Stahl dem Einfluß der liberalen, an den „Ideen von 1789" orientierten Staatstheorie des süddeutschen Frühkonstitutionalismus, wie

diese in Würzburg durch Adam Seuffert und Josef Behr vertreten wurden, aber auch
dem der am „Monarchischen Prinzip" der Charte Constituionelle von 1814 sowie
an den Grundgesetzen des Deutsches Bundes ausgerichteten Doktrin des Heidelberger Staatsrechtlers Karl Salomo Zachariae. Durch die Auseinandersetzung A. F. J.
Thibauts mit F. C. v. Savigny über den „Beruf unserer Zeit zur Gesetzgebung", mit
der er in Heidelberg bekannt wurde, geriet er in den Bannkreis der Anschauungen
der Historischen Rechtsschule. In Erlangen gehörte er zu dem Kreise, der sich um
den Philosophen G. H. Schubert und den reformierten Pfarrer J. Chr. Krafft, den
Führer der Erlanger Erweckungsbewegung, scharte. Hier wurde die spekulative
Ideenwelt Schellings, der zu dieser Zeit in Erlangen wirkte, mit den wiederentdeck-
ten Traditionen des Luthertums, vor allem der Theologie der lutherischen Orthodoxie und der Bekenntnisschriften, auf dem Hintergrunde einer pietistischen Erlebnisfrömmigkeit zu einer neuen Synthese verarbeitet. Aus ihm gingen die Vertreter der neulutherischen konfessionell-kirchlichen „Erlanger Schule" hervor, die
alsbald das Leben der rechtsrheinischen bayerischen Landeskirche bestimmten und
darüber hinaus nachhaltige Wirkungen auf das deutsche, europäische und nord-
amerikanische Luthertum ausübten.

Als engagierter Burschenschaftler nahm Stahl an den allgemein- und hochschul-
politischen Auseinandersetzungen um das Selbstverständnis und die politische
Rolle der Burschenschaft im Schatten der Karlsbader Beschlüsse teil: mehrfach
zum Sprecher gewählt, suchte er oppositionelle Bestrebungen im Kreise seiner Bun-
desbrüder zu entschärfen, alle Kräfte auf eine akademische Ausbildung zum Dienst
am Vaterlande hinzulenken und auf diese Weise die burschenschaftlichen Ideale der
bestehenden Staats- und Rechtsordnung zu integrieren. Trotz dieses im Grunde
konservativen Bemühens wurde er wegen seiner Teilnahme an dem polizeilich
verbotenen Burschentag zu Streitberg, der im Oktober 1821 stattgefunden hatte,
im April 1824 für zwei Jahre vom Studium an allen Universitäten des Landes ausgeschlossen[4]. Diese Maßnahme zögerte die Verwirklichung seiner akademischen
Berufspläne hinaus, verhinderte diese jedoch nicht, zumal er die ihm auferlegte
Zwangspause zu intensiven Studien, insbesondere der Philosophie Hegels, nutzte.
Die Julirevolution führte den Münchener Privatdozenten in die erste tiefergehende
wissenschaftliche und publizistische Auseinandersetzung mit dem liberalen Konstitutionalismus[5]. Die Berechtigung der Kritik, die er im ersten Bande seiner „Philosophie des Rechts nach geschichtlicher Ansicht", der i. J. 1830 erschienenen „Genesis der gegenwärtigen Rechtsphilosophie"[6], an den Voraussetzungen und Konsequenzen der rationalistischen Rechtsphilosophie und Staatslehre und ihres Höhe-
punktes, des Hegelianismus, geltend gemacht hatte, sowie das eigene Bestreben,
deren innere Widersprüche und selbstzerstörerische, „revolutionäre" Resultate im
Geiste einer „christlichen Philosophie" zu überwinden, fand er durch das erneute
Hervorbrechen der revolutionären Dynamik bestätigt. Um diesem Geschehen pu-
blizistisch entgegenzuwirken wie auch im Interesse seiner eigenen, von familiären
und finanziellen Schwierigkeiten bedrohten akademischen Karriere beteiligte sich
Stahl im Auftrage des damaligen bayerischen Innenministers E. v. Schenk an der
Redaktion der halboffiziösen Organe „Thron- und Volksfreund" und „Inland",
deren Aufgabe darin bestand, die Politik der Regierung gegenüber den Angriffen

der liberalen Opposition zu verteidigen. In einer Reihe grundlegender Aufsätze nahm er zu zentralen verfassungspolitischen Forderungen der Liberalen Stellung, wobei er diese aus sich selbst heraus zu widerlegen oder auf seinen eigenen „höheren Standpunkt" zu überführen suchte. Aufgabe der „edelsten Opposition" sei es, „nicht die zeitige Veränderung abzuhalten", sondern „ihr den rechten Weg zu sichern"[7]. War sein Bemühen in politischer Hinsicht auch vergeblich, so bildete es doch die wissenschaftliche Grundlage der verfassungsrechtlichen und -politischen Anschauungen, die er im zweiten Bande seiner „Philosophie des Rechts . . .", der „Christlichen Rechts- und Staatslehre", vertrat, die in den Jahren 1833 und 1837 erschien[8]. In diesem Werke wandte er sich sowohl gegen die restaurativen und reaktionären Staatsdoktrinen seiner Zeit, insbesondere gegen diejenigen A. v. Hallers, als vor allem gegen das Bestreben des liberalen Konstitutionalismus, Institutionen des westeuropäischen Parlamentarismus auf die deutschen Verhältnisse zu übertragen. Diesen Anschauungen stellte er eine eigene spezifisch „deutsche" Form eines Konstitutionalismus nach „Monarchischem Prinzip" gegenüber, die allein in der Lage sei, deren Einseitigkeiten und Irrtümer, die zu einer revolutionären Gefährdung der Staatsordnung führten, zu berichtigen und deren berechtigte Anliegen und Interessen in eine Doktrin zu überführen, welche sich auf dem Boden der bestehenden Verfassungsverhältnisse bewege und den wahren Maßstab ihrer Fortentwicklung bilde[9].

Als Abgeordneter der Universität Erlangen gehörte Stahl dem bayerischen Landtag von 1837 an, auf dem er seine konstitutionelle Doktrin politisch zu vertreten suchte. Als Mitglied des Ausschusses für Gesetzgebungsfragen wie als hervorragender Redner in den Kammerdebatten trat er auf der Grundlage der Bayerischen Verfassung von 1818 gleichermaßen gegen liberale wie gegen ultrakonservative Forderungen auf. Seine Verteidigung des Budgetrechts der Ständeversammlung gegen die von der Regierung angestrebte Steuer- und Finanzpolitik der „Erübrigungen" von Steuermitteln zugunsten der Kunstpflege und des Mäzenatentums König Ludwigs I. trug ihm eine Maßregelung von seiten der Regierung ein: diese entzog ihm die Lehrbefugnis für Staatsrecht und beschränkte ihn auf den Vortrag des Zivilprozesses[10].

Aus Anlaß des Bayerischen Kirchenstreites, des Widerstandes der protestantischen Landeskirche gegen die Unterdrückungsmaßnahmen des ultramontanen Innenministers Karl von Abel in den Jahren 1838ff., an dem er sich in der neugegründeten „Zeitschrift für Protestantismus und Kirche" literarisch beteiligte, legte Stahl im Frühjahr 1840 sein grundlegendes Werk „Die Kirchenverfassung nach Lehre und Recht der Protestanten" vor. Er forderte darin eine zeitgemäße Erneuerung des lutherisch-orthodoxen Episkopalsystems, um den deutschen protestantischen Landeskirchen eine größere Festigkeit gegenüber liberalen Dissentern im Inneren wie vor allem nach außen eine erhöhte Selbständigkeit gegenüber dem landesherrlichen Kirchenregiment zu verleihen, um diese dadurch in die Lage zu versetzen, Übergriffe in den Bereich der auf der Lehre beruhenden kirchlichen Interna und damit auf die organisatorischen Garantien der Geltung des kirchlichen Bekenntnisses mit rechtlichen Mitteln zurückzuweisen und vom Staate die Einhaltung und Durchsetzung der bekenntnismäßigen kirchlichen Ordnung auch gegenüber Andersdenkenden zu verlangen[11].

Im Jahre 1840 wurde er auf Betreiben des Kronprinzen und späteren Königs Friedrich Wilhelm IV. und Savignys als Nachfolger von Eduard Gans an die Berliner Universität berufen; damit begann die Epoche seiner preußischen Wirksamkeit[12].

Von den Schülern Hegels heftig bekämpft, gelang es ihm im Zuge der antihegelianischen Kulturpolitik Friedrich Wilhelms IV. und seines Ministers J. A. F. Eichhorn alsbald, seine Stellung als akademischer Lehrer zu festigen und auszubauen. Gleichzeitig wuchs er in den Kreis um die Berliner „Evangelische Kirchenzeitung" hinein. Mit deren Herausgeber E. W. Hengstenberg, dessen politischem Gesinnungsgenossen H. D. Hassenpflug sowie mit A. Neander, E. L. v. Gerlach, C. F. Göschel und A. v. Thadden verband ihn alsbald eine enge Bekanntschaft und Freundschaft. Die ersten Berliner Jahre waren allein der akademischen Tätigkeit gewidmet. Als im Jahre 1845 die Auseinandersetzungen um die geplanten preußischen Verfassungsreformen und die innerkirchlichen Konflikte zwischen der „Partei der Evangelischen Kirchenzeitung" und den „Licht-" sowie den „Dämmerfreunden", d. h. den Anhängern des Rationalismus und den Schülern Schleiermachers, ihren ersten Höhepunkt erreichten, griff Stahl mit zwei aufsehenerregenden Schriften in das weltliche und kirchenpolitische Tagesgeschehen ein:

In seiner Abhandlung „Das Monarchische Princip"[13] wandte er im Zusammenhang der literarischen Diskussion um die preußischen Verfassungsfragen die Grundsätze seiner „Staatslehre" auf die Verhältnisse seiner Wahlheimat an. Er empfahl darin, anstelle lediglich beratender Gremien eine einheitliche reichsständische Repräsentation mit echten Beschlußkompetenzen, jedoch von vornherein bestimmt und beschränkt durch die verfassungsrechtlich gesicherte Vormachtstellung der monarchischen Regierung, einzuführen, um die Dynamik der bürgerlichen Verfassungsbewegung durch ein maximales Zugeständnis aufzufangen und deren Bestreben, die Regierung durch eine parlamentarische Ministerverantwortlichkeit nach westeuropäischem Vorbild von den Kammern abhängig zu machen, ein für allemal zu vereiteln.

In den „Zwei Sendschreiben an die Unterzeichner der Erklärung vom 15. bzw. 26. August 1845"[14] wandte er sich mit einem Bekenntnis zur Augsburger Konfession gegen die Schüler Schleiermachers, welche gegen die Art und Weise der Polemik der „Evangelischen Kirchenzeitung" gegenüber den „Lichtfreunden" protestiert hatten. Damit stellte er sich öffentlich auf die Seite der konfessionell-kirchlichen Richtung innerhalb der Preußischen Union. Als Abgeordneter der Berliner Juristischen Fakultät vertrat er diese Position auf der Preußischen Generalsynode von 1846, wo er als Referent der Kommission über die Fortbildung der Kirchenverfassung wie in den Debatten um die Formulierung eines zeitgemäßen kirchlichen Glaubensbekenntnisses den Forderungen der liberalen Vermittlungstheologen beharrlich entgegenzuwirken suchte und sich dadurch die Autorität eines Wortführers der konfessionellen Minderheit erwarb[15].

Nachdem im Jahre 1847 seine Teilnahme an den Verhandlungen des Vereinigten Landtages, die er genau verfolgte und in einer in der „Evangelischen Kirchenzeitung" publizierten Abhandlung „Der christliche Staat und sein Verhältnis zu Deismus und Judentum"[16] kritisch kommentierte, an den Vorurteilen einiger einflußreicher Konservativer gescheitert war, brachten ihn die Ereignisse des Jahres 1848, die zur Gründung der preußischen Konservativen Partei führten, auf die politische Bühne: Vom Dezember 1848 bis zu seinem Tode war er Mitglied der Ersten Kammer, des späteren Herrenhauses, in der er — zusammen mit E. L. v. Gerlach — die hochkonservative „Fraktion Gerlach-Stahl" leitete. Im Jahre 1849 wurde er ins Erfurter Volkshaus gewählt, wo er Grundsätze zur Gestaltung der Unionsverfassung vortrug, die von Bismarck aufgenommen wurden und in die Reichsverfassung von 1871 eingingen[17].

Zugleich gelangte er zu höchsten kirchlichen Stellungen: i. J. 1848 wurde er in das neugeschaffene Oberkonsistorium, vier Jahre später in den Evangelischen Oberkirchenrat berufen. Seit 1848 war er Vorsitzender der Berliner Pastoralkonferenz und Vizepräsident des Deutschen Evangelischen Kirchentages.

Als akademischer Lehrer, Politiker, Kirchenmann und Mitarbeiter der Evangelischen Kirchenzeitung und der Neuen Preußischen Zeitung suchte er während der Epoche der „Reaktion" in den fünfziger Jahren die Gedanken und Interessen seiner Parteifreunde in den Bereichen des Staates, der Kirche und der Gesellschaft zum Tragen zu bringen und die politischen und kirchlichen Bestrebungen des Liberalismus, soweit diese nach der Niederschlagung der Revolution von 1848 in einer der neue Lage angepaßten Form weiterwirkten, zurückzudrängen. In diesen Auseinandersetzungen — die aufsehenerregendste war diejenige mit seinem ehemaligen Protektor Chr. K. J. v. Bunsen in den Jahren 1855/56 —[18] wurde er für seine liberalen Gegner wie auch für gemäßigtere Freunde zu einer zunehmend umkämpften Konfliktperson[19]. Da auch der König und die Regierung seine Ansichten sowie diejenigen seiner hochkonservativen Gesinnungsgenossen nicht immer teilten, konnte er diese nur teilweise durchsetzen. —

Mit der im Herbst 1858 anbrechenden „Neuen Ära" der Regierung des Prinzregenten Wilhelm, die aus Vertretern des gemäßigten Konservatismus und Liberalismus zusammengesetzt war, ging auch Stahls Einfluß zurück. Da er die Rechte der Lutheraner innerhalb der Landeskirche gegenüber den Bestrebungen einflußreicherer unionistischer Kreise und gegenüber der Mehrheit seiner Kollegen im Evangelischen Oberkirchenrat nicht durchsetzen konnte und hierfür auch keine Unterstützung von seiten der Regierung mehr fand, da diese wieder eine zunehmend unionistische Kirchenpolitik verfolgte, stellte er seine Mitarbeit im Evangelischen Oberkirchenrat ein und schied i. J. 1858 aus diesem Gremium aus.[20] Aus ähnlichen Gründen zog er sich auch aus dem Präsidium des Evangelischen Kirchentages zurück.

Doch vertrat er — äußerlich unbeirrt durch alle Anfeindungen — weiterhin seine Anschauungen auf kirchlichen Versammlungen, auf der parlamentarischen Tribüne und auf dem Katheder bis zu seinem für seine Zeitgenossen unerwarteten Tode im August 1861. Noch seine Grabinschrift zeugt von der Ungebrochenheit seines Selbstverständnisses wie von der Bedeutung seiner Rolle in den Augen seiner persönlichen und politischen Freunde und Angehörigen: „Wer mich bekennt vor den Menschen, den will auch ich bekennen vor meinem himmlischen Vater".[21]

II.

Für Stahl ist der Liberalismus eine philosophisch-weltanschauliche, rechtlich-politische und ökonomische Strömung[22], deren geschichtliche Dynamik seit der Französischen Revolution den gesamten europäischen Kulturkreis erfaßt hat und zunehmend bestimmt: er bilde die erste Phase des „Systems der Revolution", eines ideologisch begründeten und motivierten Prozesses, der den ihm innewohnenden Gesetzen folge und über das Stadium des „Demokratismus" zum „Sozialismus" und „Kommunismus" führe, der die Selbstzerstörung und Auflösung aller Formen und Institutionen des menschlichen Zusammenlebens zur Folge habe und zuletzt auf einen permanenten Wechsel von Anarchie und Despotie hinauslaufe.

Der Träger dieser Bewegung sei der „Dritte Stand", die vermögende und gebildete „Klasse der Bourgeoisie", deren reformerische und revolutionäre Forderungen seit der Französischen Revolution alle Bereiche der staatlichen, kirchlichen und gesellschaftlichen Lebensordnung ergriffen und diese bereits weitgehend umgewandelt hätten. Im Zuge der Bemühungen der europäischen Regierungen, nach dem Ende der napoleonischen Herrschaft die vorrevolutionären Verhältnisse zu restaurieren, hätten sich die „Liberalen" — unter diesem Namen zuerst in Spanien — aufgrund des politischen Druckes, der auf sie ausgeübt worden sei, zu oppositionellen Gruppierungen zusammengeschlossen und sich eigene Presseorgane geschaffen, um ihre Forderungen vor den Foren der neugeschaffenen Repräsentativorgane und der Öffentlichen Meinung zu vertreten. Sie seien schließlich zu einer förmlichen „Partei" geworden, die sich nicht nur dem Staate und den staatserhaltenden konservativen Kräften entgegenstelle, sondern sich auch von den Vertretern einer radikalen Verwirklichung ihrer eigenen Anschauungen, den „Demokraten", sowie vor allem von den „Sozialisten" und „Kommunisten" unterscheide und sich diesen gegenüber behaupten müsse; diese Entwicklung habe sie zu mannigfachen Kompromissen mit den Konservativen gedrängt. Daher verstehe man gegenwärtig unter „Liberalen" die „Anhänger einer gemäßigten Ausführung der Ideen der Revolution, die sowohl das Extrem in den Einrichtungen als das Gewaltsame in den Mitteln scheuen".[23]

Der Liberalismus geht für Stahl aus zwei Wurzeln hervor: zunächst aus dem Kalvinismus, Puritanismus und Independentismus, welcher im 17. Jahrhundert in England zur „Empörung" gegen den Absolutismus der Stuarts und zur „Glorious Revolution" von 1688 und hundert Jahre danach zum Abfall der nordamerikanischen Kolonien von ihrem Mutterlande und zur Gründung der USA als eines republikanischen und demokratischen Staatswesens geführt habe. Diese „Bewegung" habe „die Sinnesart und das Prinzip der Französischen Revolution" zwar „angebahnt" und diese dadurch mit „vorbereitet", sich jedoch im Laufe ihrer Entwicklung nicht völlig vom „christlichen Glauben" und der „christlichen Sitte" emanzipiert, so daß sowohl der „englische Whiggismus" wie die „amerikanische Demokratie" die politischen Tugenden der persönlichen Gewissenhaftigkeit, der „Zucht" und der „Gesetzlichkeit" als feste Grundlagen der Einrichtungen des öffentlichen Lebens bewahrt hätten.[24]

Die zweite Wurzel, welche die eigentliche Grundlage des „Systems der Revolution" bilde, sei der „Rationalismus". Dessen treibendes „Motiv" bestehe im „Interesse der Freiheit" des neuzeitlichen Menschen an seiner „Subjektivität" und persönlichen Individualität, deren spontane Selbstverwirklichung im rationalen Denken wie im freiwillentlichen Handeln den höchsten Wert und das oberste Ziel seiner „Humanität" darstelle.[25]

Die Ineinssetzung von „Freiheit" als einer logisch-notwendigen, von allen konkreten Gegebenheiten abstrahierenden Denktätigkeit und „Freiheit" als eines realschöpferischen, konkrete Gegebenheiten setzenden Willensaktes, wie sie der neuzeitliche Rationalismus vorgenommen habe, bilde jedoch zugleich dessen „Grundwiderspruch", der sich im Zuge seiner systematischen und historischen „Genese" als eine antithetische Abfolge einander negierender theoretischer wie praktischer philosophischer Systeme entfaltet und in der Philosophie Hegels seinen Höhepunkt wie seine endgültige „Krise"[26] erreicht habe. Im Gegensatz zum älteren „objektiven Rationalismus", dessen Hauptvertreter Spinoza den spätscholastischen Gedanken der „lex aeterna" in Gott als logische Denknotwendigkeit interpretiert, als Prinzip der Emanzipation des Menschen von der Herrschaft eines höheren personalen göttlichen Willens verabsolutiert, durch diesen Determinismus jedoch die Möglichkeit, Willensakte ethisch-normativ zu qualifizieren, ausgeschlossen habe[27], hätten die Vertreter des „subjektiven Rationalismus" die reale Freiheit des Handelns als Grundlage der Menschenwürde des Individuums in den Vordergrund gestellt, ohne jedoch deren Bindung an die Notwendigkeit des Denkgesetzes preiszugeben.[28] So finde bei Kant die Freiheit des Individuums, das über sich keine Bindung als diejenige transzendentallogischer Postulate anerkenne, unter den konkreten Bedingungen des menschlichen Zusammenlebens ihre Schranke lediglich an der gleichen Freiheit des Anderen, die diesem als prinzipiell gleiche Chance zur Verwirklichung seiner Menschenwürde zukomme, der sg. „Maxime der Koexistenz", die von Kant dahingehend erweitert worden sei, daß niemand den Anderen als ein Mittel zum eigenen Zwecke mißbrauchen dürfe. Eine so verstandene Gesellschaft Einzelner, deren Freiheitsmöglichkeiten prinzipiell gleich seien, sei dazu bestimmt und auch in der Lage, ihre Fähigkeiten und Kräfte in „Brüderlichkeit", d. h. frei von wechselseitiger Fremdbestimmung und Unterdrückung, in den rechtlich geordneten Formen eines gesellschaftlichen, staatlichen und überstaatlichen Zusammenlebens zu verwirklichen.[29]

Das „Interesse der Subjektivität" sei jedoch nicht bei dem dualistischen Problemlösungsverhalten Kants stehengeblieben, es habe in der Philosophie Fichtes die Bindungen an die höhere „Welt" einer ihm gegenüberstehenden normgebenden transzendentalen Vernunft zugunsten einer Individualität abgeworfen, die nur den Gesetzen ihrer Spontaneität folge. Insofern könne man die Systeme Kants und Fichtes und deren „genetische" Abfolge als Modelle der Französischen Republik und deren Entwicklung hin zur napoleonischen Despotie ansehen.[30]

Nachdem das „Interesse der Subjektivität" sein „theoretisches" und — im Gefolge der Französischen Revolution — auch sein „praktisches" und „erfahrungsmäßiges Extrem" erreicht habe, sei das Bedürfnis nach einer höheren „Objektivität wieder erwacht" und in Deutschland durch den spekulativen Idealismus Schellings und

Hegels in unterschiedlicher Weise befriedigt worden: nachdem Schelling in seiner
„Naturphilosophie" die „Objektivität" der „Welt" als „Natur" und „Geschichte"
und des notwendigen „schöpferischen", „organischen" Zusammenhanges ihrer
Individuationen zurückgewonnen habe[31], sei dieser lebendig-konkrete, organische
Prozeß durch Hegel erneut in eine abstrakte, logisch-dialektische Denkbewegung
aufgelöst worden. Hegel habe dadurch den Rationalismus auf die Spitze getrie-
ben: er wolle zwar die sittlichen und rechtlichen Institutionen, vor allem den Staat,
als notwendige geschichtliche „Objektivationen des Weltgeistes", als der höchsten
intellektuellen wie schöpferisch-realen Potenz, in ihrer Existenz wie in der Kontinuität ihrer Fortentwicklung begründen und erhalten, höhle sie jedoch als prinzipiell überholungsbedürftige Manifestationen eines dialektischen Geschichtsprozesses,
der in Wahrheit nichts anderes sei, als ein von aller Realität abstrahierender, deren
konkrete Existenz grundsätzlich negierender „leerer" Denkprozeß, in der „Objektivität" ihres Bestandes aus[32] und stelle diese dadurch in weit höherer Form zur
Disposition des „Subjekts" als alle seine rationalistischen Vorgänger. Wenn daher
Hegels „linke" Schüler dessen persönliche konservative Grundhaltung preisgegeben
und die „Dialektik" ihres Lehrers zur Grundlage einer atheistischen und revolutionären Ideologie gemacht hätten, so sei dies sachlich konsequent: es sei nämlich
nicht einzusehen, warum der Mensch, der „den Weltgeist so völlig begreifen kann,
wie Hegel ihn begriffen zu haben" meine, dabei stehen bleiben und nicht auch
selbst „an die Stelle des Weltgeistes" treten, den „Gott" in sich zur „höheren
Stufe ... der bewußten Weltproduktion" erheben und die bestehende staatliche
und gesellschaftliche Lebensordnung in seinem Sinne umgestalten könne und solle.
Daher „fraternisierten" die Mitglieder dieser „Fraktion" auch „mit dem Liberalismus", den ihr Meister „bekämpft" habe, ja sie tendierten auf der Grundlage der
Rousseau'schen Volkssouveränitätsdoktrin zum „Demokratismus" oder sogar zum
„Sozialismus".[33]

Die Doktrinen des politischen Liberalismus, wie sie von Frankreich ausgingen und
gegenwärtig im deutschen Bereich propagiert würden, beruhten überwiegend auf
der Gedankenwelt des „subjektiven Rationalismus". Auf der Grundlage einer
subjektiv-rationalistischen Anthropologie und Ethik lehnten deren Vertreter die
geschichtliche Vorgegebenheit und „objektive" Höherrangigkeit rechtlicher und
staatlicher Institutionen ab und postulierten stattdessen den ausschließlichen Wert
der rational bestimmten Willensäußerungen und -entscheidungen der Individuen,
die — ursprünglich im „Naturzustande" lebend — zu derartigen Manifestationen
gleicherweise befähigt und berechtigt seien, d. h. die Existenz allgemeiner und
gleicher vorstaatlicher „Menschenrechte" als „Freiheitsrechte". Die gesellschaftlichen Institutionen, vor allem die staatliche Rechtsgemeinschaft, gingen erst aus
der vertraglichen Kooperation dieser Einzelnen hervor und könnten nach deren
Willen aufrechterhalten, aber auch wieder abgeschafft und neugebildet werden[34].

Die rechtspolitischen Forderungen der Liberalen konzentrierten sich daher auf
alle Formen und Inhalte des gesellschaftlichen, staatlichen und kirchlichen Lebens,
welche der angestrebten Selbstverwirklichung des Individuums entgegenstünden,
und die es daher zu diesem Zwecke zu „reformieren", ja zu „revolutionieren"
gelte. Daher solle die oberste Regel des rechtlich geordneten Zusammenlebens, die

„Verfassung", vom souveränen „Volke", das damit aus dem Natur- in den staatlich organisierten Zustand übergehe, in Form eines kodifizierten Gesetzes gegeben werden. Diese solle diejenigen politischen Forderungen, Zielvorstellungen und Verfahrensregeln enthalten, die gewährleisteten, daß die Bürger ihre prinzipiell gleiche Chance, den politischen und rechtlichen Willen der staatlichen Gemeinschaft zu bestimmen und deren Herrschaftsfunktionen gesetzesförmig auszuüben, auf die bestmögliche Weise wahrnehmen könnten.

Dies geschehe vor allem durch das Instrument des förmlichen „Gesetzes". Eingriffe in die private Sphäre von Freiheit und Eigentum des Einzelnen dürften nur in Form von in freier, öffentlicher Diskussion zustandegekommenen, durch die Volksrepräsentation beschlossenen Gesetzen vorgenommen werden, deren Inhalt genau bestimmbar sein müsse, und die das äußere Funktionieren der staatlichen Rechtsgemeinschaft sicherstellen, die Sphären der einzelnen Bürger vor wechselseitigen Übergriffen schützen und deren möglichst weitgehende Persönlichkeitsentfaltung ermöglichen sollten. Das Staatsziel des Liberalismus bestehe darin, jedwede „positive" Staatstätigkeit, die zu einer Einschränkung der bürgerlichen Freiheitssphäre führen könne, zu minimieren und diese möglichst auf bloße polizeiliche Schutz- und Sicherungsfunktionen zu beschränken. Da die Freiheit des Einzelnen dem Staate vorgehe, müßten auch dessen „Menschenrechte" als „Grundrechte" an die Spitze seiner Verfassung — vor deren organisatorischen Teil — gestellt werden.[35]

Das richtungweisende liberale Verfassungsmodell ist für Stahl die Französische Verfassung von 1791 in Verbindung mit der Erklärung der Menschen- und Bürgerrechte von 1789. Sie gilt ihm geradezu als das in rechtliche Formen gekleidete politische Kampfprogramm des Bürgertums, „der Nation", gegen die Herrschaft des feudal-absolutistischen Ancien Régime von Königtum, Adel und Kirche, wie dieses von Sieyès in dessen „weltgeschichtlich epochemachender Flugschrift" verkündet worden sei: „Was ist der Dritte Stand? Nichts. Was muß er werden? Alles!"[36]

Die konstituierende Nationalversammlung sei von dem Grundsatz ausgegangen, daß eine Gesellschaft, in der die Menschenrechte nicht gesichert und eine Trennung der Gewalten nicht festgelegt sei, überhaupt keine Verfassung im eigentlichen Sinne besitze. Sie habe daher mit Hilfe eines vorangestellten Katalogs von „Grundeinrichtungen" die überkommenen Ungleichheiten, Privilegien und Herrschaftszwänge abgeschafft und das Prinzip der Freiheit und geburtsmäßigen Gleichheit aller männlichen Staatsbürger aufgestellt, das in den einzelnen Freiheitsrechten konkretisiert worden sei, um ihm die jeweils erforderliche Stoßkraft zu verleihen: so richte sich die Freiheit der körperlichen Beweglichkeit und der Schutz der persönlichen Integrität gegen die vormals üblichen willkürlichen Verhaftungen von seiten der monarchischen Staatsgewalt, die Freiheit der politischen Meinungsäußerung und deren ungehinderter Publikation gegen die Zensurmaßnahmen der Regierung, die Freiheit der Religionsausübung gegen das Prinzip der katholischen Staatsreligion und die hieraus hervorgegangenen Intoleranzedikte, die Freiheit, sich friedlich zu versammeln, gegen entsprechende polizeiliche Verbotsmaßnahmen, die Freiheit, Verträge abzuschließen, sich niederzulassen und ein Gewerbe auszuüben gegen die überkommenen Beschränkungen durch Zunft- oder Handwerksordnungen oder durch feudale Hörigkeitsverhältnisse und die Garantie des Eigentums und des Erbrechts gegen willkürliche und entschädigungslose Kontributionen, Enteignungen oder Besteuerungsmaßnahmen durch die Regierung. Die Regelung der staatlichen Herrschaftsausübung, ihrer Institutionen und Ämter, wie sie im organisatorischen Teil der Verfassung niedergelegt sei, habe primär dazu dienen sollen, die in diesen Freiheitsrechten verfassungsmäßig verbrieften rechtspolitischen Forderungen gegenüber den traditionellen Kräften der Gesellschaft durchzusetzen und ein für allemal zu sichern. Sie beruhe auf dem durch Montesquieu in die liberale Verfassungstheorie eingeführten „Mechanismus" der „Gewaltenteilung" und -balancierung. Doch seien die „Gewalten" in der Französischen Verfassung von 1791 unter den verschiedenen sozialen Gruppierungen keineswegs ausgewogen verteilt, sondern überwiegend dem Bürgertum zugewiesen worden, das in der Nationalversammlung, der „Legislative", die weitaus überwiegende Mehrheit gebildet und mit Hilfe dieses Repräsentativorgans die „Exekutive" wie auch die „Judikative" in seine Hand gebracht habe. Zu den Kompetenzen der Nationalversammlung hätten daher alle Berechtigungen gehört, die zur Bestimmung, Ausübung und Kontrolle der Herrschaft im Staate notwendig gewesen seien: das Recht der Gesetzesinitiative und des Gesetzesbeschlusses, das Recht, Steuern festzusetzen, deren Erträge zu verteilen und deren Ausgabe zu kontrollieren, das Recht, öffentliche Ämter zu errichten oder aufzuheben, den Umfang und die Unterhaltung der Streitkräfte alljährlich neu zu bestimmen, die Minister im Falle von Rechtsbrüchen vor dem obersten Nationalgericht anzuklagen, das Recht, über Krieg und Frieden sowie über Friedens-, Bündnis- und Handelsverträge zu beraten und zu beschließen.

Dadurch sei die Nationalversammlung in die Lage versetzt worden, die Regierung und die Verwaltung des Königreichs zu kontrollieren, deren Funktion als „Exekutive" lediglich darin bestanden habe, die Gesetze auszuführen. Der ehemals „absolute" Monarch Ludwig XVI. sei zum „Chef der Exekutive" herabgesetzt worden; er habe die Einhaltung der Verfassung beschwören müssen, sein Amt durch einen Verfassungsbruch „verwirkt" und sei schließlich wie ein Bürger zur Rechenschaft gezogen, verurteilt und hingerichtet worden. – Auch die „Dritte Gewalt", die „Judikative", habe man in einem antimonarchischen und antifeudalen Sinne umgestaltet und an die Stelle der königlichen und patrimonialen eine „nationale Gerichtsbarkeit" gesetzt, die gewählten Volksrichtern anvertraut worden sei. Diese hätten nicht länger geheim und schriftlich, sondern öffentlich und mündlich verhandeln und entscheiden sollen; bei Strafprozessen sei die Feststellung des Schuld- und Strafmaßes „Geschworenen" aus dem Volke zugewiesen worden. Ferner habe die Verfassung eine Reihe von Bestimmungen enthalten, welche eine möglichst einheitliche ungehinderte Durchsetzung der Herrschaft des „Dritten Standes" im gesamten Königreich gewährleisten sollten, wie etwa zur Aufhebung traditioneller landschaftlicher Sonderberechtigungen zugunsten einer einheitlichen Neugliederung des Staatsgebietes in Departements, Distrikte und Kantone, zum Zwecke der Abschaffung ständischer Anwartschaften auf bestimmte Ämter und deren Käuflichkeit zugunsten eines gesetzlich geregelten Zuganges *aller* Staatsbürger zu allen öffentlichen Stellungen in der Verwaltung und in der Armee allein nach dem Maße ihrer fachlichen Befähigung und Leistung, zur Entfernung von monarchischen „Berufsbeamten" zugunsten von „Administratoren", die für ihr Amt auf bestimmte Zeit vom Volke hätten gewählt werden müssen, sowie zur Schwächung der politischen Bedeutung der monarchischen Armee durch die jährliche Neubewilligung ihrer Subsistenz von seiten der Legislative, die Vereidigung der Militärpersonen auf die Verfassung und — für den Fall ihrer Auflehnung gegen das neue republikanische Regime — durch die militärische Gegenmacht einer von der Nationalversammlung einzuberufenden bürgerlichen „Nationalgarde".[37]

Mit Hilfe dieser Verfassung habe seinerzeit die liberale Bourgeoisie in Frankreich ihre Machtansprüche weitgehend durchgesetzt. Deren Bestrebungen und Interessen seien auch durch die radikaleren revolutionären Kräfte und durch die napoleonische Herrschaft keineswegs unterdrückt, sondern begünstigt und durch diese über ganz Europa verbreitet worden. So würden diese Ansprüche auch weiterhin gegen die Restaurationsversuche der von der Französischen Revoltuion unerschüttert gebliebenen monarchischen Regierungen, namentlich der deutschen Staaten, von den Vertretern des „liberalen Konstitutionalismus" zur Geltung gebracht, welche die „Ideen von 1789" oder die angelsächsischen Verfassungseinrichtungen auf die andersgearteten deutschen Verhältnisse übertragen und diese dadurch „reformieren" wollten. Derartigen Bestrebungen müsse man mit aller Entschiedenheit entgegentreten, da sie von falschen Voraussetzungen ausgingen und — wie die Ereignisse der Jahre 1830 und 1848 gezeigt hätten — zu revolutionären Konsequenzen führten, die den Untergang des monarchischen Staates, ja schließlich selbst des Liberalismus und seiner anerkennenswerten „Errungenschaften" zur Folge hätten[38].

Die Behauptung, daß die liberale „Bourgeoisie" ihre verfassungspolitischen Forderungen gegenwärtig nur in gemäßigten Formen vertrete und sich bei ihren gesellschaftlichen und politischen Aktivitäten zunehmend den Anschauungen und Konventionen der herrschenden konservativen Gesellschaftsschicht integriere, bilde keinen Einwand gegenüber der Gefährlichkeit dieser Entwicklung. Es sei zwar richtig, daß — wie sich bereits im Laufe der Französischen Revolution gezeigt habe — das Bürgertum seine Prinzipien nur soweit in die Praxis umsetze, als es dessen konkrete Interessen erforderten: die Forderung nach der Gleichheit der politischen Rechte habe es gegenüber den Geburts- und Standesprivilegien des Adels nur für sich selbst erhoben, nicht dagegen auch für die breite „Masse" des besitzlosen und ungebildeten „peuple", die seinen Interessen hätte gefährlich werden können. *Ein* Privileg habe es ausdrücklich legitimiert und für sich reklamiert: das Eigentum und das Erbrecht. Aufgrund der Unterschiedlichkeit der Vermögenspositionen habe es schon während der Französischen Revolution die politischen Rechte des „peuple" mit Hilfe eines Zensuswahlrechtes eingeschränkt und auch die Öffentliche Meinung durch hohe Pressekautionen in seine Hand zu bringen versucht. Im Zuge der fortschreitenden Änderung der ökonomischen, sozialen und politischen Verhältnisse seien die Liberalen gegenüber der Krone und ihren Stützen, dem Heer und dem Berufsbeamtentum, kompromißbereiter geworden, um mit deren Hilfe die Forderungen des nachdrängenden „Vierten Standes", des „Prole-

tariats", abzuwehren. Durch die Interessenkonvergenz hätten sich die ehemals
feindlichen oberen „Klassen" einander genähert: der Adel verbürgerliche und die
Bourgeoisie ahme dessen soziale Gewohnheiten und auch dessen traditionelle Vorurteile gegenüber den „niederen Ständen" nach. — Wenn es der Bourgeoisie auch
nicht habe gelingen können, die volle Herrschaft im Staate zu erringen, so höhle
sie diesen und die ihn tragenden konservativen Kräfte durch ihre gesellschaftliche,
insbesondere durch ihre ökonomische Dynamik von innen her aus und schwäche
dadurch deren Abwehrmöglichkeiten gegenüber dem neugeschaffenen sozialrevolu-
tionären Potential. Nachdem bereits die aufgeklärt-absolutistische Gesetzgebung
zu Ende des 18. Jahrhunderts historisch begründete „erworbene" Rechtspositionen
von Personen und Gruppen durch eine geradezu „experimentielle" Legislatur nivel-
liert und damit den politischen, gesellschaftlichen und ökonomischen Forderungen
der bürgerlichen Revolution in die Hand gearbeitet habe[39], führe die gegenwärtige,
zunehmend von bürgerlichen Interessen bestimmte Gesetzgebung und Verwaltung
dazu, die traditionelle Sozialordnung vollends zu „entgliedern". An die Stelle der
Gewerbe- und Handelskorporationen und der bäuerlichen Abhängigkeitsverhältnisse,
welche den ökonomisch und sozial Schwachen Schutz und materielle Sicherheit
geboten hätten, sei eine allgemeine wirtschaftliche Freizügigkeit, bestimmt durch
das Prinzip der „freien Konkurrenz", d. h. in Wahrheit die Herrschaft des „Kapi-
tals" getreten. Dieser Entwicklung habe sich auch der grundbesitzende Adel an-
passen müssen; sie erfasse und durchdringe gegenwärtig alle, auch die geistigen
Lebensbereiche. Der Liberalismus, der mit dem „Idealen" begonnen habe, ende
so zwangsläufig mit dem „Materiellen"; er profanisiere alle menschlichen Beziehungen und bewerte sie allein nach dem Maßstab des Kapitalbesitzes: „Geld ist die
Einlaßkarte in die legislativen Versammlungen, Geld ist der Kitt der Menschen
statt der alten persönlichen Bande zwischen Herrschaft und Gesinde, großen und
kleinen Grundbesitzern, Meistern und Gesellen. Geld ist der Maßstab der Geltung;
für den Salon bedarf es nicht mehr des Standes, aber der Equipagen und der Klei-
derpracht. Geld, Mehrung des Erwerbs und Anleitung zum Erwerb ist die Haupt-
aufgabe für Gesetzgebung und Verwaltung".[40] — Nachdem der Liberalismus sich auf
diese Weise den Konservatismus angepaßt und die Freiheit, die er ehedem für alle
Menschen postulierte, für deren überwiegende Mehrheit praktisch vernichtet habe,
sehe er sich nunmehr der Masse des „Proletariats" gegenüber, das die Forderung nach
der *gleichen* ökonomischen und politischen Freiheit aller in revolutionärer Absicht für sich erhebe. Dann werde ein neuer Sieyès auftreten, welcher der Bourgeoisie deren eigene alte Parole mit den Worten: „Was ist der Vierte Stand?"
entgegenhalte.[41] Damit trete das „System der Revolution" in seine sozialistische
und kommunistische Phase ein. —
Die Analyse und Darstellung des rationalistischen, politischen und ökonomischen
Liberalismus als des Beginns eines selbstzerstörerischen revolutionären Geschichtsprozesses, wie sie Stahl vornimmt, ist bereits durch dessen theologisch-weltan-
schauliche Kritik an ihm geprägt: der Rationalismus und der Liberalismus sind
für Stahl der Ausdruck und die notwendige Folge der menschlichen „Ursünde"
als der „Urrevolution", der Empörung des Individuums gegen dessen Abhängigkeit von der göttlichen Herrschaft, welche zu einer Perversion seines Persönlich-

keitszentrums, seines Willens wie seiner Erkenntnis, geführt habe. Dadurch seien auch die religiös-ethischen, sozialen und politischen Postulate der christlichen Lehre, die traditionellen Grundlagen der überkommenen abendländischen Lebensordnung, in ihr Gegenteil verkehrt worden: an die Stelle einer „Gründung allen Lebens auf Gottes Ordnung und Fügung" habe der Liberalismus eine individuelle „*Freiheit* des Gewährenlassens in allen Lebensbereichen" gesetzt, an die Stelle einer Gründung der gesellschaftlichen und rechtlich-politischen Stellung des Menschen auf dessen „Beruf" und „Stand" nach dem Maße der ihm von Gott verliehenen Gnadengaben das Prinzip — wenn auch freilich nicht die Realität — der allgemeinen *Gleichheit,* an die Stelle des Gedankens der christlichen Nächstenliebe, welcher ehedem die sozialen Verhältnisse durchdrungen habe, den abstrakten Gedanken einer „*Brüderlichkeit*", welcher nicht die konkrete Bruderliebe, sondern die „Gattung" „Menschheit" als Abstraktion „prahlend feiert". Anfänglich mit dem christlichen Glauben scheinbar noch vereint entwickle sich der Liberalismus auf diese Weise „in seiner reifen Frucht" zu einer atheistischen, emanzipatorischen „Selbstvergötterung" des Menschen, welche, wie es sich in der Französischen Revolution bereits gezeigt habe, zur höchsten Perversion eines fanatischen, unter Androhung von Todesstrafe geforderten Götzenkults der „Verklärung des Menschengeschlechts" führe.[42]

Stahl bleibt aber nicht bei einer bloßen Negation des Liberalismus stehen. Sein Werk, insbesondere die „Philosophie des Rechts", dient nicht nur dem Bestreben, die Widersprüchlichkeit und Unhaltbarkeit der weltanschaulichen Voraussetzungen des Liberalismus aufzuweisen und die Gefährlichkeit seiner politischen Forderungen an deren revolutionären, selbstzerstörerischen Resultaten zu demonstrieren, sondern er will diese dadurch zugleich von innen heraus überwinden. Er erkennt daher dessen „berechtigtes Interesse" an der „Subjektivität der Persönlichkeit" und an einer Humanisierung der staatlichen und gesellschaftlichen Lebensordnung, das zu praktischen „Errungenschaften", wie zur Abschaffung der Folter oder der Leibeigenschaft, insbesondere aber zu einer „rechtsstaatlichen" Organisation des Verfassungslebens durch einheitliche, unter Mitwirkung einer Volksrepräsentation zustandegekommene Gesetze geführt habe, ausdrücklich an, indem er es auf seine wahre christliche Wurzel, sein eigentliches „Motiv", zurückzuführen sucht, um es mit Hilfe einer Anthropologie, einer Ethik und einer Rechts- und Staatslehre „auf der Grundlage christlicher Weltanschauung" zu befriedigen. Nur auf der Grundlage einer Anerkennung der Wahrheiten des christlichen, d. h. des protestantisch-reformatorischen Glaubens könne die „Revolution" wahrhaft und dauerhaft „geschlossen" und eine friedliche und kontinuierliche Fortentwicklung der Ordnung des gegenwärtigen staatlichen Zusammenlebens, insbesondere innerhalb des Deutschen Bundes, sichergestellt werden.[43] Eine ausführliche Darstellung der Stahlschen Position würde an dieser Stelle zu weit führen; daher seien nur die Grundthesen seiner „Christlichen Rechts- und Staatslehre" genannt[44], mit denen er den liberalen Konstitutionalismus ebenso „überwinden" will wie dessen restaurativ-reaktionäre Gegenspieler, insbesondere die Staatslehre Karl Ludwig v. Hallers:[45]

Für Stahl ist der Staat eine „über dem menschlichen Willen erhabene Anstalt", die von Gott zur Erhaltung und zur Förderung der irdischen Zwecke seiner Herrschaft über das „Reich" seiner Schöpfung eingesetzt worden sei. Dessen Institutionen könnten zwar im einzelnen nach menschlichem Ermessen ausgestaltet werden, dieses müsse sich jedoch dabei an den göttlich geoffenbarten Normen des Alten und des Neuen Testaments sowie an den durch Gottes Fügung geheiligten, geschichtlich gewordenen Einrichtungen und Gesetzen orientieren.[46] Die souveräne monarchische Staatsgewalt, wie sie in den Staaten des Deutschen Bundes historisch gegeben und nach Röm. 13 V. 1 als „Obrigkeit" von Gott legitimiert sei, solle ihre Herrschaft in Form einer nach „Monarchischem Prinzip" organisierten Verfassung unter mitbeschließender Beteiligung von „Reichsständen" an der Gesetzgebung ausüben; nicht hingegen dürfe sie vom Willen der beiden Kammern, insbesondere der zweiten als der eigentlichen „Volksvertretung", abhängig werden, wie dies in Großbritannien der Fall sei, dessen „Verfassung" vom „Parlamentarischen Prinzip" bestimmt werde[47]. Daher müsse der Regierung auch die Herrschaft über das Gesetzgebungsverfahren, insbesondere das Recht der Gesetzesinitiative und der Aufstellung eines weitgehend unspezialisierten Haushaltsplanes, erhalten bleiben: die Kammern besäßen nur ein Vetorecht[48]. Sie sei keineswegs lediglich „Exekutive" im französischen Sinne, sondern frei-schöpferische „Administration", die jenseits der Sphäre, die der Gesetzgebung vorbehalten sei, nach eigenem, nur zweckgebundenen Ermessen tätig werde, und die daher auch über die Instrumente, die zur Durchführung ihrer Anordnungen und Maßnahmen notwendig seien, insbesondere über das Berufsbeamtentum und über das Heer, eine ungehinderte Verfügungsmacht besitzen müsse[49]. Nur durch eine derartige „deutsch-konstitutionelle" Verfassung nach „Monarchischem Prinzip", wie sie in den Grundgesetzen des Deutschen Bundes und in den Konstitutionen der deutschen Staaten verankert sei, die im Gegensatz zum Prinzip der liberal-konstitutionellen „Gewaltenteilung" den Schwerpunkt der Kompetenzen bei der monarchischen Regierung belasse, werde es auch den Staatsbürgern ermöglicht, ihren Willen rechtsförmig in den Willen der Staatsgewalt zu integrieren, denn deren Stärke sei zugleich die notwendige Bedingung der Funktion ihrer „Bürgerrechte"[50]. Diese existierten nämlich nicht in einem fiktiven, geschichtslosen vorstaatlichen Raum, sondern von vornherein nur im Rahmen der Staatsordnung, die ihnen vorgegeben sei. Sie müßten daher im Falle ihres Mißbrauchs sowohl durch gesetzliche als auch durch administrative Maßnahmen der Staatsgewalt eingeschränkt werden.[51]

In einem „christlichen Staate" solle daher — im Gegensatz zu der „profanen" liberalen Auffassung — auch keine uneingeschränkte Toleranz Platz greifen, um dessen Grundlage, den Glauben an die christliche Offenbarungswahrheit im Sinne des gemeinsamen Grundverständnisses der beiden großen, paritätisch anzuerkennenden Konfessionen, nicht zu erschüttern. Deren Inhalt müsse der Ausgestaltung der staatlichen Institutionen, insbesondere des Schulwesens, des Ehe- und des Strafrechts zugrundegelegt werden. Nur Christen dürften zu Staatsämtern gelangen. Andersgläubigen, wie den Juden sowie den christlichen oder weltanschaulichen Sektierern, sei grundsätzlich nur die bürgerliche, nicht aber eine volle politische Gleichstellung zu gewähren.[52]

III.

Der philosophisch-weltanschauliche und rechtlich-politische Liberalismus hat für Stahl nicht nur den Bereich des staatlichen und gesellschaftlich-ökonomischen, sondern auch den des kirchlichen und theologischen Lebens erfaßt. Gerade hier habe dessen Wurzel, die „Ursünde" des emanzipatorischen menschlichen Strebens nach Eigenmächtigkeit und Selbstbestimmung im Denken und Handeln, zu einer weitgehenden Zerstörung der biblisch-bekenntnismäßigen Glaubenslehre und der auf dieser beruhenden Verfassung der Kirche geführt und damit auch von dieser Seite aus zu einer fortschreitenden Profanisierung der gesamten Lebensordnung des „christlichen Staates" beigetragen[53].

Für die kirchliche Verfassungsordnung im deutschen Bereich sei dieser Prozeß durch die Theorie und Praxis des „Territorialsystems" in Gang gekommen, das von Christian Thomasius naturrechtlich begründet worden sei. Mit dessen Hilfe habe sich das landesherrliche Kirchenregiment die Konsistorien weitgehend unterworfen, um innerhalb der Landeskirche eine „wechselseitige Toleranz der verschieden Glaubenden" zu ermöglichen. Dadurch sei das kirchliche Bekenntnis relativiert, dessen Hüter, der „Lehrstand", weitgehend entmachtet und die auf dem Bekenntnis beruhenden „Einrichtungen", insbesondere des Gottesdienstes und der kirchlichen Disziplin, der konfessionellen Bestimmtheit ihrer Funktionen beraubt worden. Der Anlaß zu dieser Entwicklung habe in der praktischen Notwendigkeit bestanden, den innerkirchlichen Streit zwischen den Vertretern der lutherischen Orthodoxie und des Pietismus zu befrieden. So seien der naturrechtliche Territorialismus und die pietistischen Bestrebungen nach einem „Zurückziehen des Christentums in das Innere des individuellen frommen Lebens, die daraus hervorgehende Gleichgültigkeit gegen den bestimmten Lehrbegriff und noch mehr gegen die Gestaltung der Kirchenverfassung" einander im Ergebnis entgegengekommen.[54]

Die naturrechtliche Denkweise habe sich in der darauf folgenden Epoche des „Kollegialismus" voll durchgesetzt, in der auch die rationalistische Dogmen- und Bibelkritik ihren Siegeszug begonnen habe: nach der Auffassung dieses Verfassungssystems sei die Kirche keine „gottgestiftete Anstalt, welche den Menschen in sich aufnimmt", und die „ihr Gesetz und ihren Inhalt, erhaben über menschlichen Willen, aus der göttlichen Stiftung in sich trägt, sondern eine Vereinigung, durch den Willen der Menschen gegründet und ihren Inhalt und ihr Gesetz fortwährend nur aus dem Willen der Menschen empfangend".[55] Die Kirche sei eine „freie Gesellschaft" innerhalb des Staates, welche nicht vom Lehrstande als dem Hüter des kirchlichen Bekenntnisses, sondern — analog zum Prinzip der Volkssouveränität — allein von der „Majorität" der entkirchlichten „Masse" regiert werden solle[56].

Nach den revolutionären und kriegerischen Katastrophen um die Jahrhundertwende, welche der Rationalismus mit herbeigeführt habe, und in denen auch der kirchliche Verfall offenkundig geworden sei, sei mit der Restauration der politischen Verhältnisse sowie mit dem Streben der Philosophie und der Rechtswissenschaft nach geschichtlicher „Objektivität" auch der christliche Glaube und die „Sehnsucht nach

einem festen und befriedigenden kirchlichen Bestande" wieder erwacht. [57] Mit der
Erweckungsbewegung hätten auch die positive, offenbarungsgläubige Theologie und
das evangelische Kirchenrecht einen neuen Aufschwung genommen, und es sei auch
auf dem Felde der kirchlichen Praxis zu einer Fülle verheißungsvoller Neubildun-
gen gekommen. Zwar habe sich die rationalistische, liberale Strömung wie in den
Bereichen der Philosophie, des Rechts und der Politik so auch in denjenigen der
Kirche und der Theologie weitgehend in sich selbst aufgelöst und darin ihr „ver-
dientes Gericht" erfahren, während die „positive Richtung" beständig an Boden
gewonnen habe, doch sei der Kampf noch keineswegs beendet, zumal dieser an
einer durch die zurückliegende geistige und kirchenpolitische Entwicklung veränderten *inneren* Front geführt werden müsse [58].

Wie in der weltlichen Sphäre so stünden sich auch im Bereich der Religionsgemein-
schaften aller Glaubensrichtungen die beiden großen „Parteien" der „Legitimität"
und der „Revolution", des „Offenbarungsglaubens" und der „Offenbarungsleugnung", gegenüber: zu der ersten gehörten insbesondere die „philosophischen
Deisten, Pantheisten, Atheisten" und die „neueren Sekten", d. h. die „Deutsch-
katholiken. Lichtfreunde, Reformjuden" und „St. Simonisten", zu der letzten
die „Christen aller Konfessionen: Katholiken, Lutheraner, Reformierte, Metho-
disten usw." sowie die „Juden alten Stils" [59].

Die Anhänger der „Partei der Offenbarungsleugnung" seien zutiefst vom Ratio-
nalismus und dem Glauben an die Befähigung des Individuums zu dessen höherer
Selbstbestimmung, der „Emanzipation der menschlichen Vernunft" von jeder
vorgegebenen „höheren Wahrheit" und der „Emanzipation des menschlichen
Willens" von jedem höheren „Ansehen", durchdrungen [60]. Sofern sie die Existenz
Gottes als einer höheren Macht nicht überhaupt leugneten und die christliche Religion nicht aktiv bekämpften, suchten sie doch deren höhere Autorität auf der
Grundlage ihrer eigenen Weltanschauung anzuzweifeln und zu relativieren, um
dieser an deren Stelle allgemeine Anerkennung zu verschaffen. Sie gingen dabei
von der „apodiktischen Gewißheit" aus, daß der Mensch „die Religion aus eigener Vernunft müsse finden und daß er sie in Vernunft müsse auflösen, d. h. vollständig begreifen, zergliedern, nachrechnen können", daß die „Gesetze der Natur
absolut unveränderlich seien" und keine „Durchdringung durch Wunder" zuließen,
und daß der Mensch grundsätzlich „von Natur zum Guten und Edlen geneigt und
aus eigener Kraft desselben fähig" sei, oder jedenfalls von Gott – falls dieser existie-
re – „Nachsicht" für die ihm anerschaffenen Mängel beanspruchen dürfe [61]. Daher
bestritten und leugneten sie den „äußeren" wie den „inneren Charakter" des Christentums, den „Glauben an die Offenbarung" und den „Glauben an die Erlösung".
Der erste bestehe darin, daß Gott, der Schöpfer und Herrscher auch über die
Natur und deren Gesetze, seinen Willen den Menschen auf übernatürliche Weise
„in Stimmen und Gesichten, in Zeichen und Eingebungen, durch Sendung der
Patriarchen und Propheten bis zur sichtbaren Erscheinung des Sohnes Gottes selbst
auf Erden" kundgegeben und durch dessen Heilstaten, insbesondere durch dessen
Tod und leibliche Auferstehung, erwiesen und besiegelt habe. Das Christentum
gründe seinen „Ursprung auf Wunder", empfange seine „Beglaubigung aus Wun-
dern", fordere den Glauben kraft der durch diese Wunder erwiesenen Autorität

Gottes, habe das „ewige Mysterium" eines „Wunders" zu seinem höchsten Inhalt, nämlich „die Dreieinigkeit und die Menschwerdung Gottes", und verheiße fortwährend wunderhafte „übernatürliche Gnadenwirkungen", vor allem den Beistand des Heiligen Geistes zur „Bekehrung", „Wiedergeburt" und „Heiligung" des Menschen, der insbesondere durch den Genuß der Sakramente empfangen werde, sowie eine „übernatürliche Gebetserhörung", welche nicht auf einer psychologisch bedingten „Selbststärkung" des Menschen, sondern auf dem göttlichen Beistand beruhe. Zuletzt werde Gott die gesamte „irdische Natur" durch ein Wunder in eine „neue Schöpfung" verwandeln.[62]

Die „Offenbarungsleugner" lehnten auch den christlichen „Glauben an die Erlösung" ab, d. h. daran, daß durch den „Ungehorsam", die „Urrevolution" des „ersten Menschen" die Menschheit der „Sünde und ewigen Verdammnis verfallen" sei, daß aber „der Mensch gewordene Gottessohn durch seinen Gehorsam und Opfertod die Schuld getilgt, Gott versöhnt und das menschliche Geschlecht von Sünde und Verdammnis erlöst" habe; sie bestritten, daß dieser Glaube als „Strömung des göttlichen Geistes und der göttlichen Gnade" nur innerhalb der „christlichen Kirche" als der „Gemeinschaft mit dem Erlöser" vermittelt werde und zu einer „Wiedergeburt" des Sünders, zur Erleuchtung seiner Erkenntnis und zur wahren positiven Freiheit seines Willens, seine zeitliche und ewige göttliche, persönliche Bestimmung zu erfüllen, absolut notwendig sei[63].

Es gebe jedoch nur wenige Anhänger der „Partei des Unglaubens", welche die christliche Religion *offen* bekämpften und sich daher auch von der Kirche *getrennt* hätten; die meisten suchten „gegenwärtig und besonders in Deutschland" „den Kampf gegen das Christentum ... nicht durch offene Leugnung, sondern unter dem Scheine des Christentums selbst" zu führen. Dabei gäben sie sich als „eifrige und ehrfurchtsvolle Bekenner" desselben aus, welche den „Gegensatz" von „Glaube" und „Unglaube" vermittelt und aufgehoben hätten, legten dabei jedoch in Wahrheit „dem Christentum einen ... entgegengesetzten Sinn" unter.[64] Stahl unterscheidet innerhalb des Protestantismus drei vermittlungstheologische Richtungen: die Schüler Schleiermachers, für die „das Christentum sein Wesen im *Gefühl*" habe, die am moralischen Vorbild sowie an der „Lehre" Jesu orientierten „Rationalisten" und die theologischen Anhänger der Philosophie Hegels:

Die Schüler Schleiermachers beschränkten die Religiosität auf die Sphäre des „Gefühls" und schlössen deren Bedeutung für die Bereiche der „Erkenntnis" und der „öffentlichen Einrichtungen" aus, welche sie der Herrschaft der säkularen Vernunft zuwiesen, um auf diese Weise zu einer friedlichen „Koexistenz" von „Glaube" und „Wissenschaft" zu gelangen. Sie nivellierten dabei den prinzipiellen Unterschied des Christentums gegenüber den übrigen ‚Hochreligionen' und würden verkennen, daß dieses sich nicht an das „Gefühl" als „Sentimentalität", sondern an die „Erkenntnis" und an den „Willen" des Menschen richte: der Glaube sei „nicht ein passives Gefühl", sondern die „aktivste, freieste Entschließung", die „Urtat des menschlichen Willens". Das Christentum lehre auch nicht „unbestimmte Ahnungen", sondern „bestimmte Tatsachen und Realitäten", ein „bestimmtes Wissen von Gott und unseres Verhältnisses zu ihm", das unbedingte Anerkennung fordere.[65]

Die „Rationalisten", die an der Notwendigkeit des Postulates der Existenz Gottes als des obersten Gesetzgebers, Weltenschöpfers und -richters und an der Vorbildlichkeit des von einer besonderen Gottesvorstellung erfüllt gewesenen und diese vorgelebt habenden historischen Menschen Jesu von Nazareth festhielten, identifizierten das Christentum mit dem Inbegriff der „Moral" bzw. mit bestimmten „Lehren" über den Menschen und dessen Bestimmung in der Welt, wobei sie die übernatürliche Realität der „Wunder" leugneten oder spiritualisierend verflüchtigten. Aus diesem Grunde hätten sie — zusammen mit den Schülern Schleiermachers — in der jüngsten Vergangenheit auch nicht eigentlich gegen die bekenntnismäßigen „Fassungen und Formeln aus dem Zeitalter der Reformation", sondern in Wahrheit gegen die darin zum Ausdruck gebrachten „Tatsachen aus dem apostolischen Zeitalter", insbesondere gegen die von Paulus bezeugte leibliche Auferstehung Jesu, gekämpft. — Die Vertreter dieser Richtung würden verkennen, daß die christliche Religion das unmittelbare Verhältnis des Menschen zu Gott zum Inhalt habe und nicht mit den moralischen Pflichten identisch sei; diese gingen vielmehr als bestimmte, von den Geboten anderer Religionen, wie denen des Judentums oder des Islam, unterschiedene erst aus dieser Gottesbeziehung hervor. Das Christentum fordere auch das volle Bekenntnis zur wunderhaften „Erlösungsökonomie", d.h. zum „Wunder" der Menschwerdung Gottes in Christus, zu dessen wunderhaftem Wirken, zum Wunder der Versöhnung der absolut sündigen Menschheit vor Gott durch dessen Opfertod und zum Wunder seiner leiblichen Auferstehung als „göttlicher Beglaubigung" dieses Geschehens, ohne die es — nach Paulus — wirkungslos und vergeblich sei. Die „Lehren des Christentums . . . und gerade die am meisten betonten Lehren" seien „zugleich Wunder", die man nicht „umdeuten", sondern deren Realität man nur „bejahen oder verneinen könne".[66]

Den „Gipfelpunkt in der Weise, den Gegensatz zwischen Glauben und Unglauben aufzuheben" bildeten die Anschauungen derjenigen Theologen, die auf der Grundlage der spekulativen Philosophie Hegels „nicht bloß alle Tatsachen der christlichen Offenbarung, sondern selbst die Existenz des persönlichen Gottes und die Unsterblichkeit des Menschen" leugneten und dabei gleichzeitig sämtliche Dogmen des Christentums usurpierten, indem sie diesen „in einer durchgehenden Umprägung der Sprache und der Begriffe . . . gerade den äußersten Gegensatz als Sinn" unterstellten. Nach deren Anschauung werde „Gott" dem Menschen allein durch die Tätigkeit seiner Vernunft, d.h. durch die dialektische Denkbewegung der spekulativen Logik „vollständig offenbar"; die Welt sei nicht die Schöpfung eines persönlichen Gottes, sondern die Emanation der dialektischen Selbstbewegung des „logischen Gesetzes". Die „Auferstehung" beruhe nicht in einem wunderhaften tatsächlichen Geschehen, sondern darin, „daß der Mensch sein Ich, seine Persönlichkeit aufgebe" und in der „allgemeinen Substanz" des „Weltgeistes . . . fortlebe". Das Verständnis der „Menschwerdung Gottes" und der „Erlösung" laufe darauf hinaus, daß „die Menschen von Natur ein Göttergeschlecht seien, das sich zuerst durch Christus, dann vollständig durch die Philosophie als ein solches bewußt geworden sei" und sich durch diese Erkenntnis aus sich selbst heraus „erlöse". — Eine derartige Umdeutung der Lehren des Christentums heiße „nicht mehr bloß den Gegensatz von Glauben und Unglauben zu verwischen, sondern den christlichen Glauben zu eskamotieren".[67]

Die kirchenpolitischen Forderungen und Bestrebungen dieser Gruppierungen seien ihren jeweiligen weltanschaulich-dogmatischen Grundlagen entsprechend unterschiedlich, ja gegensätzlich; sie liefen jedoch im Ergebnis gleichermaßen darauf hinaus, die „sichtbare Kirche" als Hüterin und Vermittlerin der biblisch geoffenbarten, in den altkirchlichen und reformatorischen Bekenntnissen bezeugten und fixierten Glaubens- und Heilswahrheit der Herrschaft der Vertreter des ungläubigen „Zeitgeistes" auszuliefern. Während hegelianische Vermittlungstheologen wie Philipp Marheineke und Richard Rothe die Kirche dem Staate als der höheren Form der „Objektivation des Weltgeistes" unterordneten und in einer Erneuerung des „Territorialismus" praktisch zur Disposition der staatlichen Bürokratie als des innerkirchlichen Gesetzgebers stellten[68], forderten die Schüler Schleiermachers deren quasi-gesellschaftliche, synodale Organisation unter bestimmender Mitwirkung der Laien. In einer Art „kirchlichem Konstitutionalismus", der eine Erneuerung des „Kollegialsystems" bedeute, strebten diese eine weitgehende Verselbständigung, ja eine Trennung der Kirche vom Staate an. Damit verzichteten sie auf die Privilegien, welche der Staat der Kirche als öffentlich anerkannter Religionsgemeinschaft erteilt wie auch auf den Schutz, den ihr dieser als Landeskirche vor inneren Spaltungen gewährt habe, und lieferten diese dem inneren Streit um ihr Bekenntnis wie um ihre Verfassung aus, der mit einem Siege der Majorität der liberalen Laien-, Pfarrer- und theologischen Professorenschaft enden müsse. – Für den Staat aber müsse die Verwirklichung ihrer kirchenpolitischen Forderungen zu einer weiteren Profanisierung führen.[69]

Stahl will die „Unwahrhaftigkeit" dieser Vermittlungsbestrebungen in ihren kirchenrechtlichen und -politischen Resultaten wie an ihren weltanschaulich-theologischen Wurzeln verfolgen, aufdecken und mit aller Entschiedenheit bekämpfen: „jeder redliche Mensch" müsse das „Unwesen der Begriffsverwirrung", welches die rationalistischen und pantheistischen Vermittlungstheologen betrieben, zutiefst „verabscheuen": der „Gegensatz von christlichem Glauben und Unglauben" sei nun einmal „mit Wahrhaftigkeit nicht zu beseitigen", es gebe hierin „keine Ausgleichung und keine Annäherung, keine rechte Mitte und kein Centrum, es gibt nur ein Entweder – Oder, ein Ja oder Nein". Entweder man bekenne sich offen zum „Glauben" an die Grundsätze des Rationalismus, Pantheismus, Atheismus und der „Revolution" und scheide aus der Kirche aus oder lege sein Amt in ihr nieder, oder aber man bekenne sich zum Glauben an die volle christliche Offenbarungswahrheit, wie diese in der Heiligen Schrift als oberster „Glaubensnorm" in aller Vollständigkeit und Klarheit offenbart und in den Bekenntnissen der Kirche, insbesondere in der Confessio Augustana Invariata, für den „öffentlichen Glauben der Kirche" ein für allemal verbindlich bezeugt und niedergelegt worden sei[70]. Dies bedeute weder eine Einschränkung der privaten persönlichen Schriftforschung, welche zu einer täglich neuen „Aneignung" dieser Glaubenswahrheiten nötig sei, noch einen Verzicht auf eine wissenschaftlich-theologische Tätigkeit. Die Aufgabe der Theologie bestehe freilich nicht darin, diese Wahrheiten umzudeuten und zu verfälschen, sondern sie näher zu bestimmen und deren Verständnis zu vertiefen, ohne dabei deren Substanz anzutasten.[71] Gerade die Lehre von der Kirche bedürfe einer Fortbildung, denn die Reformatoren hätten diese in einer — wenn auch durch die gegebenen Umstände verständlichen — einseitigen Polemik gegenüber dem Katholizismus vernachlässigt und dadurch selbst zu den späteren „Schwankungen" in der Auffassung des Kirchenrechts und der Kirchenverfassung beigetragen.[72]

Nach *ausgebildetem* biblischem und lutherisch-reformatorischem Verständnis sei die Kirche eine von Gott eingesetzte, durch Christus und die Apostel gegründete „Anstalt" zur Ausbreitung seines „Reiches" durch die „Mitteilung" der zum zeitlichen und zum ewigen Heile des Menschen notwendigen Gnadengaben des „Wortes" und der „Sakramente"; sie solle unter der Leitung des von Christus eingesetzten Amtes der „Regierung", des „Kirchenregimentes", stehen, dessen Träger der „Lehrstand", d.h. die Pfarrerschaft mit einem Bischof als deren organisatorischer Spitze, sei.[73] Der Grundsatz des „allgemeinen Priestertums aller Gläubigen" bezeichne nur die Unmittelbarkeit des persönlichen Glaubensverhältnisses des Einzelnen zu Gott ohne die Notwendigkeit eines Dazwischentretens einer heilsmittlerischen priesterlichen Hierarchie, begründe dagegen keine Kompetenz zur aktiven Kirchenregierung. Den Laien in den „Gemeinden" stehe daher kein Recht zu, Anordnungen über die „öffentliche Lehre" der Kirche und über die hierauf beruhenden „Einrichtungen", insbesondere über Liturgie, Kultus und Disziplin, zu treffen; dies sei allein die Aufgabe des „Lehrstandes". Sie besäßen nur das Recht, hierüber „angehört" zu werden und Maßnahmen abzulehnen, die offenkundig gegen das traditionell anerkannte kirchliche Bekenntnis verstießen. Auch könnten sie an untergeordneten Verwaltungsaufgaben beteiligt werden.[74]

Eine auf solche Art *episkopal* verfaßte Kirche solle nach den Grundsätzen des „Protestantischen Majestätsrechts der Fürsten", welche die Anordnungen des „Lehrstandes" sanktionierten und durchsetzten, mit dem „christlichen Staate" verbunden bleiben, damit dieser sie schützen und fördern und umgekehrt die Kirche dessen Institutionen mit dem positiven Gehalt ihrer christlichen Offenbarungswahrheit durchdringen könne. Nur eine nach diesem Verfassungsmodell organisierte Landeskirche und eine entsprechende Gestaltung ihres Verhältnisses zum Staate biete die Gewähr, daß die christliche Offenbarungswahrheit als Norm und oberster Orientierungsmaßstab des gesamten menschlichen Zusammenlebens gegenüber den konkurrierenden Bestrebungen der rationalistischen, pantheistischen und atheistischen Weltanschauungen, vor allem des Liberalismus, erhalten bleibe und diese Lebensordnung ihrer zeitlichen und ewigen Bestimmung, der Verwirklichung des „Sittlichen Reiches" Gottes, immer näher führen werde.[75]

IV.

Indem Stahl um eine Überwindung des Rationalismus, des Liberalismus und der „Revolution" auf der Grundlage seiner protestantischen „christlichen Weltanschauung" kämpfte, mußte er diese nicht nur gegenüber den Liberalen verteidigen, die ihr weltanschauliches, politisches und kirchliches Programm als die zeitgemäße Weiterführung der Reformation ansahen, sondern auch gegenüber den Vertretern des erneuerten, „ultramontanen" Katholizismus, die behaupteten, Luther und seine Nachfolger hätten die individuelle, soziale, rechtliche und politische Harmonie der „katholisch-christlichen Weltanschauung und Weltauffassung" durch ihren religiösen Subjektivismus und ihre Loslösung von der Kirche zerstört und den revolutionären „Zersetzungsprozeß" in Gang gebracht. Dieser Prozeß habe auch den Protestantismus selbst ergriffen und dazu geführt, daß dieser in Deutschland in eine politisch aktive „rationalistische" und in eine mehr romantisch-gefühlsbetonte „pietistische Richtung" zerfallen sei, welche die Grundlage entsprechender „Parteien" im politischen Leben der deutschen Staaten und im Leben ihrer Landeskirchen bildeten. Die rationalistische Richtung habe sich, einem „corrosiven Gift" vergleichbar, wiederum in eine „gouvernementale" und in eine gesellschaftlich-liberale Fraktion gespalten, welche — jede auf ihre Weise — die Freiheit und Selbständigkeit der katholischen Kirche zu zerstören suchten, indem sie, wie vor allem in Preußen, die bürokratisch-absolutistischen Maßnahmen der Staatsgewalt dieser gegenüber legitimierten oder aber deren Einfluß im Raume der Gesellschaft möglichst zurückdrängen wollten. Die pietistische Richtung leiste diesen Bestrebungen zwar Widerstand und bemühe sich aufgrund ihrer positiv-christlichen Gesinnung auch um eine Zusammenarbeit mit der katholischen Seite, könne sich jedoch nicht durchsetzen, da sie, befangen in ihrer theologischen Tradition, den letzten Schritt zum Katholizismus hin nicht vollziehe und sich stattdessen an die „Obrigkeit" des „christlichen Staates" anlehne. Die revolutionären „Zeichen der Zeit" erwiesen jedoch, daß sich die gegensätzlichen protestantischen und liberalen Kräfte in ihrem wechselseitigen Kampfe bereits weitgehend zerstört hätten und die katholische Kirche als Siegerin daraus hervorgehen werde.

Diese Thesen, die ihre Wurzeln in der „Symbolik" Johann Adam Möhlers hatten, wurden zu Ende der dreißiger Jahre durch Joseph Görres und das Organ des deutschen Ultramontanismus, die „Historisch-Politischen Blätter", in parteilich-polemischer Weise propagiert, um den Kampf der Kurie und des Kölner Erzbischofs v. Droste-Vischering für eine strenge Mischehenpraxis gegen die preußische Staatsregierung zu legitimieren. [76]

Als die bayerische Regierung, die sich als Hüterin der katholischen Interessen innerhalb des Deutschen Bundes profilieren wollte, diesen Streit mit zum Anlaß nahm, um die verfassungsmäßig anerkannten Rechte der überwiegend lutherisch-konfessionell und konservativ eingestellten Gemeinden und Geistlichen der bayerischen Landeskirche, d.h. also die Vertreter der im ultramontanen Sinne „pietistischen Richtung", unter Berufung auf diese Thesen einzuschränken [77], trat ihnen Stahl als Anwalt des Erlanger Luthertums mit einem im Juli 1839 in der „Zeitschrift für Protestantismus und Kirche" veröffentlichten Aufsatz „Über die Konsequenz des Prinzips" [78] entgegen. Er führte darin aus, die Geschichte erweise klar, daß nicht der „Liberalismus" und die „Revolution", sondern die göttliche Legitimität einer starken Staatsgewalt, verbunden mit einer rechtlich geordneten Freiheit des Einzelnen und der Völker, die ethisch-politische „Konsequenz" des protestantischen „christokratischen Prinzips" sei, das nicht die subjektive Willkür der Individuen freisetze, sondern deren persönlichen Glauben an die „objektive" biblische und bekenntnismäßige Glaubenswahrheit binde, während umgekehrt das „hierarchische Prinzip" des Katholizismus zur Unterdrückung der Völker und zur Revolution geführt habe. [79]

Diese Antithese sah er sich auszubauen genötigt, als zu Beginn der fünfziger Jahre der durch die Kirchenpolitik Pius' IX. konsolidierte dogmenstrenge hierarchisch-klerikale Katholizismus auch in Preußen danach strebte, seinen gesellschaftspolitischen Einflußbereich zu erweitern. Die führenden Vertreter der katholischen Kirche machten sich dabei die Sphäre der durch die Preußische Verfassung von 1850 eingeräumten staatsbürgerlichen Religions-, Meinungs-, Versammlungs- und Vereinigungsfreiheit und die institutionellen Garantien des Staatskirchenrechts ebenso zu Nutze, wie sie sich der Möglichkeit bedienten, ihre Interessen in den neugeschaffenen Kammern zur Geltung zu bringen [80]. Dies führte im Jahre 1852 zu einer Kontroverse mit der Regierung, welche die Tätigkeit jesuitischer Missionare, die in konfessionell gemischten Landesteilen Volksversammlungen abhielten, durch polizeiliche Maßnahmen einschränkte. Die entsprechenden Erlasse des preußischen Kultusministers v. Raumer und des Innenministers v. Westphalen riefen in der katholischen Presse und in den Kammern heftige Reaktionen hervor; liberale wie konservative katholische Abgeordnete schlossen sich im Abgeordnetenhause zu einer eigenen katholischen Fraktion zusammen. Protestantische Konservative wie E. L. v. Gerlach und auch Stahl suchten mäßigend auf die Regierung einzuwirken, da sie aufgrund ihrer theologisch-weltanschaulichen Überzeugung wie auch aus politischen Gründen eine Konfrontation mit den Katholiken vermeiden wollten, da sie diese als Koalitionspartner zur Durchsetzung ihrer Gesetzgebungsvorhaben benötigten. [81] Der Konflikt beschäftigte auch den im September 1852 zu Bremen zusammengetretenen Deutschen Evangelischen Kirchentag, auf dem Stahl diejenigen Teilnehmer, die auf eine öffentliche Verurteilung der katholischen Volksmission und auf ein schärferes polizeiliches Durchgreifen von seiten des Staates drangen, zur Besonnenheit ermahnte. Er setzte sich für einen geistigen Austrag des Konfliktes ein und brachte eine Resolution zur Annahme, die den deutschen Regierungen ein Einschreiten gegenüber den katholischen Missionen nur im Falle einer manifesten Störung des „religiösen Friedens" nahelegte [82].

Doch verschärfte sich auch für Stahl die Auseinandersetzung dadurch zu einer grundsätzlichen Kontroverse, daß die Vertreter des politischen Katholizismus vor dem Forum der öffentlichen Meinung die Anschauungen geltend machten, die Graf Montalembert in seiner i. J. 1852 erschienenen Abhandlung „Des intérêts catholiques au XIX. siècle" vorgetragen hatte. In dieser Schrift erneuerte Montalembert die These Görres', Luthers Bruch mit der Autorität der Kirche habe den Liberalismus und die Revolution herbeigeführt, und verband sie mit der Forderung nach einer verstärkten gesellschaftspolitischen Wirksamkeit des Katholizismus unter Ausnutzung der verfassungsmäßig verbürgten Freiheitsrechte, insbesondere der Religions-, Presse-, Vereins- und Unterrichtsfreiheit, um auf diese Weise die christlich-abendländische Kultur zu erneuern. [83]

Stahl trat dieser These in einem kurzen Aufsatz über „Die Reformation und die Revolution", der im April 1852 in der Evangelischen Kirchenzeitung erschien[84], und ein Jahr darauf mit zwei Vorträgen unter dem Titel „Der Protestantismus als politisches Princip", die ebenfalls in diesem Organ publiziert wurden[85], entgegen: es gelte, der katholischen „Anklage" „Rede zu stehen", und diese um der geschichtlichen und der christlichen Wahrheit willen — nicht aus Gefallen an konfessioneller Polemik — zu bestreiten und zu widerlegen.[86]

Die Geschichte der Neuzeit habe erwiesen, daß der Katholizismus nicht weniger revolutionäre Elemente in sich berge als der Protestantismus, sondern mehr: die katholische Theologie stehe der Aufklärung näher als die reformatorische, da sie die Fähigkeiten und Möglichkeiten der menschlichen Vernunft viel höher bewerte. Descartes habe nur den „heidnischen Rationalismus" der Spätscholastik fortgeführt, die französischen aufgeklärten Moralisten die Traditionen der durch die katholische Moraltheologie vermittelten „heidnischen Ethik."[87] Auch die durch die antike Staatsphilosophie beeinflußte katholische Lehre vom Widerstand gegen die Staatsgewalt gehe viel weiter als die entsprechenden protestantischen Auffassungen, zumal das Papsttum seit der Zwei-Schwerter-Lehre Bonifaz' VIII. die Oberherrschaft über die weltliche Gewalt beanspruche. Diese Lehre sei zwar später abgeschwächt, aber bis in die Gegenwart hinein nicht aufgegeben worden. Dies bewiesen die päpstlichen Proteste gegen den Westfälischen Frieden und die Beschlüsse des Wiener Kongresses wie auch die papalistischen Thesen, die in der katholischen Publizistik, insbesondere durch de Maistre, Görres und Philipps, vertreten würden[88]. Zwar habe auch der Kalvinismus in den westeuropäischen Ständekämpfen des 16./17. Jahrhunderts im Anschluß an reformatorische Glaubenssätze politische Forderungen vertreten, die zu „Empörungen" gegen monarchische Regierungen, zuletzt sogar zur „Glorious Revolution" von 1688 geführt hätten. Diese seien jedoch nur politische Korrekturen gewesen, die nicht den weltanschaulichen und politischen Charakter einer totalen „Umwälzung" der bestehenden Ordnung und ihrer christlichen Grundlagen besessen hätten, wie die Französische Revolution[89]. Zwar hätten damals auch einzelne protestantische Schriftsteller wie Buchanan, Languet und Milton dem Volke „das Recht beigelegt, den König abzusetzen und mit der äußersten Strafe zu belegen", doch seien deren Doktrinen von den Anschauungen der jesuitischen Monarchomachen, insbesondere eines Lainez, Bellarmin und Mariana bei weitem überboten worden: diese hätten die Lehre von der Volkssouveränität aufgestellt, um sogar den Königsmord zu rechtfertigen. Es sei daher auch kein Zufall, daß während der Französischen Revolution im Pariser „peuple" das traditionelle Bewußtsein der „Ligue" wieder erwacht sei[90]. Derartige jesuitische Lehren hätten aber nicht nur die revolutionären Anschauungen der rationalistischen Staatsphilosophie innerlich vorbereitet; das hierarchische Wesen des Katholizismus habe in den katholischen Ländern auch stets zu der äußeren Machtstellung eines verweltlichten Klerus geführt, der sich mit den staatlichen und gesellschaftlichen Machthabern verbündet, sowie im Verein mit diesen die bestehenden sozialen Unterschiede aufrechterhalten und befestigt und die niederen Stände unterdrückt habe. Dadurch sei derjenige Sprengstoff aufgehäuft worden, der sich dann in gewaltsamen Ausbrüchen entladen habe. Es sei daher kein Zufall, daß sich die tiefgreifenden „Revolutionen" und Bürgerkriege nur in katholischen Ländern ereignet hätten: „Der gebräuchliche Vorwurf, daß der Protestantismus zur Revolution führe", gleiche deshalb „im günstigsten Falle der bündigen Deduktion eines Physikers, der dann leider das Experiment nicht entspricht."[91] Aber auch die Deduktion selbst gehe von einer falschen Voraussetzung aus: sie beruhe auf der Unterstellung, daß „die Kirche gleicher Art und Natur sei mit dem Staate, und daher alles in beiden parallel sein müsse". Dies aber sei „die Annahme" der katholischen Kirche, die erst „erwiesen" werden müsse und nicht einfach „vorausgesetzt" werden dürfe.[92] Nach der Auffassung der deutschen Reformatoren bestehe das Wesen des Protestantismus nämlich nicht in einem bestimmten, gottgewollten „Verfassungsprinzip" der Kirche und des Staates, sondern in dem Grundsatz von der Rechtfertigung des Sünders allein aus Glauben. Die Kirche und der Staat seien zwar nach richtiger protestantischer Auffassung von Gott eingesetzte „Anstalten" zur Verwirklichung seines „Reiches", jedoch mit verschiedener Funktion und Organisation. Das katholische „Zentraldogma" von der Kirche als Heilsmittlerin, die nach göttlichem Willen hierarchisch verfaßt sein müsse, sei im Sinne der Reformatoren aufgrund der persönlichen Unmittelbarkeit des Rechtfertigungs- und Versöhnungsgeschehens zwischen Gott und dem Menschen abzulehnen.[93]

Der Bruch der Reformatoren mit der Autorität der mittelalterlichen Papstkirche bedeute gerade keinen Bruch mit der Autorität der göttlichen Offenbarung; er habe im Gegenteil deren Bindungskraft für den einzelnen Gläubigen verinnerlicht und gesteigert. Luther habe stets dessen „Einkindschaft . . . in Gott", also das Gegenteil einer aufklärerischen Emanzipation des Menschen, gefordert.[94] Die „Innerlichkeit" der „Subjektivität" der „Persönlichkeit" trete im Glaubensakt unmittelbar unter die *objektive* Bindung der Heiligen Schrift als „verbum externum", die sich selbst durch die Kraft des Heiligen Geistes klar und vollständig auslege, und deren Heilswahrheit in den öffentlich anerkannten Bekenntnisschriften, vor allem in der Confessio Augustana, bezeugt und niedergelegt sei. Auch wenn gegenwärtig die Lehre von der Kirche, von deren Recht und deren Verfassung weiter durchgebildet werden müsse, so bleibe — im Gegensatz zum Katholizismus — doch auch hierbei der Gedanke ihres Charakters als „Gemeinschaft der Gläubigen" von bestimmender Bedeutung.[95]

Der wahre Protestantismus breche auch nicht mit der Autorität der staatlichen Gewalt; er habe dieser als von Gott eingesetzter „Obrigkeit" vielmehr erst die volle theologische Anerkennung bei der eigenständigen Wahrnehmung ihrer Aufgaben verschafft. Daher lehne er auch einen aktiven Widerstand gegen die Staatsgewalt ab, falls diese ihre Kompetenzen mißbrauche, und setze dieser allenfalls eine passive Gehorsamsverweigerung entgegen.[96] Die Reformation habe auch den Völkern ein höheres Maß an rechtlich geordneter politischer Freiheit gebracht; diese „Errungenschaft" sei ein hohes Gut, das nur in deren Geist erhalten und fortentwickelt werden könne.

Demgegenüber stellten die Bestrebungen des Liberalismus für alle unbefangen, vorurteilslos und gerecht Denkenden nicht die „Konsequenz", sondern nur den „Abweg" des Protestantismus dar. Nur für den, der das „Licht" als die Ursache des

„Schattens" ansehe, könne die „Reformation" die „Ursache des Rationalismus und der Revolution" sein. Mit demselben Recht könne man behaupten, daß der „Sensualismus" und der „Materialismus" ein „Erzeugnis" des Katholizismus sei.[97]

Stahl wendet sich mit dieser Apologie jedoch nur gegen die jesuitischen und ultramontanen Vertreter der „katholischen Interessen", nicht gegen die Repräsentanten der positiv-christlichen, ökumenischen Gesinnung einer „wahren Katholizität". Mit diesen stehe er über alle trennenden Kirchenschranken hinweg in einer inneren Gemeinschaft des christlichen Offenbarungsglaubens wie auch in einem äußeren Bündnis gegen die Bestrebungen aller inner- wie außerkirchlicher Gruppierungen und Sekten, die von der vollen christlichen Heilswahrheit abgefallen seien und diese bekämpften[98]. Der wahre „weltgeschichtliche Sammelpunkt zu dieser Zeit des Kampfes gegen die Auflösung" bestehe in der Augsburger Konfession von 1530: diese sei der „Ausgang der Einheit . . . für die ganze Evangelische Kirche", die Basis der „wahren Union . . . der beiden Evangelischen Hauptkirchen", das „Band zur mittelalterlichen Kirche und damit zur ganzen ökumenischen Christenheit", sowie die Grundlage der „Friedensstellung zur gegenwärtigen katholischen Kirche"[99]. Wenn die Zahl ihrer „aufrechten Bekenner" auch klein sei, so daß ein Montalembert meine, diese hätten in Deutschland „in einem Marktflecken Raum", und sich dessen „rühme", daß nur „die katholische Kirche und die Revolution noch eine Macht seien", während sich die Evangelische Kirche und der Protestantismus im fortgeschrittenen Stadium der Auflösung befänden, so sei und bleibe doch deren Bekenntnis zur Augustana als zu der vollen christlichen Offenbarungswahrheit die Quelle ihrer geistigen und auch ihrer politischen Kraft. Die Evangelische Kirche sei die Hüterin des wahren Glaubens und damit der Hort des „Protestantismus" als des wahren „politischen Princips"; sie habe den „Glauben, der das Centrum der christlichen Offenbarung" sei, das „Vermögen der Katholizität" und damit die „Keime für eine höhere Weltgestaltung" und für ein „Gott wohlgefälliges, seinen Geboten entsprechendes Staatswesen". Gott, der sie „so vorzugsweise zu seinem Werkzeuge auserkoren" habe, werde „sie auch in Zukunft nicht fallen lassen".[100] „Und wenn auch jetzt, nachdem die *Zuchtlosigkeit des Fleisches* ihre Höhe erreicht hat, die *Frömmigkeit des Gesetzes* die Sehnsucht vieler Seelen erfüllt, ja selbst wenn sie nach jenen überkühnen Hoffnungen ihre Macht wieder über alle Reiche der Welt aufrichten sollte; so wird dennoch *Er* der *Freiheit des Evangeliums* die Schar der Bekenner und die Stätte der Verkündigung niemals ausgehen lassen, und ihr den endlichen Sieg verschaffen, der da in die Ewigkeit reicht. Darum mögen wir Viele oder Wenige sein, so wollen wir uns zurufen: Übe gute Ritterschaft und habe Glauben und gutes Gewissen! — Eine feste Burg ist unser Gott."[101]

V.

Stahls polemisch-kritisches Bild des bürgerlichen Liberalismus in Deutschland vor und um 1848, seiner Ideologie und ihrer Verzweigungen, seiner rechtlichen, politischen, ökonomischen und kirchlichen Forderungen und Bestrebungen und der revolutionären Dynamik ihrer Verwirklichung sowie sein Versuch, diesen Prozeß mit Hilfe einer christlichen „Umkehr der Wissenschaft" vom Menschen, vom Rechte,

vom Staate und von der Kirche in die ‚rechte' Richtung zu lenken, für den er als
akademischer Lehrer, Publizist, Politiker und Kirchenmann in Bayern und dann vor
allem in seiner preußischen Wahlheimat während der fünfziger Jahre unermüdlich
eintrat, trugen nicht dazu bei, die Konflikte, die er mit seiner Konzeption im Auge
hatte, und die er mit deren Hilfe lösen wollte, zu bewältigen, sondern allenfalls zu
beschwichtigen und ihren Austrag zu vertagen.

Stahls politisches und kirchliches Verhalten in den damaligen Auseinandersetzungen
kann an dieser Stelle nicht im Einzelnen verfolgt, sondern nur stichwortartig skizziert werden:[102]

Auf der Grundlage seiner „Christlichen Staatslehre" bekämpfte er die Frankfurter
Reichsverfassung als ein Produkt liberaler und demokratischer Verfassungspostulate
und sprach sich mit Entschiedenheit gegen eine Annahme der Kaiserkrone durch
den preußischen König aus.[103] Die oktroyierte Preußische Verfassung vom 5. Dezember 1848 erkannte er zwar als einen notwendigen Fortschritt zum Konstitutionalismus an, trat jedoch für deren „Rückwärtsrevision" zum Zwecke der Sicherung des „monarchischen Prinzips" und der „christlichen Grundlagen" des Staates
ein.[104] Als Abgeordneter im Erfurter Volkshaus setzte er sich für eine bedingte
Annahme der Unionsverfassung ein, welche mit Hilfe eines Kollegialorgans der verbündeten Fürsten die Vormachtsstellung der monarchischen Regierungen in einem
erneuerten Bunde unter preußischer Führung sicherstellen sollte; dieser sollte einem
Beitritt Österreichs offenstehen.[105] Als diese Pläne am Widerstand Österreichs scheiterten, suchte Stahl den Rückzug der preußischen Regierung als einen „ehrenhaften"
Schritt zu verteidigen, da diese sonst durch einen Krieg möglicherweise die Existenz
des monarchischen Staates aufs Spiel gesetzt und den Kräften der Revolution Vorschub geleistet hätte.[106]

Auch die Stellungnahmen Stahls zur preußischen auswärtigen Politik im Rahmen
des Deutschen Bundes waren von dieser antirevolutionären Grundhaltung bestimmt:
im Krimkrieg trat er — im Gegensatz zu den preußischen Liberalen — gegen ein
Bündnis mit dem „revolutionären" „bonapartistischen" Frankreich und für eine
wohlwollende Neutralität gegenüber Rußland ein[107], im österreichisch-italienischen
Krieg für eine preußische Hilfeleistung gegenüber Österreich.[108] — In der preußischen
Innenpolitik strebte Stahl im Verein mit seinen „hochkonservativen" Parteifreunden
danach, die Zugeständnisse, welche die Regierung der bürgerlichen Verfassungsbewegung im Gefolge der Märzrevolution gemacht hatte, im Wege der Verfassungs-
revision und mit Hilfe der einfachen Gesetzgebung insoweit zurückzunehmen, als
es die eigenen Gruppeninteressen, die nicht immer mit denjenigen der Regierung
identisch waren, erforderten, und den gesellschaftspolitischen und verwaltungs-
mäßigen Einfluß der konservativen Kräfte, insbesondere des großgrundbesitzen-
den Landadels, zu stärken.[109] Den Einfluß der Liberalen im öffentlichen Leben
suchte er zurückzudämmen und deren Reformbestrebungen, insbesondere im Bereich des Eherechts, zu verhindern.[110]

Mit besonders zäher, kompromißloser Energie bekämpfte er den theologischen und
kirchlichen Liberalismus und dessen Forderungen nach einem Ausbau des Synodal-
wesens, denn hier standen für ihn die kirchenverfassungsmäßigen Garantien des Be-

standes des öffentlich anerkannten Bekenntnisses als oberster Richtschnur der Wirksamkeit der Kirche und des „christlichen Staates" auf dem Spiel. Nachdem seine Bemühungen um eine möglichst weitgehende Rekonfessionalisierung der Preußischen Union gescheitert waren, wandte er sich mit zunehmender Schärfe gegen seine unionistischen Gegner und deren Helfer, insbesondere aus den Reihen der „Evangelischen Allianz".[111] Sein im Jahre 1850 erschienenes Buch „Die lutherische Kirche und die Union"[112] stellte die kirchenpolitische Apologie seiner vergeblichen Bestrebungen dar: in ihm suchte er das lutherisch-konfessionelle Kirchentum als Hort der wahren kirchlichen Lehre innerhalb der Preußischen Union zu erweisen und dessen Rechtsbestand gegenüber einer vermittlungstheologisch begründeten, verfassungsrechtlich-synodalen „Absorption"[113] zu verteidigen und appellierte an den Inhaber des landesherrlichen Kirchenregiments, dem bedrängten Luthertum zur Hilfe zu kommen; da dessen Theologie und Kirchlichkeit die einzig verläßliche Stütze des Prinzips des monarchischen Gottesgnadentums darstellten.[114] Eine Separation der Lutheraner von der Landeskirche lehnte er jedoch ab, da er die Chancen seines Appells noch nicht für verloren ansah und die gesellschaftspolitische Bedeutung und Funktion einer von der lutherischen Glaubenslehre wenigstens mitbestimmten, öffentlich anerkannten und privilegierten Kirche für das Leben des „Christlichen Staates" nicht schwächen oder gar preisgeben wollte.[115]

Dieses religiös-weltanschauliche und rechtlich-politische Konfliktlösungsverhalten Stahls rief nicht nur den heftigen Widerstand seiner liberalen Gegner hervor, die dadurch in den Augen der Öffentlichkeit und vor allem der Staatsgewalt als „Partei der Revolution" und des „Unglaubens" hingestellt wurden, es fand auch keine ungeteilte Zustimmung von seiten seiner Freunde und Verbündeten, die sich zur „Partei der Legitimität" bzw. des „christlichen Offenbarungsglaubens" zählen durften.

Nachdem zu Beginn der vierziger Jahre Stahls hegelianische Gegner wie L. Feuerbach, K. L. Michelet, B. Bauer und A. Ruge und mit diesen auch deren Prognosen, Stahls Wirksamkeit werde zu einer Einschränkung der Geistesfreiheit, einer Erschwerung der notwendigen Reformen im staatlichen wie im kirchlichen Leben, ja sogar zu einer Störung der bestehenden kirchlichen Ordnung führen, unterdrückt worden waren[116], warfen ihm in den fünfziger Jahren Liberale wie K. A. Varnhagen von Ense, Rudolf Gneist und J. C. Bluntschli eine einseitige Vertretung der Machtinteressen der preußischen Monarchie und ihrer Stützen, vor allem des „Junkertums", auf der Grundlage eines Mißbrauches des christlichen Glaubens als einer Ideologie vor, die den Anforderungen einer modernen empirisch-kritischen Wissenschaftlichkeit nicht standhalte.[117] Erschienen diesen Stahls Teilkonzessionen an den Liberalismus als taktische Manöver, die darauf angelegt seien, das liberale Lager zu spalten, so gingen diese Zugeständnisse Parteifreunden wie den Gebrüdern Gerlach oder H. Leo bereits zu weit, da sie nach deren Überzeugung die christlich-legitimistische Grundlage und die politische Kraft der preußischen Monarchie als einer Säule des „Monarchischen Prinzips" innerhalb des Deutschen Bundes und der Heiligen Allianz gefährdeten.[118]

Wie die „Parteien" im „Staate", so reagierten auch diejenigen innerhalb der „Kirche": nachdem der Widerstand der „Rationalisten" innerhalb der preußischen Lan-

deskirche gegen die Angriffe der „Partei der Evangelischen Kirchenzeitung" in der
zweiten Hälfte der vierziger Jahre nicht ohne Stahls Hilfe gebrochen worden war,
bekämpfte in den fünfziger Jahren vor allem die „linke" Fraktion der Schleier-
macherschüler, die sich um die „Protestantische Kirchenzeitung" scharte, dessen
konfessionell-kirchenpolitische Haltung als eine quasi-katholische, hierarchisch-reak-
tionäre Verfälschung des Geistes der Reformation, die zu einer Spaltung der Union,
jedenfalls aber zu einer ständigen Behinderung ihrer synodalen Vollendung führe.[119]
Der Widerstand gegen Stahl reichte über diese Gruppe weit hinaus bis hinein in
den Evangelischen Oberkirchenrat, wo sich vor allem Ä. L. Richter gegen ihn stellte,
sowie in die unmittelbare Umgebung des Königs und des Prinzregenten Wilhelm,
und hatte daher auch schließlich Erfolg.[120] – Stahls innerkirchliche Stellung wurde
auch dadurch geschwächt, daß die alten Erlanger theologischen Gesinnungsgenossen,
wie A. v. Harleß, J. F. W. Höfling und J. Chr. K. v. Hofmann dessen Lehre von der
Kirche, ihrem Amte, ihrem Verhältnis zum Staate wie auch dessen Anschauung
vom Wesen des „christlichen Staates" zunehmend kritisierten.[121] Aber auch ehemalige
preußische Freunde und Mitarbeiter, wie M. A. v. Bethmann-Hollweg, der langjährige
Präsident des Evangelischen Kirchentages, wandten sich aus theologischen wie aus
allgemein- und kirchenpolitischen Motiven von Stahl ab.[122] – Auch dessen Ver-
ständigungsangebote an die katholische Seite fanden keine uneingeschränkte, positive Antwort: in politischer Hinsicht erschien er als ein Rechtfertiger und Verteidiger
der Interessen des protestantischen Obrigkeitsstaates und damit als ein potentieller
Gegner aller gesellschaftspolitischen Bestrebungen der Kirche, die auf eine Erweiterung
ihrer Freiheitssphäre und eines dementsprechenden Einflusses, insbesondere auf
das kulturelle Leben, hinausliefen, mit dem allenfalls eine begrenzte Zusammenarbeit möglich war. In theologisch-kirchlicher Hinsicht galt er als ein „Pietist",
welcher trotz seiner überkonfessionellen Verständigungsbereitschaft der „symbol-
mäßigen Täuschung der lutherischen Erbkirche" verhaftet blieb.[123]

Diese Kritik an Stahls Konzeption besaß ihren Grund nicht nur darin, daß diese
den konkurrierenden Anschauungen und Bestrebungen seiner Gegner zuwiderlief
oder denjenigen seiner Freunde nicht voll entsprach; sie ging auch darauf zurück,
daß diese Konzeption sich ihrer eigenen Anforderung, die „Revolution" als einen
geistigen und politischen Prozeß zu „schließen", der sich im Zuge der fortschreitenden industriellen und wirtschaftlichen Entwicklung zunehmend dynamisierte,
nicht gewachsen zeigte, sondern sich über den Problemen der Bewältigung ihrer
Aufgabe in innere Zielkonflikte verwickelte, welche die eigene Absicht vereiteln
und deren Gegenteil bewirken mußten. Wie konnte z. B. Stahl – und dies nicht
erst während der fünfziger, sondern bereits während der dreißiger und vierziger
Jahre, als er seine „Philosophie des Rechts" verfaßte – dem liberalen Bürgertum nur ein begrenztes Maß an geistiger und politischer Freiheit unter obrigkeitsstaatlichen Kautelen zugestehen, wenn er sich nicht zugleich auch in der Lage
zeigte, dessen zunehmende ökonomisch-gesellschaftliche Macht unter eine wirksame politische und gesetzliche Kontrolle des Staates zu bringen? Freilich hätte
er dann das „Eigentum" nicht für ebenso „heilig" erklären dürfen wie das „Königtum" und die Monarchie als eine „soziale" mit dem „Proletariat" versöhnen müssen,
wie dies sein Zeitgenosse Lorenz v. Stein anstrebte, anstatt den „Vierten Stand"

als ein „Exanthem" des sozialen Körpers anzusehen, das unter Ausschluß einer aktiven Teilnahme am politischen Willensbildungsprozeß durch obrigkeitsstaatliche und karitative Maßnahmen „resorbiert" werden müsse. [124] Wie konnte er den Prozeß der Verbürgerlichung der feudalen Schicht aufhalten, wenn er forderte, daß sich der Adel dem Bürgertum gegenüber öffnen solle? [125] Wie wollte er die Stabilität der bestehenden monarchischen Regierungen innerhalb des Deutschen Bundes und des europäischen Bündnissystems dauerhaft erhalten, wenn er zugleich für eine Ausdehnung des Repräsentativsystems auf die Führungsmächte Preußen und Österreich und für eine Bundesreform eintrat, welche trotz aller legitimistischen Kautelen zugleich liberale, ja demokratische nationalstaatliche Postulate verwirklichte und damit jedenfalls auf Kosten des österreichischen Partners ging? [126]

Gerade die von späteren nationaldeutschen Geschichtsschreibern — selbst im Schatten Bismarcks — relativ hochbewerteten „Leistungen" Stahls, dessen Mitarbeit am Zustandekommen der Preußischen Verfassung von 1850 und dessen Konzeption eines bundesstaatlichen Fürstenorgans als souveräner Staatsgewalt, sind seinen liberalen wie seinen konservativen Zeitgenossen, deren oberster Maßstab noch kein national- und machtstaatliches Erfolgsdenken war, besonders suspekt gewesen [127] Indem Stahl zugab, daß die Grundsätze seiner konservativen Parteifreunde dazu untauglich seien, die Probleme der sich wandelnden gesellschaftlichen und staatlichen Wirklichkeit zu lösen, hat er die Problematik seiner eigenen politischen Stellungnahmen selbst empfunden. So äußerte er gelegentlich, daß er eigentlich in das „linke Centrum" der Kammer gehöre, und nur die „Verschrobenheit der politischen Verhältnisse" schuld daran sei, daß „Männer wie er sich auf die äußerste Rechte gedrängt sähen". [128]

Die „Festung des Gewordenen" dennoch gegen den „Ansturm des Werdenden" zu verteidigen war freilich nicht ein ihm von der Geschichte „zugewogenes Geschick"[129], sondern das Resultat einer Option für die „christliche Offenbarungswahrheit", die er als Epigone des Deutschen Idealismus zugleich als ein erkenntnismäßiges und ein normatives Prinzip der Welt, ihrer Geschichte, des Rechtes, des Staates und der Kirche, d. h. als „christliche Weltanschauung", verstand, und deren Verteidiger er überwiegend im konservativen Lager zu finden glaubte. Angesichts der revolutionären Bedrohung, der er diese Wahrheit von seiten des Liberalismus ausgesetzt sah[130], wurde ihm diese selbst zu einer ideologischen Waffe innerhalb der geistigen und der politischen Auseinandersetzung. Nicht nur Stahls Gegner, auch seine Freunde verspürten, daß sein öffentliches Auftreten nicht vom Geistes eines von Furcht befreiten erlösten Sünders, von neutestamentlicher Liebe oder von christlicher Leidensbereitschaft, sondern durch eine militante, pharisäisch-selbstgerechte Abwehrhaltung gekennzeichnet war[131], wie sie in den Pointen seiner Reden und Vorträge durchbrach, wenn er biblische oder reformatorische Aussprüche zitierte und diese dabei als politische Kampfparolen mißbrauchte. [132]

Stahls theologisch-philosophische Gedankenwelt und seine rechtlichen und politischen Vorstellungen über die Bewältigung der „Revolution" und ihrer Ideologie haben das Ende der Monarchie in Deutschland überdauert und leben bis in unsere Gegenwart in offener oder versteckter Weise in denjenigen gesellschaftlichen Bereichen und wissenschaftlichen Disziplinen weiter, die sich mit dem Phänomen

„Revolution" beschäftigen und auseinandersetzen.[133] Auch unter veränderten politischen und kirchlichen Bedingungen haben sich diese in ihrer fortwirkenden Virulenz als ein integrierender Bestandteil, als ein „Ferment"[134] dieses Prozesses erwiesen und fordern dadurch noch heute zu einer Auseinandersetzung und zu einer Stellungnahme heraus. Wie diese auch ausfallen mag — ob man Gedanken Stahls für den Aufbau und den Inhalt einer Lehre von der Kirche, vom Recht, vom Staat oder von der Politik als vorbildlich und brauchbar oder aber als hierfür besonders untaugliche, gefährliche Produkte einer „christlichen" Ideologie ansieht — sie darf nicht hinter dem Reflexionsstand der Sachproblematik zurückbleiben, den Stahl zu seiner Zeit mit seinen wissenschaftlichen Mitteln und Methoden leistete, sonst wird man nicht nur dessen Kampf um eine „Überwindung" des Liberalismus, sondern auch den eigenen Problemen, die man durch eine Auseinandersetzung mit diesem Kampf einer Klärung und Lösung zuführen möchte, nicht gerecht.

Anmerkungen

1 *Zur Geschichte des Lebens und der Wirksamkeit F. J. Stahls in Bayern* vgl. Oskar Voigt, Werdegang und Wirksamkeit Friedrich Julius Stahls in Bayern bis zu seiner Berufungs nach Berlin 1840, phil. Diss. (masch.), Marburg 1919. — Gerhard Masur, Friedrich Julius Stahl, Geschichte seines Lebens. Aufstieg und Entfaltung, Berlin 1930.
  Zur Geschichte der Wirksamkeit Stahls in Preußen vgl. Georg Wilhelm Wetzell, Friedrich Julius Stahl. Gedächtnisrede, gehalten am 28. Februar (1862) an der Universität Rostock, in: Neue Preußische Zeitung v. 27. März 1862 — , Ernst Ludwig v. Gerlach, Stahl. Ansprache an die Berliner Pastoralkonferenz von 1862, in: Evangelische Kirchenzeitung (EKZ) v. 9.7. u. 12.7.1862, Sp. 649–664.
2 Vgl. Masur, a.a.O. S. 1–19, 20ff.
3 Vgl. ebd. S. 26, 37.
4 Vgl. ebd. S. 42–78, 95ff.
5 Vgl. ebd. S. 151ff.
6 F. J. Stahl, Die Philosophie des Rechts nach geschichtlicher Ansicht, 1. Band: Die Genesis der gegenwärtigen Rechtsphilosophie, Heidelberg 1830.
7 F. J. Stahl, Über Öffentlichkeit und Mündlichkeit der Rechtspflege, in: Thron- und Volksfreund Nr. 3–5 v. 20.5., 12.6. und 16.7.1830; vgl. Voigt, a.a.O. S. 205, Masur a.a.O. S. 166. — Stahl formulierte diese Sentenz im Zusammenhang seiner Stellungnahme zu dem „Drang nach Legislationen", welcher gegenwärtig das öffentliche Bewußtsein beherrsche. Es gehe nicht darum, dem Bedürfnis nach gesetzgeberischen Reformen generell zu widerstehen, sondern dieses auf die rechte Art und Weise zu befriedigen.
8 F. J. Stahl, Die Philosophie des Rechts . . . , 2. Band: Christliche Rechts- und Staatslehre, Erste Abteilung, Heidelberg 1833; Zweite Abteilung Heidelberg 1837.
9 Vgl. Stahl, Philosophie des Rechts, 2. Band, 1. Abteilung, Vorrede S. III–XIV; 2. Abteilung, Vorwort S. III–X, S. 311ff.
10 Vgl. Masur, a.a.O. S. 267–296.
11 F. J. Stahl, Die Kirchenverfassung nach Lehre und Recht der Protestanten, Erlangen 1840. — Zur Zielsetzung dieses Werkes vgl. insbes. S. IIIff., 1–4, 238–262. — Zur Entstehungsgeschichte des Werkes vgl. Masur, a.a.O. S. 197ff.
12 Zur Berufung nach Berlin unter Mithilfe Chr. K. J. Bunsens vgl. Masur, a.a.O. S. 330ff.; Max Lenz, Geschichte der königlichen Friedrich-Wilhelms-Universität zu Berlin, Halle 1910

bis 1918, 2. Band 1. Hälfte, S. 512–514; 2. Band, 2. Hälfte, S. 10–12, 20 (Stahls Berufung nach Berlin und der Beginn seiner akademischen Wirksamkeit); 3. Band, S. 463, 466 (Stahl als Mitglied des Spruchkollegiums der Berliner Juristischen Fakultät); 4. Band, S. 549–567 (Urkunden zu Stahls Berufung nach Berlin).

13 F. J. Stahl, Das Monarchische Princip, Heidelberg 1845.

14 F. J. Stahl, Zwei Sendschreiben an die Unterzeichner der Erklärung vom 15., bzw. 26. August 1945, zugleich als ein Votum in der Augsburgischen Confessions-Frage, Berlin 1845.

15 Vgl. hierzu: Verhandlungen der Evangelischen General-Synode zu Berlin vom 2. Juni bis zum 29. August 1846, Amtlicher Abdruck, Berlin 1846. – Eine Darstellung des Verhaltens Stahls auf dieser Versammlung und dessen Bedeutung für die Auseinandersetzung zwischen dem konservativen Konfessionalismus und der liberalen Vermittlungstheologie – vor allem der Schüler Schleiermachers – innerhalb der Preußischen Union möchte ich an anderer Stelle geben.

16 F. J. Stahl, Der christliche Staat und sein Verhältnis zu Deismus und Judentum, zuerst veröffentlicht in: Ev. Kirchenzeitung No. 64–68, v. 11., 14., 18., 21. u. 25. August 1847, Sp. 633ff.–688.

17 Es handelt sich dabei um Stahls Eintreten für ein Organ, das die souveräne „Kollektivgewalt der deutschen Fürsten" in dem künftigen Bundesstaate repräsentieren und ausüben sollte, d. h. um die Vorstellung eines „Bundesrates", wie sie in der Reichsverfassung von 1871 verwirklicht wurde. – Vgl. F. J. Stahl, Rede über „Die deutsche Kaiserwahl" vom 14. März 1849, in: Stahl, Siebzehn parlamentarische Reden . . . , Berlin 1862, S. 124ff., und F. J. Stahl, Die deutsche Reichsverfassung nach den Beschlüssen der deutschen Nationalversammlung und nach dem Entwurf der drei königlichen Regierungen, Berlin 1849.

18 Vgl. hierzu zusammenfassend: Martin Schmidt, Der Streit zwischen Karl Josias von Bunsen und Friedrich Julius Stahl in den Jahren 1855 und 1856 in seiner kirchengeschichtlichen und grundsätzlichen Bedeutung, in: Jahrbücher für Berlin-Brandenburgische Kirchengeschichte (1969), S. 113– 166.

19 F. J. Stahl, Rede über „Die En-bloc-Annahme der deutschen Bundesstaatsverfassung und der Liberalismus" vor dem Erfurter Volkshaus vom 12. April 1849, in: Stahl, Siebzehn parlamentarische Reden, S. 144ff., *162.*

20 F. J. Stahl, Die lutherische Kirche und die Union, Berlin 1859.

21 Grabinschrift auf dem Matthäikirchhof zu Berlin.

22 Stahls Bild des Liberalismus, wie es an dieser Stelle skizziert werden soll, geht von der Endstufe seines Verhältnisses zu diesem aus. Als Hauptquellen liegen Schriften zugrunde, die nach 1848 erschienen sind, insbesondere: F. J. Stahl, Die gegenwärtigen Parteien in Staat und Kirche, 2. Aufl. Berlin 1868. – Was ist die Revolution? Vortrag auf Veranstaltung des Evangelischen Vereins für kirchliche Zwecke am 18. März 1852 gehalten, in: Siebzehn parlamentarische Reden, S. 233–246. – Die Philosophie des Rechts, 3. Aufl. Heidelberg 1854–1856. – Der Protestantismus als politisches Prinzip. Zwei Vorträge, gehalten im Evangelischen Verein zu Berlin am 15. und 17. März 1853. In: Evangelische Kirchenzeitung No. 28–34 vom 9.–27. April 1853, Sp. 265ff. – 336 (hiernach Zitate); selbständig veröffentlicht: Berlin 1853/54. – Die Kirchenverfassung nach Lehre und Recht der Protestanten, 2. Aufl. Erlangen 1862 (unveränd. Nachdruck Frankfurt 1965).

23 Vgl. Stahl, Die gegenwärtigen Parteien, S. 71ff., Philosophie des Rechts, 1. Bd., 3. Aufl., S. 289f., Was ist die Revolution? aaO. S. 240–242.

24 Vgl. Stahl, Die gegenwärtigen Parteien, S. 37ff., *58f.* – Diese Gedanken sind von Ernst Troeltsch und Max Weber aufgenommen und fortgeführt worden.

25 Vgl. Stahl, Die gegenwärtigen Parteien, S. 10f., 84, 96ff., 104f; Was ist die Revolution? aaO. S. 240f. Die Hauptquelle für Stahls Rationalismuskritik ist der erste Band seiner „Philosophie des Rechts", die „Geschichte der Rechtsphilosophie" (3. Aufl. 1854). In der Vorrede zur ersten Auflage dieses Werkes vom Dezember 1829 hatte er ausgeführt, es sei „nicht der geringste Zweck dieser Schrift . . . , dem Rationalismus einen ewigen Denkstein zu setzen"; dieser müsse „auf seinem eigenen Gebiete, mit seinen eigenen Waffen

bekämpft werden, durch die strengste, genaueste Gedankenfolge, die ebenso bereit ist zu
der äußersten Abstraktion, welche in den leeren Gedankenbestimmungen sich bewegt, als
zu der Betrachtung des lebendigen Wirkens in der Welt; die aber den eingeschlagenen Weg
strenge festhält, und es nicht zugibt, daß zwischen dem einen und anderen geschwankt,
und was auf diesem erhalten worden, jenem angeeignet werde. Es muß zugesehen werden,
ob solcher Prüfung und Verfolgung, wie er sie selbst fordert und anspricht, der Rationalismus auch Stand halte." (a.a.O. S. XXVIIIf.).

26 Vgl. Stahl, Philosophie des Rechts, 1. Bd. S. 10–124.
27 Vgl. Stahl, a.a.O. S. 105–110.
28 Vgl. Stahl, a.a.O. S. 111ff., 163ff.
29 Zum „System" und zur „Rechtslehre Kants" vgl. Stahl, a.a.O. S. 193–219, 246–288.
30 Zum „System" und zur „Rechtslehre Fichtes" vgl. Stahl, a.a.O. S. 220–246.
31 Zu Schellings Philosophie und deren grundlegender Bedeutung für Stahls Denken vgl. Stahl,
   a.a.O. S. XVIff., 373–414.
32 Zur Philosophie Hegels vgl. Stahl, a.a.O. S. XVf., 414–482.
33 Vgl. Stahl, a.a.O. S. 483–490, Die gegenwärtigen Parteien, S. 239. K. Marx wird bei Stahl
   nicht erwähnt, obwohl ihm dieser nicht unbekannt geblieben sein dürfte.
34 Vgl. Stahl, Philosophie des Rechts, 1. Bd., S. 289ff. 2. Bd., 1. Abt. S. VIIIff., 2. Abt.
   S. VIIIff., 173ff., 529ff.
35 Vgl. Stahl, Philosophie des Rechts, 2. Bd., 2. Abt. S. 131ff., 169ff., 518ff; Die gegenwärtigen
   Parteien, S. 15ff.
36 Vgl. Stahl, Die gegenwärtigen Parteien, S. 102. – Zu Stahls Kritik der französischen Verfassung von 1791, der „Erklärung der Menschen- und Bürgerrechte" von 1789 und der
   hinter diesen Verfassungsgesetzen stehenden politischen Anschauungen vgl. zusammenfassend
   Philosophie des Rechts, 2. Bd., 2. Abt., S. 349ff., 519ff.; Die gegenwärtigen Parteien,
   S. 72–81; 114, 163ff.; Was ist die Revolution? a.a.O. S. 234ff.
37 Vgl. zum Ganzen Stahl, Die gegenwärtigen Parteien, S. 71–89, 110ff., 114ff., 130ff.,
   163ff.; Philosophie des Rechts, 2. Bd., 2. Abt. S. 236ff., 359ff., 518ff. u. ö. Stahl stellt
   die konkrete politische Stoßrichtung der „Erklärung der Menschen- und Bürgerrechte"
   von 1789 und die einschlägigen Artikel der französischen Verfassung von 1791 wie auch
   deren Grundlage, die auf realen sozialpolitischen Gegebenheiten beruhenden und auf deren
   konkrete Veränderungen abzielenden Anschauungen Montesquieus und Rousseaus – wenn
   auch in charakteristischer kritisch-polemischer Verzeichnung – in den Vordergrund seiner Betrachtung. Dies entspricht nicht nur seinem persönlichen Engagement, sondern auch seiner
   realdialektischen Methode, welche ideelle, rechtliche, politische und soziale Phänomene
   und Prozesse in ihrer konkreten Wechselwirkung erfaßt und nicht zu Lasten der einen oder
   der anderen Komponente voneinander isoliert und unterschiedlich bewertet. – Inwiefern
   Stahl die Verfassungstheorie Montesquieus in allen Einzelheiten zutreffend beurteilt hat
   und ob er nicht durch polemische Verzeichnung den Mißverständnissen, denen dessen
   „Gewaltenteilungslehre" in der deutschen Staatsrechtstradition bis heute ausgesetzt ist,
   vorgearbeitet hat, kann an dieser Stelle nicht näher untersucht werden. – Vgl. hierzu Martin
   Drath, Die Gewaltenteilung im heutigen deutschen Staatsrecht, in: Faktoren der Macht-
   bildung, Schriften des Instituts für Politik und Wissenschaft, Bd. 12, Berlin 1952, S. 99–138.
38 Vgl. Stahl, Was ist die Revolution, a.a.O. S. 235ff.; Die gegenwärtigen Parteien, S. 71–99,
   100–113.
39 Vgl. Stahl, Philosophie des Rechts, 1. Bd., S. 371f.
40 Stahl, Die gegenwärtigen Parteien, S. 110f.
41 Vgl. Stahl, Die gegenwärtigen Parteien, S. 102; zur Analyse und Kritik des „Sozialismus"
   und „Kommunismus" vgl. ebd. S. 208–285; Philosophie des Rechts, 2. Bd., 1. Abt., S. XIXf.,
   367ff.; 2. Abt., S. 84ff.
42 Vgl. Stahl, Was ist die Revolution?, a.a.O. S. 235ff., 240f.: „Rationalismus und Revolution
   sind . . . nicht beständige oder immer wiederkehrende Erscheinungen in der Geschichte
   des Menschengeschlechts. Sie sind die reine scharfe Herausstellung des bösen Prinzips. Sie
   treten darum im bestimmten Momente in die Weltgeschichte ein, bilden eine bestimmte,

vielleicht die letzte, Stufe in der Entwicklung des Kampfes zwischen den Geistern des Lichts und den Geistern der Finsternis. Sie sind vielleicht der Anfang des Endes, die Zeichen des Eintritts in die *apokalyptische* Zeit. – –" (S. 241). Vgl. auch Stahl, Die gegenwärtigen Parteien, S. 186f., 270f.: „Schon der Demokratismus fordert in einer Vollendung ein öffentlich von Staats wegen aufgerichtetes Religionssystem, das nicht auf die Offenbarung, also die wirkliche Religion, sich gründen darf – er gibt nicht wie der Liberalismus die Kulte frei. Allein dieses öffentliche Religionssystem, welches der Demokratismus fordert, ist doch mehr negativer Art, Beseitigung der wirklichen Religion, ohne eine Gegenreligion, ja es wird allenfalls noch eine Art Anerkennung Gottes als Popanz zum Schutze der bürgerlichen Gesetze zugelassen, wie Rousseau und Robespierre es wollten. Und selbst die Beseitigung des Offenbarungsglaubens ist dem Demokratismus doch auch nur eine politische Institution, er erstrebt nicht, daß sie in die Seelen eingehe und das Privatleben bestimme. – Dagegen der Sozialismus dringt auf einen *allgemeinen Religionszustand der Gesellschaft,* welcher das positive Gegenteil der wirklichen Religion ist; er fordert als öffentliche Religion die Verkündigung des Atheismus und Materialismus, die Feier des Triumphs menschlicher Lust über die Sitte und das Gebot Gottes, und diese Religion soll die ganze Seele der Menschen erfüllen, ihr ganzes Leben bestimmen. Der Demokratismus ist ein politisches System auf dem Grunde der Religionslosigkeit; der Sozialismus ist selbst ein religiöses System, er ist ein positiver Fanatismus der Irreligiosität" (S. 271).

43 Vgl. Stahl, Was ist die Revolution?, a.a.O. S. 241ff., Die gegenwärtigen Parteien, S. 381ff.; Philosophie des Rechts, 2. Bd., 1. Abt., S. XVIIff., wo Stahl die gesamte Wissenschaft zu einer „Umkehr" gegenüber den „rationalistisch-pantheistischen Grundanschauungen" aufruft.

44 So lautete der Titel der 1. Auflage des 2. Bandes der „Philosophie des Rechts nach geschichtlicher Ansicht" von 1833/37. Später formulierte Stahl präziser „Rechts- und Staatslehre auf der Grundlage christlicher Weltanschauung".

45 Seine ursprünglich scharfe Kritik an Hallers „Restauration der Staatswissenschaften" in: Philosophie des Rechts, 2. Bd., 1. Abt., 1. Aufl. S. 7ff. hat Stahl im Zuge seiner preußischen Wirksamkeit erheblich abgeschwächt, um die dortigen Hallerianer, wie die Gerlachs und Friedrich Wilhelm IV. für sein Verfassungsmodell zu gewinnen; vgl. Philosophie des Rechts, 1. Bd., 3. Aufl. S. 560ff.; Die gegenwärtigen Parteien, S. 292ff.

46 Vgl. Stahl, Philosophie des Rechts, 2. Bd., 2. Abt., 3. Aufl., S. 1ff., 131ff., 176ff., 211ff.

47 Vgl. Stahl, ebd. S. 186ff., 236ff., 317ff., 365ff., 372ff., 413ff.; Das Monarchische Prinzip, Heidelberg 1845; Die Revolution und die constituionelle Monarchie, Berlin 1848.

48 Vgl. Stahl, Philosophie des Rechts, a.a.O. S. 317ff., 424ff.

49 Vgl. ebd. S. 205ff., 306ff., 565ff., 607ff.

50 Der Staat soll nach Stahl zugleich ein „Rechtsstaat" wie ein vom Ethos des Christentums positiv durchdrungenes „sittliches Gemeinwesen" sein. Dies sei „vermöge der tieferen Einheit von Recht und Sitte" kein „Widerspruch": „Der Staat soll *Rechtsstaat* sein, das ist die Losung und ist auch in Wahrheit der Entwickelungstrieb der neueren Zeit. Er soll die Bahnen und Grenzen seiner Wirksamkeit wie die freie Sphäre seiner Bürger in der Weise des Rechts genau bestimmen und unverbrüchlich sichern und soll die sittlichen Ideen von Staatswegen, also direkt, nicht weiter verwirklichen (erzwingen), als es der Rechtssphäre angehört, d. i. nur bis zur notwendigsten Umzäunung. Dies ist der Begriff des Rechtsstaates, nicht etwa daß der Staat bloß die Rechtsordnung handhabe ohne administrative Zwecke, oder vollends bloß die Rechte der Einzelnen schütze, er bedeutet überhaupt nicht Ziel und Inhalt des Staates, sondern nur Art und Charakter, dieselben zu verwirklichen. Der Rechtsstaat steht daher im Gegensatz vor allem zum *patriarchalischen,* zum *patrimonialen,* zum bloßen *Polizey-Staate,* in welchem die Obrigkeit darauf ausgeht, die sittlichen Ideen und die Nützlichkeitszwecke in ihrem ganzen Umfang und nach einer moralischen, daher arbiträren Würdigung eines jeden Falles zu realisieren, er steht nicht minder auch im Gegensatz zum *Volksstaate* (Rousseau, Robespierre), . . . in welchem das Volk die vollständige und positive politische Tugend von Staatswegen jedem Bürger zumutet und seiner eigenen jeweiligen sittlichen Würdigung gegenüber keine rechtliche Schranke anerkennt –

Zustände, von denen der erste ein naturgemäßer Anfang, welcher nur nachher überwunden
werden muß, der letzte aber eine absolute Verirrung ist. Der Staat soll aber nichtsdesto-
weniger ein *sittliches Gemeinwesen sein*. Die Rechtsordnung soll für alle Lebensverhältnisse
und öffentliche Bestrebungen ihre sittliche Idee zum Prinzip haben, z. B. für Familie, Kirche,
Schule, und sie soll durch die sittliche Gemeingesinnung getragen sein, und diese auch noch
über die Grenze der Rechtsordnung hinaus das Leben in geistiger Weise beherrschen".
(Philosophie des Rechts, 2. Bd., 2. Abt., S. 137f.). – Zur Geschichte des Begriffes „Rechtsstaat" als einer evolutiven Forderung der deutschen liberalen Staatslehre, die Formen der
verfassungsmäßigen Mitbestimmung des Bürgertums gegenüber der Vorherrschaft der monarchischen Staatsgewalt zu erweitern suchte, und deren formale Rückwärtsrevision durch Stahl,
der die Sphäre dieser Herrschaft gegenüber jenen Forderungen sichern und ausbauen wollte,
vgl. E. W. Böckenförde, Entstehung und Wandel des Rechtsstaatsbegriffs, in: Festschrift
für Adolf Arndt zum 65. Geburtstag, hgg. v. H. Ehmke u. a., Frankfurt 1969.

51 Vgl. Stahl, Philosophie des Rechts, 2. Bd., 2. Abt., S. 169ff., 487ff., 519ff., 529ff., 541ff. –
Stahl behandelt diesen Komplex – im Gegensatz zum Aufbau einer liberalen Verfassung
bzw. Staatslehre – am Ende seiner Ausführungen.

52 Dies ist jedenfalls Stahls ursprüngliche Auffassung, wie er diese gegenüber dem Antrag,
das Hardenbergsche Judenemanzipationsedikt vom 11.3.1812 auf alle preußischen Pro-
vinzen zu erstrecken, der vor dem Vereinigten Landtag von 1847 verhandelt wurde, in
seiner Abhandlung „Der christliche Staat und sein Verhältnis zu Deismus und Judentum"
(EKZ No. 64–68 vom 11.–25.8.1847, Sp. 633–688) verteidigte. – Vgl. hierzu auch den
Abschnitt „Die Staatsreligion" in: Philosophie des Rechts, 2. Bd., 2. Abt., 1. Aufl. S. 275
bis 291 und „Der christliche Staat", ebd. 2. Aufl. S. 153ff. – Nachdem das Religions-
Patent vom 30. März 1847 eine erweiterte und dann Art. 12 der revidierten Preußischen
Verfassung von 1850 die volle Unabhängigkeit der bürgerlichen und der *staats*bürgerlichen
Rechte vom Bekenntnisstand gewährleistet hatte, versuchte Stahl, bei der Neufassung des
Art. 14 eine weitgehende Institutionalisierung seiner Vorstellungen vom „christlichen Staate"
durchzusetzen, um auf diese Weise die Unabhängigkeit der staatsbürgerlichen Rechte vom
christlichen Bekenntnisse erneut einzuschränken. Er drang jedoch damit nicht durch. – Vgl.
Stahl, Rede über „Die Trennung der Kirche vom Staat" vor der 1. Kammer am 3. Oktober
1849; Siebzehn parlamentarische Reden, Berlin 1862, S. 95ff.; sowie zum Gesamtkomplex
E. R. Huber, Deutsche Verfassungsgeschichte seit 1789, Bd. III (1963), S. 105ff., 115f. –
Stahl hat sich daher in der 3. Auflage seiner „Staatslehre" von 1856 aufgrund der neugeschaffenen Gesetzeslage zurückhaltender geäußert und die oben genannten, in der 1. und
2. Auflage gemachten Ausführungen weggelassen.

53 Vgl. Stahl, Die gegenwärtigen Parteien, S. 360ff.

54 Vgl. Stahl, Die Kirchenverfassung nach Lehre und Recht der Protestanten, 2. Ausgabe
Erlangen 1862 (Neudruck Frankfurt 1962), S. 16ff.

55 Vgl. ebd. S. 33.

56 Vgl. ebd. S. 34f.

57 Vgl. Stahl, Kirchenverfassung 1. Aufl. Erlangen 1840, S. IIIff.; Philosophie des Rechts,
3. Aufl., 1. Bd., S. 373ff.

58 Vgl. Stahl, Philosophie des Rechts, 1. Bd., 1. Aufl., S. 361; 2. Bd., 3. Aufl., 1 Abt., S. VIIIff.;
2. Bd., 2. Abt., S. VIIIff.

59 Vgl. Stahl, Die gegenwärtigen Parteien, S. 1–11, 286ff., *338ff.*

60 Vgl. ebd. S. 11.

61 Vgl. ebd. S. 339ff.

62 Vgl. ebd. S. 339ff., 350ff. Für Stahl ist die Welt die „unausgesetzte Tat Gottes". Das „Wunder" sei nicht „ein gesteigerter Naturprozeß, sondern die Natur ist ein zum Stillstand ge-
kommenes Wunder", welche nur ein „Zwischenreich" zwischen der „ersten" und der „letzten"
Schöpfung" darstelle, durch welches sich die „Ökonomie der Erlösung" als ein „göttliches
Drama" mitten hindurchziehe (vgl. ebd. S. 352f.).

63 Vgl. ebd. S. 340ff.

64 Vgl. ebd. S. 342.

65 Vgl. ebd. S. 342f. Zu Stahls Kritik an Schleiermacher vgl. auch Philosophie des Rechts,
   1. Bd., 3. Aufl., S. 521ff.
66 Vgl. Stahl, Die gegenwärtigen Parteien, S. 342ff. – Bei den kirchenpolitischen Vorgängen,
   auf die Stahl anspielt, handelt es sich vor allem um den Kampf zwischen der „Partei der
   Evangelischen Kirchen-Zeitung" gegen den Rationalismus und – seit deren Protest im
   August 1845 – auch gegen die Anhänger Schleiermachers, die sich gegen die Art und Weise,
   in der dieser Streit durch Hengstenberg und dessen Anhänger, darunter auch Stahl, geführt
   wurde, wandten, sowie um die Auseinandersetzungen auf der preußischen Generalsynode
   von 1846 um die Neuformulierung des kirchlichen Bekenntnisses und eine synodale Reform
   der Kirchenverfassung. – Vgl. Stahl, Die gegenwärtigen Parteien, S. 345 und Zwei Sendschreiben an die Unterzeichner der Erklärung vom 15. bzw. 26. August 1845, Berlin 1845.
67 Vgl. Stahl, Die gegenwärtigen Parteien, S. 346. – Zur Kritik an Hegel und dessen Schülern
   vgl. Philosophie des Rechts, 1. Bd., S. XVf., 414ff., 483ff.; 2. Bd., 1. Abt., S. XIIIff.
68 Vgl. Stahl, Kirchenverfassung, 1. Aufl., S. 124ff., 264ff.
69 Vgl. Stahl, Kirchenverfassung, 2. Ausgabe, S. 34f., 161ff., 338ff., 344ff.; Philosophie des
   Rechts, 3. Aufl., 1. Bd. S. 529ff.
70 Vgl. Stahl, Kirchenverfassung, 2. Ausg., S. 76–94.
72 Vgl. Stahl, Kirchenverfassung, 1. Aufl., S. IIIff.; 2. Ausg., S. IIIff., 36–66; ferner: Die
   gegenwärtigen Parteien, S. 368ff., insbesondere Stahls Ausführungen zum Unterschied der
   beiden großen Konfessionen ebd. S. 376f.: „Das religiöse Bewußtsein der Katholiken und
   Protestanten hat seine Wurzel und seinen Mittelpunkt an einem ganz anderen Orte: der
   Protestantismus in der Lehre von der *Rechtfertigung,* der Katholizismus in der Lehre von
   der *Kirche.* Ein frommes katholisches Gemüt würde zuletzt an der protestantischen Rechtfertigungslehre keinen Anstoß finden, daß es Sündenvergebung und Seligkeit rein aus Gnaden
   ohne eigenes Verdienst empfange, aber es kann nur nicht lassen von der Heiligen Katholischen Kirche, die es durch den Protestantismus, die es vielleicht durch diese Rechtfertigungslehre selbst bedroht sieht. Ein unbefangenes protestantisches Gemüt hätte vielleicht
   gegen den ganzen katholischen Kirchenbau nichts einzuwenden . . . aber es kann nicht
   lassen von der Rechtfertigung allein aus Christi Verdienst, ohne Verdienst der eigenen
   Werke und ohne Verdienst der Kirche. Eben deshalb ist auch offenbar die Energie und
   die Meisterschaft der beiden Konfessionen an verschiedenem Orte. Die protestantische
   Rechtfertigungslehre ist eine Lehre aus Einem Guß und Einem Glaubensfeuer, ihr steht
   nicht eine gleiche auf katholischer Seite entgegen; die katholische Rechtfertigungslehre
   ist vielmehr nur ein Ablehnen und Einschränken der protestantischen Lehre, sie beruht
   auf der berechtigten Überlegung, wie man sich am besten nach allen Seiten hin sicherstelle,
   die Parteien, die Koterien befriedige. Jene ist das Werk eines religiösen Helden und einer
   Glaubenserhebung der Völker, diese ist das Werk diplomatischer Konferenzen. Umgekehrt
   ist die katholische Lehre von der Kirche eine Lehre aus Einem Guß und aus Einem Glaubensfeuer und die protestantische Lehre von der Kirche dagegen nur einesteils ein Nega-
   tives, ein bloßer Protest gegen die katholische Hierarchie, anderenteils positiv nur ein An-
   schlag eines Grundtons ohne Durchbildung und ohne Übereinstimmung innerhalb der
   protestantischen Konfession selbst . . . Dem protestantischen Artikel von der Rechtfertigungslehre steht im Katholizismus ein Vacat gegenüber, und der katholischen Lehre von der
   Kirche steht im Protestantismus im besten Fall ein nicht ganz leserlicher Artikel gegenüber".
73 Vgl. Stahl, Kirchenverfassung, 2. Ausg., S. 53ff., 107ff., 145ff., 206ff., 292ff. – Stahl tritt
   unter den gegebenen Umständen seiner Zeit für ein landeskirchliches „Partikularkirchenregi-
   ment" innerhalb der Grenzen der bestehenden Staaten ein, das sich jedoch für eine über-
   regionale und ökumenische Zusammenarbeit offen halten sollte. – Vgl. ebd. S. 235ff.
74 Vgl. Stahl, Kirchenverfassung, 2. Ausg., S. 94ff., 161ff., 239ff., 332ff., 338ff., 345ff.,
   424ff.
75 Vgl. Stahl, Kirchenverfassung, 2. Ausg., S. 184ff., 275ff., 262ff., 274ff., 435ff., vgl. ferner
   Philosophie des Rechts, 2. Bd., 1. Abt., S. 70–83, wo Stahl als Ergebnis seiner Ausführungen über die „Konstruktion des sittlichen Gebietes" darlegt, daß „Staat und Kirche,
   ferner bürgerliche Ordnung und Moralität des Einzelnen, obwohl nach ihrer Idee und in

ihrer Vollendung sich untrennbar durchdringend, doch auf Erden immerdar voneinander unabhängig und unvermischt bleiben müssen; dessen ungeachtet aber vermöge jener ihrer ursprünglichen Bestimmung zur Einheit in einem Bande stehen sollen, so wie sie schon tatsächlich die mächtigste Wechselwirkung zu üben nicht unterlassen können". (S. 83).

76 Vgl. Joseph Görres, Athanasius, 2. Aufl. Regensburg 1838; Artikel „Das göttliche Recht der Könige", in: Historisch Politische Blätter, 1. Band, (1838), S. 231ff.; Artikel „Luther" ebd. 2. Band (1838) S. 249ff., 313ff., 3. Band, (1839), S. 193ff., 275ff. Artikel „Studien und Skizzen zur Schilderung der politischen Seite der Glaubensspaltung des sechzehnten Jahrhunderts", ebd. 4. Band (1839), S. 257ff., 321ff., 465ff., 515ff., 577ff., 669ff., 725ff. Zum damaligen politischen Katholizismus und zu den Ideen des Görreskreises vgl. ferner E. R. Huber, Deutsche Verfassungsgeschichte seit 1789, Band II, S. 345ff., 359ff. – Zum Preußischen Mischehenstreit vgl. ebd. S. 185ff., 207ff., 250ff.

77 Vgl. hierzu meine Ausführungen über den „Kampf der protestantischen Landeskirche Bayerns gegen die Unterdrückungsmaßnahmen des Ministeriums v. Abel . . ." (in diesem Band S. 84ff.) m. w. Lit.

78 F. J. Stahl, Über die Konsequenz des Princips, in: Zeitschrift für Protestantismus und Kirche, III. Band, Nr. 1 u. 3 vom 1. und 29. Juli 1839.

79 Vgl. ebd. S. 18f.

80 Vgl. E. R. Huber, Deutsche Verfassungsgeschichte, Band IV, S. 651ff. – Zu Art. 12–18, 31ff., 27–31 Preuß. Verfassung vom 31.1.1850 vgl. Huber, a.a.O. Band III, S. 100ff., 112ff.

81 Vgl. Huber, Deutsche Verfassungsgeschichte, Band III, S. 180. – Bei den Erlassen handelte es sich um zwei gemeinsame, nicht veröffentlichte Verwaltungsverordnungen des Innen- und des Kultusministers an die Oberpräsidenten: Der Erlaß vom 22.5.1852 ordnete gewisse polizeiliche Beschränkungen für die Veranstaltung öffentlicher Volksmissionen an; der Erlaß vom 16. Juli 1852 übertrug die Zuständigkeit für die Erteilung der Erlaubnis zum Studium am Collegium Germanicum von den Regierungspräsidenten auf die Zentralbehörden. – E. L. v. Gerlach setzte bei v. Raumer durch, daß zwar an dem Erfordernis der ministeriellen Erlaubnis zum Studium in Rom festgehalten, diese aber in der Regel erteilt wurde (vgl. E. L. v. Gerlach, Aufzeichnungen, Bd. II, S. 166–168). Zu diesem Schritt dürfte ihn ein Brief seines katholischen Freundes Cajus Graf Stolberg vom 9. September 1852 (abgedruckt bei H. Diwald (Hg.), E. L. v. Gerlach, Von der Revolution zum Norddeutschen Bund, Bd. II, Briefe, Denkschriften, Aufzeichnungen, Göttingen 1970, S. 808–812) veranlaßt haben; die entsprechende Tagebuchnotiz Gerlachs über das Gespräch mit Raumer stammt vom 12. September 1852. – Stolberg hatte Gerlach auf die nachteiligen politischen Folgen eines Einschreitens der preußischen Regierung gegenüber den Jesuiten, welches in das Hirtenamt der Bischöfe eingreife, hingewiesen und sich gegen polizeiliche Maßnahmen des Oberpräsidenten v. Kleist gegenüber dem „Katholisch-Konservativen Preßverein" im Rheinland ausgesprochen.

82 Vgl. „Rede des O. C. R. Dr. Stahl zum Schlusse der Verhandlungen des Kirchentages über die Missionen der katholischen Kirche", in: EKZ No. 77 vom 25. September 1852, Sp. 722ff. Zur Debatte auf dem Bremer Kirchentag vgl. Der Kirchentag in Bremen, in: EKZ No. 83, 84 vom 16. und 20. Oktober 1852, Sp. 777ff., 785ff. – Auch Hengstenberg trat zunächst in dem Konflikt für eine allseitige Zurückhaltung ein (vgl. „Vorwort" in: EKZ No. 6 v. 21.1.1852, Sp. 51–56), auch als Referent vor dem Kirchentag (vgl. Die katholischen Missionen und die Evangelische Kirche, in: EKZ No. 77 vom 25. September 1852, Sp. 713–722, sowie auch seinen ungezeichneten Aufsatz „Die katholischen Missionen und die Evangelische Kirche", in: EKZ No. 51 vom 26. Juni 1852, Sp. 473–476, in dem er Raumer von dem Vorwurf der Laxheit des Vorgehens gegen die Katholiken entlastet). Später polemisierte er gegen die Jesuiten, um diese als eine nicht repräsentative Gruppe innerhalb der Katholischen Kirche hinzustellen. Dabei griff er auch die katholische Fraktion im Abgeordnetenhaus an (vgl. „Vorwort", in: EKZ No. 5, 6 vom 15. u. 19.1.1853, Sp. 41–56).

83 Vgl. hierzu C. F. Göschels Aufsatz „Über die katholischen Interessen nach Römischer und Evangelischer Auffassung", in: EKZ No. 25–27 vom 26., 30. März u. 2. April 1853. –

Dieser geht dem Abdruck von Stahls Vorträgen über „Der Protestantismus als politisches Princip" unmittelbar voraus. Beide Veröffentlichungen sind Ausdruck der späteren, erheblich verschärften kirchenpolitischen Stellungnahme der „Partei der Evangelischen Kirchenzeitung". – Für Göschel „provociert" Montalembert „insbesondere auf die Verdienste der römisch-katholischen Vorkämpfer in allen deutschen parlamentarischen Versammlungen. Er sucht auch an den Verfassungsentwicklungen in Preußen zu erweisen, daß die Römische Kirche von der ursprünglichen Verfassungsurkunde nur profitiert habe und unter der allmählichen Beschränkung in ihrer Freiheit beeinträchtigt werde. Fast scheint es, als hätte er wirklich gelehrige Schüler für – die Kammerdebatten gewonnen" (a.a.O. Sp. 243). Montalembert vertrete als „Sachwalter der constitutionellen Redeübungen" der katholischen Abgeordneten (Sp. 244) lediglich die „politischen Interessen des Katholicismus" und seines „Fundamentes", der päpstlichen Hierarchie (Sp. 248).

84 F. J. Stahl, Die Reformation und die Revolution, in: EKZ No. 28.v. 4. April 1852, Sp. 253–256. – Dieser Aufsatz ist ein Nachtrag zu dem am 8. März 1852 vor dem Berliner Ev. Verein für kirchliche Zwecke gehaltenen und in der EKZ abgedruckten (vgl. EKZ No. 22 v. 17.3.1852, Sp. 193ff.) Vortrages „Was ist die Revolution?" (Beide Abdrucke sind zusammengestellt in: Siebzehn parlamentarische Reden, S. 233–249; Zitate nach dieser Quelle). – Mit seinen Gegenthesen präzisierte Stahl Aussagen über das Verhältnis von Reformation und Revolution, die er zwanzig Jahre zuvor im 2. Bande seiner „Philosophie des Rechts" gemacht hatte. Im Zusammenhang einer Betrachtung über den Gegensatz lediglich „symbolischer", d. h. äußerlich-defizienter und „praktischer", d. h. innerlich erfüllter Gestaltung menschlicher Lebens- und Rechtsverhältnisse hatte er dort ausgeführt: „Tiefer gefaßt" könne man diesen Gegensatz „in den beiden Konfessionen erkennen. Es erscheint als der Mangel des protestantischen Princips, daß es die äußere Offenbarung des religiösen Geistes in Gestalt und Einrichtung zu wenig besitzt, als der Mangel des katholischen Princips, daß sie nach ihm zu sehr symbolisch ist. Denn so wenig die Reformation und die Revolution ihrem vollen Wesen nach verwandt sind, so sind sie es doch in dieser einen Beziehung, daß die Revolution in der Zerstörung alles symbolischen Charakters nur das Werk vollendete, welches die Reformation begonnen. Es bewährt sich hier, wie die Wahrheit nicht zwischen den kämpfenden Parteien, sondern über ihnen ist, nicht in einer Mäßigung ihrer Ziele besteht, sondern in einem eigenen von diesen verschiedenen Gehalt" (a.a.O. 2. Bd., 1. Abt., S. 200f.).

85 F. J. Stahl, Der Protestantismus als politisches Princip. Zwei Vorträge, gehalten im Evangelischen Verein zu Berlin am 15. und 17. März (1853), in: EKZ No. 28, 29, 32–35 vom 6., 9., 20., 23., 27., 30. April 1853, Sp. 265ff., 305ff. – Vgl. hierzu auch Stahl, Die gegenwärtigen Parteien, S. 360ff., 381ff.

86 Stahl, Der Protestantismus, a.a.O. Sp. 266.

87 Vgl. ebd. Sp. 282, 324.

88 Vgl. ebd. Sp. 273ff., 305ff.

89 Vgl. ebd. Sp. 281ff.; vgl. Stahl, Die gegenwärtigen Parteien, S. 37–59; Philosophie des Rechts, 2. Band, 2. Abt., S. 541ff.

90 Vgl. Stahl, Der Protestantismus, a.a.O. Sp. 283f.; vgl. Die gegenwärtigen Parteien, S. 60ff.

91 Vgl. Stahl, Der Protestantismus, a.a.O. Sp. 284.

92 Vgl. ebd. Sp. 265ff., 270ff.

93 Vgl. ebd. Sp. 265f., 330ff.

94 Vgl. ebd. Sp. 271f.; Stahl, Die Reformation und die Revolution, a.a.O. S. 248f.

95 Vgl. Stahl, Der Protestantismus, a.a.O. Sp. 265ff., 275ff., 319ff. – Bemerkenswert ist, wie Stahl den Gedanken der „unsichtbaren Kirche" und des „allgemeinen Priestertums aller Gläubigen", den er gegenüber den liberalen und den gemäßigt-konfessionellen lutherischen Gegnern seiner Kirchenverfassungslehre in seiner Bedeutung als kirchliches Verfassungsprinzip zugunsten seines „anstaltlichen" Amtsverständnisses herabsetzt, gegenüber dem hierarchischen Amtsbegriff der katholischen Kirche wieder aufwertet und hervorhebt.

96 Vgl. ebd. Sp. 275ff., 279ff., 285ff., 305ff.; Philosophie des Rechts, 2. Band, 2. Abt., S. 541ff.

97 Vgl. Stahl, Der Protestantismus, a.a.O., Sp. 325ff.; Die Reformation und die Revolution, a.a.O. S. 249.

98 Vgl. Stahl, Der Protestantismus, a.a.O. Sp. 265, 306, 310f., 314f. – Als Vorbilder einer „wahren Katholizität" gelten Stahl Persönlichkeiten wie Bernhard v. Clairvaux, Fénélon und Johann Michael Sailer.

99 Vgl. ebd. Sp. 346f.

100 Ebd. Sp. 348.

101 Ebd. Sp. 348.

102 Zu Stahls parlamentarischer Wirksamkeit in Preußen vgl. Bernhard Michniewicz, Stahl und Bismarck, Berlin 1913, insbes. S. 75ff., 126ff. – Adelheid Roos, Konservatismus und Reaktion bei F. J. Stahl, phil. Diss. Bonn 1957, S. 73ff. – Eine entsprechende Arbeit über Stahls kirchenpolitische Wirksamkeit in Preußen fehlt bisher.

103 Vgl. F. J. Stahl, Rede gegen die Annahme der deutschen Kaiserwürde vom 14. März 1849, in: Stahl, Parlamentarische Reden, hgg. v. J. P. M. Treuherz, Berlin 1856, S. 3ff.; Michniewicz, a.a.O. S. 133ff.

104 Vgl. zusammenfassend Michniewicz, a.a.O. S. 92f.

105 Vgl. F. J. Stahl, Rede gegen die unbedingte Annahme der Unionsverfassung vom 12. April 1849, in: Parlamentarische Reden, S. 55ff.; Rede über das Verhältnis der preußischen Verfassung zu der Verfassung der deutschen Union, a.a.O. S. 9ff.; F. J. Stahl, Die deutsche Reichsverfassung nach den Beschlüssen der deutschen Nationalversammlung und nach dem Entwurf der drei königlichen Regierungen, Berlin 1849. Zusammenfassend Michniewicz, a.a.O. S. 135ff.

106 Vgl. F. J. Stahl. Rede für das Vertrauensvotum vom 8. Januar 1851, in: Parlamentarische Reden, S. 278. – Zur schwankenden Haltung der Konservativen in der Krise vor der Olmützer Punktation vgl. Michniewicz, a.a.O. S. 165ff. Zu den damaligen Vorgängen vgl. Hans-Julius Schoeps, Von Olmütz nach Dresden, Berlin 1972.

107 Vgl. F. J. Stahl, Reden I und II zur orientalischen Frage vom 25. April 1854 und 24. April 1855, in: Parlamentarische Reden, S. 25ff., 39ff. und Michniewicz, a.a.O. S. 193ff. – Zur Stellung Preußens und zur Haltung der preußischen Konservativen und der Liberalen im Krimkrieg vgl. E. R. Huber, Deutsche Verfassungsgeschichte Bd. III, S. 224ff.

108 Vgl. F. J. Stahl, Rede über die Italienische Frage vom 13. Mai 1859, in: Siebzehn parlamentarische Reden, S. 219ff. und Michniewicz, a.a.O. S. 195ff. – Zur Haltung Preußens und der preußischen Parteien im österreichisch-italienischen Krieg vgl. Huber, a.a.O. S. 253ff.

109 Vgl. F. J. Stahl, Reden über die Aufhebung der Fideikommisse vom 22. September 1849, über die Bildung der ersten Kammer vom 22. November 1849 und vom 5. März 1852, über Fideikommisse und Familienstiftungen vom 19. März 1858, in: Siebzehn parlamentarische Reden, S. 44ff., 53ff., 70ff., 85ff.; Rede über die Reaktivierung der älteren ständischen Vertretung vom 18. Februar 1852 und über die Wiederherstellung der Kreis-Ordnungen v. 28. April 1852, in: Parlamentarische Reden, S. 341ff., 355ff. – Vgl. zusammenfassend Roos, a.a.O. S. 114ff., 125ff., 146ff.

110 Stahl wandte sich vor allem gegen die geplante Einführung der Zivilehe in Preußen in den Jahren 1849f. und 1860f. – Vgl. hierzu dessen Stellungnahmen in: Parlamentarische Reden, S. 456ff. und deren Zusammenfassung bei Roos, a.a.O. S. 175ff. – Auf der anderen Seite kämpfte er ebenso für die Beseitigung bestimmter Ehescheidungsgründe des Preußischen Allgemeinen Landrechts, vgl. Stahl, a.a.O., S. 467ff., 494ff. – Zu den Grundsätzen der Eherechtsauffassung Stahls vgl. Philosophie des Rechts, 2. Band, 1. Abt., S. 427ff.

111 Vgl. F. J. Stahl, Über die Evangelische Allianz, in: EKZ No. 49 vom 20. Juni 1857, Sp. 553ff. – Zur Gegnerschaft der konfessionellen Lutheraner innerhalb der Preußischen Union gegen diese u. a. durch Bunsen protegierte Vereinigung vgl. Th. Wangemann, Sieben Bücher Preußischer Kirchengeschichte, 3. Band (1860), S. 741ff.

112 F. J. Stahl, Die lutherische Kirche und die Union, Berlin 1859. Dieses Werk löste eine sehr lebhafte, ja heftige Debatte innerhalb des preußischen und des deutschen Protestantismus aus. Stahls Thesen stießen dabei nicht nur im Lager der Vermittlungstheologie und der

reformierten Konfessionellen, sondern auch im bayerischen und im separierten preußischen Luthertum auf Ablehnung oder sie fanden nur eine eingeschränkte Zustimmung. Zu Stahls Polemik gegen die Preußische Union vgl. auch Kirchenverfassung, 2. Ausg. S. 345f.

113 Vgl. Stahl, Die lutherische Kirche, S. 407ff., 421ff. — Weiterführung der Polemik gegen die „Evangelische Allianz", ebd. S. 441ff.

114 Vgl. Stahl, Die lutherische Kirche, S. 541ff.

115 Vgl. ebd. S. 532ff.; Kirchenverfassung, 2. Ausg., S. 359.

116 Zum Kampf der Hegelianer gegen Stahls Berufung nach Preußen vgl. G. Masur, a.a.O., S. 118f., 246f., 329ff. — A. Ruge, Rezension von Bruno Bauers anonymer Schrift „Die evangelische Landeskirche und die Wissenschaft", in: Hallische Jahrbücher für deutsche Wissenschaft und Kunst, No. 229 v. 23. Sept. 1840, Sp. 1825–1832, 1829. Vgl. auch die Polemik gegen Hengstenberg und Stahl in: Der Jesuitismus der evangelischen Kirchenzeitung a.a.O. Sp. 1966–1968. — Auf diese Auseinandersetzung werde ich an anderer Stelle näher eingehen.

117 Vgl. K. A. Varnhagen v. Ense, Tagebücher, 6. Band, S. 383, 448; 9. Band, S. 79, 83, 103, 111ff. — Artikel „Friedrich Julius Stahl" (ungezeichnet; wahrscheinlich v. R. Gneist) in: Unsere Zeit, Jahrbuch zum Konversationslexikon, 6. Band, 1862, S. 419ff. — J. K. Bluntschli, Friedrich Julius Stahl, in: Bluntschlis Staatswörterbuch, 3. Band, Zürich 1872.

118 Für die Halleranhänger Leopold v. Gerlach und Heinrich Leo war und blieb Stahl „ein Konstitutioneller und daher unsicher" (vgl. Brief Leopold v. Gerlachs an seinen Bruder Ludwig vom 26.10.1851, abgedruckt bei H. Diwald, E. L. v. Gerlach, Von der Revolution zum Norddeutschen Bund, II. Band, Göttingen 1970, S. 766) — Ernst Ludwig v. Gerlach, der Stahl persönlich wie politisch sehr nahe stand, urteilte i. J. 1867 gegenüber H. Leo, Stahl sei großenteils „dem constitutionalismus vulgaris anheimgefallen" und habe diesen lediglich „konservativ zu temperieren versucht". (Vgl. Briefwechsel zwischen L. v. Gerlach und H. Leo in: Allgemeine Konservative Monatsschrift LI, 1904, S. 1132.)

119 Vgl. hierzu insbes. Artikel „Über Stahls lutherische Kirche und die Union", in: Protestantische Kirchenzeitung, 1859, Nr. 27–29, Sp. 641ff.; Nr. 18–20, 1860, Sp. 421ff.

120 Ämilius Ludwig Richter (1808–1864), führender evangelischer Kirchenrechtslehrer, wurde i. J. 1846 von Eichhorn nach Berlin berufen, um diesem bei der Durchsetzung seiner kirchenpolitischen Vorstellungen zu helfen. — Richter wurde — wie Stahl — Mitglied des Evangelischen Oberkirchenrates und i. J. 1859 vortragender Rat im Kultusministerium. In kirchenpolitischer Hinsicht war er ein überzeugter Anhänger der Union und befürwortete deren synodalen Ausbau. Wissenschaftlich gehörte er zu den schärfsten Kritikern der „Kirchenverfassung" Stahls. — Unter den weiteren einflußreichen Gegnern Stahls ist neben Bunsen vor allem der preußische Generalsuperintendent und Hofprediger Wilhelm Hoffmann (1806–1873) zu nennen, der dem Prinzregenten und späteren König Wilhelm nahestand. Hoffmann war auch ein Anhänger der Evangelischen Allianz.

121 Vgl. hierzu Stahl, Kirchenverfassung, 2. Ausg., S. 373ff., 461ff.; Artikel „Hofmann" in RE, 3. Aufl., 8. Band (1900), S. 234ff., 237f. m. w. Lit.

122 Vgl. Brief M. A. v. Bethmann-Hollwegs an seinen Freund Karl v. Rappard v. 6. März 1852, abgedruckt bei Diwald, a.a.O. S. 787ff. — Bethmann-Hollweg kritisierte darin „die Willkür und Rechtsverletzung im Inneren und die Erniedrigung Preußens im Äußeren", zu welcher die Politik des Ministeriums Manteuffel geführt habe, als das Ergebnis einer „um sich greifenden sittlichen Fäulnis, die bei dem nächsten Sturme das morsche Gebäude abermals zusammenbrechen lassen" werde, und für die besonders Stahls und Ludwig v. Gerlachs Aktivität in der Kammer verantwortlich sei. Deren christliche Motivation gehe von einem folgenschweren „Irrtum" über das wahre Wesen des Christentums und dessen Bedeutung für die Politik aus.

123 Vgl. J. E. Jörg, Geschichte des Protestantismus in seiner neuesten Entwicklung, 1. Band, (Freiburg 1858), S. 35ff., 45. — Zum Urteil der katholischen Seite über Stahls politische und kirchliche Anschauungen vgl. ferner: Der Katholik; eine religiöse Zeitschrift zur Erbauung und Belehrung, Bd. 55, I. Heft, Januar 1835; K. E. Jarcke, Alter Irrtum in neuem Gewande, in: Berliner politisches Wochenblatt, Jg. 1837, No. 30, 31, 33, S. 175ff. 180, 192ff.

124 Vgl. Stahl, Die gegenwärtigen Parteien, S. 283f. Zu Stahls politischen Vorstellungen über
     eine Lösung der sozialen Probleme seiner Zeit, die auch von Parteifreunden wie Hermann
     Wagener als unzureichend empfunden wurden, vgl. W. O. Shanahan, Der deutsche Pro-
     testantismus vor der sozialen Frage, München 1862, insbes. S. 133f.
125 Über Stahls Vorstellungen über eine Reform des Adels vgl. Philosophie des Rechts, 2. Band,
     2. Abt., S. 103ff.
126 Vgl. Stahls Rede über das Verhältnis der Preußischen Verfassung zu der Verfassung der
     deutschen Union vom 17. August 1849, in: Parlamentarische Reden, S. 9ff., 13f.
127 Dieses Urteil, das sich z. B. bei Michniewicz findet und in der Zeit der Weimarer Republik
     von Stahl-Bearbeitern wie K. Poppelbaum, H. v. Arnim und R. Hübner vertreten wurde,
     klingt noch durch die Würdigung hindurch, die D. Grosser, a.a.O. S. 124ff. „Stahls politischer
     und wissenschaftlicher Leistung" zuteil werden läßt. Eine Auseinandersetzung mit den
     Thesen Grossers soll an anderer Stelle erfolgen. – Aus der Sicht unserer Zeit wird man
     urteilen müssen, daß Stahls zeitgenössische Freunde wie dessen Gegner, ein E. L. v. Gerlach
     wie ein Varnhagen, aus unterschiedlichen, ja gegensätzlichen Motiven und Interessen so-
     wohl die Preußische Verfassung von 1850, wie die preußischen Unionspläne und deren
     Fortsetzung durch die Politik Bismarcks in ihrer zukunftsträchtigen Problematik viel tief-
     greifender und klarsichtiger analysierten und kritisierten. – Vgl. die Stellungnahmen E. L.
     v. Gerlachs bei Diwald, a.a.O. Bd. I, S. 143f., 147, 181f., 187, 248, 254, 264, 273, 279
     und Varnhagen von Ense, Tagebücher, 5. Bd., S. 327f., 7. Bd., S. 12, 46, 67, 87, 120f.,
     135f., 386, 449f.
128 Vgl. Stahl, Die gegenwärtigen Parteien, S. 337: „Nach bloßen Principien und Lehren, wenn
     diese gleich die untrüglich wahren sind, kann man kein neues Leben gestalten. Seit zwei
     Jahrhunderten haben wir deshalb meistens die traurige Erfahrung, daß die erhaltenden
     Geister unproduktiv sind und die fortbewegenden Geister zerstören, daß es nur eine un-
     produktive Konservation und eine erfindungsreiche Destruktion gibt. Dies ist darum kein
     Mangel der Legitimitätspartei, sondern ein Mangel des Zeitalters. Die konservative Partei
     muß vorherrschend konservativ sein, bis wieder ein besserer Geist in den Nationen er-
     wacht, aus welchem neue Bildung gewonnen werden kann". (Die gegenwärtigen Parteien,
     S. 337). – Die Bemerkung Stahls über seine politische Stellung überliefert Wetzell, a.a.O.
129 Vgl. G. Masur, a.a.O. S. 166.
130 Stahls Furcht vor dem Liberalismus fand ihren besonderen Ausdruck in seiner berühmten
     Rede über „Die En-bloc-Annahme der deutschen Bundesstaatsverfassung und der Liberalis-
     mus", die er am 12. April 1849 im Erfurter Volkshaus hielt; er stellte darin dem liberalen
     Verfassungspostulat nach der Herrschaft der „Majorität" die Forderung nach der Herrschaft
     der „Autorität" des monarchischen Staates gegenüber, um die politischen Probleme der
     Gegenwart und der Zukunft zu meistern und führte aus: „Ich fürchte nicht die *akute*
     Krankheit der *Demokratie*; ihr zu widerstehen ist der Organismus des Staatskörpers in
     Deutschland noch stark genug – ich fürchte die *chronische* Krankheit des *Liberalismus*.
     Ich fürchte nicht den *Umsturz*, sondern die *Zersetzung*". (Stahl, Parlamentarische Reden,
     S. 135).
131 Vgl. Agnes Olshausen, Erinnerungen an Stahl, in: Konservative Monatsschrift XLV, 1888,
     S. 583–588. Während Stahls Freundin diesem im Privatleben die Tugenden eines Christen,
     „Demut, Treue, Wahrhaftigkeit" und persönliche Hilfsbereitschaft attestiert, schreibt sie
     über sein öffentliches Auftreten: „ . . . da übereilte ihn, wenn ihm entgegengetreten wurde,
     noch oft seine alte (sc. jüdische) Natur, und das reiche Maß seiner geistigen Kraft kam un-
     geheiligt zum Durchbruch, und da zeigte sich eben gerade das Gegenteil seiner geheiligten
     Natur: Anmaßung, Zwiespältigkeit, Sophistik. Solche Überrumpelung des alten Menschen
     schuf den Schatten, der auf Stahls öffentliches Leben fiel; seine Gegner sahen eben nur
     diesen Schatten und machten ihn gern zum Flecken; aber seine Freunde sahen neben die-
     sem Schatten eben so auch die Buße, die er daheim für solche Übereilungssünden tat,
     und kannten ihr Gewicht in der Wage einer höheren Hand" (S. 586f.).
132 Vgl. das oben erwähnte Abschlußzitat der Vorträge über den „Protestantismus als politi-
     sches Princip". – Hier wird „Ein feste Burg ist unser Gott" und „Übe gute Ritterschaft!"

zu einer Kreuzzugsparole gegen den Liberalismus und die „Revolution" pervertiert. – Besonders instruktiv ist auch der Abschluß des 1. Bandes der 1. Auflage der „Philosophie des Rechts": „Es wird aber der Tag kommen ... an welchem auch im Gebiete der Wissenschaft, um biblisch zu sprechen, der Herr mit seinen Gläubigen sein, und die Widersacher zermalmen wird. Denn das Feld muß er behalten! –" (a.a.O. S. 362). Dieser alttestamentlich-„heilsprophetische" Ton eines konvertierten bayerischen Lutheraners fand einen mühelosen Widerhall in derselben Tonlage des reformierten preußischen Alttestamentlers und konfessionellen Kirchenpolitikers Hengstenberg und seines Organs, der Evangelischen Kirchenzeitung.

133 Eine Übersicht über die Grundzüge der Wirkungsgeschichte Stahls in Deutschland werde ich an anderer Stelle geben.

134 Vgl. E. Fahlbusch, Artikel „Stahl", a.a.O. Sp. 1131.

Neuere Monographien über F. J. Stahl

Volz, Otto, Christentum und Positivismus. Die Grundlagen der Rechts- und Staatsauffassung Friedrich Julius Stahls, Tübingen 1951.

Fahlbusch, Erwin, Die Lehre von der Revolution bei Fr. J. Stahl, theol. Diss. (masch.), Göttingen 1954.

Roos, Adelheid, Konservatismus und Reaktion bei Fr. J. Stahl, phil. Diss. (masch.), Bonn 1957.

Grosser, Dieter, Grundlagen und Struktur der Staatslehre Friedrich Julius Stahls, Köln/Opladen 1963.

Heinrichs, Helmut, Menschenbild und Recht bei Friedrich Julius Stahl, jur. Diss. Innsbruck 1971.

Biographische Übersichten:

Landsberg, Ernst, Artikel „Stahl" in: Allgemeine Deutsche Biographie, Band 35, Leipzig 1893, S. 392–400.

Fahlbusch, Erwin, Artikel „Stahl" in: Evangelisches Kirchenlexikon, Band 3 (1959), Sp. 1129ff.

Der Kampf der protestantischen Landeskirche Bayerns gegen die Unterdrückungsmaßnahmen des Ministeriums v. Abel (1838–1846) und dessen Bedeutung für die kirchen- und staatsrechtliche Doktrin Friedrich Julius Stahls

HANNS-JÜRGEN WIEGAND

I.

Der Abwehrkampf der evangelischen Landeskirche Bayerns gegen die Unterdrückungsmaßnahmen der bayerischen Staatsregierung unter Führung des Innen- und Kultusministers Karl von Abel in den Jahren 1838 bis 1846 war eine Auseinandersetzung,
die zu einer schweren Vertrauenskrise zwischen den katholischen und den protestantischen staatstragenden Kräften führte und dadurch das politische Leben des Landes
im ‚Vormärz' tiefgreifend erschütterte. Es handelt sich dabei nicht um einen Konflikt mit den Vertretern des politischen und des kirchlichen Liberalismus, sondern
um einen Streit unter überwiegend konservativen Personen und Gruppierungen um
kirchenpolitische Positionen, bei dem die katholische, ultramontane Seite ihre Ansprüche und Forderungen gegenüber der protestantischen mit Hilfe der Staatsbehör-
den durchzusetzen suchte, was ihr zunächst auch weitgehend gelang. Die Mittel, mit
denen dieser Kampf auf allen öffentlichen und privaten Ebenen geführt wurde —
Pressepolemiken, Protestpredigten, Flugschriften, Broschüren und wissenschaftliche
Gutachten, ministerielle Vorstellungen, synodale und parlamentarische Petitionen
und Verfassungsbeschwerden, Allerhöchste Entschließungen und Regierungsanord-
nungen, Disziplinarmaßnahmen und Strafverfolgungen — belasteten die frühkonstitutionellen staatlichen und kirchlichen Institutionen des Landes aufs Schwerste und
drohten mehrfach deren verfassungsmäßigen Rahmen zu sprengen. Die Form und
der Inhalt dieser innerkonservativen Auseinandersetzung leistete den Bestrebungen
der liberalen Opposition Vorschub und trug maßgeblich dazu bei, die revolutionären
Unruhen der Jahre 1847/48 vorzubereiten.

Die Angriffe des dem Ultramontanismus nahestehenden und von dessen Vertretern
inspirierten Innenministers Karl von Abel auf die evangelische Landeskirche waren
überwiegend administrativer Natur; sie richteten sich primär gegen die äußere Entfaltung des Gemeindelebens und gegen die Freiheit der Religionsausübung ihrer
einzelnen Mitglieder und berührten damit auch die kirchlichen Interna und die
individuelle Gewissensfreiheit. Die Verteidiger der Kirche suchten im Rahmen ihrer
beschränkten kirchenpolitischen Möglichkeiten, die im Laufe des Streites von seiten
der Regierung zunehmend eingeengt wurden, diesen Repressalien mit rechtlichen
Argumenten zu begegnen, die ihnen durch die bestehende Verfassungsgesetzgebung

vorgezeichnet waren, die sie aber wissenschaftlich durchklären und sich insofern neu erarbeiten mußten: wenn sie die Rechtspositionen der Organe der Kirche wie diejenigen ihrer Mitglieder gegenüber der monarchischen Staatsregierung und deren Behörden, welche zugleich auf der Grundlage der Verfassung von 1818 deren Verhältnis zur römisch-katholischen Kirche in gesetzlicher wie in administrativer Hinsicht bestimmten, behaupten wollten, mußten sie diese zuerst bei sich selbst in juridischer, aber auch in theologisch-dogmatischer Hinsicht aufbereiten. Bei dieser Sachlage konnte es nicht ausbleiben, daß Stahl in seiner Eigenschaft als Staats- und Kirchenrechtslehrer an der protestantischen Universität Erlangen, dem geistigen Zentrum des Widerstandes gegen die Regierung, eine besondere Rolle für die Bewältigung dieser Aufgabe zufallen mußte; die Angriffe der Ultramontanen und der staatlichen Behörden auf seine Glaubensgenossen nötigten ihn dazu, auf der Grundlage seiner wissenschaftlichen Anschauungen in kirchenrechtlicher wie in kirchenpolitischer Hinsicht zu deren Gunsten Stellung zu beziehen.

II.

Der Streit, der im Jahre 1838 von seiten der bayerischen Staatsregierung gegenüber der evangelischen Landeskirche ausgelöst wurde, war ein Kampf um kirchliche Positionen und Interessen, deren Inhalt, Umfang und Grenzen in staatskirchenrechtlicher Hinsicht nicht eindeutig bestimmt waren; in ihm erwies sich die Brüchigkeit eines Rechtsbodens, dessen Fundamente unter den besonderen politischen Bedingungen der Reorganisation des bayerischen Staats- und Kirchenwesens zu Beginn des 19. Jahrhunderts gelegt worden waren.

Die Vergrößerung Bayerns durch fränkische und schwäbische Gebiete im Gefolge des Zusammenbruchs des Heiligen Römischen Reiches und der napoleonischen Herrschaft, die mit dem Erwerb der linksrheinischen Pfalz im Jahre 1819 ihren Abschluß fand, hatte für die bayerische Regierung erhebliche Probleme einer Integration und Neuordnung des staatlichen und auch des kirchlichen Lebens aufgeworfen: wenn sich das erweiterte Königreich im Inneren konsolidieren und wenn es im Kreise seiner deutschen und seiner europäischen Nachbarn zu Ansehen und zu politischem Einfluß gelangen wollte, müßte seine Regierung die politischen und die kirchlichen Unterschiede seiner Bevölkerung möglichst weitgehend ausgleichen, um eine neue Einheitlichkeit des Staatswesens und seiner tragenden Elemente herzustellen. Zu diesem Zwecke mußte sie sowohl die Freiheit der Religionsausübung ihrer sehr zahlreich hinzugekommenen protestantischen Untertanen anerkennen, deren einzelne Kirchentümer einheitlich reorganisieren und deren Rechte gegenüber dem Katholizismus sicherstellen, als auch ihr eigenes Verhältnis zur katholischen Kirche, deren Besitzstand durch die voraufgegangenen Umwälzungen besonders hart getroffen war, neu regeln[1].

Unter der Führung des Ministers Montgelas verfolgte die Regierung zunächst eine aufgeklärt-absolutistische, am Vorbild des Josephinismus wie der französischen Administration orientierte Reformpolitik: durch den Aufbau eines straffen Verwaltungsapparates und entsprechender zentralistischer Maßnahmen suchte sie die

Unterschiede in den überkommenen politischen Organisationformen innerhalb der
einzelnen Landesteile einzuebnen und einen einheitsstaatlichen Neubau aufzufüh-
ren. Die gleichen Bestrebungen verfolgte sie gegenüber den Kirchen: durch eine
Reihe einschneidender Maßnahmen suchte Montgelas die katholische Kirche von
den Entscheidungen der Staatsgewalt abhängig zu machen und – in der Tradition
des ‚bayerischen Gallikanismus‘ – in eine territorial begrenzte und gebundene
Staatskirche umzuwandeln[2]. Die Leitungsorgane der einzelnen protestantischen
Kirchentümer wurden aufgehoben; an ihrer Stelle wurde in Parallele und enger
Verzahnung mit der staatlichen Administration die einheitliche Organisation einer
‚Protestantischen Gesamtgemeinde‘ geschaffen[3]. Deren Spitze bildete das im September 1808 errichtete ‚Generalkonsistorium‘, das dem Innenministerium als eine
besondere ‚Sektion‘ eingegliedert war; für Entscheidungen von erheblicher Bedeutung mußte es die Genehmigung des Innenministers einholen. Die kirchlichen
Mittelbehörden waren die ‚Generaldekanate‘; ihnen standen ‚Kreiskirchenräte‘ mit
Aufsichts- und Mitverwaltungsbefugnissen zur Seite. Den Vorsitz führte der staatliche ‚Generalkreiskommissar‘, der auch die kirchlichen Unterbehörden, die ‚Distrikts-
dekane‘, überwachte. Die den ‚Distriktsdekanen‘ unterstehenden Pfarrer sollten
sich regelmäßig zu ‚Diözesansynoden‘ versammeln, auf denen kirchliche und theologische Fragen behandelt wurden[4]. –

Diese einzelnen Neuordnungen wurden von dem Bayerischen Religionsedikt vom
24. Mai 1809, das die Krönung der aufgeklärt-absolutistischen Kirchenpolitik
Montgelas’ darstellte, grundlegend sanktioniert. In diesem bekannte sich die Staatsregierung zu den bereits 6 Jahre zuvor ausgesprochenen Grundsätzen der Toleranz
und der konfessionellen Parität und zur Vorrangigkeit der landesherrlichen Majestätsrechte gegenüber allen kirchlichen Ansprüchen und Forderungen, insbesondere zu
einem scharfen Oberaufsichtsrecht[5].

Während die Kurie diesen Maßnahmen ihre Zustimmung verweigerte, so daß die
darüber in den Jahren 1806/09 geführten Konkordatsverhandlungen scheiterten,
und das Religionsedikt hierauf als einseitiges Staatsgesetz erlassen wurde[6], gingen
die maßgeblichen Vertreter des Protestantismus auf Montgelas’ Kirchenpolitik ein,
da sie der Auffassung waren, daß der Protestantismus in einem überwiegend katholischen Staate seine Stellung und seine Rechte nur dann behaupten könne, wenn
er eine äußere und innere kirchliche Einheit bilde. Dabei empfanden sie ebensowenig
innerkonfessionelle Bedenken wie ihre preußischen Zeitgenossen, die damals entsprechende unionistische Kirchenreformpläne verfolgten. So wurde in enger Zusammenarbeit zwischen dem ehemaligen Jenaer Theologen und Pädagogen Friedrich Immanuel Niethammer und dem katholischen Heidelberger Staatsrechtslehrer
Georg Friedrich von Zentner – dieser war zur Reform des höheren Schulwesens
nach Bayern, jener als Kenner des pfälzischen Protestantismus von Montgelas in
die Leitung des Departements für Geistliche Angelegenheiten nach München berufen
worden – die ‚Protestantische Gesamtgemeinde‘ Bayerns als eine einheitliche, aus
Lutheranern und aus Reformierten bestehende Landeskirche gebildet. Während
Niethammer für die möglichst weitgehende Eigenständigkeit einer konsistorialen, mit
bestimmten synodalen Elementen angereicherten Organisation der Landeskirche

eintrat, suchte v. Zentner diese im Sinne der territorialistischen Bestrebungen seines Ministers dadurch an die Entscheidungen der Regierung zu binden, daß er sie mit deren Behördenapparat, vor allem mit dessen Spitze, eng verzahnte. Auf diese Weise wurde zwar eine landeskirchliche Organisation geschaffen, die gegenüber der katholischen Kirche eine Einheit darstellte, die jedoch in allen wichtigen Entscheidungen vom Willen einer überwiegend aus Katholiken bestehenden Staatsregierung, insbesondere des katholischen Königs als „Summus Episcopus' und dessen Innenminister, abhängig war [7]. Doch traten die damit verbundenen Gefahren zunächst noch nicht in Erscheinung, da die Regierung nicht gewillt war, den Ansprüchen der Kurie und des ihr ergebenen Klerus nachzugeben, sondern umgekehrt ihre Souveränität diesen gegenüber möglichst weitgehend zu behaupten und durchzusetzen suchte.

Auch die folgende *konstitutionelle* Phase der staatlichen Integrationspolitik nach dem im Februar 1817 erfolgten Sturze Montgelas' war durch eine enge Verflochtenheit staatlicher und kirchlicher Interessen gekennzeichnet, ja durch die letzten entscheidend mitbedingt: nicht nur der bayerisch-badische Streit um die rechtsrheinische Pfalz, welchen die bayerische Regierung mit Hilfe einer schnellen Verfassungsgebung zu ihren Gunsten zu entscheiden hoffte, auch der Mißerfolg der Regierung in den wiederaufgenommenen Konkordatsverhandlungen mit der Kurie, die am 24. Oktober 1817 mit dem Abschluß des Bayerischen Konkordates endeten, beschleunigte den Oktroy der Verfassung des Königreiches, mit dessen Hilfe die Regierung ihre Herrschaftseinbußen gegenüber der katholischen Kirche nachträglich wieder auszugleichen suchte [8].

Während das Bayerische Religionsedikt von 1809 die Vorrechte der Krone gegenüber der katholischen Kirche hervorgehoben hatte, benutzte die Kurie die neuaufgenommenen Konkordatsverhandlungen um die offengebliebenen Fragen der Abgrenzung der neu zu bildenden Diözesen und des Nominationsrechtes der Bischöfe dazu, ihre Stellung aufs Neue zu festigen. In dem Konkordat, das von dem Unterhändler der Regierung, dem Bischof Freiherrn v. Häffelin, am 5. Juni 1817 unter Überschreitung seiner Instruktionen abgeschlossen wurde, wurden zwar die neuen Diözesangrenzen im Sinne der Regierung festgelegt und dem König das Recht zugestanden, die Bischöfe zu nominieren sowie die dem landesherrlichen Patronat unterstehenden Pfarrer zu präsentieren, andererseits räumte es aber der katholischen Kirche gewichtige Positionen ein: die Regierung versprach ihr darin die Erhaltung der überkommenen und die Errichtung neuer kirchlicher Einrichtungen wie Priesterseminare und Klöster, den ungestörten Besitz des Kirchengutes, die volle staatliche Dotation der neugeschaffenen beiden erzbischöflichen und der sechs bischöflichen Stühle, eine freie Leitung der Diözesen durch die Bischöfe, deren volle Disziplinargewalt über die Geistlichkeit und deren ungehinderten Verkehr mit dem Heiligen Stuhl [9]. — Die Eingangs- und Schlußbestimmungen des Bayerischen Konkordates brachten einen Herrschaftsanspruch der katholischen Kirche zum Ausdruck, der über ein bloßes Autonomiestreben weit hinaus ging: die Generalklausel des Artikels I setzte fest, die „römisch-katholisch-apostolische Religion" solle „in dem ganzen Umfange des Königreichs Bayern und in den dazu gehörigen Gebieten unversehrt mit denjenigen Rechten und Prärogativen erhalten werden,

welche sie nach göttlicher Anordnung und den kanonischen Satzungen zu genießen"
habe. Art. XVI erklärte alle der neuen Übereinkunft entgegenstehenden staatlichen
Gesetze, Verordnungen und Verfügungen für aufgehoben. Nach Art. XVII sollten
alle im Konkordate nicht genannten kirchlichen Angelegenheiten künftig allein nach
der Lehre und Ordnung der Kirche behandelt und eventuelle Konflikte in „freund-
schaftlichen" Verhandlungen zwischen dem Papst und dem König beigelegt werden[10]. – Diese Bestimmungen schränkten das Majestätsrecht des Landesherrn über die
Kirche wesentlich ein; sie standen im Gegensatz zu den Grundsätzen der Toleranz und
der konfessionellen Parität, wie sie das Religionsedikt von 1809 festgelegt hatte.
Als sie bekannt wurden, erregten sie daher den heftigen Widerspruch liberaler protestantischer Kreise unter Führung von Anselm Feuerbach, aber auch gemäßigter
Katholiken wie Ignaz Rudhart[11]. Auf eine entsprechende Vorstellung der protestantischen Geistlichkeit und der Munizipalräte einiger protestantischer Städte
versicherte der König in einer Erklärung vom 12. März 1818, daß die Regierung
„nicht nur alle in Beziehung auf die kirchlichen Verhältnisse der protestantischen
Gesamtgemeinde erlassenen früheren Edikte und Verordnungen aufrecht erhalten,
sondern auch derselben in der bevorstehenden Verfassung des Reichs und den damit in Verbindung stehenden konstitutionellen Gesetzen gegen jeden Einfluß der
katholischen Geistlichkeit eine vollkommene Sicherstellung" verschaffen werde[12].
Diese Erklärung sollte nicht nur die Besorgnisse der protestantischen Untertanen
beschwichtigen, sie war der Ausdruck der Absicht des Königs und der Staatsregierung, die zu weitgehenden Bestimmungen des Konkordates mit Hilfe der Verfassungsgesetzgebung zu ihren Gunsten zurückzurevidieren[13]. Sie verkündeten daher
zwar das Konkordat gemäß der in Art. XVIII gemachten königlichen Zusage als
Staatsgesetz, schalteten ihm jedoch ohne vorherige Verständigung mit der Kurie
ein Gesetz vor, das als „Beilage II" zu Titel IV § 9 der Verfassung vom 26. Mai 1818
die Grundsätze des bayerischen Staatskirchenrechts für beide Konfessionen fest-
legte[14]. Dieses „Edict über die äußeren Rechtsverhältnisse des Königreichs Bayern
in Beziehung auf Religion und kirchliche Gesellschaft" vom 26. Mai 1818 (im folgenden RE) sollte dadurch als ein integrierender Bestandteil der Verfassungsurkunde angesehen werden und gegenüber dem als einfachen Staatsgesetz publizierten Konkordate vorrangige Geltungskraft besitzen[15]. Parallel zur Publikation
des Konkordates wurde als Organisationsstatut für die protestantische Landeskirche das „Edict über die inneren kirchlichen Angelegenheiten der protestantischen
Gesamtgemeinde in dem Königreiche" vom 20. Mai 1818 (im folgenden EikA)
erlassen[16].

Das Bayerische Religionsedikt von 1818 basierte auf den Grundsätzen des Religionsedikts von 1809: es ging in den §§ 1ff. und 24ff. von den in den Verfassungsurkunde Tit. IV § 9 niedergelegten Grundsätzen der individuellen Gewissensfreiheit
sowie der rechtlichen und politischen Parität der drei öffentlich anerkannten Religionsgesellschaften aus, gestand diesen in § 38 die freie Verwaltung ihrer inneren
Kirchenangelegenheiten unter landesherrlicher Oberaufsicht zu und unterwarf in
den §§ 76ff. die gemischten Angelegenheiten ihrer obrigkeitlichen Mitwirkung. Für
alle äußeren Kirchenangelegenheiten nahm der Staat in den §§ 64ff. die ausschließliche Gesetzgebung und Gerichtsgewalt in Anspruch.

Das Religionsedikt stand damit in wesentlichen Punkten im Widerspruch zum Konkordate: im Gegensatz zu diesem betonte es erneut die Kirchenhoheit der Staatsgewalt und das landesherrliche Oberaufsichtsrecht; dies kam vor allem in den Instituten des „Recursus ab abusu" und des landesherrlichen „Placet" der §§ 52 und 59ff. zum Ausdruck. Durch seinen Charakter als Bestandteil der Verfassung, jedenfalls aber durch sein gegenüber den generalklauselartigen Formulierungen des Konkordates spezieller gefaßten Bestimmungen beanspruchte es deutlich, der höhere Maßstab der Interpretation des Konkordates zu sein [17]. — Dies wurde auf katholischer Seite unter Protest zur Kenntnis genommen: ohne von seiner Regierung hierzu ermächtigt zu sein, erklärte der Gesandte v. Häffelin dem Papst, das Religionsedikt gelte nur für die Nichtkatholiken. Als Pius VII. diese Auffassung übernahm, stellte der König im November 1818 klar, daß das Religionsedikt als ein allgemeines Staatsgesetz selbstverständlich für jedermann gelte [18]. Darauf weigerten sich die Vertreter der katholischen Geistlichkeit bei ihrem Eintritt in die Ständekammern, den Eid auf die Verfassung abzulegen, da diese auch das Religionsedikt umfasse. Auch unterließ es die Kurie, die Bestimmungen des Konkordats über die Zirkumskription der Diözesen zu vollziehen und die vom König vorgeschlagenen Bischöfe zu ernennen. Kardinalstaatssekretär Consalvi versuchte im März 1820 vergeblich, eine Erklärung der bayerischen Staatsregierung zu erlangen, daß sich der Verfassungseid nur auf die bürgerlichen Verhältnisse beziehe und daß das Konkordat bei Widersprüchen mit dem Religionsedikt in der Auslegung den Vorrang genieße [19]. Nach schwierigen Verhandlungen einigte man sich schließlich auf den Text einer Erklärung, die der König am 15. September 1821 in Tegernsee abgab. Diese „Allerhöchste Entschließung" kam zwar auf der einen Seite den Wünschen der katholischen Kirche entgegen, wahrte aber zugleich auch den Rechtsstandpunkt der Regierung: in einem dilatorischen Formelkompromiß bekannte sie sich zur vollen Verbindlichkeit des kirchlichen und des staatlichen Rechts. — Durch die Tegernseer Erklärung wurde zwar der akute Streit beigelegt und der Weg zur Vollziehung des Konkordats und damit zum Abschluß der Neuordnung des katholischen Kirchenwesens in Bayern geebnet; sie verschleierte jedoch nicht nur die Gegensätzlichkeit der Rechtsstandpunkte, sie sanktionierte diese geradezu. Sie mußte daher im Falle erneuter Konflikte zu erneuten Auslegungsstreitigkeiten um den Rang des Religionsedikts und die hieraus abzuleitenden Rechtspositionen der Regierung und beider Kirchen führen, die um so schärfer waren, als der König darin ja auch den Rechtsstandpunkt der katholischen Kirche anerkannt und damit den Grund der Widersprüchlichkeit der neuen Rechtslage selbst mitgeschaffen hatte [20].

Das „Edict über die innern kirchlichen Angelegenheiten . . ." vom 26. Mai 1818 regelte die Verfassung und die Verwaltung der protestantischen Landeskirche. An deren Spitze stand der katholische König als ‚Summus Episcopus'. Dessen Episkopalrechte wurden jedoch durch das Oberkonsistorium ausgeübt, eine kollegial zusammengesetzte kirchliche Behörde, deren Mitglieder der König ernannte und die von einem Präsidenten geleitet wurde. Obwohl das Edikt eingangs deren Selbständigkeit bei der Ausübung ihrer Kirchenleitungsfunktionen hervorhob, ordnete es sie durch eine entsprechende Regelung des Geschäftsgangs dem Innenministerium unter: sie hatte diesem gutachtliche Berichte zu erstatten und mußte durch dieses in äußeren und in gemischten, aber auch in einzelnen inneren Kirchenangelegenheiten die königliche Genehmigung für ihre Anordnungen und Maßnahmen einholen[21]. Kirchliche Mittelbehörden waren die beiden rechtsrheinischen Konsistorien von Ansbach und Bayreuth und das linksrheinische von Speyer; untere die Dekanate. In den Dekanatsbezirken sollten jährlich Diözesansynoden abgehalten werden; auf der Mittelstufe wurden alle vier Jahre wiederkehrende ‚Generalsynoden' eingerichtet, an denen auch Laien teilnahmen. Diese sollten unter der Leitung eines Mitglieds des Oberkonsistoriums durch „Beratung" — nicht mit gesetzgebender Beschlußkompetenz — an der „Handhabung der Kirchenverfassung . . ." mitwirken[22]. Über die Einhaltung der Grenzen dieses Beratungsrechts wachte ein königlicher Kommissar.

Die Gemeinden waren an der Kirchenleitung nicht beteiligt; Bemühungen um eine Einführung von Kirchengemeinderäten, die zu Beginn der zwanziger Jahre einsetzten, scheiterten am Widerstand liberaler Kräfte, weil diese eine damit möglicherweise verbundene Verschärfung der Kirchenzucht befürchteten[23].

Die kommenden beiden Jahrzehnte waren für die bayerische Landeskirche eine Periode ruhigen Ausbaues[24]. Die überkonfessionelle Erweckungsbewegung im Allgäu und in Franken, die von Katholiken wie Boos und Goßner oder von Reformierten wie Krafft in Erlangen ausging[25], mündete in der rechtsrheinischen Kirche in ein durch die spätidealistische Philosophie Schellings geprägtes Neuluthertum ein. Dessen Zentrum war die Universität Erlangen, deren geistiges Mileu auch Stahls persönliche und wissenschaftliche Entwicklung maßgeblich prägte. Diese konfessionell-kirchlich geprägte Strömung durchdrang alsbald die gesamte rechtsrheinische Kirche, während die unierte Pfalz eine Sonderentwicklung einschlug, die i. d. J. 1848/49 zur Trennung vom Münchener Oberkonsistorium und zur Bildung eines eigenen Kirchentums führte[26].

Maßgeblichen Anteil an der Ausprägung dieses lutherischen Kirchentums hatte der im Jahre 1828 vom König zum Präsidenten des Oberkonsistoriums berufene, aus Württemberg stammende Verwaltungsjurist Karl Friedrich von Roth[27]. Roth verkörperte den damaligen Typus des autokratisch-konservativen und klassisch gebildeten hohen Beamten; er hatte sich besonders intensiv mit Hamann und Luther beschäftigt und gab — zusammen mit seinem Freunde und Kollegen F. J. Niethammer — zum Reformationsjubiläum von 1817 Auszüge aus Luthers Schriften unter dem Titel „Die Weisheit Luthers" heraus, ein Werk, welches das erneute Lutherstudium der jungen Theologengeneration entscheidend anregte[28]. Mit einer gezielten Ausbildungs- und Personalpolitik drängte er den Einfluß der älteren, rationalistischen Dekane und Pfarrer zurück und ersetzte sie durch jüngere, lutherisch-konfessionell geprägte Vertreter[29]. Diese Maßnahmen trugen ihm von seiten der liberalen Opposition den Vorwurf eines „kirchlichen Despotismus", „Pietismus", ja sogar einer Hinneigung zum Katholizismus ein[30]. Er wurde in seiner Personalpolitik von König Ludwig I. bereitwillig unterstützt, dem er persönlich eng verbunden war. Diese Art einvernehmlicher Zusammenarbeit legte im Bayerischen Kirchenstreit dem streng konservativen Konsistorialpräsidenten eine zusätzliche Zurückhaltung auf, welche die ohnehin begrenzten Möglichkeiten seiner Behörde weiter einschränkte, was ihm aus den eigenen Reihen mannigfache Kritik einbrachte. Doch trug dieses loyale Verhalten, verbunden mit einem klugen Benutzen der politischen Situation, schließlich zu einer wesentlichen Erleichterung der Lage der evangelischen Landeskirche bei[31], ja zu einer Abkehr des Monarchen von der ultramontanen Politik seines Innenministers Karl v. Abel.

III.

Der Bayerische Kirchenstreit unter dem Ministerium v. Abel wurde durch eine wechselseitige Verkettung und Verstärkung inner- und außerbayerischer Konflikte hervorgerufen. Die Ernennung Eduard von Schenks zum Innenminister im Jahre 1828 bedeutete eine Abkehr der Regierung von ihrer bisherigen Politik gegenüber dem Katholizismus. Der neue Minister war bestrebt, die Versprechungen, welche die Regierung im Bayerischen Konkordate gemacht hatte, einzulösen und förderte die Wiederherstellung von Klöstern, die Errichtung von Priesterseminaren sowie andere Aktivitäten der katholischen Kirche mit staatlichen Mitteln. Dies führte auch dazu, daß die Reformen, welche die Protestanten Niethammer und Thiersch im Schul- und Bildungswesen durchgeführt hatten, durch einen zunehmenden Einfluß des Klerus in diesem Bereich zurückgedrängt wurden. Hiergegen wandten sich die Liberalen und auch Vertreter des neuerstarkenden bayerischen Protestantismus, welche den Einfluß und die staatliche Dotierung ihrer kirchlichen Institutionen gefährdet sahen. — Die Münchener Dezemberunruhen von 1830, die Vorgänge auf dem „stürmischen Landtag" von 1831, auf dem die Politik v. Schenks heftige Kritik erfuhr, so daß dieser vom König entlassen wurde, sowie die Pfälzer Unruhen des folgenden Jahres veranlaßten Ludwig I., die liberalen Elemente seiner Politik fallen zu lassen und stärker auf die katholisch-konservativen Kräfte zu setzen. Mit Hilfe eines autoritären und bürokratischen Herrschaftsstils sollten die Gefahren, die dem Staate von seiten jedweder oppositioneller Bestrebungen zu drohen schienen, abgewendet werden[32]. Als Innenminister der Ende 1831 neu gebildeten Regierung des hochkonservativen Feldmarschalls Fürsten Wrede versuchte Ludwig Fürst von Öttingen-Wallerstein, ein aufgeklärter katholischer, gemäßigt-konservativer, durch seine Herkunft wie durch seine Erziehung und Bildung dem Adel und dem Bürgertum gleichermaßen verbundener Weltmann, in den kommenden Jahren noch einmal zwischen den Extremen zu vermitteln; er scheiterte jedoch wie sein Vorgänger, da er, zwischen den parlamentarischen Fronten stehend, keine eigene Fraktion hinter sich bringen konnte und das Vertrauen des Königs verlor. Als er sich auf dem Landtage von 1837 gegen eine weitere Vermehrung der Klöster und gegen die Wiedereinführung des Jesuitenordens sowie bei der Diskussion des Haushaltes gegen eine Zweckentfremdung und gegen ein unbeschränktes Verfügungsrecht des Monarchen über die „erübrigten" Steuermittel aussprach, wurde er von Ludwig I. entlassen[33]. — In der Klosterfrage war es auch zu scharfen Kontroversen zwischen ultramontanen und protestantischen Abgeordneten gekommen, welche den wachsenden Einfluß der katholischen Kirche fürchteten: als ein Antrag auf Bewilligung von Geldern für das Münchener Institut der ‚Barmherzigen Schwestern' an den Stimmen der Mehrheit der protestantischen Abgeordneten scheiterte, bezeichnete der Ultramontane v. Ringseis den Protestantismus als ein „destruktives Element", das die Krone an der Erfüllung ihrer konkordatsmäßigen Verpflichtungen hindere[34]. In der Debatte über die Ausbildung von Klostergeistlichen zu Lehrern behauptete der Abgeordnete Freiherr v. Freyberg-Eisenberg, die Reformation trage die Schuld daran, daß durch die Aufhebung der Klöster ein Mangel an Demut, Religion und Subordination, besonders unter der Jugend, um sich gegriffen habe[35]. Nachdem der Ministerialrat Karl von Abel, der als Regierungskommissar auf dem Landtage in der Klosterfrage die Interessen der Ultramontanen und in der Budgetfrage die Seite des Königs vertreten und dadurch dessen Vertrauen gewonnen hatte, Anfang November — zunächst provisorisch — zum neuen Innen- und Kultusminister ernannt worden war, brachte ein außerbayerisches Ereignis, die Verhaftung des Kölner Erzbischofs v. Droste-Vischering durch die preußischen Behörden, den bayerischen Protestantismus endgültig in die politische Schußlinie des Königs und seines neuen Ministers[36]. Als Schüler J. M. Sailers war Ludwig I. an sich kein katholischer Ultra und ein entschiedener Gegner der Jesuiten; er hat seine Prärogative gegenüber zu weitgehenden Ansprüchen des katholischen Klerus stets behauptet und dessen Anmaßungen zurückgewiesen[37]. Er wollte auch dem Protestantismus grundsätzlich nicht schaden. Er war aber, nicht zuletzt durch seine häufigen Auslandsreisen, oft nur unzureichend informiert, wobei ihm v. Abel die alsbald einsetzenden Beschwerden und Abwehrreaktionen der protestantischen Seite als eine politische Gefährdung seiner Herrschaft durch den revolutionären Liberalismus hinzustellen bemüht war[38]

Die neue Staatsregierung beabsichtigte, Bayern angesichts der Maßnahmen der protestantischen preußischen Regierung zur Schutzmacht der katholischen Interessen im Deutschen Bunde zu erheben, dadurch in seiner äußeren Bedeutung aufzuwerten[39] und im Innern jedwede Opposition, ob liberal oder protestantisch-konservativ, zu unterdrücken. Daher ergriff sie eine Reihe von Maßnahmen, welche die Freiheit der Religionsausübung der protestantischen Bürger — als „bayerischer Untertanen", wie es die Sprachregelung v. Abels vorsah — und die verfassungsmäßig verbrieften Rechte der protestantischen Landeskirche und ihrer Gemeinden erheblich einschränkten und verletzten. Die Legitimation dieser Politik lieferte die ultramontane Publizistik, deren Äußerungen die Regierung freien Lauf ließ, während sie die oppositionellen liberalen und protestantischen Organe der Zensur unterwarf[40].

Joseph Görres verteidigte in seiner im Jahre 1838 erschienenen Streitschrift „Athanasius" das Verhalten des Kölner Erzbischofs religiös-moralisch und auch juristisch, indem er Artikel XVI der Bundesakte in ein umfassendes Freiheitsrecht der Kirche gegenüber dem Staate umdeutete und für diese in Anspruch nahm. Dabei brachte er die verschiedenen Konfessionen mit den politischen Strömungen der Zeit in einen geschichtlich-theologischen Zusammenhang und machte die Reformation sowohl für die Revolution als auch für die Entstehung und die Legitimation der Herrschaft eines autokratischen Staatsapparates über die Kirche verantwortlich[41]. Diese These wurde von dem Organ des Görres-Kreises, den „Historisch-politischen Blättern", ausgebaut und propagandistisch effektvoll vertreten. Dieses Organ kritisierte vor allem die Maßnahmen der preußischen Regierung gegenüber der katholischen Kirche und wies dabei zugleich auf deren autokratische Politik gegenüber der eigenen Landeskirche bei der Durchführung der Union hin, die zu schweren innerkirchlichen Konflikten, wie z. B. zu den Separationsbestrebungen der Schlesischen Lutheraner, geführt habe. Diese Kritik an den preußischen Verhältnissen bildete oft einen unmittelbaren Reflex auf die entsprechenden innerbayerischen Konflikte, auf die einzugehen das Organ bewußt vermied[42].

Bei den Maßnahmen der Staatsregierung gegenüber der protestantischen Landeskirche handelte es sich um ein System gezielter Eingriffe in deren verfassungsmäßig gewährleistete korporative Rechte sowie in die individuelle Gewissensfreiheit ihrer Angehörigen. Sie betrafen zum einen das verfassungsrechtlich geregelte Verhältnis der öffentlich anerkannten Konfessionen, insbesondere die Gewähr ihres Bestandes: hierher gehörten das Mischehenproblem, sowie die Fälle einer katholischen Erziehung protestantischer Jugendlicher aus Mischehen, die Fälle von Übertritten protestantischer Minderjähriger zur katholischen Kirche und die eines zu diesem Zwecke erteilten katholischen Religionsunterrichts. In diesen Fällen bestand das Verhalten der Regierung im wesentlichen in einem Unterlassen von Sanktionen gegenüber entsprechenden Verhaltensweisen einzelner katholischer Geistlicher, also aus protestantischer Sicht in einem Verstoß gegen ihre staatskirchenrechtliche Schutz- und Aufsichtspflicht. – Eine weitere Gruppe von Maßnahmen der Regierung bestand in positiven Eingriffen in die korporative und in die individuelle Freiheit der Religionsausübung, wobei zugleich die organisatorische Seite der kirchlichen Eigenständigkeit betroffen war: hierher gehörten die Fälle einer übermäßigen Erschwerung der Neubildung von Diasporagemeinden, der Einschränkung des Privatgottesdienstes in der Diaspora und das Verbot des Gustav-Adolf-Vereins, ja selbst der Annahme von im Ausland gesammelten Spenden durch bedürftige Gemeinden. – Besonders gravierend war die Kriegsministerialordre vom 14. August 1838, die u. a. befahl, daß die auch bei katholischen Militärgottesdiensten anwesenden protestantischen Militärangehörigen bei der Wandlung des Meßopfers und beim Segen niederzuknien hätten. Dieser Erlaß, der protestantischerseits als eine tiefgreifende Verletzung der verfassungsmäßig garantierten Gewissensfreiheit empfunden wurde, hat dem gesamten bayerischen Kirchenstreit auch den Namen „Bayerischer Kniebeugungsstreit" gegeben. – Zuletzt engte die Regierung die ohnehin beschränkte Eigenständigkeit der kirchlichen Organe weiter ein, indem sie diesen die Beratung der einzelnen Beschwerdegegenstände untersagte[43].

In der *Mischehenfrage* hatten sich mit dem Neuerwachen des katholischen kirchlichen Bewußtseins und aufgrund ergangener päpstlicher Anordnungen einzelne Geistliche bei fehlenden oder nur einseitig abgegebenen Nupturientenversprechen nicht nur geweigert, die Trauung, sondern auch die Proklamation vorzunehmen und das Dimissoriale zu erteilen. Für diese Fälle stellt es ein königlicher Erlaß vom 18. Juli 1818 den Verlobten frei, Aufgebot und Trauung von einem protestantischen Pfarrer vornehmen zu lassen. Artikel XVI des Landtagsabschiedes von 1831 sah sogar vor, daß der katholische Geistliche in diesem Falle zwar nicht zur Trauung, aber zur Proklamation und zur Ausstellung des Dimissoriale rechtlich verpflichtet sei. Diese Anordnungen wurden nun durch ein Reskript des Innenministeriums vom 31. Mai 1839 aufgehoben und dem protestantischen Pfarrer bei fehlendem Dimissoriale des katholischen Geistlichen die Vornahme der Trauung untersagt. Damit standen die Verlobten der strengen katholischen Mischehenpraxis ohne staatlichen Schutz gegenüber.

Diese Praxis hatte in einigen Fällen zu aufgenötigten Nupturientenversprechen geführt, die nicht Bestandteil des bürgerlich-rechtlichen Ehevertrages geworden waren. Als die Kinder nach dem Tode des katholischen Elternteils protestantisch erzogen werden sollten, setzte das Innenministerium auf Beschwerde der katholischen Geistlichkeit deren weitere katholische Erziehung und Teilnahme am katholischen Religionsunterricht bis zur Religionsmündigkeit fest, die in Bayern mit der bürgerlich-rechtlichen Volljährigkeit, dem einundzwanzigsten Lebensjahr, zusammenfiel[44]. — In zwei weiteren Fällen wurden kraft Ehevertrages protestantisch erzogene, *bereits konfirmierte Minderjährige* auf Betreiben des katholischen Elternteils durch einen Priester in die Kirche aufgenommen, sowie einem bereits konfirmierten Minderjährigen zum Zwecke des Übertritts *katholischer Religionsunterricht* erteilt[45]. Auf Anzeige der zuständigen protestantischen Pfarrer und Dekane rügte das Oberkonsistorium beim Innenministerium die Verletzung der §§ 6 und 10 des RE, wonach ein konfessioneller Übertritt vor der Erreichung des Unterscheidungsalters und ohne Anzeige bei dem betreffenden protestantischen Pfarrer rechtlich wirkungslos sei und entsprechende Maßnahmen des katholischen Geistlichen staatlicherseits zu verhindern seien. Das Innenministerium wies diese Beschwerde mit der Begründung ab, die §§ 6—10 des RE seien mit Rücksicht auf das Bayerische Konkordat einschränkend auszulegen: in kirchlicher Hinsicht sei der Übertritt gültig, in bürgerlich-rechtlicher Hinsicht sei der Minderjährige dagegen bis zum Unterscheidungsjahr weiterhin als Protestant zu behandeln. Ein staatliches Einschreiten gegen den katholischen Geistlichen widerspreche der verfassungsmäßig garantierten Gewissensfreiheit. Ein Verbot der Unterrichtserteilung widerspreche dem Grundrecht der Lernfreiheit des Minderjährigen sowie dem Elternrecht. Im übrigen sei es der protestantischen Geistlichkeit aufgrund des Paritätsgrundsatzes freigestellt, nach denselben Prinzipien zu verfahren[46]. — Das Ministerium folgte damit einer Rechtsansicht, die der katholische Münchener Staatsrechtslehrer Ernst von Moy de Sons, ein Mitglied des Görreskreises, in seinem „Lehrbuch des bayerischen Staatsrechts" aufgestellt hatte, welches durch v. Abel allen Behörden als Rechtsansicht der Regierung zur „Nachachtung" empfohlen worden war[47]. — Die Maßnahmen zur Erschwerung der *Neubildung von Gemeinden*[48] betrafen vor allem den Versuch der in Bildung begriffenen Gemeinde *Perlach* bei München, die aus neuangesiedelten Pfälzern bestand, ein unselbständiges, von der Parochie München abhängiges ständiges exponiertes Vikariat und eine protestantische Schule einzurichten. Während die Regierung früher die Errichtung derartiger Vikariate stets gefördert hatte, wurde diese nun durch ein Ministerialreskript vom 26. März 1839 mit der Begründung untersagt, gemäß § 88 RE habe die Gemeinde zuvor die Mittel zur Deckung der nötigen Personal- sowie der Sachkosten für ein Kirchengebäude auszuweisen. Diese Kosten wurden vom Ministerium bewußt so hoch veranschlagt, daß sie die Gemeinde nicht aufbringen konnte. Gleichzeitig wurde ein Antrag der Gemeinde auf Bewilligung einer Kollekte mit der Begründung abgewiesen, daß ein Anspruch auf eine derartige Bewilligung keinesfalls bestehe; deren Erteilung stehe allein im königlichen Ermessen und müsse verweigert werden, da der Ertrag der Kollekte und damit die Deckung des wahrscheinlich entstehenden Kostendefizits ungewiß sei[49]. — Die Grundsätze dieser Einzelentscheidung dehnte das Ministerium durch eine entsprechende Verfügung auf alle gleichartigen Fälle von Gemeindeneubildungen aus[50].

Wegen der Schwierigkeiten, die mit dem Besuch von Gottesdiensten in entfernteren Orten und mit der Errichtung exponierter Vikariate verbunden waren, hielten die Protestanten in *Neuburg, Landshut* und *Füssen* regelmäßig Privatgottesdienste in dazu gemieteten Räumlichkeiten auf ihre Kosten ab. Nachdem diese von den unteren örtlichen Behörden zunächst genehmigt worden waren, wurden sie durch das Innenministerium in den Jahren 1838 bis 1840 teils verboten, teils erheblich eingeschränkt. Dies begründete die Regierung damit, daß eine über das bisherige Maß der kirchlichen Versorgung der Bevölkerung hinausgehende Gewährung von Gottesdiensten nach § 76a RE der „Allerhöchsten königlichen Genehmigung" bedürfe, auf die ein rechtlicher Anspruch nicht bestehe; die Erteilung dieser Genehmigung sei mit Hilfe unterer, hierfür nicht zuständiger Behörden umgangen worden. Dieses Vorgehen der Gemeinden habe die königliche Prärogative bewußt angetastet und daher entschieden zurückgewiesen werden müssen. — Den Neuburger Protestanten blieb nichts übrig, als weiterhin den Gottesdienst im einenhalb Stunden entfernten *Untermaxfeld* zu besuchen; den Landshutern wurde alljährlich zu Ostern ein Privatgottesdienst sowie die Vornahme von Kasualien zugestanden, deren Kosten sie selbst tragen mußten[51].

Nachdem durch den Aufruf des Darmstädter Hofpredigers Karl Zimmermann vom 31. Oktober 1841 die Arbeit der im November 1832 in Leipzig gegründeten Gustav-Adolf-Stiftung[52] verbreitet und im Jahre 1842 der „Evangelische Verein der Gustav-Adolf-Stiftung" in Leipzig gegründet worden war, kam es auch in Bayern, wo sich zahlreiche Gemeinden, vor allem in der Diaspora, in einer besonderen finanziellen Notlage befanden, zu Ansätzen einer Zweigvereinsbildung. Diese wurden durch eine Allerhöchste Entschließung vom 31. August 1842 mit der Begründung untersagt, die Gustav-Adolf-Stiftung sei ein „ . . . den kirchlichen Frieden und die Eintracht Deutschlands störender Verein", welcher schon „durch seinen Namen sich als Parteiverein"[53] ankündige und entsprechende katholische Gegenvereine hervorrufen müsse. — Während die bayerische Regierung jedoch bewußt entsprechende Unternehmungen der katholischen Kirche duldete, ja sogar förderte[54], wurde das Verbot des Gustav-Adolf-Vereins im Februar 1844 noch verschärft: allen bayerischen Untertanen wurde die aktive Teilnahme an der Beförderung des Vereinszwecks untersagt und auch die Annahme jeglicher Zuwendungen von seiten des Vereins aus dem protestantischen Ausland verboten und bestraft. Entsprechende Unterstützungsbeiträge sollten von der Polizei beschlagnahmt und an den Absender mit der Warnung zurückgesandt werden, daß sie künftig konfisziert würden[55]. Diese Verfügung wurde auch alsbald durchgeführt: Geldspenden an die Gemeinden *Passau, Perlach* und *Unteraltenbernheim* wurden durch die Polizei beschlagnahmt und zurückgesandt, wodurch diese Gemeinden in eine akute Notlage gerieten[56]. Ein halb-

offiziöser Artikel in der Augsburger Allgemeinen Zeitung vom 18. März 1844 rechtfertigte diese Verbotsmaßnahmen, indem er den Gustav-Adolf-Verein als einen liberalen, ja radikalen Störer der politischen und konfessionellen Friedensordnung
Deutschlands hinstellte[57]. Dessen Herkunft und Inhalt wurde zwar alsbald demen-
tiert, da der Verfasser auch Friedrich Wilhelm IV. als Schutzherrn des preußischen
Zweigvereins angegriffen hatte[58], er entsprach jedoch den Absichten und Intentionen des Innenministers; v. Abel wollte seinen Monarchen glauben machen, es handele
sich bei dem Gustav-Adolf-Verein um ein neues „Corpus Evangelicorum", freilich
nicht von Fürsten, sondern von Radikalen und Demokraten[59]. — In der folgenden
Zeit wurde das Verbot dadurch umgangen, daß die Spenden im In- wie im Auslande von Privatleuten gegeben, gesammelt und durch Mittelsmänner an die bedürftigen Gemeinden weitergeleitet wurden[60]. Besonderes Aufsehen erregte es, als
Friedrich Wilhelm IV. im Jahre 1845 der Passauer Gemeinde dreitausend Taler
durch den Grafen Giech zustellen ließ[61]. Daß auch die Perlacher laufend auslän-
dische Unterstützung erhielten, war nicht zuletzt einer Initiative Stahls zuzuschrei-
ben: in einem zusammen mit seinem Freunde K. H. Hermann namentlich unter-
zeichneten Artikel, der im November 1844 in der „Evangelischen Kirchen-Zeitung"
erschien, rief er seine „evangelischen Glaubensbrüder außerhalb Bayerns" dazu auf,
Geld für die in Not befindliche Perlacher Gemeinde zu spenden und den Unter-
zeichnern sowie einem weiteren Berliner Vertrauensmann zuzuleiten, welche diese
Gaben „auf sicherem Wege an die Gemeinde besorgen" würden[62].

Diejenige Maßnahme, welche die größte Breitenwirkung besaß und daher eine allgemeine Empörung von seiten der protestantischen Bevölkerung hervorrief, war der
Erlaß des bayerischen Kriegsministeriums vom 14. August 1838, welcher den zu
katholischen Militärgottesdiensten und zu Prozessionen abkommandierten protestantischen Soldaten und Offizieren befahl, während der Wandlung des Meßopfers und
beim Segen niederzuknien und dem Sanctissimum überall dort, wo es öffentlich
in Erscheinung trat, eine besondere militärische „Ehrenbezeugung" zu erweisen[63].
Diese Order ging zwar nicht auf v. Abel, sondern auf den König selbst zurück, der
die Kniebeugung des Militärs weniger als einen kultischen Adorationsakt, denn —
aus einem romantisch-ästhetischen Bedürfnis nach einer Demonstration seines monarchischen Gottesgnadentums — als einen besonderen Akt der militärischen Salutation verstand. Gleichwohl mußte dieser Akt, zumal im Zusammenhang mit den
sonstigen Maßnahmen der Regierung, als ein besonderer Ausdruck des ultramontanen Klerikalismus empfunden werden und rief dementsprechend heftige Proteste
von Soldaten, Offizieren, protestantischen Geistlichen und hohen Beamten hervor,
die sich in ihrer Gewissensfreiheit verletzt fühlten[64]. Der König befreite daraufhin
die protestantischen Angehörigen der Landwehr von der Teilnahme an derartigen
Veranstaltungen, nicht aber das Linienmilitär, das die Anordnung weiterhin be-
folgen mußte[65].

Auf alle Einzelheiten des Bayerischen Kirchenstreites bis zum Beginn der vierziger
Jahre einzugehen würde den Rahmen dieser Ausführungen überschreiten; sie müssen
sich auf eine Skizze der wichtigsten politischen und rechtlichen Vorgänge beschränken[66]. Der Widerstand, den zunächst einzelne Vertreter der protestantischen Seite,

insbesondere Geistliche, aber auch Beamte und Soldaten innerhalb derjenigen Schranken der Legalität zu leisten suchten, welche die Regierung zog, die disziplinarischen und strafgerichtlichen Verfolgungen, denen diese ausgesetzt waren[67], und die Abwehrmaßnahmen, welche schließlich von seiten der zuständigen kirchlichen Organe ergriffen wurden, bieten ein anschauliches Beispiel der Verwirklichung der lutherischen Lehre vom Widerstand gegen eine unrechtmäßig handelnde Staatsgewalt im Rahmen eines frühkonstitutionellen Verfassungssystems durch einen Personenkreis, der politisch überwiegend konservativ, jedenfalls aber gemäßigt eingestellt war, den Vorwurf einer revolutionären Gesinnung entschieden zurückwies und es daher auch möglichst vermied, ein Bündnis mit den Vertretern des oppositionellen kirchlichen und politischen Liberalismus einzugehen.

Nachdem der Kniebeugungserlaß vom August 1838 zu Verweigerungen des militärischen Gehorsams, zu Protestpredigten und zu Beschwerden einzelner Geistlicher und Diözesansynoden bei den militärischen Kreiskommandos und beim Oberkonsistorium geführt hatte, machte dessen Präsident v. Roth nach längerem Zögern Ende Dezember 1838 eine Eingabe an das Innenministerium, in der er über diese Beschwerden berichtete und zu bedenken gab, daß die Order die verfassungsmäßig garantierte Gewissensfreiheit der protestantischen Untertanen in theologisch-dogmatischer, historischer und juristischer Hinsicht antaste, und darum bat, alle protestantischen Militärpersonen davon auszunehmen[68]. Abel wies diese Bitte schroff zurück. – Nach einer abermaligen Vorstellung beim Innenministerium, die wiederum abgelehnt wurde, ersuchte der Oberkonsistorialpräsident im Februar 1839 um die Einberufung des Staatsrates, damit dieser über den Konflikt zwischen der höchsten kirchlichen und der ihr vorgesetzten staatlichen Behörde befinde[69]. Die Regierung zögerte dessen Zusammentreten über 10 Monate hinaus. In der Sitzung, die schließlich am 23.12.1839 zustandekam, schränkte der König die Erörterung des Themas auf die Frage ein, inwieweit die nunmehr allein das Linienmilitär betreffende Order aufrecht erhalten, geändert oder zurückgenommen werden solle, und führte aus, die Kniebeugung bei der Wandlung und bei Prozessionen sei ein rein militärischer Salutations-, kein kultischer Adorationsakt. Sie sei schon früher in Bayern üblich gewesen und werde gegenwärtig auch in anderen europäischen Staaten, ja selbst in Frankreich, wo der Katholizismus als Staatsreligion seit 1830 aufgehoben sei, praktiziert und auch von protestantischen Militärangehörigen widerspruchslos befolgt. Dieser Akt sei, wie in England, auch Monarchen gegenüber üblich und involviere nach allgemeinem Verständnis keinerlei Anbetung. – Diese Ausführungen zeigten, daß Ludwig I. die Kniebeugungsorder nicht als eine Kirchen- sondern lediglich als eine Staatsangelegenheit ansah und behandelt wissen wollte, welche seine monarchische Stellung als militärischer Oberbefehlshaber betraf. – Der Berichterstatter, Freiherr v. Freyberg-Eisenberg, erklärte, als einer dem staatlichen Behördenorganismus eingegliederten und einem besonderen Departement gleichstehenden kirchlichen Exekutivbehörde habe das Oberkonsistorium kein Recht, gegen den wiederholten Vollzug unmittelbar und eigenhändig ergangener königlicher Entschließungen mit einer förmlichen Beschwerde aufzutreten; es dürfe allenfalls „intercedendo" berichtweise Vorstellungen vortragen. Weiterhin fehle es zur Zeit an einem unter die Zuständigkeit des Oberkonsistoriums fallenden subjektiv Beschwerten: die Landwehr sei inzwischen praktisch von der Order ausgenommen, und das Linienmilitär unterstehe der alleinigen Kommandogewalt des Monarchen; als „beschwerdeführende Partei" erscheine daher allenfalls die protestantische Geistlichkeit, und diese sei wohl kaum von der Order betroffen. Im übrigen sei die Kniebeugung nach herkömmlichem Verständnis ein Salutationsakt und nicht notwendig mit einer Adoration verbunden; daher treffe die Behauptung des Oberkonsistoriums, es handele sich um eine religiöse katholische Zeremonie, die vom Dogma der Transsubstantiation getragen und daher für einen Protestanten nur unter Verletzung seiner Glaubens- und Gewissensfreiheit zu vollziehen sei, nicht zu. — Auch aus Gründen der Staatsraison sei die Order aufrechtzuerhalten: eine wesentliche Änderung oder Rücknahme müsse als Schwäche der Regierung ausgelegt werden, die einer unzulässigen und unbegründeten Beschwerde nachträglich den Anschein der Rechtmäßigkeit verleihe. — Freilich könne man nicht ausschließen, daß protestantische Militärpersonen auch in Zukunft dem Erlaß den Gehorsam verweigerten oder daß einzelne Kirchengemeinden Beschwerden wegen Verfassungsverletzung an die Stände erheben würden. Auch dies sei aber kein Grund, die Kniebeugungsorder aufzuheben; man müsse vielmehr die Beschwerde des Oberkonsistoriums ein für allemal als unzulässig und unbegründet zurückweisen. — Diesem Votum trat die überwiegende Mehrheit des Staatsrats bei[70]. —

Diese grundsätzlichen Stellungnahmen Ludwigs I. und Freybergs, welche das bisherige Verhalten der Regierung rechtfertigten und deren Unnachgiebigkeit gegenüber der Landeskirche in den folgenden Jahren bestimmten, waren nicht nur subjektiv vom Geiste monarchischer Selbstherrlichkeit getragen, sie enthüllten die ganze Problematik des frühkonstitutionellen Verfassungssystems und seines Staatskirchenrechts. Wenn man sich — wie der König und sein Berichterstatter — mit aller Entschiedenheit zur Präponderanz des „Monarchischen Prinzips" als Grundlage der Verfassung bekannte und die Vorrangigkeit der königlichen Prärogative zum Maßstab einer ‚territorialistischen' Auslegung der grundlegenden staatlichen und staatskirchenrechtlichen Gesetze gegenüber der evangelischen Landeskirche erhob, so mußte man zu dem Ergebnis gelangen, daß das Oberkonsistorium im Zweifel trotz der ihm eingeräumten Kirchenleitungsfunktionen nur ein unselbständiger Bestandteil, ein von der Entscheidung des Innenministers abhängiges Departement sei, dem ein eigenständiges Beschwerderecht nicht zukomme[71]. Damit erwies sich im gegebenen Konfliktsfalle die organisatorische Schwäche der von Niethammer und Zentner ausgearbeiteten protestantischen Kirchenverfassung zugleich als eine Schwäche der individuellen Berechtigung der protestantischen ‚Untertanen', ihre religiöse Überzeugung unversehrt zu erhalten und ungehindert ausüben zu können: mochte die bayerische Verfassung von 1818 auch die Gewissensfreiheit der Staatsbürger und die Parität der Konfessionen zusichern — das Oberkonsistorium als kirchenleitendes Organ besaß jedenfalls nicht diejenige Selbständigkeit, die nötig gewesen wäre, um diese Rechte gegenüber der Regierung im Falle von Auseinandersetzungen erfolgreich zu verteidigen und zu behaupten. — Die Frage, ob die Kniebeugung vor dem Venerabile die Gewissensfreiheit der protestantischen Staatsbürger verletzte, und ob diese in ihrer Eigenschaft als *Militärpersonen* eine derartige Beeinträchtigung hätten hinnehmen müssen, da sie dem Oberbefehl des Königs über die

Armee, der ein wesentlicher Bestandteil seiner monarchischen Prärogative war, unterworfen und in dieser Stellung eines „Besonderen Gewaltverhältnisses" vom Schutze der verfassungsmäßigen Bürgerrechte ausgenommen waren, wurde nicht ausdrücklich gestellt[72]; stattdessen versuchte man, das hierin liegende Problem dadurch zu umgehen, daß man die Kniebeugung von vornherein als einen *rein militärischen* Salutationsakt interpretierte[73], was natürlich nur für Protestanten, nicht aber für Katholiken gelten konnte[74]. Daß hierdurch das Problem auch von seiten der Regierung weder in politischer noch in verfassungsrechtlicher Hinsicht als gelöst empfunden wurde, verriet das Eingeständnis Freybergs, die protestantischen Gemeinden könnten bei den Ständen Verfassungsbeschwerde wegen Verletzung ihrer religiösen und kirchlichen Berechtigungen führen[75].

Diesen Weg schlugen die Vertreter der protestantischen Seite zunächst jedoch nicht ein, da ihnen die Regierung Repressalien androhte. Auch der Landtag von 1839/40 verlief relativ ruhig, da v. Abel einzelne Opponenten vorher „quieszieren" ließ und die Zensur der oppositionellen Presse verschärfte[76].

Im März 1840 richteten vierzig evangelische Abgeordnete, unter ihnen Stahls Freunde Hermann von Rotenhan und Adolf Harleß, daher eine unmittelbare Eingabe an den König, in der sie die Verletzung der Verfassung und der Landesgesetze durch den Kniebeugungserlaß, die administrative Behinderung der Errichtung von Diasporagemeinden und der Privatgottesdienste und die Begünstigung der Praxis der katholischen Geistlichkeit in der Mischehenfrage sowie deren „Proselytenmacherei" rügten und den Monarchen unter Hinweis auf die Notwendigkeit der Aufrechterhaltung des konfessionellen Friedens dringend um Abhilfe baten[77]. Die Regierung blieb jedoch fest; v. Abel spiegelte dem König vor, hinter dieser Beschwerde verstecke sich nur die liberale Opposition gegen das gesamte staatlich-monarchische Herrschaftssystem[78].

Als Teilnehmer der Generalsynoden von Ansbach und Bayreuth, die im September 1840 zusammengetreten waren, eine Diskussion der Kniebeugungsfrage forderten, erklärten die königlichen Kommissare diese Anträge für unzulässig und setzten es durch, daß die offiziellen Verhandlungsprotokolle von den entsprechenden Äußerungen keine Notiz nehmen durften[79]. So wurden auch diese hohen kirchlichen Beratungsgremien von der Regierung in die Schranken ihrer kirchenpolitischen und staatskirchenrechtlichen Abhängigkeit verwiesen.

Nach der Phase eines überwiegend publizistischen Kampfes, der von seiten der Protestanten durch den Grafen Giech und durch Adolf Harleß, von seiten der Katholiken vor allem durch Ignaz Döllinger geführt wurde, kam der Bayerische Kirchenstreit auf den Generalsynoden von 1844 und auf dem Landtage von 1845/46 auf seinen Höhepunkt. Im August 1844 zwang das Innenministerium dem Oberkonsistorium eine Geschäftsordnung für die Generalsynoden auf, die es im eigenen Namen ausfertigen und vollziehen lassen mußte. § 15 dieser Geschäftsordnung sah vor, daß sämtliche Petitionen erst nach vorheriger Billigung des königlichen Kommissars dem Petitionsausschuß der Synode zur Weiterbehandlung übergeben werden durften. Auf den im September und Oktober 1844 in Bayreuth und Ansbach stattfindenden Generalsynoden wurden so nicht weniger als 97 Petitionen, welche die bereits erwähnten Beschwerdegegenstände betrafen, von den Beratungen ausgeschlossen, was zu erregten Protesten und Debatten führte[80]. Am Ende ihrer Verhandlungen richteten die Synodalen zwei umfassende Beschwerdepetitionen, die sämtliche Gravamina — einschließlich der gesetzwidrigen Einschränkung ihres Beratungsrechts — enthielten, an den König; dieser legte sie Ende Februar 1845 dem Staatsrat vor. — Die Mehrheit des Staatsrates schloß sich der Auffassung v. Abels an, die Beschwerden unter Abgabe „beruhigender Erklärungen" an das Oberkonsistorium abzuweisen, was durch „Allerhöchste Entschließungen" im April 1845 geschah. — Der Innenminister hatte sich damit zwar erneut durchgesetzt, aber die Verhandlungen des Staatsrates trugen doch maßgeblich dazu bei, dem König die Augen über dessen Politik zu öffnen; sie leiteten eine Entwicklung ein, die zu einer teilweisen Entmachtung v. Abels durch die Verselbständigung des Kultusressorts im Dezember 1846 führte[81].

Der zu erwartenden protestantischen Opposition auf dem Landtage von 1845/46 begegnete die Regierung mit einer gezielten Mischung von repressiven Maßnahmen und Teilkonzessionen: so wurde z. B. eine Vermehrung der Privatgottesdienste gestattet. Die wichtigste Konzession war die faktische Rücknahme der Kniebeugungsorder am 12. Dezember 1845 aufgrund eines Privatbriefes, den v. Roth an den König gerichtet hatte. Der überwiegende Teil der konservativen protestantischen Abgeordneten unter Führung des Präsidenten der Abgeordnetenkammer, Hermann von Rotenhan, suchte diese Politik der Konzessionen zu benutzen und eine weitere Zuspitzung des Konflikts zu vermeiden, was ihnen jedoch nicht gelang. Im Januar 1846 veröffentlichten die Synodalen von Ansbach und Bayreuth in der Schweiz — sie unterliefen damit die bayerische Zensur — ihre im Herbst 1844 an den König gerichteten Beschwerdepetitionen zusammen mit einem Kommentar unter dem Titel: „Die Beschwerdevorstellungen der Mitglieder der protestantischen Generalsynoden in Bayern vom Jahre 1844". Darin unterzogen sie die im April 1845 ergangenen abschlägigen „Allerhöchsten Entschließungen" einer scharfen verfassungsrechtlichen Kritik und bezeichneten das Innenministerium und dessen ultramontane Hintermänner als die eigentlichen Störer des konfessionellen und des politischen Friedens und als die Urheber der zunehmenden Radikalisierung des politischen Lebens. Sie suchten nachzuweisen, daß sämtliche Entschließungen faktisch wie rechtlich unhaltbar seien und die Beschwerden daher in allen wesentlichen Punkten fortbestünden. Dabei erhoben sie einen öffentlich-rechtlichen Anspruch der Kirche auf eine verfassungsgemäße Ausübung der königlichen Summepiskopatsrechte, d. h. sie postulierten eine rechtliche Ermessensbindung der kirchlichen Regierungsakte des Monarchen, was v. Abel und der König als einen Eingriff in die monarchische Prärogative ansahen. Anfang Februar 1846 wurden diese Beschwerden von zwei Synodalen als Verfassungsbeschwerden bei der Abgeordnetenkammer eingebracht und von dieser dem Beschwerdeausschuß übergeben, der sie mehrheitlich für begründet erklärte[82]. Im April gewährte die Regierung erneut Teilkonzessionen und stellte weitere in Aussicht, so daß faktisch nur die Beschwerden wegen des Konfessionswechsels und wegen der Erteilung von Religionsunterricht an Minderjährige übrig blieben. Dies waren freilich die eigentlich gravierenden Streitgegenstände, da sie mit der unterschiedlichen Auslegung des § 6 RE, dessen gesetzliche

Revision die Regierung in Aussicht gestellt hatte, das rechtliche Grundverhältnis der Konfessionen untereinander und zum Staate berührten. Am 5. Mai 1846 erklärte die Abgeordnetenkammer in einer erregten Sitzung die Verfassungsbeschwerden für begründet. In der Sitzung der Reichsrätekammer vom 15. Mai — unmittelbar vor dem Ende der Landtagssession — gelang es dem Fürsten Ludwig von Öttingen-Wallerstein und dessen Bruder Karl Anselm, die Kammer zu einer Vertagung des entsprechenden Beschlusses zu bewegen[83]. Damit blieb die Sache in der Schwebe: der Regierung wurde eine Niederlage erspart; die konservativen Kräfte der Landeskirche hatten im wesentlichen gesiegt und gingen mit gestärktem Selbstbewußtsein aus dem Kampfe hervor. Der König revidierte seine Politik gegenüber der evangelischen Landeskirche und entzog v. Abel im Dezember 1846 die Zuständigkeit für Kultussachen.

Die folgende Zeit brachte eine Reihe von Erleichterungen und führte weitgehend zu einer Wiederherstellung des früheren einvernehmlichen Verhältnisses zwischen Landeskirche, Staatsregierung und Krone. Die gegen den Gustav-Adolf-Verein gerichteten Verfügungen wurden freilich erst im Jahre 1849 aufgehoben[84].

IV.

Dem Erlanger Neulutheraner Friedrich Julius Stahl mußte als akademischem Lehrer des Staats- und des Kirchenrechts wie als kirchlich engagiertem Politiker eine führende Rolle im Widerstand der protestantischen Landeskirche gegen die Unterdrückungsmaßnahmen der Regierung zufallen. Dies zeigte sich bereits auf dem Landtag von 1837, wo er als Abgeordneter der Universität Erlangen für das uneingeschränkte Steuerbewilligungs- und -kontrollrecht der Stände gegenüber der Finanzpolitik der „Erübrigungen" eintrat und sich gegen eine weitere Vermehrung der Klöster zu Lasten des Hochschul- und Bildungswesens aussprach[85]. Dies zog ihm die Feindschaft der Ultramontanen und das Mißtrauen des Königs zu. Die Regierung entzog ihm daher im November 1837 die Lehrbefugnis für Staatsrecht und beschränkte ihn auf die Fächer Kirchenrecht und Zivilprozeß[86]. — Da er seine berufliche Existenz und seine akademische Karriere nicht gefährden wollte und eine weitere parlamentarische Wirksamkeit für aussichtslos hielt — sein Nachfolger im Landtag wurde A. Harleß, den die Regierung im Jahre 1845 „quieszierte", indem sie ihn seines Amtes als Hochschullehrer enthob —, zog er sich aus diesem Bereich des politischen Lebens zurück, nahm jedoch an der publizistischen Auseinandersetzung teil, zunächst als anonymer Mitarbeiter der im Frühjahr 1838 gegründeten Erlanger „Zeitschrift für Protestantismus und Kirche" (ZPK). Dieses Organ vertrat das erstarkende kirchliche Neuluthertum gegenüber dem Ultramontanismus wie gegenüber dem protestantischen theologischen und kirchlichen Liberalismus.

Stahl hat mit vier Schriften in den bayerischen Kirchenstreit eingegriffen: mit zwei ungezeichneten, im Januar und Juli 1839 in der ZPK veröffentlichten Artikeln „Über die gemischten Ehen"[87] und „Über die Konsequenz des Princips"[88], mit seinem im Januar 1840 erschienenen Werk „Die Kirchenverfassung nach Lehre und Recht der Protestanten"[89] und mit einem im März 1846 veröffentlichten „Rechtsgutachten über die Beschwerden wegen Verletzung verfassungsmäßiger Rechte der Protestanten im Königreiche Bayern, insbesondere Beleuchtung des Verhältnisses zwischen dem Staatsgrundgesetz und dem Konkordat"[90]. Die beiden Artikel von 1839, vor allem der erste, sowie das „Rechtsgutachten . . ." von 1846 sind in der neueren Literatur über Stahl nahezu unberücksichtigt geblieben, obwohl sie grundlegende Prinzipien seines Kirchen- und Kirchenrechtsverständnisses und seiner Anschauungen vom „christlichen Staate", d. h. seiner umfassenden Bemühung um eine theologisch-„weltanschauliche", rechtliche und politische Integration und Restitution der kirchlichen und staatlichen Lebensordnung enthalten[91]. Sie sind aus aktuellem Anlaß entstandene Beiträge zum Zwecke der Lösung politischer und rechtlicher Konflikte, die zugleich einen darüber hinausgehenden Anspruch auf wissenschaftliche Allgemeingültigkeit erheben. Daher sollen sie an dieser Stelle in ihrem systematischen Zusammenhange behandelt werden. Jede Schrift bildet die Facette einer einheitlichen Gesamtanschauung.

In seinem Artikel „Die Konsequenz des Princips" suchte Stahl in sachlich scharfer und rhetorisch geschmeidiger Polemik die ultramontane These, der Protestantismus sei die Quelle des „Princips der Subjektivität" und damit des „Rationalismus", des „Liberalismus" und der „Revolution" — der Antinomist Luther habe nach J. A. Möhler die Normen des Rechts und der Sittlichkeit seiner religiösen Subjektivität geopfert — in ihren Voraussetzungen wie in ihren Folgen aufzudecken, zu widerlegen und ihnen die Wahrheit und Überlegenheit des eigenen Standpunktes und seiner Konsequenzen entgegen zu halten. Ziel seiner Polemik und Apologie war in Anbetracht der gegebenen Lage eine ernste Mahnung zur unparteilichen Selbstprüfung beider Konfessionen angesichts ihres gemeinsamen Gegners, des ungläubigen Rationalismus und revolutionären Liberalismus: die Konfessionen sollten in ihrem Verhältnis zueinander nicht ihre eigentümlichen Schwächen und ungerechtfertigten Ansprüche herauskehren, sondern diese von innen heraus zu überwinden suchen[92].

Stahl charakterisierte die Struktur beider Konfessionen als unterschiedlich geartete religiöse Herrschaftsverhältnisse: der Katholizismus war für ihn im Inneren wie in seiner äußeren kirchlichen Gestalt durch das „hierarchische Princip" bestimmt, der Protestantismus durch das „christokratische"[93]. Der eigentliche Unterschied zwischen dem Katholizismus und Protestantismus bestehe nicht in der Rechtfertigungslehre, sondern in dem Zusammenhang, den die Dogmen mit der „systematischen Kirchenlehre" hätten. Der Katholizismus betone die äußere Seite der Kirche als „Heilsanstalt" analog zum Staate; für den Protestantismus sei die Kirche die notwendige Äußerung der Herrschaft Christi im Inneren des Einzelnen. So wie der Glaube in der Unterwerfung des persönlichen Willenszentrums unter Gottes Offenbarung gemäß dem Verständnis der christlichen Symbole, vor allem der lutherisch-reformatorischen Bekenntnisschriften, bestehe, und nicht freie, ungebundene Subjektivität sei, so sei auch die Kirche keine beliebige Gesellschaftsform, sondern eine göttliche Stiftung: im Innern, unsichtbar, bestehe sie in der Herrschaft Christi über die Gemeinschaft der Gläubigen; in ihrer äußeren sichtbaren Gestalt sei sie eine rechtlich geordnete „Anstalt" zur Verkündigung des Wortes und zur Verwaltung der Sakramente, der „media salutis", die vom göttlich gestifteten „Lehramt" „regiert" werden solle[94].

Die ethischen Konsequenzen des katholischen hierarchischen und des christokratischen protestantischen Prinzips seien gerade die umgekehrten, als dies die „Historischpolitischen Blätter" meinten: die katholische Kirche als äußere Heilsanstalt nötige den Einzelnen, sein Heil auf dem Wege der Erbringung äußerlicher Werke zu suchen – hierin dem Judentume ähnlich. Dies führe in der Praxis zu einer Veräußerlichung der Sittlichkeit, zu einem lediglich äußerlich verbrämten und von der Kirche nur oberflächlich beherrschten Heidentume, wie es die unkultivierte sittliche Roheit der von den „Historisch-politischen Blättern" als noch „unverdorben" gerühmten Alpenbevölkerung zeige. Der Protestantismus betone demgegenüber die innere Heiligung in geistgewirkten Werken[95].

Auch die politischen Konsequenzen der Prinzipien seien die umgekehrten: die hierarchisch strukturierte katholische Kirche tendiere zur Herrschaft auch über die weltlichen Verhältnisse, wie dies in den Lehren Gregors VII. und Bonifaz VIII. deutlich zum Ausdruck gekommen sei. Sie begünstige eine hierarchische soziale und politische Ordnung und trage dazu bei, die „niederen Klassen" in Abhängigkeit zu halten, solange ihr die herrschenden gehorchten. Andernfalls mobilisiere sie den Widerstand von unten. Auf beide Weisen trage sie so zur Entstehung von Revolutionen bei, und es sei nicht zu verwundern, daß diese gerade in überwiegend katholischen Ländern ausgebrochen seien und immer wieder ausbrächen. Das protestantische Prinzip habe dagegen mit der theologischen Anerkennung der göttlichen Legitimation der Staatsgewalt nach Röm. 13 V. 1 und seiner Betonung der religiösen Eigenständigkeit des Individuums auch zu einem höheren Grade wahrer politischer Freiheit geführt[96].

Angesichts der liberalen Zeitströmung und im Hinblick auf die gefährdete innenpolitische Lage in Bayern und darüber hinaus in ganz Deutschland sollten die Konfessionen einander nicht in übertriebener „Konsequenzmacherei" verdächtigen, sondern ihre jeweiligen Schwächen bekämpfen: die Katholiken sollten ihre innerliche Frömmigkeit pflegen, die Protestanten ihre äußere Kirchenverfassung: „Das wäre die . . . beste Polemik und die rechte Konsequenz aus dem Princip, sollte sie sogar inkonsequent sein"[97].

Dieser Aufsatz Stahls suchte nicht nur die ultramontanen Behauptungen über das religiös-ethische und politische Wesen des Protestantismus richtig zu stellen und umgekehrt auf die gefährlichen Konsequenzen der katholischen Position hinzuweisen, er enthielt in seiner die Konfessionen analysierenden und gegeneinander abgrenzenden Funktion zugleich die Aufforderung zur Erfüllung der ihnen – in seinem Sinne – gestellten positiven Aufgaben. Stahls Aussagen über das Wesen der Kirche und ihres Rechts mündeten in die Grundzüge eines Reformprogramms ihrer äußeren Gestalt ein, wie er es kurz darauf in seiner „Kirchenverfassung nach Lehre und Recht der Protestanten" vorlegte[98].

Stahl hat seine Thesen über die politischen Implikationen und Konsequenzen des Protestantismus 14 Jahre später in seiner Schrift „Der Protestantismus als politisches Princip" ausgebaut[99]: hierin verteidigte er nicht die Minorität einer evangelischen Landeskirche gegenüber der Regierung ihres katholischen „Summus Episcopus", sondern die preußische Staatsgewalt als Schutzmacht des Protestantismus gegen den katholischen Herrschaftsanspruch im Gewande eines sogenannten „liberalen" Katholizismus, der die Revolution von 1848 als Gericht über den Protestantismus interpretierte und mit Hilfe der neuen parlamentarischen Möglichkeiten sowie der verfassungsmäßig gewährten Freiheitsrechte die gesellschaftliche Rolle der Kirche gegenüber dem Staate zu stärken und auszubauen suchte.

In der Anfang 1840 erschienenen „Kirchenverfassung nach Lehre und Recht der Protestanten" entwickelte Stahl sein Kirchenverständnis und sein kirchenverfassungsrechtliches Programm[100].

Auf einen einleitenden Abschnitt[101] über die bisherigen protestantischen Kirchenverfassungssysteme, das „Episkopalsystem", das „Territorialsystem" und das „Kollegialsystem", die Stahl als Ausdruck bestimmter geistiger und politischer Herrschaftsepochen verstand, folgten die Abschnitte über die allgemein anerkannten kirchlichen Verfassungsprinzipien[102] und das Majestätsrecht des Fürsten über die Kirche[103]. — Schon dabei handelte es sich nicht eigentlich um eine Darstellung des geltenden Rechtsbestandes, sondern bereits um dessen normative Interpretation zugunsten des de lege ferenda erstrebten Zieles einer bischöflichen Verfassung, die er im „Anhang I" näher ausführte[104]. Der „Anhang II" behandelte das Verhältnis dieser Episkopalkirche zum Staate: sie solle — im Gegensatz zur Auffassung R. Rothes — innerhalb des Staates weitgehend selbständig sein, sie dürfe sich aber — im Gegensatz zur Auffassung A. Vinets — nicht von diesem trennen[105]. — Die Kirche habe eine unsichtbare und eine sichtbare Seite: als unsichtbare bestehe sie in der Herrschaft Christi über das Personzentrum des Menschen, als sichtbare sei sie eine organische „Anstalt", deren Wirksamkeit durch das Bekenntnis bestimmt werde. Die sichtbare Seite sei die notwendige Äußerung der unsichtbaren; sie sei von Christus mitgestiftet und von diesem auch bereits in ihren Grundeinrichtungen vorgezeichnet worden. Der Mittelpunkt der kirchlichen Verfassungsordnung sei das gottgestiftete „Amt", dem die Funktion der „Lehre" und damit zugleich auch die der Kirchenregierung zukomme. Im Gegensatz zum Katholizismus verleihe das „Amt" nach protestantischer Auffassung jedoch keinen „charakter indelebilis"; auch seien dessen Träger in geistlicher Hinsicht einander gleichgestellt und nur in organisatorischer einander vor- oder nachgeordnet. Dem unter einem Bischof — oder einem kollegialen Leitungsorgan — stehenden „Lehrstande", nicht dem Fürsten, solle de lege ferenda das Recht der innerkirchlichen Gesetzgebung, der Verwaltung und der Lehrzucht zustehen; der Fürst solle dessen Anordnungen lediglich die äußere Geltungskraft verleihen. Da der Gedanke des „allgemeinen Priestertums der Gläubigen" kein bestimmender Verfassungsgrundsatz sei, sondern sich vor allem auf die innere Herrschaft Christi über die Gemeinschaft der Gläubigen beziehe, habe die Gemeinde im wesentlichen nur das Recht, die Anordnungen des Lehrstandes zu akzeptieren; nur falls dieser dabei vom Bekenntnis der Kirche abweiche, müsse sie ihm Widerstand leisten und dürfe ihn notfalls auch neu bestellen. Auf der Ebene der Ortsgemeinde könnten die Laien an der kirchlichen Verwaltung sowie an der Ausübung der Kirchenzucht beteiligt werden. Bei möglicherweise hinzutretenden „Synoden" sei darauf zu achten, daß das bestehende reformatorische Bekenntnis als unverrückbare Norm der kirchlichen Wahrheit und des kirchlichen Handelns durch deren Zusammensetzung wie durch deren Kompetenzen nicht gefährdet oder angetastet werde: sie seien daher vor allem mit bekenntnistreuen Vertretern des Lehrstandes zu besetzen.

Die übergreifende Wirkung dieser epochemachenden Schrift Stahls zu behandeln ist hier nicht der Ort; es soll lediglich deren aktuelle Stoßrichtung in der gegebenen bayerischen Situation herausgestellt werden: Stahl ging es konkret darum, das theologische und das kirchenrechtliche Selbstverständnis der bayerischen lutherischen Landeskirche zu klären, um deren maßgeblichen Vertretern und Institutionen, vor allem dem Münchener Oberkonsistorium, die Basis einer rechtlichen Argumentation zugunsten einer größeren Selbständigkeit gegenüber der katholischen Staatsregierung zu verschaffen. Das Verhältnis des Oberkonsistoriums zum Innenministerium war ja nach den geltenden Bestimmungen nicht eindeutig formuliert und daher einer Auslegung fähig. Diesem Ziel dienten vor allem die Ausführungen über „Die protestantische Kirche unter katholischen Fürsten": wohl aus Furcht vor Zensurmaßnahmen waren diese allerdings sehr vorsichtig und zurückhaltend formuliert[106].

Während Stahl in seinem Aufsatz über die „Konsequenz des Princips" die religiösen Grundprinzipien der beiden Konfessionen in ihren ethisch-politischen Folgen analysierte und voneinander abgrenzte, in seiner „Kirchenverfassung . . ." die kirchenrechtlichen Folgerungen für die eigene Kirche zog und deren Verhältnis zur Staatsgewalt zu klären und zu bestimmen suchte, behandelte er in seinem Aufsatz „Über die gemischten Ehen"[107] das gegenseitige Verhältnis der Konfessionen im Rahmen der staatlichen Rechtsordnung. Das Mischehenproblem war für Stahl nicht nur ein kirchen- und bürgerlichrechtliches, sondern vor allem ein Verfassungsproblem. Er forderte, der bayerische Staat solle entweder die zur Schließung einer konfessionellen Mischehe von seiten der katholischen Kirche notwendigen Zugeständnisse durch gesetzgeberische oder administrative Maßnahmen erzwingen, oder er müsse aufgrund des Paritätsgrundsatzes auch der protestantischen Kirche die Freiheit einräumen, „ . . . ihrerseits die mehr als zwei Jahrhunderte gepflogene Toleranz aufzuheben und die ganze Konsequenz des kirchlichen Standpunktes zu entwickeln"[108]. — Für seinen Beitrag zur Lösung des Konflikts beanspruchte er sowohl den Boden des geltenden Kirchenrechts beider Konfessionen wie den des Staatskirchenrechts:

An und für sich betrachtet seien für beide Konfessionen, auch für die protestantische, Mischehen als Störungen des persönlichen Glaubens wie des konfessionellen Familienfriedens und einer ungeteilten religiösen Kindererziehung abzulehnen: sie seien weder eine Schule der Toleranz noch der Ökumenizität, sondern — wie die Erfahrung zeige — eines glaubensmäßigen und kirchlichen Indifferentismus[109]. Die Mischehe könne aber nach protestantischem Kirchenrecht nicht verboten oder für ungültig erklärt werden, da es kein biblisches Gebot gegen sie gebe und auch der Katholik an Christus aufgrund seines inneren Glaubens, wenn auch unter den erschwerten Bedingungen seiner Zugehörigkeit zu einer veräußerlichten „kirchlichen Heilsanstalt", selig werden könne[110].
Unter den gegebenen Bedingungen des Zusammenlebens der Konfessionen im Staat müsse dieser aufgrund der Erfordernisse des konfessionellen Friedens und der Bil-

dung einer einheitlichen staatsbürgerlichen Gesinnung Mischehen grundsätzlich ermöglichen[111]. Er besitze dazu als ein Staat, der sich als „christlich zugleich in beiden Konfessionen" bekenne und durch seine Rechtsordnung selbst eine Art verfassungsrechtlicher Mischehe, eine „Union", unter ihnen hergestellt habe[112], auch die eigenständige Legitimation, von beiden Konfessionen einen Verzicht auf die volle Anwendung ihrer kirchlichen Grundsätze bis zur Grenze des „ius divinum" zu verlangen. Dies bedeute in der gegenwärtigen Lage, daß die bayerische Regierung von der katholischen Kirche den Verzicht auf die Praktizierung ihrer „lediglich kirchenpolizeilichen Institute" „humani juris" zur Durchsetzung des Nupturientenversprechens sowie auf kirchliche Zensuren fordern dürfe und müsse. Zur Vornahme der Proklamation und zur Erteilung des Dimissoriale dürfe sie einen sich weigernden Geistlichen zwingen, nicht dagegen zu einer Trauung[113]. — Weigere sich die Kirche, diesen berechtigten Forderungen nachzukommen, so solle ihr der Staat die öffentliche Anerkennung entziehen; notfalls müsse er sogar die Zivilehe einführen, um allen Kollisionen aus dem Wege zu gehen. Dies wäre jedoch im Interesse der Kirche und auch um der Erhaltung des „christlichen Staates" willen nicht wünschenswert[114].

De lege ferenda schloß Stahl mit einem Gesetzgebungsvorschlag, durch den er eine größtmögliche Harmonisierung der konfessionellen und der staatlichen Rechtsansprüche anstrebte: die Verlobten sollten sich zunächst über eine einheitliche religiöse Kindererziehung einigen und sich dann vom Pfarrer der entsprechenden Konfession trauen lassen[115].

In dem Beitrag zur Lösung des Mischehenproblems liefen alle Aspekte von Stahls rechtsphilosophischem, theologisch-weltanschaulichem, staatlichem und kirchlichem Denken zusammen. Der Mischehenkonflikt stellte sein mit dem Anspruch auf Totalität und umfassende Integration aller menschlichen Lebensverhältnisse vorgetragenes Gesamtsystem in seinen Voraussetzungen wie in seinen praktischen Konsequenzen auf die Probe. Die Tragfähigkeit der *Grundsätze* seines Lösungsversuches mußte sich an deren Zustimmungsfähigkeit von seiten der betroffenen Partner, vor allem der Katholiken, erweisen.

Auf Bitten seiner Erlanger Freunde griff Stahl von Berlin aus mit einem Ende März 1846 veröffentlichten „Rechtsgutachten über die Beschwerden wegen Verletzung verfassungsmäßiger Rechte der Protestanten im Königreiche Bayern . . ." in die Endphase des bayerischen Kirchenstreites auf dem Landtage von 1845/46 ein. Dieses Gutachten sollte die verfassungsrechtliche und die politische Argumentationsbasis der protestantischen Seite verstärken; es stand in engstem Zusammenhang mit den „Beschwerdevorstellungen . . ." der Synodalen[116]. Der juristischen Argumentation, mit der Stahl den Fortbestand der Beschwerden nachwies, soll hier nicht im einzelnen nachgegangen werden. Hervorzuheben ist die verfassungsrechtliche Strategie, mit der er die Majestätsrechte der Krone über die katholische Kirche zu verstärken und über die protestantische Kirche im Interesse der Rückgewinnung des status quo ante einzuschränken suchte. Aufgrund der verfassungsrechtlichen Position der Landeskirche postulierte er — ähnlich wie die Synodalen in den „Beschwerdevorstellungen . . ." — einen rechtlichen Anspruch auf die Kirche *begünstigende* königliche Regierungsakte. Dies bedeutete eine verfassungsrechtliche Ermessensbindung und Ermessenskontrolle der monarchischen Prärogative im Bereiche der Summepiskopatrechte über die Kirche nach Tit. X § 5 der bayerischen Verfassung[117]. Mit Hilfe dieser Konstruktion erklärte er die Verfassungsbeschwerden der Synodalen vom Februar 1846 für zulässig und auch in allen wesentlichen Punkten für begründet. In den das wechselseitige Verhältnis der Konfessionen berührenden kritischen Fällen der besonders umstrittenen §§ 6–10 RE trat er für die Vorrangigkeit des Religionsediktes gegenüber dem Bayerischen Konkordate ein; daher sei ein Übertritt Minderjähriger von einer Konfession zur anderen rechtlich wirkungslos und jedes darauf abzielende Verhalten eines Geistlichen polizeilich zu inhibieren. Im Interesse einer friedlichen paritätischen Koexistenz der Konfessionen innerhalb des „christlichen Staates" müsse die katholische Kirche wie in der Mischehenfrage so auch hier auf Maßnahmen verzichten, die nicht „lege divina" gefordert seien. Dies zeige auch die Entstehungsgeschichte des Konkordats und des Religionsedikts: der damalige Gesetzgeber habe die einschlägigen Bestimmungen des Religionsediktes bewußt spezieller gefaßt und damit zum Ausdruck bringen wollen, daß diese den generalklauselartigen Bestimmungen des Konkordates vorgehen sollten[118].

Stahl blieb jedoch nicht auf dem Boden rechtlicher Konstruktionen und Deduktionen stehen, er richtete darüber hinaus an alle verständigen Katholiken den moralischen Appell, nicht aus Gründen der Opportunität ihre Grundsätze zu dissimulieren, sondern aus Einsicht in das wahre Wesen ihrer Kirche auf die Geltendmachung äußerer Herrschaftsansprüche zu verzichten und sich stattdessen der inneren Vertiefung ihres Glaubenslebens zu widmen. Der Staatsgewalt empfahl er, nur gemäßigte Katholiken personalpolitisch zu fördern, nicht jesuitische, ultramontane Fanatiker, wenn dies auch unter den gegebenen Verhältnissen sehr schwierig sei[119]. Bayern solle nicht länger in seiner Geschichte „den Taumelgang zwischen Illuminatismus und Jesuitismus fortwanken", sondern „ein gesunder kirchlicher Zustand nach seinen beiden Konfessionen, auf die ewige göttliche Wahrheit und auf die positiven Lehren einer jeden Konfession gegründet", solle das Land „in Maß und Duldung und Liebe . . . beglücken"[120] Zu Ludwig I. gewandt führte er aus, Ludwig der Bayer habe seinerzeit gegenüber der katholischen Kirche das „Majestätsrecht des Landesherrn" errungen: „Sollte das katholische Bayern diese erhabene Überlieferung seiner Vorzeit gering achten, und das lebendige Denkmal seiner eigenen Tat, das ihm an der jetzigen staatlichen Ordnung Europas gesetzt ist, selbst umstürzen in seiner eigenen Mitte?"[121]

V.

Die Bedeutung des bayerischen Kirchenstreits für die Ausbildung und Entwicklung der kirchen- und staatsrechtlichen Doktrin Stahls ergibt sich aus einem Vergleich seiner Stellungnahmen mit seinem ursprünglichen wissenschaftlichen Programm.

In seiner 1830–1837 erschienenen „Philosophie des Rechts nach geschichtlicher Ansicht", welche ein Recht, Staat und Kirche umfassendes, theologisch-weltanschaulich begründetes Gesamtsystem des Ordnungsgefüges sämtlicher Lebensverhältnisse bilden sollte, hatte Stahl ursprünglich auch einen Abschnitt über Kirche und Kirchenrecht vorgesehen. Wie Masur in seiner Stahlbiographie anhand von Entwürfen und Vorlesungsmanuskripten nachgewiesen hat [122], trieb er seit Beginn der 30er Jahre umfangreiche theologische, historische und systematische Studien über Kirche und Kirchenrecht und beschäftigte sich in seiner Würzburger Zeit intensiv mit der Symbolik Möhlers, aus der er seine Kenntnisse der frühkatholischen Kirche schöpfte und wesentliche Anregungen empfing. Im Jahre 1835 verfolgte er vorübergehend den Gedanken einer umfassenden kirchlichen Rekonziliation, wie es der Struktur und dem Anspruch seines von Schelling geprägten Totalitätsdenkens entsprach. Mit seiner Rückkehr nach Erlangen im Wintersemester 1834/35 wandte er sich der Tradition des Kirchen- und Kirchenrechtsverständnisses der lutherischen Orthodoxie zu. Da er seine eigenen Anschauungen für noch nicht genügend geklärt hielt, führte er seinen ursprünglichen Plan, der „Philosophie des Rechts" eine Lehre von der Kirche einzufügen, nicht aus; deren letzter Band blieb unvollständig.

Masur hat gezeigt, daß Stahls „Kirchenverfassung . . ." von 1840 ein unter dem Druck der kirchenpolitischen Umstände entstandenes, gegenüber dessen ursprünglichem wissenschaftlichen Programm bescheideneres aber für das Selbstverständnis und die Rechtsansprüche der protestantischen Kirche um so griffigeres und juristisch brauchbareres Werk darstellte, das in seiner Wirkung die „Philosophie des Rechts" weit überflügelte [123]. In diesem Werk hätten in Stahls Systemdenken die Traditionselemente der lutherischen Orthodoxie die idealistischen und freiheitlichen Elemente der Schelling'schen Philosophie zugunsten eines konfessionellen Ausschließlichkeitsanspruches entscheidend zurückgedrängt; an die Stelle des Rekonziliationsgedankens sei für ihn das Ideal der „Evangelischen Katholizität" getreten [124]. Diese Beobachtung bedarf der Präzisierung: Stahl hat nicht nur die Konfessionen gegeneinander abzugrenzen versucht, sondern gegenüber der katholischen Kirche — genauer gesagt gegenüber einer bestimmten Gruppe ihrer Vertreter — nach Maßgabe seines Systems den Anspruch einer „wahren" Katholizität erhoben und damit an die gemeinsame Basis einer persönlichen inneren Glaubenshaltung appelliert. Hierfür bediente er sich der Formel der lutherischen Orthodoxie, nach der die lutherische Kirche zwar die ausschließlich richtige Gewißheit über den Heilsweg besitze, aber der innere Glaube jeden Christen, auch den Katholiken, selig mache [125], und verstärkte sie durch das überkonfessionelle Element einer pietistischen Erlebnisfrömmigkeit, die er auf katholischer Seite in Persönlichkeiten wie Fénélon oder Michael Sailer verkörpert sah [126]. Sein Appell sollte in der konkreten Situation die „echten" Katholiken zur Mäßigung ihrer Ansprüche und zu einer entsprechenden kirchenpolitischen Zurückhaltung gegenüber der Staatsgewalt und den Vertretern der protestantischen Landeskirche veranlassen. Gegenüber den Ultramontanen erhob er den Vorwurf des Abfalls von der Fülle der christlichen Wahrheit und spielte so auf der Basis seines eigenen Totalitätsdenkens den katholischen Gedanken der Häresie gegen den Katholizismus aus, um dessen umfassende kirchenrechtliche und -politische Ansprüche bereits an ihrer Wurzel zurückzudrängen [127]. Gleichzeitig denunzierte er dadurch die Ultramontanen als die eigentlichen Störer des konfessionellen Friedens und der staatlichen Grundordnung. Ihnen gegenüber

stellte er die Vorrangigkeit der Herrschaft des theologisch-weltanschaulich eigen-
ständig legitimierten „christlichen Staates" — genauer dessen monarchischer Staatsgewalt und ihres landesherrlichen souveränen Aufsichtsrechts — heraus, deren unan-
tastbare Prärogative er in seiner im April 1845 erschienenen Schrift „Das monarchische Princip" gegenüber dem „parlamentarischen Prinzip" des westeuropäischen
liberalen Konstitutionalismus verteidigt hatte. Diese Ansicht entsprach auch der
Grundauffassung seiner „Christlichen Rechts- und Staatslehre". In seinem „Rechtsgutachten . . ." von 1846 schränkte er jedoch im Interesse der protestantischen
Kirche diese Prärogative wieder ein, indem er aufgrund der verfassungsrechtlichen
Position der Landeskirche eine Ermessensbindung und Ermessenskontrolle königlicher Regierungsakte konstruierte, wie er sie an anderer Stelle mit Entschiedenheit abgelehnt hatte. Er ist sich der Problematik dieses die systematischen wie die
politischen Grundlagen seiner Staatslehre berührenden Schrittes bewußt gewesen,
wenn er in seinem „Rechtsgutachten . . ." dessen politische Ungefährlichkeit für
den konkreten Fall herauszustellen bemüht war, diesen aber doch mit allgemeinen Beispielen illustrierte, die ihm den Charakter und das argumentatorische Gewicht eines allgemeingültigen staatsrechtlichen Grundsatzes verliehen [128]. Seine
Konstruktion widersprach damit seiner ursprünglichen Auffassung von der ungehinderten Ausübung der monarchischen Staatsgewalt und konnte — entgegen seiner Bemühung, die Staatsgewalt gegenüber den Ansprüchen der Ultramontanen zu sta-
bilisieren — auch von diesen im eigenen Interesse in Anspruch genommen werden.
Stahl hat diese Ansicht daher bezeichnenderweise nicht weiter verfolgt und sie —
entgegen seiner sonstigen Gewohnheit die Ergebnisse seiner Gelegenheitsschriften
den späteren Auflagen seiner „Philosophie des Rechts" einzugliedern — nicht in
diese eingefügt. —

Mit seinen aus Anlaß des bayerischen Kirchenstreits verfaßten Abhandlungen
wollte Stahl eine ,restitutio in integrum' der gestörten kirchlichen und politischen Ordnung des Landes erzielen, wie dies der integrativen Intention seines
Denkens entsprach. Der Erfolg seiner Bemühungen mußte davon abhängen, ob
die Adressaten seiner Appelle, d. h. im vorliegenden Falle vor allem die Vertreter
der katholischen Kirche, seinen Thesen zur Bewältigung des Konflikts in grundsätzlicher wie in praktisch-politischer Hinsicht zustimmen konnten. Dies war wegen
der grundlegenden theologischen Verschiedenheiten und der daraus hervorgehen-
den konkurrierenden und divergierenden kirchenpolitischen Interessen kaum möglich:

In einer im Jahre 1840 in den „Historisch-politischen Blättern" erschienenen Besprechung der „Kirchenverfassung" wies der Rezensent darauf hin, daß Stahls
Auffassung vom Wesen der „wahren Kirche" unhaltbar sei, da sie von der „petitio
principii" ausgehe, daß der Protestantismus aufgrund der „Subjektivität" seiner
Glaubens- und Lehrmeinungen überhaupt ein Verständnis von wahrer Kirche haben
könne. [129] Besonders empfindlich reagierte man von katholischer Seite auf die moralischen und die politischen Appelle des „Rechtsgutachtens": Karl Anselm von
Öttingen-Wallerstein [130] hielt Stahl in seinen „Beiträgen zum bayerischen Staats-
kirchenrecht" [131] neben einzelnen Fehlern in der juristischen Beweisführung vor allem
entgegen, er stelle mit seiner protestantischen Auffassung vom „christlichen Staat",

mit der er den Vorrang des Religionsedikts vor dem Konkordate sowie sein Ver-
zichtansinnen an die katholische Kirche auf unaufgebbare kirchenrechtliche Grundsätze begründe, deren Lehre wie deren korporative Rechte sowie die individuelle
Gewissensfreiheit ihrer Angehörigen zur Disposition der Staatsgewalt und versuche
in macchiavellistischer Manier, einen Keil in sie hineinzutreiben, um eine bestimmte
Gruppe ihrer Vertreter dem Mißtrauen, ja dem Zugriff der Regierung auszusetzen[132].

Stahl nahm diese im einzelnen überschießende, aber in ihrer politischen Stoßrichtung
verständliche und nicht fehlgehende Replik eines gemäßigten Katholiken[133], also
eines potentiellen Verbündeten zur Realisierung seiner eigenen politischen Absichten, ärgerlich zur Kenntnis, als er im November 1845 seinem Freunde H. v. Rotenhan berichtete: „ . . . Der Fürst Carl Wallerstein hat ja gegen mich geschrieben, er
hat es mir mit einem freundlichen Begleitschreiben übersendet. Der Ausdruck per-
sönlicher Zugetanheit ist freilich nur im Briefe, nicht im Buche. Ich habe wirklich
nicht die Zeit, alle die Sträuße auszufechten, die ich anfange. Mir tut es leid, daß
gerade ein solcher aufgetreten ist, der nicht zur Partei gerechnet wird, sondern im
Ruf der Unbefangenheit steht . . .“[134]

Damit gestand er ein, daß der Herrschaftsanspruch seines protestantisch-idealisti-
schen, weltanschaulich-politischen Totalitätsdenkens an dem absolut konkurrierenden Herrschaftsanspruch seines Gegenübers gescheitert war, ja scheitern mußte, und
in seinem Scheitern den schwebenden theologisch-weltanschaulichen und politischen
Konflikt nicht löste, sondern vertiefte.

Der Bayerische Kirchenstreit führte — wie der mit ihm so eng verflochtene Kölner —
dazu, daß die religiösen und die politischen Gemeinsamkeiten des christlich-konser-
vativen Lagers, die im Gefolge der Befreiungskriege, der Romantik und der Erweckungsbewegung entstanden waren, zu zerbrechen drohten, und die prinzipiellen
theologisch-weltanschaulichen und kirchenpolitischen Gegensätze erneut aufbrachen.
An dieser Entwicklung, die sich bereits zu Ende der zwanziger Jahre angebahnt
hatte, war Stahl ebenso beteiligt wie sein Antipode Görres[135] — und dies gerade
durch sein Bemühen, sie aufzuhalten und umzukehren. Trotz der Probleme, die er
mit seinen Stellungnahmen aufwarf, war und blieb Stahl jedoch um einen Ausgleich mit dem Katholizismus bemüht — vor allem deswegen, weil er, wie die
meisten seiner Erlanger Gesinnungsgenossen, dem gemeinsamen Gegner beider
Konfessionen, dem theologisch-kirchlichen und dem politischen Liberalismus, keinen Vorschub leisten wollte. Höher als die Kirchengemeinschaft mit den „Offen-
barungsleugnern“ stand ihm die religiöse und die politische Solidarität unter den
„Offenbarungsgläubigen“ aller Konfessionen. Dies zeigt sein abschließendes Urteil
über den Bayerischen Kirchenstreit, das er in einem Brief an seinen Freund H. von
Rotenhan formulierte, der sich als Präsident der bayerischen Abgeordnetenkammer
um einen Ausgleich mit der Regierung bemühte: „Daß Du versöhnlich bist, kann
ich nur loben. Unsere Freunde sollten doch bedenken, wie es in Baden, in Darmstadt, in Lippe etc. unter protestantischen Fürsten aussieht. Ist es besser, wenn
15 Familien in Perlach ohne Seelsorge zuletzt katholisch werden oder wenn das
ganze Land entchristianisiert wird, und wer könnte Beschwerde wegen verletzter
Verfassung erheben, wenn der König Bretschneider und Röhr und Uhlich auf die
Lehrstühle und Kanzeln beriefe?“[136]

Anmerkungen

1 Vgl. Fritz Zimmermann, Bayerische Verfassungsgeschichte vom Ausgang der Landschaft bis zur Verfassungsurkunde von 1808, 1. Teil: Vorgeschichte und Entstehung der Konstitution von 1808. München 1940 (Neudruck Aalen 1973); E. R. Huber, Deutsche Verfassungsgeschichte seit 1789, Bd. I, S. 314ff. – Das rechtsrheinische Bayern verfügte im Jahre 1806 über eine Gesamtbevölkerung von etwa 3 160 000 Einwohnern, darunter 722 000 Protestanten, d. i. ungefähr 24 % der Einwohnerschaft (vgl. M. Simon, Die Evangelisch-Lutherische Kirche in Bayern im 19. und 20. Jahrhundert, München 1961, S. 14).

2 Vgl. E. R. Huber, a.a.O. S. 419ff.

3 Vgl. Günter Henke, Die Anfänge der evangelischen Kirche in Bayern, München 1974, S. 15ff.; Simon, a.a.O. S. 9ff.; Claus Jürgen Röpcke, Die Protestanten in Bayern, München 1972, S. 336ff.

4 Zur damaligen Organisation der „Protestantischen Gesamtgemeinde" vgl. Henke, a.a.O. S. 197–208, 209–250; Simon, a.a.O. S. 15f.; E. F. H. Medicus, Geschichte der evangelischen Kirche im Königreiche Bayern diesseits des Rheins, Erlangen 1863, S. 492–497. – Die Texte der Edikte zur Neuordnung der protestantischen Kirchenverfassung von 1808/09 sind abgedruckt bei E. R. Huber/W. Huber, Staat und Kirche im 19. und 20. Jahrhundert, Bd. I, S. 628–649.

5 Vgl. E. R. Huber, Verfassungsgeschichte I, S. 320, 419–421.

6 Vgl. zu den damaligen Konkordatsverhandlungen E. R. Huber, ebd. S. 240f.

7 Vgl. hierzu die eingehende Monographie von G. Henke, insbesondere deren „Zusammenfassung und Ausblick" a.a.O. S. 353ff. – Zu Leben und Wirksamkeit des Staatsrechtlers und bayerischen Staatsmannes Georg Friedrich (v.) Zentner (1752–1835) vgl. Henke a.a.O. S. 26 mit weiterer Lit.; E. R. Huber, Verfassungsgeschichte I, S. 362.

8 Vgl. E. R. Huber, Verfassungsgeschichte I, S. 314–322.

9 Vgl. E. R. Huber, ebd. S. 422–427; Huber/Huber, a.a.O. S. 169. – Zu Leben und Wirksamkeit des bayerischen Gesandten beim Vatikan Kasimir Freiherrn v. Häffelin (1737–1827) vgl. E. R. Huber, Verfassungsgeschichte I, S. 422.

10 Der lateinische Text des Bayerischen Konkordats ist abgedruckt bei Ä. L. Richter, Lehrbuch des katholischen und evangelischen Kirchenrechts, 4. Aufl. Leipzig 1853, Anhang S. 1–6. – Abdruck des deutschen Textes bei Huber/Huber, a.a.O. S. 170–177.

11 Vgl. E. R. Huber, Verfassungsgeschichte I, S. 423; Simon, a.a.O. S. 16. – Rudharts Stellungnahme ist in dessen anonymer Schrift „Betrachtungen über das Bayerische Konkordat", Aarau 1818, enthalten. – Zu Leben und Wirksamkeit des bayerischen Rechtsgelehrten, hohen Verwaltungsbeamten und gemäßigt-liberalen Politikers Ignaz (v.) Rudhart (1790–1838) vgl. ADB 29 S. 459–465 und E. R. Huber, Verfassungsgeschichte I, S. 371f. Zu Leben und Wirksamkeit des berühmten Strafrechtsgelehrten Paul Johann Anselm Ritter v. Feuerbach (1775–1833) vgl. Erik Wolf, Große Rechtsdenker der deutschen Geistesgeschichte, 3. Aufl. 1951, S. 536ff.; ADB 6, S. 731–145.

12 Textabdruck bei Huber/Huber, a.a.O. S. 654.

13 Zur Politik der Mentalreservation der Bayerischen Staatsregierung vgl. E. R. Huber, Verfassungsgeschichte I, S. 422f., 427; Huber/Huber, a.a.O. S. 169f.

14 Text abgedruckt bei Huber/Huber, a.a.O. S. 128–139; vgl. dazu ferner E. R. Huber, Verfassungsgeschichte I, S. 427–430.

15 So vor allem nach G. L. v. Dresch, Grundzüge des bayerischen Staatsrechts, Ulm 1822 (2. Aufl. 1835). – In § 216 seines Werkes behandelt Dresch das Bayerische Konkordat als ein der Verfassungsurkunde und dem Bayerischen Religionsedikt von 1818 nachgeordnetes einfaches Staatsgesetz. Die These von der Vorrangigkeit des Religionsedikts wurde während des gesamten 19. Jahrhunderts von seiten der bayerischen Staatsregierung gegenüber den Protestanten, der Kurie, aber auch entsprechenden Rechtsanschauungen ultramontaner Staatsrechtslehrer, wie derjenigen von K. E. v. Moy de Sons, grundsätzlich aufrecht erhalten, auch wenn die Regierung in einzelnen, ihr politisch opportun erscheinenden

Auslegungsfällen der katholischen Seite entgegenkam. Die Politik Karl v. Abels, der der Rechtsanschauung des Ultramontanismus zuneigte, ist durch diesen politischen Opportunismus geprägt. (Vgl. zum Streit um die Auslegung des Bayerischen Religionsediktes und des Konkordates Foerster, „Bayern: III. Bayerisches Religionsedikt", in: RGG, 1. Aufl., I, Sp. 981f.–) Die These von der Vorrangigkeit des Religionsediktes beherrscht auch die Darstellung von Huber; vgl. Huber, Verfassungsgeschichte I, S. 427.

16 Text abgedruckt in „Amts-Handbuch für die protestantischen Geistlichen des Königreichs Bayern", 1. Bd., 2. Aufl. Sulzbach 1833, S. 20–28; Auszug bei Huber/Huber, a.a.O. S. 650–653.

17 Vgl. E. R. Huber, Verfassungsgeschichte I, S. 427 und oben Anm. 15.

18 Vgl. Huber/Huber, a.a.O. S. 187; E. R. Huber, Verfassungsgeschichte I, S. 429f.

19 Vgl. zu dieser Auseinandersetzung die bei Huber/Huber a.a.O. S. 188–195 wiedergegebenen Dokumente und deren Kommentierung.

20 Zur „Tegernseer Erklärung" vom 15. September 1821 und deren Vorgeschichte vgl. Huber, Verfassungsgeschichte I, S. 420f.; Textabdruck bei Huber/Huber/a.a.O. S. 195.

21 Vgl. §§ 18, 19 EikA; § 38 RE.

22 Vgl. § 7 EikA.

23 Vgl. zum Ganzen Henke, a.a.O. S. 332ff., 343ff., 363. – Eine allgemeine Einführung von Kirchenvorständen erfolgte erst i. J. 1850.

24 Zum Ausbau der Landeskirche von 1818–1838 vgl. Simon, a.a.O. S. 17ff.; Medicus, a.a.O. S. 497f.; Henke, a.a.O. S. 497f.; Henke, a.a.O. S. 353ff.; 362ff.

25 Zur Entstehung und Bedeutung der interkonfessionellen Erweckungsbewegung im bayerisch-österreichischen Raum vgl. Simon, a.a.O. S. 22–30.

26 Zur konfessionellen Entwicklung der bayerischen Landeskirche vgl. G. Thomasius, Das Wiedererwachen des evangelischen Lebens in der lutherischen Kirche Bayerns, Erlangen 1867; ferner Simon a.a.O. S. 31–34; Röpcke, a.a.O. S. 341ff.

27 Zu Leben und Wirksamkeit von Karl Johann Friedrich v. Roth (1780–1852) vgl. „Nekrolog der Deutschen" 1852; Art. „Roth" in RE (3. Aufl.) 17, S. 161–169; Art. „Roth" in ADB 29, S. 317–333.

28 Die zweibändige Ausgabe war dazu bestimmt, zum Reformationsjubiläum des Jahres 1817 Luthers Werke im Volke neu bekannt zu machen und die reorganisierte Kirche mit einem antiaufklärerischen, positiv-„evangelischen" Geiste zu erfüllen (vgl. Henke, a.a.O. S. 297ff.).

29 Vgl. hierzu Thomasius, a.a.O. S. 197ff.; ADB 29, S. 320; RE 17, S. 164.

30 Zur Kritik der Amtsführung und auch der Person v. Roths von seiten des kirchlichen Liberalismus vgl. ADB 29, S. 320f. – Charakteristisch ist die ebd. S. 325 zitierte Äußerung der von Röhr herausgegebenen „Kritischen Prediger-Bibliothek" aus dem Jahre 1839, die zum bayerischen Kirchenstreit wie folgt Stellung nimmt: „Seit König Maximilians Tod hat der König der Finsternis von Neuem eine Freistätte in Bayern gefunden, und zwar eine weit sicherere und bequemerere, als daselbst das protestantische Oberkonsistorium kein Mittel unversucht läßt, dem christlichen Volke von Neuem die schmachvollsten Fesseln dumpfen Aberglaubens und Irrwahns früherer Jahrhunderte zu schmieden". – Im Zuge der März-revolution wurde v. Roth am 1. April 1848 von König Maximilian II. entlassen, der durch diese Maßnahme den kirchenpolitischen Bestrebungen der Pfälzer Liberalen, denen sich v. Roth widersetzt hatte, entgegenkommen wollte.

31 Vgl. E. Dorn, Zur Geschichte der Kniebeugungsfrage und der Prozeß des Pfarrers Volkert in Ingolstadt, in: Beiträge zur Bayerischen Kirchengeschichte (Hg. von Th. Kolde) 5, Erlangen 1899, S. 1–37, 53–75.

32 Vgl. Huber, Verfassungsgeschichte I, S. 33ff.; (Neumann) „Baiern unter dem Minsterium Abel", in: Die Gegenwart 6, Leipzig 1851, S. 672–734; *672ff.*

33 Zu Leben und Wirksamkeit des bayerischen Staatsmannes Ludwig Fürst v. Öttingen-Wallerstein (1791–1871) vgl. Art. „Wallerstein", in: ADB 40, S. 736–747; zu dessen Politik Neumann, a.a.O. S. 675f. – Zu Leben und Wirksamkeit des bayerischen Juristen, Militärs und Staatsmannes Karl Philipp Fürst Wrede (1767–1838) vgl. ADB 44, S. 246–252 und Huber, Verfassungsgeschichte I, S. 361.

34 Vgl. Neumann, a.a.O. S. 677. – Zu Leben und Wirksamkeit des Professors für Medizin und Leibarztes Ludwigs I. Johann Nepomuk (v.) Ringseis (1785–1880), Mitglied des Görres-Kreises und seit 1837 Führer der ultramontanen katholisch-konservativen Gruppe in der bayerischen Zweiten Kammer, vgl. Huber, Verfassungsgeschichte II, S. 362 und ADB 28, S. 635–640.

35 Vgl. Masur, F. J. Stahl, S. 278. – Zu Leben und Wirksamkeit des bayerischen Staatsmannes und Historikers Max Procop Freiherr v. Freyberg-Eisenberg (1789–1851), Vorsteher des Bayerischen Reichsarchivs, Mitglied des Görreskreises, Freund der v. Abel, Moy, Döllinger, Philipps u. a. und konservativ-katholische Abgeordneter in der Zweiten Kammer, vgl. ADB 7, S. 365–367; NDB 5, Sp. 420f. – Freyberg-Eisenberg war ein besonders scharfer Gegner der protestantischen Kirche im Bayerischen Kirchenstreit.

36 Zur Bedeutung des Kölner Kirchenstreits für den Ausbruch des Bayerischen Kirchenstreits vgl. Dorn, a.a.O. S. 7f.; Simon , a.a.O. S. 34f. – Die Unnachgiebigkeit des Kölner Erzbischofs Clemens v. Droste-Vischering war maßgeblich mitbestimmt durch den Einfluß des Bischofs von Eichstätt, Grafen K. A. v. Reisach, der v. Droste-Vischering die Anordnung des Papstes übermittelte, in der Mischehenfrage den Kampf mit der preußischen Regierung aufzunehmen. – Vgl. Huber, Verfassungsgeschichte II, S. 320, und Simon, a.a.O. S. 34.

37 Zur Kirchenpolitik König Ludwigs I. vgl. Art. „Ludwig I., König von Bayern", ADB 19, S. 517–527; insbes. S. 517, 521. – Das Verhalten des katholischen Klerus bei den Leichenfeierlichkeiten der protestantischen Königin-Witwe Karoline im November 1841 rief in besonderer Weise die Empörung des Königs hervor (vgl. Neumann, a.a.O. S. 703f., 720).

38 Vgl. Neumann, a.a.O. S. 702, 708, 720; Dorn, a.a.O. S. 16f. – Abel beanspruchte das alleinige Vortragsrecht beim Monarchen, wodurch ihm praktisch eine ausschließliche Immediatstellung zukam.

39 Vgl. Iganz Döllinger, Akademische Vorträge II, S. 185: „Man meinte damals, da Preußen die Schutzmacht des Protestantismus auf dem Kontinent sei, so könne Bayern durch Schutz und Pflege katholischer Interessen in Deutschland sich zu höherer politischer Bedeutung erheben" (zit. nach Dorn, a.a.O. S. 9 Anm. 1).

40 Vgl. Dorn, a.a.O. S. 8f.

41 Joseph Görres, Athanasius, 2. Aufl. Regensburg 1838; vgl. auch die zusammenfassende Übersicht bei Huber, Verfassungsgeschichte II, S. 253–255.

42 Unter den Artikeln, die in den Jahren 1838–1845 in den „Historisch-politischen Blättern" erschienen, sei besonders hingewiesen auf: „Das göttliche Recht der Könige", Hist. pol. Bl. 1, (1838) S. 231–240; „Luther. (Ein Versuch zur Lösung eines psychologischen Problems)", Hist. pol. Bl. 2 (1838) S. 249ff., 313ff.; 3 (1839) S. 193ff., 275ff.; „Studien und Skizzen zur Schilderung der politischen Seite der Glaubensspaltung des sechzehnten Jahrhunderts" Hist. pol. Bl. 4 (1839) S. 257ff., 321ff., 465ff., 515ff., 577ff., 669ff., 725ff.; (1840) S. 449ff., 527ff., 641ff.; 7 (1841) S. 170ff., 310ff.; 8 (1841) S. 29ff. – „Über die gegenwärtige Stellung der katholischen Kirche zu den von ihr getrennten Confessionen", Hist. pol. Bl. 1 (1838) S. 31ff.; „Zeitläufte", ebd. S. 197ff., 417ff.; „Rückblick auf den Jahrgang 1838 dieser Zeitschrift", Hist. pol. Bl. 3 (1839) S. 57ff.; „Zeitläufte. Die Verfolgung der Lutheraner in Schlesien", Hist. pol. Bl. 4 (1839) S. 77ff. Vgl. ferner dazu die im folgenden Exkurz zitierten weiteren Aufsätze.

Die „Historisch-politischen Blätter" suchten den Widerstand der ultramontanen Vertreter der Kirche gegenüber der preußischen Regierung nach der Verhaftung des Kölner Erzbischofs im November 1837 theologisch, historisch und rechtlich zu legitimieren und Luther und die Reformation als die theologische und politische Quelle des gegenwärtigen revolutionären Unfriedens zu denunzieren. (Vgl. Art. „Das göttliche Recht . . .", „Luther", „Studien und Skizzen . . ."). Ihre leidenschaftliche Propaganda trug dazu bei, der ultramontanen Strömung den Charakter einer Volksbewegung zu verleihen. – Ihre Polemik richtete sich während des Bayerischen Kirchenstreits nahezu ausschließlich gegen die Maßnahmen der preußischen Regierung und deren spätabsolutistisch-bürokratische Staatsgesinnung wie auch gegen den antikirchlichen Geist des Liberalismus. Zwar habe durch die

Bildung der preußischen Union, die in ihrem Innern vom kirchlichen Rationalismus und Liberalismus geprägt und gegenüber den altgläubigen Lutheranern mit Hilfe rigoroser staatlicher Gewalt durchgesetzt worden sei, eine „rückläufige Bewegung zur positiven Wahrheit" („Über die gegenwärtige Stellung . . ." a.a.O. S. 36) eingesetzt. Diese lutherisch-pietistische Strömung müsse aber entweder zur Bedeutungslosigkeit herabsinken, wie das Beispiel der von der protestantischen Staatsgewalt verfolgten schlesischen Lutheraner zeige, oder aber in der Erkenntnis ihrer eigenen „Inkonsequenz" „über kurz oder lang auf das Gebiet der Kirche führen" („Über die gegenwärtige Stellung . . .", a.a.O. S. 36; die gleiche Ansicht vertrat noch 20 Jahre später E. Jörg, Geschichte des Protestantismus I, S. VIIff.). – An der Realität der sich konfessionell festigenden bayerischen lutherischen Landeskirche und den Bedrückungen, denen diese in ihrer rechtlich ungleich abhängigeren Lage seitens einer nicht weniger ‚territorialistisch' und bürokratisch handelnden katholischen Regierung ausgesetzt war, sah das Organ bewußt vorbei. Es rechtfertigte das Verhalten der bayerischen Regierung, indem es betonte, die katholische Kirche werde niemals „das Prinzip aufgeben, daß jede weltliche Macht die heilige Pflicht habe, den wahren Glauben zu fördern, den Irrtum aber nach besten Kräften, auch durch weltliche Mittel, auszuschließen und unschädlich zu machen". Nur in „Ausnahmefällen", wenn durch die gegebenen Umstände „diese Bemühungen umsonst" gewesen seien und „die Ordnung sogar ein Mittel ist, größeres Unheil abzuwenden und die Kirche zu schützen", könne und dürfe „die katholische Regierung mit gutem Gewissen sich der Sorge für das Seelenheil derer entschlagen, die sie zur Kirche zurückzuführen weder die Macht noch die Mittel hat. – Sie darf diesen innerhalb gewisser Grenzen und solange sie an ihren eigenen Bekenntnisschriften festhalten, freie Übung ihrer Religion und einige oder alle politischen Rechte gestatten". Im Rahmen dieser Einschränkung solle dann „diese Gewissensfreiheit" ein der „weltlichen Obrigkeit . . . heiliges und unantastbares Recht sein" („Sittliche Freiheit, Gewissensfreiheit, politische Freiheit", Hist. pol. Bl. 1, 1838, S. 305ff., *319f.*). – König Ludwig I. rühmte das Organ als Beschützer der katholischen Sache, „dessen Herz warm für den heiligen katholischen Glauben schlägt" („Churfürst Maximilians Reiterstatue", Hist. pol. Bl. 4, 1839, S. 449ff., *454*; ferner „Brief an die Väter des heiligen Grabes", Hist. pol. Bl. 5, 1840, S. 1ff.).

Die Konflikte zwischen der evangelischen Landeskirche und dem Staate wurden nicht ausdrücklich erwähnt; an einer Stelle findet sich indessen ein deutlicher Reflex auf den Kniebeugungsstreit, der dessen Bedeutung mit Hilfe einer affektvoll aufrechnenden Polemik gegen entsprechende Zustände auf seiten des protestantischen preußischen Gegners relativieren soll: der Verfasser eines Artikels über „Kirchen- und Schulwesen des Militärs in Preußen" weist darauf hin, daß seit 1815 in Preußen katholische Soldaten zum Besuch des protestantischen Militärgottesdienstes verpflichtet gewesen seien, und übt scharfe Kritik an der preußischen Militärkirchenordnung vom 12.2.1832, die diese Verpflichtung zwar fallengelassen habe, die Katholiken aber entschieden benachteilige, den protestantischen Militärgottesdienst sowie auch die Schließung protestantischer Mischehen begünstige und den Unterricht in den Divisions- und Garnisonsschulen der Aufsicht der protestantischen Geistlichkeit unterstelle. Überhaupt müsse der dreijährige Dienst in einer überwiegend protestantisch bzw. „irreligiös" eingestellten Armee einen jungen Katholiken, zumal vom Lande, zur „Freidenkerei" und „Unsittlichkeit" verführen. So müsse in Preußen „die Demoralisation des Heeres die des Volkes notwendig nach sich ziehen". („Kirchen- und Schulwesen des Militärs in Preußen", Hist. pol. Bl. 6 (1840) S. 385ff., *392*). –

Diese Vorwürfe der „Hist.-politischen Blätter" gegen die preußische Militär-Kirchenordnung (Abdruck und Kommentierung bei Huber/Huber, a.a.O. S. 586–599) waren an sich keineswegs unbegründet, da diese das gesamte preußische Militärkirchenwesen der Lenkung der protestantischen Staatsgewalt unterwarf und die Katholiken eindeutig benachteiligte. Was sie entwertete, war jedoch die ebenso einseitig-interessengebundene, selbstgerecht-aufrechnende Grundhaltung, mit der sie vorgetragen wurden. –

43 Eine zusammenfassende historische und systematische Übersicht der Beschwerdegegenstände geben die „Beschwerdevorstellungen . . ." S. III–VIII sowie die „Einleitung" von

F. J. Stahls „Rechtsgutachten über die Beschwerden wegen Verletzung verfassungsmäßiger Rechte der Protestanten im Königreiche Bayern . . .“ S. 3–6.

44 Diese Vorgänge sind wiedergegeben in der „Eingabe der Abgeordneten evangelischer Confession des Baierischen Landtages an Se. Majestät den König“ vom März 1840; abgedruckt in „Evangelische Kirchen-Zeitung“ (EKZ) No. 36, 37, 38, 39, v. 2., 6. 9. und 13. Mai 1840, Sp. 285ff., 291ff., 300ff., 308ff. – Zur Mischehenfrage vgl. insbes. Sp. 302–304, 308f. – Zu den Fällen der weitergeführten katholischen Kindererziehung vgl. ebd. Sp. 310f. – Die wichtigsten grundsätzlichen Stellungnahmen der bayerischen Regierung und des Papstes zur Mischehenfrage sind abgedruckt bei Huber/Huber, a.a.O. S. 459–471.

45 Zu den Fällen der Aufnahme von konfirmierten protestantischen Minderjährigen in die katholische Kirche und der Erteilung von katholischem Religionsunterricht zum Zwecke des Übertritts vgl. „Beschwerdevorstellungen . . .“, S. 51ff., 86ff.; Stahl, Rechtsgutachten, S. 42ff.

46 Vgl. „Beschwerdevorstellungen . . .“, S. 51ff.; und Huber/Huber, a.a.O. S. 657–659.

47 Vgl. „Beschwerdevorstellungen . . .“, S. 75ff. – Kraft Karl Ernst Freiherr v. Moy de Sons (1799–1867), Professor für Staatsrecht, Mitglied des Görres-Kreises, gehörte zu den maßgeblichen Rechtsberatern v. Abels. – In den Jahren 1833/34 war er Stahls Kollege in Würzburg. Dieser schätzte ihn damals als Persönlichkeit, lehnte aber dessen durch den Ultramontanismus geprägte Rechtsansichten ab (vgl. O. Voigt, Werdegang und Wirksamkeit F. J. Stahls, S. 258). – Zu Leben und Wirksamkeit v. Moy de Sons’ vgl. ADB 22, S. 420f. und E. R. Huber, Verfassungsgeschichte II, S. 361.

48 Vgl. „Beschwerdevorstellungen . . .“, S. 22ff.; Stahl, Rechtsgutachten, S. 7ff.

49 Zur Bildung der Perlacher Gemeinde vgl. Oscar Daumiller, Südbayerns evangelische Diaspora . . . (München 1955), S. 37ff., 48f. – Die Verhältnisse der Perlacher Protestanten, für die sich auch Stahl von Berlin aus besonders einsetzte, waren für die Situation einer damaligen in der Entstehung begriffenen Diasporagemeinde besonders charakteristisch und sollen daher erwas ausführlicher dargestellt werden:
In diesem katholischen Pfarrdorfe bei München hatten sich in den Jahren 1816/17 28 protestantische Familien aus der Gegend von Edenkoben/Pfalz angesiedelt, die ihre Heimat infolge der Auswirkungen der französisch-deutschen Kriegshandlungen verlassen hatten. Ihre kirchlichen Verhältnisse waren zerrüttet, und sie lebten in ihrer neuen katholischen Umgebung ohne eine zureichende eigene kirchliche Versorgung. Dies führte zu einem kirchlichen Indifferentismus, der von katholischer Seite nicht ungenutzt blieb. Die protestantischen Jugendlichen besuchten die katholische Dorfschule und nahmen teilweise auch am katholischen Religionsunterricht teil. Initiativen von seiten der Münchener protestantischen Geistlichkeit – die Perlacher waren in der benachbarten Hauptstadt eingepfarrt worden – und eine Erweckungsbewegung im Dorfe führten schließlich dazu, daß seit dem Jahre 1834 von München aus vierzehntäglich in einer Bauernstube Predigt und Christenlehre gehalten wurden (vgl. Daumiller, a.a.O. S. 48f. und den Bericht „Baiern. Von der Isar. Im Juni“, in: Berliner Allgemeine Kirchen-Zeitung [BAKZ] No. 52 vom 30.6.1841, Sp. 482–383). – Als die Gemeinde durch das Oberkonsistorium um die Errichtung eines exponierten Vikariates und die Genehmigung einer entsprechenden Hauskollekte zu seiner Dotierung nachsuchte, schlug das Innenministerium dieses Gesuch durch Ministerialreskript vom 26. März 1839 ab (Abdruck in: „Beschwerdevorstellungen . . .“, S. 25f.; vgl. auch BAKZ No. 52 vom 30.6.1841, Sp. 484). Die Verfügung machte die Errichtung eines selbständigen protestantischen Vikariates davon abhängig, daß die Gemeinde Perlach aufgrund Allerhöchster Verordnung laufende Bezüge von jährlich 400 Fl. für den Vikar aufbringe, sowie die Deckung der Kosten für das Amt eines Kirchendieners, die Ausgaben für den Gottesdienst und für den Bau und die Erhaltung einer Kirche nachweise, welcher auf 4850 Fl veranschlagt worden war. Eine Kollekte zur Durchführung dieser Maßnahmen könne nur genehmigt werden, wenn sich die Gemeinde zuvor über ihre Fähigkeit zur Deckung eines etwaigen Defizits ausgewiesen habe. Dieses Ministerialreskript erging in Ausführung einer allgemeinen Ministerialverfügung vom selben Datum, das die Neuerrichtung rechtlich selbständiger kirchlicher Gemeinden betraf. Diese legte den § 88 des Religionsedikts von 1818, der den Mitgliedern

öffentlich anerkannter Religionsgesellschaften die Bildung eigener Gemeinden grundsätzlich freigab, dahingehend aus, daß eine Allerhöchste Genehmigung zur Errichtung einer neuen Gemeinde nur dann beansprucht werden dürfe, wenn bereits der „Besitz des erforderlichen Vermögens" zu ihrer Errichtung nachgewiesen sei. Damit wurde unter den gegebenen Verhältnissen die Neubildung protestantischer Gemeinden einschneidend erschwert, ja unmöglich gemacht. Wie übermäßig die Forderungen der Regierung waren, zeigen das Perlacher Beispiel und die sonstigen in der Landeskirche üblichen Verhältnisse:

Die Perlacher Gemeinde brachte für den Vikar 268 Gulden auf. Dies waren bereits 28 Gulden mehr, als ein ständiger exponierter Vikar (curatus expositus) damals üblicherweise erhielt (vgl. BAKZ No. 52 vom 30.6.1841, Sp. 484 und „Beschwerdevorstellungen . . .", S. 32: dort werden als gesetzliche „Übung" angegeben: 240 Gulden jährliche Remuneration, freie Wohnung und 3–5 Klafter Holz.) Mehr als 464 Gulden konnten die Perlacher zu der verlangten Deckung eines etwaigen Defizits einer Hauskollekte nicht aufbringen (vgl. BAKZ, a.a.O. Sp. 484). – Zur Höhe der damaligen Gehälter protestantischer Geistlicher ist zu bemerken, daß wegen der Armut der bayerischen Landeskirche etwa 200 Pfarrer weniger als 400 Gulden jährlich erhielten (vgl. „Beschwerdevorstellungen . . .", S. 104). – Unter großen Opfern wurde im Spätherbst 1839 zu Perlach eine protestantische Schule eröffnet. Die Lehrerstelle erhielt ein Münchener Pfarrvikar, der auch fortan im Schulsaale sonntäglich Gottesdienst hielt. Waren der Gemeinde die Erlasse des Innenministers unbekannt geblieben? Jedenfalls vertraute sie darauf, daß das Oberkonsistorium beim Münchener Landgericht, der untersten Instanz, eine entsprechende Genehmigung eingeholt hatte. Als v. Abel davon erfuhr, untersagte er die Gottesdienste mit der Begründung, die Gemeinde habe durch ihr Vorgehen in die königliche Prärogative eingegriffen, indem sie mit Hilfe der Genehmigung einer unteren Instanz die hierfür allein zuständige Entschließung des Allerhöchsten Willens des Königs umgangen habe. Die Perlacher Protestanten sollten sich fortan zur Münchener Gemeinde halten. –

Damit lastete der Innenminister den Ungehorsam bzw. die Kompetenzüberschreitung der kirchlichen und staatlichen Behörden der Gemeinde an. Eine Petition, welche diese an den König richtete, blieb vergeblich. Erst im Herbst 1845, kurz vor Einberufung der Stände, erhielten die Perlacher, die weiterhin ihren protestantischen Lehrer bezahlen mußten, die „Vergünstigung", auf ihre Kosten alle vierzehn Tage durch einen aus München kommenden Geistlichen Gottesdienst halten zu lassen – Vgl. hierzu BAKZ No. 101 vom 17.12.1845, Sp. 1053f.; „Bayern. München im Dezember": Der Berichterstatter korrigiert hierin eine falsche Nachricht des „Nürnberger Korrespondenten", wonach demnächst der Grundstein für eine Kirche in Perlach gelegt werden solle: wahr sei vielmehr, daß man aus Furcht vor der Opposition der zusammentretenden Ständeversammlung den Perlachern die „scheinbare Vergünstigung" eingeräumt habe, auf ihre Kosten durch einen Münchener Pfarrer vierzehntäglich Gottesdienst halten lassen zu dürfen, was auch für die „unter der Last ihrer Geschäfte in der Stadt ohnehin schon seufzende Münchener Geistlichkeit" eine zusätzliche Beschwernis sei. – Der Verfasser, der kurz nach der Eröffnung der Stände und in deutlichem Blick auf diese schreibt, betont – wohl angesichts der Zensur – daß er „bei dem Gesagten nicht unsere Regierung überhaupt, noch viel weniger die Person des Königs im Auge habe; der meint es mit seinen Untertanen wirklich gut". Aber es gebe im Lande „eine ultramontane, eine jesuitische Partei, die König und Regierung lenkt und umgarnt, die beide nur zu Werkzeugen für ihre egoistischen Zwecke herabwürdigt, die das Herz des Monarchen einem nicht unbeträchtlichen und nicht dem schlechtesten Teil seiner Untertanen zu entfremden sucht durch den niederträchtigen Vorwand, diese Klasse von Untertanen seien Revolutionäre. Sie tasteten mit frecher, frevelnder Hand die Rechte der Krone an". Aber man werde schon sehen, wer die wahren „Revolutionäre und Räuber der Kronrechte" seien. „Möge die soeben eröffnete Ständeversammlung unter Gottes Beistand das ihrige dazu beitragen, daß dem Tun und Treiben einer Partei ein Ende gemacht werde, die nur Haß und Zwietracht säete, wobei sich das Land wahrlich nicht gut befand". (Ebd. Sp. 1054).

Nachdem im Laufe der Zeit aus dem In- und Auslande 9000 Gulden für einen Kirchenbau aufgebracht worden waren, wurde vier Jahre später eine Kirche gebaut, die am 9. September 1849 eingeweiht wurde. Am selben Tag wurde das ständige Vikariat Perlach errichtet, das i. J. 1912 in eine Pfarrei umgewandelt wurde (vgl. Daumiller, a.a.O. S. 48).

50 „Ministerialreskript v. 26.3.1839, die Bildung eigener kirchlicher Gemeinden betreffend". In seinem „wesentlichen Inhalt" abgedruckt in „Beschwerdevorstellungen . . .", S. 24f.

51 Zur Geschichte der Pfarrei *Neuburg a. d. Donau*, vgl. Daumiller, a.a.O. S. 65–69. Zur Beschränkung des dortigen Privatgottesdienstes ebd. S. 67–68 und „Beschwerdevorstellungen . . .", S. 39f. – Das Entgegenkommen der unteren staatlichen und städtischen Behörden zeigte, daß auch die katholischen Mitbürger es begrüßten, daß der kirchliche Notstand der Protestanten behoben wurde. – Die zur Errichtung eines Vikariates gesammelten Gelder mußten nach der Schließung des Betsaales gerichtlich hinterlegt werden. Ein um die Sammlung wie um das Abhalten der Gottesdienste besonders verdienter Appellationsrat wurde von der Regierung nach Würzburg versetzt (vgl. Daumiller, a.a.O. S. 68). – Erst im Jahre 1846 gelang es, die Genehmigung zur Errichtung eines Vikariates zu erhalten, nachdem die finanziellen Voraussetzungen dank kräftiger Spenden vorlagen. Dieses wurde im Jahre 1854 in eine Pfarrei umgewandelt. – Zur Geschichte der Pfarrei *Landshut* vgl. Daumiller, a.a.O. S. 130–143. – Zur Beschränkung des Privatgottesdienstes in Landshut vgl. ebd. S. 141 und „Beschwerdevorstellungen . . ." S. 40f. – Den Landshutern wurde vor Eröffnung des Landtages von 1845/46 ein weiterer zusätzlicher Weihnachtsgottesdienst gestattet – als eine vorbeugende Konzession der Regierung gegenüber der zu erwartenden Opposition auf dem Landtag (vgl. BAKZ No. 101 vom 17.12.1845, Sp. 1053f.). – Ein exponiertes Vikariat, das der Pfarrei Regensburg unterstand, wurde 1846 genehmigt und 1850 in eine Pfarrei umgewandelt. Die erste Kirche in Landshut wurde am 17.12.1848 eingeweiht (vgl. Daumiller, a.a.O. S. 141).
Zur Geschichte der Pfarrei *Füssen* im Allgäu vgl. Daumiller, a.a.O. S. 253ff. und „Beschwerdevorstellungen . . ." S. 41.

52 Über die Gründung sowie über die fortschreitende Arbeit des Gustav-Adolf-Vereins informieren am ausführlichsten die entsprechenden Jahrgänge der Darmstädter „Allgemeinen Kirchen-Zeitung" (DaAKZ), welche die Interessen des Vereins in besonderer Weise vertrat. – Vgl. hierzu ferner die Monographie von H. W. Beyer, Die Geschichte des Gustav-Adolf-Vereins, Göttingen 1932. – Die Repressionen, denen der Verein in Bayern ausgesetzt war, finden ihren Niederschlag in zahlreichen Artikeln und Polemiken, welche die DaAKZ in den Jahren 1842–1846 und 1848/49 veröffentlichte (vgl. hierzu auch Bayer, a.a.O. S. 132ff.). – Besonders bedenklich war, daß E. W. Hengstenberg und E. L. v. Gerlach in der EKZ gegen den „rationalistischen" Verein polemisierten, ja ihn als eine „große *Lüge*" bezeichneten, dessen Gaben sich für die unterstützten Gemeinden in „Gift" verwandelten (vgl. EKZ No. 6 vom 20.1.1844, Sp. 44ff.; No. 27 vom 3.4.1844, Sp. 209ff.; No. 28 vom 6.4.1844, Sp. 217ff.). Derartige Äußerungen „drückten natürlich den katholischen Gegnern messerscharfe Waffen in die Hand" (Neumann, a.a.O. S. 721). – Doch hat Hengstenberg trotz seiner Ablehnung des Gustav-Adolf-Vereins seinem Freunde Stahl die Spalten seines Organs zu einem Spendenappell für die Perlacher Gemeinde geöffnet (vgl. EKZ No. 92 v. 16.11.1844, Sp. 732f.).

53 Vgl. Beyer, a.a.O. S. 143; Neumann, a.a.O. S. 720f.; „Beschwerdevorstellungen . . .", S. 91ff.; Stahl, Rechtsgutachten, S. 32ff. – Die Regierung genehmigte i. J. 1843 lediglich den „Bayerischen Missionsverein" (vgl. Simon, a.a.O. S. 39).

54 So z. B. den „Ludwigs-Verein", der Beiträge zur Unterstützung katholischer Gemeinden in protestantischen Ländern sammelte und enge Verbindung mit einem entsprechenden Verein zu Lyon unterhielt. – Auch wurde es von seiten der Regierung gern gesehen, wenn bayerische Protestanten den Kölner Dombau-Verein unterstützten; vgl. „Beschwerdevorstellungen", . . .", S. 95ff., 103f. – Den Vorwurf der Ungleichbehandlung wies die Regierung natürlich zurück.

55 Vgl. das „Ausschreiben der Königlichen Regierung zu Speyer vom 15.2.1844" (abgedruckt in „Beschwerdevorstellungen . . . ", S. 93 Anmerkung; und Stahl, Rechtsgutachten, S. 33.

56 Vgl. „Beschwerdevorstellungen . . ., S. 93. – Daß Ludwig I. der protestantischen Seite an
sich nicht ohne Wohlwollen gegenüberstand, zeigt, daß er der Gemeinde *Unteraltenbernheim*
bereits im Oktober 1844 1000 Gulden aus seiner Kabinettskasse zum Bau einer Kirche
schenkte (vgl. DaAKZ No. 181 v. 16.11.1844, Sp. 1496). –

In *Passau* drohte die Schließung des Betsaales. Ein Antrag auf staatliche Unterstützung für
einen Kirchenbau blieb unbeantwortet. Als der katholische Bischof Hofstädter protestantischen Leichenbegängnissen das Glockengeläut verweigerte, wurde eine Petition der Gemeinde um Wiedergewährung des Glockengeläuts von seiten des Innenministeriums abgelehnt (vgl. DaAKZ No. 26 vom 15.2.1844, Sp. 222–224). – Auf der Frankfurter Hauptversammlung des Gustav-Adolf-Vereins von 1844 wurde beschlossen, der Gemeinde 500
Gulden zukommen zu lassen. Als dieser Betrag in Passau eintraf, wurde er von den Behörden beschlagnahmt und nach Frankfurt mit der Warnung zurückgesandt, daß weitere
Gaben konfisziert würden. Das rief große Empörung hervor (vgl. Daumiller, a.a.O. S. 172.).
57 Augsburger Allgemeine Zeitung No. 81 vom 18.3.1844, S. 644, „Aus Bayern, 18. März".
Abgedruckt und zit. nach DaAKZ No. 66 vom 27. April 1844, Sp. 537–542 „Urteile
über die Gustav-Adolf-Stiftung". (Vgl. hierzu auch Beyer, a.a.O. S. 143f.; Neumann, a.a.O.
S. 720f.). –

Der Verfasser, in dem man „einen ehemals preußischen, zum Katholizismus übergetretenen
Abtrünnigen vermutete" (Beyer, a.a.O. S. 144), führte aus, der Gustav-Adolf-Verein störe,
wie dies bereits sein Name zum Ausdruck bringe, den konfessionellen und den politischen
Frieden Deutschlands. Er wende sich nicht nur gegen die katholische Kirche, sondern sei
bestrebt, „den Carbonarismus unter der Maske der Religion" einzuführen. Mit seiner Wirksamkeit verfolge er „demokratische Neben- bzw. Hauptzwecke". Er habe sich „unter den
Augen der Behörden eines deutschen Bundesstaates unter Mißachtung von Bundestags-
beschlüssen" konstituiert und gebe an, „unter der Leitung einer auswärtigen Zentralge-
walt" zu stehen. Er bezeichne sich als das „einzig mögliche Surrogat einer allgemeinen
protestantischen Kirche" und wolle auf kirchlichem Gebiete gleiches bewirken „wie der
deutsche Zollverein auf dem politischen". Da sich die Bestrebungen des Vereins, der „unter
der Maske der Konfession" „den unverhohlensten Tendenzen den Freibrief verschaffen"
wolle, „vor allem gegen Bayern" richteten, habe die Bayerische Regierung durch ihre Maßnahmen getan, „was sie ihren katholischen wie ihren protestantischen Untertanen gegenüber
als Pflicht erkannte, was sie zur Wahrung wesentlicher Regierungsrechte, zum Schutze
deutscher Einheit, zur Erhaltung deutschen Friedens und zur Aufrechterhaltung bayerischer
Verfassungsgesetze für notwendig erachtete". –

Dieser Artikel der Augsburger Allgemeinen erregte „durch seine feindliche Tendenz und
seine harten Anklagen und Anfeindungen gegen den Gustav-Adolf-Verein in ganz Deutschland Sensation" („Beschwerdevorstellungen . . .", a.a.O. S. 94). – Als eigentliche Hintermänner des Vereinsverbots betrachtete man in der deutschen Presse die Ultramontanen,
insbesondere die Jesuiten. Die DaAKZ NO. 66 vom 27.4.1844, druckte Sp. 544 eine Nachricht der Bremer Zeitung aus Berlin vom 20.3.1844 ab, nach welcher der Schritt König
Ludwigs, den Gustav-Adolf-Verein zu verbieten, durch eine ausführliche Denkschrift des
ultramontanen Bischofs Grafen v. Reisach, „des unmittelbarsten persönlichen Organs
Gregors XVI. in Deutschland", veranlaßt worden sei. „In dieser von Rom, wahrscheinlich
von dem Jesuitengeneral daselbst (Roothan) inspirierten Denkschrift ist auseinandergesetzt,
daß die sogen. Gustav-Adolf-Vereine nichts mehr und nichts weniger seien, als Gesellschaf-
ten unter Leitung geheimer Oberer, bestimmt, die Grundsätze des revolutionären Rationalismus durch verdeckte Institute von Leipzig aus zu organisieren, und nebenbei die protestantischen Untertanen katholischer Fürsten zur Unzufriedenheit zu reizen". Der im Verein
herrschende Radikalismus habe nicht nur dem Staate, sondern auch den „gesetzlich bestehenden protestantischen Kirchenreformen den Krieg erklärt . . . Kein Wunder, wenn
eifrige und gläubige Protestanten, wie Hengstenberg, einen solchen Verein für eine Lüge
erklärten, der die Reinheit der evangelischen Kirche gefährde, indem er sie in die Flut der
Politik stürze".

58 Vgl. Beyer, a.a.O. S. 144 und DaAKZ No. 68 vom 30.4.1844, Sp. 560 unter „Kirchen-
chronik und Miscellen", wo die Nachricht der „Weserzeitung" vom 12. April 1844 über das
Dementi der Bayerischen Regierung nach entsprechenden diplomatischen Schritten Preußens
abgedruckt ist.

59 Vgl. Art. „Ludwig I" in ADB 19, S. 525. – Einzelne kirchenpolitische Maßnahmen des
Königs, wie gelegentliche Begünstigungen der protestantischen Kirche, insbes. dessen Zu-
wendungen an protestantische Gemeinden, aber auch gelegentliche Proteste gegenüber dem
Verhalten des katholischen Klerus, insbesondere aus Anlaß der Beerdigung der Königin
Karoline im Jahre 1841, zeigten, daß Ludwig I. die ultramontane Politik v. Abels nur
insofern billigte, als sie seinen eigenen absolutistischen Neigungen entgegenkam. Trat ihm
hierin der Herrschaftsanspruch der klerikalen Partei entgegen, so wies er ihn scharf zurück.
– Lange Auslandsaufenthalte und die einseitigen und gezielten Informationen v. Abels,
der als einziger Minister Immediatverkehr mit dem König hatte, sowie eine einseitige In-
formation durch Presseorgane, welche die protestantische Opposition als liberal und revo-
lutionär verdächtigten, täuschten diesen lange über die wahre Beschaffenheit der Dinge
hinweg und ließen erst allmählich Zweifel an der Richtigkeit der Politik seines Ministers
in ihm aufkommen. – Vgl. Neumann, a.a.O. S. 703f., 706f., 720f. 726f.; ferner Dorn,
a.a.O. S. 35f. zur Staatsratssitzung vom 26.2.1845.

60 Der Verfasser des erwähnten Artikels der Augsburger Allgemeinen Zeitung hatte selbst auf
diesen Weg gewiesen, indem er die Annahme von Gaben der „Privatmildtätigkeit" als eine
erlaubte der unerlaubten Annahme von Vereinsspenden gegenüberstellte (vgl. den Abdruck
in DaAKZ NO. 66 vom 27.4.1844, No. 66 Sp. 540). – Ein Artikel „Aus Bayern" in der
DaAKZ No. 106 vom 8.7.1845, Sp. 902f., ruft zu einem derartigen Verhalten auf: „Es
sollte jeder bayerische Protestant sich zur Pflicht machen, die der Hülfe so sehr bedürftigen
genannten Gemeinden nach Kräften zu unterstützen . . . ; dergleichen christliche Zwecke
können bei der rechten Glaubenslebendigkeit auch ohne Verein befördert werden . . ."
(Sp. 903).

61 Vgl. den Aufruf in DaAKZ, ebd., der von der Spende Friedrich Wilhelms IV. berichtet
(Sp. 903), sowie Daumiller a.a.O. S. 172f. – Diese Spende des preußischen Protektors
des Gustav-Adolf-Vereins wurde als eine kirchenpolitische Demonstration aufgefaßt. –
Franz Karl Graf von Giech und Thurnau (1795–1863) war ein scharfer Gegner der Abelschen
Kirchenpolitik und ein eifriger Verfechter der protestantischen Sache. Kurz nach Erlaß der
Kniebeugungsordner nahm er seinen Abschied als Regierungspräsident von Mittelfranken,
um sich ungehindert in den Dienst der Kirche stellen zu können. Er verfaßte die im Jahre
1841 anonym erschienene erste bedeutende Streitschrift gegen die Kniebeugungsorder: „Die
Kniebeugung der Protestanten vor dem Sanctissimum der katholischen Kirche in dem bayeri-
schen Heere und in der bayerischen Landwehr. Materialien zur Beurteilung dieser Angelegenheit vom Standpunkt der Glaubenslehre, des Staatsrechts und der Geschichte", Ulm
1841 (vgl. Dorn, a.a.O. S. 21f.). – Später war Giech ein eifriger Befürworter des Gustav-
Adolf-Vereins und nahm trotz des Verbots an dessen Frankfurter Hauptversammlung im
Jahre 1843 teil (vgl. Beyer, a.a.O. S. 145). In einem Artikel „Bayern und die Gustav-Adolf-
Stiftung", den die DaAKZ am 31.3.1844 (No. 52, Sp. 425–428) veröffentlichte, kritisierte
er die Motive des verschärften Vereinsverbots vom Februar 1844 und seine Anwendung
gegenüber den Gemeinden Passau und Unteraltenbernheim: Als Teilnehmer der Frankfurter
Hauptversammlung erkläre er hiermit, „daß die zu Frankfurt gepflogenen Verhandlungen
mit gewissenhaftem Festhalten an Wortlaut und Geist der Vereinssatzungen ohne alle
polemische Einseitigkeit und in einem Geiste des Friedens und christlicher Liebe geführt
wurden, die es jedem Katholiken erlaubt haben würde, von Anfang bis zum Ende Zeuge
dieser Beratungen zu sein, ohne das mindeste Ärgernis zu nehmen". Es habe sich in Frankfurt wieder deutlich gezeigt, daß der Verein Zwecke verfolge, „die dem wohlverstandenen
Interesse der katholischen Kirche nicht im geringsten zu nahe treten, dem Staate aber, dem
die Förderung des Interesses seiner protestantischen Untertanen in gleicher Weise angelegen
sein muß, als Beweise des wiedererwachten kirchlichen Lebens nur erfreulich und willkommen sein können" (Sp. 428).

62 Vgl. EKZ No. 92 vom 16.11.1844, Sp. 732–733. – Dies ist der erste von Stahl herrührende
   Artikel in der EKZ. Hengstenberg stellte ihn unmittelbar einer Serie von Nachrichten
   „Aus Bayern. Mitteilung von Briefen" voran, welche über die kurz zurvor stattgefundenen
   Generalsynoden von Bayreuth und Ansbach berichteten (vgl. EKZ No. 92, 93, 94 vom
   17., 20. und 23.11.1844, Sp. 733ff., 741ff., 747ff.). – Bei dem Vertrauensmann handelte
   es sich um den Berliner Prediger Kirsch (a.a.O. S. 733), einen Vertrauten Hengstenbergs
   und Mitarbeiter der EKZ.

63 Der kommentierte Erlaß ist abgedruckt bei Huber/Huber, a.a.O. S. 656f. – Zur Bedeutung
   und Wirkung dieses Erlasses vgl. Dorn, a.a.O. S. 11ff.; weiterführend Theodor Heckel, Adolf
   v. Harleß. Theologie und Kirchenpolitik eines lutherischen Bischofs in Bayern, München
   1933, S. 337–349.

64 Vgl. Dorn, a.a.O. S.1 2f., Heckel, a.a.O. S. 344ff. – Das Vorbild des Königs war ein Bericht,
   daß die französischen Truppen nach der Eroberung von Algier bei der Weihe einer Kirche
   im Augenblick der Konsekration aufs Knie gefallen seien, um ihrer Ehrfurcht vor dem
   Walten Gottes Ausdruck zu verleihen. Dieser Bericht soll Ludwig I. tief beeindruckt haben.

65 Vgl. Dorn, a.a.O. S. 15; Heckel, a.a.O. S. 347f. – Diese faktische Milderung des Kniebeu-
   gungserlasses erfolgte durch ein Reskript vom 3.10.1838.

66 Für die Einzelheiten sei auf die Monographie von Dorn, sowie auf die Arbeit von Th. Heckel
   verwiesen; vgl. ferner Roepcke, a.a.O. S. 350ff., Simon, a.a.O. S. 34ff.

67 Vgl. Dorn, a.a.O. S. 13f. – Über die strafgerichtliche Verfolgung des Pfarrers Redenbacher
   von Sulzkirchen in den Jahren 1842f. und des Pfarrers Volkert von Ingolstadt i. J. 1845,
   die gegen den Kniebeugungserlaß in Predigten und Flugschriften Stellung genommen hatten,
   vgl. Dorn, a.a.O. S. 23ff., 53ff.; Roepcke a.a.O. S. 354f.

68 Vgl. Th. Heckel, a.a.O. S. 349.

69 Der König hatte dem Oberkonsistorium mitteilen lassen, daß er den Staatsrat erst nach
   seiner Rückkehr von einem längeren Italienaufenthalt vernehmen wolle. – vgl. Heckel,
   a.a.O. S. 498. – Zum vorsichtigen Vorgehen des Oberkonsistorialpräsidenten v. Roth vgl.
   Heckel, a.a.O. S. 338ff.

70 Vgl. „Auszug aus dem Protokoll des Königlichen Staats-Rats, München, am 23. Dezember
   1839 vorm. 11 Uhr" bei Heckel, a.a.O. S. 498–522, sowie Heckel, a.a.O. S. 351–355. –
   Dem Votum v. Freybergs widersprachen die Staatsräte v. Maurer, v. Stichaner und v. Stür-
   mer, welche geltend machten, daß die Kniebeugungsorder die Verfassung verletze und den
   inneren Frieden des Landes gefährde (vgl. Heckel, a.a.O. S. 355, 510–512).

71 Ähnlich urteilt auch Heckel, a.a.O. S. 353, hinsichtlich der „formalrechtlichen" Berechtigung
   der Deduktion Freybergs über die Stellung und die Beschwerdekompetenz des Oberkonsistoriums.

72 Die Bedeutung des „Besonderen Gewaltverhältnisses", der Rechtsfigur einer besonderen
   Pflichtenstellung der unmittelbaren Unterworfenheit bestimmter Personenkreise, insbesondere
   der Beamten und der Militärangehörigen, unter den monarchischen Herrschaftswillen, der im
   frühkonstitutionellen Staatsrecht – und darüberhinaus bis heute – zu einer wesentlichen
   Einschränkung, ja zu einer Negierung der Sphäre des Schutzes der staatsbürgerlichen Grundrechte führte, ist von Heckel, a.a.O. S. 353f., übersehen worden, wo er ausführt: „Diese
   staatsrechtlichen Ausführungen lassen einen Blick tun in die Unausgeglichenheit der kirchlichen Notwendigkeiten in der staatsrechtlichen Stellung der Kirche. Die Divergenz zwischen
   dem Staatskirchentum und der Kirche als Korporation eigenen Rechtes und eigener Art
   im Staatsganzen tritt in der Deduktion des Referenten zutage. Formalrechtlich hatte der
   Referent nicht unrecht, aber nach der materiellen Seite verletzte diese Rechtsauffassung
   das Wesen der Kirche. Verwickelt wurde der Tatbestand noch dadurch, daß nicht nur die
   Kirche als ein Departement des Staates angesehen wurde, sondern daß in ausschließlichem
   Formalismus das Militär ganz abstrakt als ein reines Werkzeug in der Hand des obersten
   Kriegsherrn betrachtet wurde". –

   Wenn man sich, wie Freyberg, konsequent auf den Boden des „Monarchischen Prinzips"
   stellte, dann ging die königliche Kommandogewalt als Bestandteil der monarchischen Prärogative auch materiellrechtlich dem „Wesen der Kirche" und der Gewissens- und Religions-

freiheit des Individuums als eines *Militärangehörigen* prinzipiell vor. Das Militär war eben gerade nicht „ganz abstrakt" sondern *höchst konkret* ein „reines Werkzeug in der Hand des obersten Kriegsherrn". Um als solches funktionieren zu können, mußten die Bürgerrechtsgarantien für Militärpersonen entsprechend eingeschränkt werden. Freilich konnte man daran zweifeln, ob dies auch für die Religions- und Gewissensfreiheit erforderlich war. Aber den Ausschlag gab auch hier der Wille des Königs, auf dessen Person die Armee vereidigt war. – Den Grundsatz der unbedingten Subordination vertraten in der Staatsratssitzung vom 23.12.1839 der Kronprinz und der Graf v. Seinsheim: der erste hob hervor, die Armee sei ein abgeschlossenes, ausschließlich unter dem Befehl des Königs stehendes Korps, das nur die Pflicht unbedingten Gehorsams gegen die empfangene Order zu leisten habe (vgl. Heckel, a.a.O. S. 51). Der zweite führte aus, es stehe dem König frei, dem Militär vorzuschreiben, was er für gut halte (vgl. Heckel, ebd. S. 512).

73 So auch v. Abel, der ausführte, sobald der Soldat zufolge Dienstreglement und militärischer Ordre ausrücke und unter Waffen stehe, übe er nur Militärdienstpflichten und nicht Religionshandlungen aus (vgl. Heckel, a.a.O. S. 509).

74 Dies brachte I. Döllinger in seinen beiden i. J. 1843 erschienenen, gegen A. Harleß gerichteten „Sendschreiben an einen protestantischen Landtagsabgeordneten" zum Ausdruck. Im ersten vom 12.2.1843 führte er aus: „ . . . ist der Soldat in Reih und Glied mehr als eine abzufeuernde Kanone? So wenig sich diese am Fronleichnamsfeste weigern kann, auf Befehl des Regenten zur Verherrlichung des Festes zu ertönen, so wenig kann der Soldat das Knie zu bewegen verweigern, wenn der Generalissimus es befiehlt. Denn die ganze Armee ist nur eine äußere Gewaltmaschine, deren intelligenter Hebel der Regent als Befehlshaber ist" (zit. bei Simon, a.a.O. S. 36 und Heckel, a.a.O. S. 389).

Im zweiten „Sendschreiben" suchte Döllinger zu beweisen, daß die Kniebeugung für den protestantischen Soldaten eine rein militärische Salutation sei, da er sich bei seiner Körperbewegung nichts Tieferes denken könne und müsse: er kniee nur als Soldat, nicht als Glaubender; anders der katholische Soldat, für den sich Salutation und Adoration hierbei verbinde (I. Döllinger, 2. Sendschreiben an einen Landtagsabgeordneten, München 1843, S. 31). – Auf die Unhaltbarkeit dieser Auffassung für Protestanten wie für Katholiken und deren Folgen wiesen die protestantischen Landtagsabgeordneten in ihrer Eingabe an den König vom März 1840 hin: „Der Kriegsministerialbefehl . . . gebietet den Protestanten zu knien, und er gebietet den Katholiken, zu meinen, es sei das keine Adoration. So treibt dieser Befehl Katholiken wie Protestanten zur Verleugnung ihres Glaubens; den Protestanten, durch den Befehl einer Handlung, welche seinem Glauben zuwiderläuft, den Katholiken durch eine Doktrin, welche der Lehre der Katholischen Kirche widerstreitet. Die Folge jenes Befehls aber, wenn er mit allen Konsequenzen in Fleisch und Blut übergeht, kann nur entweder Haß zwischen den verschiedenen Konfessionen sein, oder Spötterei und Indifferentismus, jedes von beiden gleich sehr von des *Königs Majestät* verabscheut." (Vgl. EKZ No. 37 v. 6.5.1840, Sp. 293).

75 Gemeint war die Beschwerde wegen Verfassungsverletzung nach Tit. VII § 21 der Bayerischen Verfassung von 1818.

76 Der König hatte allen Opponenten seine „Allerhöchste Ungnade" angedroht; vgl. Heckel a.a.O. S. 356f.

77 Abdruck in EKZ No. 36, 36, 38, 39 vom 2., 6., 9., 13. Mai 1840, Sp. 285ff., 291ff., 300ff., 308ff.

78 Vgl. Dorn, a.a.O. S. 21; Heckel, a.a.O. S. 356f.

79 Doch konnte ein Protest einem der Protokolle als inoffizielle „Beilage" zugefügt werden; vgl. Thomasius, a.a.O. S. 275f. – Vgl. zu den Vorgängen auf den Generalsynoden von Ansbach und Bayreuth von 1840 DaAKZ No. 183 vom 17.11.1840, Sp. 1489ff. und Dorn, a.a.O. S. 17.

80 Vgl. Dorn, a.a.O. S. 17. – Zum Verlauf der Generalsynoden von Bayreuth und Ansbach und zu dem Inhalt der Beschwerdepetitionen an den König vgl. „Beschwerdevorstellungen", S. 1ff.

81 Zur Staatsratssitzung vom 26.2.1845 vgl. Dorn, a.a.O. S. 35f., und Heckel, a.a.O. S. 522ff. –
Heckel hat nachgewiesen, daß die in der Presse vorherrschende Dramatisierung der Staatsratssitzung vom 26.2.1845 unrichtig war. Abel forderte nur die Abweisung der Beschwerden und die Abgabe einer beruhigenden Erklärung, nicht eine Mißfallenskundgabe des
Königs gegenüber den Synodalen (vgl. Heckel a.a.O. S. 530).

82 Vgl. Dorn, a.a.O. S. 74.

83 Vgl. die Darstellung der Vorgänge bei Karl Fürst zu Öttingen-Wallerstein, Beiträge zu dem
Bayerischen Kirchen-Staatsrecht, S. 3–12.

84 Vgl. Beyer, a.a.O. S. 145.

85 Vgl. Masur, a.a.O. S. 277f. Der provokativen Rede Freybergs (s. o. S. XXf.) hielt Stahl die
wahren Erziehungs- und Unterrichtsgrundsätze der Reformation und des Protestantismus
entgegen. – Zur Budgetfrage vgl. Masur S. 287ff.

86 Vgl. Masur, a.a.O. S. 292.

87 In: Zeitschrift für Protestantismus und Kirche (ZPK) II, Nr. 1 vom 1. Januar 1839, S. 1–12.
Der ungezeichnete Artikel ist identifiziert nach Stahl, Rechtsgutachten, S. 4 Anm.

88 In: ZPK III. Bd. Nr. 1 vom 1. Juli 1839, S. 1–8; Nr. 3 vom 29. Juli 1839, S. 17–23.

89 Die „Vorrede" des Werkes ist datiert vom 15. Januar 1840.

90 Zit. Stahl, Rechtsgutachten, Berlin 1846. – Die „Einleitung" trägt kein Datum. Die eilige
Entstehung dieser Schrift ist auf Anfang Februar bis Mitte März 1846 anzusetzen. Sie setzt
die Veröffentlichung der „Beschwerdevorstellungen . . ." (Vgl. Vorrede vom 20.12.1845;
erschienen wahrscheinlich Januar 1846, da sie Stahl Anfang Februar zugesandt wurden,
voraus. Terminus post quem ist der 4. Februar 1846; an diesem Tage wurden von den
Synodalen Langguth und Bauer die Verfassungsbeschwerden bei der Kammer der Abgeordneten eingebracht, die Stahl, Rechtsgutachten, S. 5 erwähnt. Die Veröffentlichung
des Rechtsgutachtens muß, wie aus Stahls Briefen an Rotenhan (vgl. E. Salzer, Stahl und
Rotenhan. Briefe des ersten an den zweiten, in: Historische Vierteljahresschrift 14, 1911,
S. 199ff., 514ff.; 532–535) hervorgeht, Ende März bis Anfang April 1846 erfolgt
sein. Salzers Meinung, Stahl habe bereits „zu Beginn der Landtagssession", d. h. Anfang
Dezember 1845, die Aufforderung zu seinem Gutachten erhalten (vgl. Salzer, S. 532), fußt
auf keiner Quellenangabe. Nach Stahl, Rechtsgutachten, S. 5–6, kann diese Aufforderung
frühestens Anfang Februar 1846 ergangen sein.

91 Der Artikel „Über die Konsequenz des Princips" wird von Masur, a.a.O. S. 313f., in seiner
anti-ultramontanen Stoßrichtung zutreffend gewürdigt.

92 Vgl. ZPK III, 1839, S. 22f.

93 Vgl. ebd. S. 2, 3.

94 Vgl. ebd. S. 3ff.

95 Vgl. ebd. S. 7f.

96 Vgl. ebd. S. 17ff.

97 Ebd. S. 23.

98 Vgl. Masur, a.a.O. S. 313f.

99 1.–3. Aufl. 1853. Zuerst abgedruckt in den Aprilnummern der EKZ v. 1853.

100 Vorrede vom 15. Januar 1840. – Da das Werk zu den bekanntesten Schriften Stahls zählt,
beschränke ich mich auf eine kurze Übersicht, die auf seine aktuelle kirchenpolitische Zielsetzung abhebt. – Zu Genese, Inhalt und Wirkung der Schrift vgl. Masur, a.a.O. S. 297ff.
Zur theologiegeschichtlichen Einordnung vgl. E. Hirsch, Geschichte der neueren evangelichen
Theologie V, S. 179–185.

101 Vgl. Kirchenverfassung, S. 5ff.

102 Vgl. ebd. S. 47ff.

103 Vgl. ebd. S. 100ff., 157ff.

104 Vgl. ebd. S. 239ff.

105 Vgl. ebd. S. 263ff.

106 Vgl. ebd. S. 220ff. Dieses Kapitel enthält deutliche Anspielungen auf die konkrete bayerische Lage.

107 In: ZPK II, 1839, S. 1–12.

108 Vgl. ebd. S. 12.

109 Vgl. ebd. S. 2f.
110 Vgl. ebd. S. 4f.
111 Vgl. ebd. S. 5f.
112 Vgl. ebd. S. 6.
113 Vgl. ebd. S. 7ff.
114 Vgl. ebd. S. 11.
115 Vgl. ebd. S. 11f.
116 Vgl. Rechtsgutachten, S. 5f.
117 Vgl. ebd. S. 38ff.
118 Vgl. ebd. S. 42ff.
119 Vgl. ebd. S. 42ff.
119 Vgl. ebd. S. 80–90.
120 Ebd. S. 90.
121 Ebd. S. 80.
122 Vgl. Masur, a.a.O. S. 297ff.
123 Vgl. ebd. S. 326ff.
124 Vgl. ebd. S. 312, 320f.
125 Vgl. Stahl, „Über die gemischten Ehen", ZPK II, 1839, S. 4f., und „Die Konsequenz des Princips", ZPK III, 1839, S. 8.
126 Vgl. Stahl, Rechtsgutachten, S. 86.
127 Vgl. ebd. S. 86ff.
128 Vgl. ebd. S. 38–41. – Stahl geht in seiner These von der Ermessensbindung der königlichen Prärogative bei der Ausübung des Summepiskopatrechts zwar nicht so weit wie der Gutachter in den „Beschwerdevorstellungen . . .", der in jedem einzelnen Falle aus der verfassungsrechtlichen Position der Landeskirche einen öffentlich-rechtlichen Anspruch auf die Vornahme eines die Kirche begünstigenden Regierungsaktes postulierte. Stahl hielt eine Ermessensbindung und -kontrolle erst dann für gegeben, wenn die *fortgesetzte* Ermessensausübung auf einen bewußten politischen Ermessensmißbrauch schließen lasse (vgl. a.a.O. 39f.). Dies nahm jedoch seiner These weder ihre rechts- und staatstheoretische noch ihre politische Bedeutung: mit der Frage nach der Ermessensbindung und -kontrolle königlicher Regierungsakte aufgrund verfassungsrechtlicher Positionen von Einzelnen oder Korporationen mußte die Frage nach der Grenze und Tragfähigkeit des frühkonstitutionellen „Rechts-Staats" als eines politischen Verfassungskompromisses der Interessen des Monarchen und des Bürgertums, der die Vorherrschaft der monarchischen Staatsgewalt unter Konzessionen an die Herrschaftsansprüche der bürgerlichen Gesellschaft rechtlich und politisch sicherstellen sollte, erneut aufbrechen. Diese Grenze war bei den konkurrierenden Herrschaftsansprüchen nicht im Sinne eines harmonisch-gerechten Ausgleichs, sondern nur zu Gunsten oder zu Lasten der einen oder der anderen Seite zu ziehen. Stahl verschob sie in seinem „Rechtsgutachten" aus konkreten kirchlichen anderen Interessen entgegen seiner sonstigen Auffassung zu Lasten des „Monarchischen Prinzips": seine Konstruktion setzte eine Umkehr der Kompetenz-Kompetenzvermutung zu Lasten der monarchischen Regierung voraus. Deren aktuelles rechtliches Ergebnis, die Zulässigkeit der Verfassungsbeschwerden, durfte nicht unterschätzt werden: Zwar konnte der König diese gemäß Titel X § 5 Bayerischer VU erneut und endgültig mit Hilfe des ihm ergebenen Staatsrates abweisen lassen, zuvor wurden sie jedoch vor den Kammern debattiert. – *Diesen politischen Effekt* mußte ein Staatsministerium fürchten, dessen Niederlage zugleich eine politische Niederlage der Krone bedeutete. – Freilich verfügte die Regierung ihrerseits über eine Reihe von Gegenmitteln, wie die Pressezensur, die Quieszierung und Disziplinierung mißliebiger Abgeordneter u. a.
129 Vgl. Artikel „Über protestantische Kirchenverfassung", Historisch-politische Blätter für das katholische Deutschland 6 Jahrgang 1930, 2. Band, S. 596–609. Der Artikel behandelt Stahls „Kirchenverfassung" und die Schrift von G. F. Puchta „Einleitung in das Recht der Kirche". Für den Rezensenten sind die Unterschiede der Auffassungen beider Autoren ein Beweis für die Undurchführbarkeit eines protestantischen Kirchenbegriffs schlechthin (vgl. S. 604ff.).

130 Zur Biographie von Karl Anselm von Öttingen-Wallerstein vgl. ADB 40, S. 747.

131 München 1846. Vorrede vom 15. Juli 1946. — Diese Abhandlung ist aus einer lithographier-
ten Druckschrift „Skizze einer Feststellung der Rechtsfragen, welche bei der Beurteilung
der von der Kammer der Abgeordneten in der Sitzung vom 5. Mai 1846 beschlossenen
Beschwerde

a) über den Confessionswechsel Minderjähriger

b) über die Erteilung des Unterrichts in der Lehre einer Kirche an minderjährige confirmierte
Personen einer anderen Kirche

zu berücksichtigen sind, und Beantwortung derselben gegenüber den, in der Beschwerde-
schrift und in dem Vortrage des II. Ausschusses der Kammer der Abgeordneten aufgestell-
ten Grundsätze" (ebd. S. IX, 1) hervorgegangen, die K. A. von Öttingen-Wallerstein an
sämtliche Mitglieder des Reichsrates vor der Sitzung am 15. Mai 1846 verteilt hatte, um
diese zu einer Ablehnung der Verfassungsbeschwerden zu bewegen.

132 Vgl. Wallerstein, Beiträge, S. 81ff., 142ff., 261–271. — Neben Stahl setzte sich Wallerstein
vor allem mit einem Gutachten des Erlanger Juristen und ehem. Kollegen Stahls, Professor
Christian G. A. Freiherr von Scheurl auseinander (vgl. ebd. S. 39ff.).

133 Karl Anselm von Öttingen-Wallerstein war — wie sein älterer Bruder Ludwig — ein im Geiste
des durch die Aufklärung gemilderten Katholizismus erzogener und liberalen Einflüssen
zugänglicher mediatisierter Standesherr, der die Interessen seiner Adelskorporation unter
den veränderten verfassungspolitischen Bedingungen als Parlamentarier geltend machte
und die individuelle Gewissensfreiheit und religiöse Toleranz als aufgeklärt-liberale Forderungen vertrat. Er stand ganz auf dem Boden des bayerischen Verfassungskompromisses
von 1818 und lehnte jede Veränderung der verfassungspolitischen Lage durch liberale Forderungen von unten oder durch eine omnipotente Staatsmacht von oben ab. Er erkannte die
innenpolitische Gefahr, die vom Bayerischen Kirchenstreit für das verfassungspolitische
„Gleichgewicht" durch liberale und radikale Kräfte ausging und setzte alles daran, den
Kirchenkonflikt auf dem Boden der Verfassung möglichst schnell und friedlich beizulegen,
um eine weitere Radikalisierung in den Kammern und in der öffentlichen Meinung des
Landes zu verhindern. — Stahl war für Wallerstein nicht nur ein Verteidiger der Staatsmacht, die in die verfassungsmäßig garantierte Gewissensfreiheit und in korporative Rechte
— hier der katholischen Kirche — eingriff; dieser lieferte nach seiner Auffassung auch in
einer über das juristische Anliegen eines Rechtsgutachtens hinausgehenden Weise politischen Zündstoff, der zu einer weiteren Radikalisierung beitragen mußte (vgl. Beiträge
S. 164–168). — Den Herrschaftsanspruch der Ultramontanen, gegen den sich Stahl wandte,
hat Wallerstein freilich nicht sehen wollen oder unterschätzt.

134 Brief Stahls an H. von Rotenhan vom 5.11.1846, abgedruckt bei Salzer, a.a.O. S. 536f.

135 Die Gemeinsamkeiten und Unterschiede zwischen Görres und Stahl erweist ein Vergleich
des „Athanasius" mit Stahls Vorlesungen „Über die gegenwärtigen Parteien in Staat und
Kirche" (zuerst gehalten im Wintersemester 1850/51 zu Berlin; 2. Auflage 1862). Während
die Struktur der Systematisierung, die grundsätzliche Betrachtungsweise des Zusammenhanges von theologisch-„weltanschaulichen" und politischen „Parteien" innerhalb des Staates,
der Kirche und der Gesellschaft bei beiden Autoren die gleiche ist, kommen sie aufgrund
ihrer verschiedenen inhaltlichen Voraussetzungen zu unterschiedlichen, ja entgegengesetzten
Ergebnissen über die politischen „Konsequenzen" der „Prinzipien" des Katholizismus
und des Protestantismus.

136 Brief Stahls an Rotenhan vom 23.3.1846; abgedruckt bei Salzer a.a.O. S. 535f. — Mit
„unseren Freunden" meinte Stahl die entschiedeneren Vertreter der protestantisch-kirch-
lichen Opposition, insbesondere einzelne Mitglieder der Synoden von Ansbach und Bayreuth, wie Langguth und Bauer, welche die „Beschwerdevorstellungen . . ." mitverfaßt
und auch die Verfassungsbeschwerde in der Kammer eingebracht hatten. —

Als hervorragende Vertreter des theologischen Rationalismus apostrophierte Stahl Karl
Gottlieb Bretschneider (1776–1848), den Gothaer Generalsuperintendenten und Herausgeber der „Darmstädter Allgemeinen Kirchenzeitung", und Johann Friedrich Röhr (1777
bis 1848), den Oberhofprediger und Generalsuperintendenten von Sachsen-Weimar. —

Leberecht Uhlich (1799–1872), Pfarrer zu Pömmelte bei Schönebeck und seit 1845 an der Katharinengemeinde zu Madgeburg, war einer der tüchtigsten Führer der „Protestantischen Freunde", einer kirchlichen Volksbewegung, die sich nach dem Thronwechsel von 1840, der auch einen Wechsel der Kirchenpolitik bedeutete, in der preußischen Provinz Sachsen bildete. Hervorgerufen wurde diese Bewegung durch die Konfessionellen, insbesondere durch Hengstenberg und dessen Organ, die EKZ, welches die rationalistischen Pfarrer innerhalb der Landeskirche zunehmend angriff und auch vor Denunziationen von Hochschullehrern nicht zurückschreckte. Auch Stahl beteiligte sich an dieser Kampagne gegen diese sog. „Lichtfreunde": als im August 1845 die Gruppe der Schüler und Anhänger Schleiermachers der Agitation Hengstenbergs und seines Kreises entgegentraten, erwiderte Stahl deren Protest mit einer Flugschrift „Zwei Sendschreiben an die Unterzeichner der Erklärung vom 15. bzw. 26. August 1845 . . .", in welcher er die Partei der „wahren Bekenner" der Confessio Augustana ergriff. – Uhlich wurde i. J. 1847 vom Konsistorium seines Amtes enthoben, weil er das Apostolikum nicht im Sinne der Agende benutzt habe, trat mit Teilen seiner Gemeinde aus der Landeskirche aus und wurde Pfarrer der freien „Christlichen Gemeinde" zu Magdeburg. Im Jahr 1848 war er Abgeordneter in der Paulskirche. – In den fünfziger Jahren hatten er und seine Gemeinde mannigfache Verfolgungen von seiten der preußischen Behörden zu erdulden. –

Stahls Haltung gegenüber dem protestantischen kirchlichen Liberalismus, wie sie in dessen Brief an Rotenhan zum Ausdruck kam, war auch unter seinen Erlanger Freunden verbreitet. Charakteristisch war eine Äußerung von A. Harleß, zu der sich dieser von seinem Gegner v. Abel in einer Unterredung verleiten ließ: angesichts der Verhältnisse in anderen Landeskirchen fühlten „wir Protestanten in Bayern uns glücklich, unter einem katholischen Fürsten und nicht unter protestantischen zu stehen." – Als v. Abel seinen Gegner mit dieser vertraulich gemachten Bemerkung öffentlich bloßstellte, suchte dieser seine Äußerung auf wenig glaubwürdige Art und Weise abzuschwächen (vgl. Heckel, a.a.O. S. 367ff. *519*).

Theologie im österreichischen Vormärz

MANFRED BRANDL

a) Einleitung

Eine Geschichte der Theologie im österreichischen Vormärz zwischen dem krassen aufklärerischen josephinischen Denken um 1780/90 und dem endgültigen Durchbruch romtreuer Theologie nach 1848 ist noch nicht geschrieben. Außer Bernard Bolzano und Günther und einigen ihrer Gefolgsleuten (wie J. N. Ehrlich bzw. J. H. Pabst) hat noch keiner der theologischen Schriftsteller Beachtung gefunden, vielleicht auch deswegen, weil nicht viele eine solche verdienen würden. Wahrscheinlich kannte die Zeit nach 1848 bedeutendere kirchliche Denker als der Vormärz. Wie wenig aber der Vormärz heute gewürdigt wird, erhellt auch daraus, daß durchaus bedeutende (also damals beachtete) Leute — etwa Anton Passy — im ²LThK nicht aufgeführt sind.

Der erste Versuch, eine Zusammenfassung über die Kirche Österreichs im Vormärz zu geben, stammt vom derzeit 87 Jahre alten Redemptoristenpater *Eduard Hosp,* der sich überhaupt in seinen Arbeiten auf kirchliche Zustände Österreichs in der 1. Hälfte des 19. Jahrhunderts spezialisiert hat. Sein Werk „Kirche Österreichs im Vormärz 1815–1850" (Wien–München: Herold 1971, = Forschungen zur Kirchengeschichte Österreichs Bd. 9) ist ein stattlicher und materialreicher Band geworden. Hosp bietet viel Literatur, viel Archivmaterial und versucht, seinen Gegenstand allseitig darzustellen. Was herauskam, ist ein braves Buch, biedere Handwerksarbeit. Daß er die Bedeutung der wissenschaftlichen Literatur im Rahmen einer Kirchengeschichte dieser Zeit nicht eben überbetont, erhellt daraus, daß er der „wissenschaftlichen theologischen Literatur" nur 8 Seiten (321–328) widmet, dafür aber Erbauungsliteratur, Homiletik, Katechetik, Zeitschriften u. ä. breiter ausführt. Hosp ist Gegner des Josephinismus und fest in der restaurativen und postrestaurativen Vergangenheit der Kirche verwurzelt:

In Österreich aber bewirkte der Josephinismus mit seinem Druck auf alles kirchliche Leben und seiner Polizeizensur eine traurige Stagnation auf dem Gebiete der theologischen Wissenschaft und Literatur. Daher weist der österreichische Vormärz nur wenige hervorragende theologische Werke auf. (*Hosp,* Kirche Österreichs, S. 321, nach *K. Werner,* Geschichte d. kath. Theol. seit dem Konzil von Trient, München 1865, S. 378)

Als besten Kenner der österreichischen Theologie des 19. Jahrhunderts darf hier der in Wien wirkende *Joseph Pritz* bezeichnet werden. Wichtig für unsere Thematik sind noch drei Bücher von *Eduard Winter:* Barock, Absolutismus und Aufklärung in der Donaumonarchie (Wien: Europa-Verlag 1971), Romantismus, Restauration und Frühliberalismus im österreichischen Vormärz (ebd. 1968), ferner: Revolution, Neoabsolutismus und Liberalismus in der Donau-Monarchie (ebd. 1969). Hintergrund Winters (zuerst Canisianer in Innsbruck, Priester, Prof. der Kirchengeschichte in Prag, später u. a. Vorsitzender der ostdeutschen Rektorenkonferenz) ist eine positive Einstellung zum Josephinismus, die aus des Autors bedeutendem Werk über diesen Gegenstand (1943 erstmals erschienen) hinlänglich bekannt ist und die *Ferdinand Maaß* SJ († 1973) zu seiner großen Quellenedition über den Josephinismus als eine Art „Anti-Winter" veranlaßt hat. Ich kann dieses Lob für den Josephinismus nicht vorbehaltlos teilen. Winter ist auch trotz seiner überaus großen Belesenheit und Quellenkenntnis nicht das letzte Wort für den Vormärz. Man kann eine Geschichte dieser Zeit nicht an Bolzanisten und Güntherianern „aufhängen". Was sickert denn vom Denken großer Geister in die breiteren Massen? Die sehr häufige Verwendung pauschaler Schlagwörter — von Winter selbst entwickelt und auf seinen Gegenstand geklebt („Reformkatholizismus" ist nur das bekannteste) — macht es schwer, die Sachen abzuwägen: zu viele fertige (Vor-) Urteile werden dem Leser zugemutet. Winter zitiert in den drei genannten Werken leider nicht, dafür finden sich gründliche Literaturverzeichnisse im Anhang. Sein Hauptverdienst besteht wohl darin, daß er die drei Sprachgruppen Deutsch, Ungarisch und Tschechisch und ihre geistige Produktion als Einheit sieht und ineinander verwebt.

Wie sieht es weiter mit Hilfsmitteln zur Erforschung dieser Zeit aus? Vorzügliche Bibliographien gibt es für mehrere Orden, wobei auch der österreichische Vormärz mitbehandelt ist. Für die in dieser Zeit so wichtigen Redemptoristen gibt es die Bibliographie *Meulemeesters* aus den 1930er Jahren. Für die Jesuiten haben wir *de Backer-Sommervogel*; die Benediktiner sind in den *Scriptores Ordinis Sancti Benedicti* (Wien 1881) sehr gut erfaßt. Die Augustiner-Chorherren sind von *Černík* schwächer zusammengestellt worden, noch schlechter die theologisch weniger bedeutenden Zisterzienser in ihrer Säkularschrift aus den 1890er Jahren, *Xenia Bernardina*. Wenig Bedeutung kommt in unserem Zeitraum den Prämonstratensern zu; bloß in Strahow wirkten wissenschaftlich engagierte Chorherren dieses Ordens. Für sie gibt es die ebenfalls nicht übermäßig genaue Bibliographie *Goovaerts* aus der Zeit der Jahrhundertwende. Bibliographisch sind die Diözesen schlecht erschlossen — wie ja in Österreich doch in den Orden mehr Männer die Muße fanden, sich ihrer Ordensgeschichte zu widmen.

Eine Gesamtbibliographie des österreichischen Vormärz zu erstellen, auch die auf Österreich Bezug nehmenden Artikel in den deutschen Zeitschriften und vor allem die Rezensionen zu berücksichtigen, wäre reizvoll und wichtig und interessierte mich als Grundlage für eine künftige eingehende Behandlung dieser Zeit schon lange. Es würde mit dem von mir vor meinem Übertritt in den Dienst meiner Diözese in Innsbruck verfolgten und auch seither betriebenen Projekt der Hurter-Nomenclator-Neubearbeitung nicht kollidieren, sondern bloß einen Ausschnitt genauer darstellen.

Kann man überhaupt eine Geschichte der Theologie schreiben unter Ausgriff auf die Spitzenleistungen? Kann und darf man nur die Gipfel über dem Nebel sehen? Was ist denn Ziel einer Theologiegeschichte? Die Spekulationen, die oft genug nur auf Fachkreise beschränkt sind und häufig genug nur wenig in die Verkündigung auf breiterer Ebene eindringen, oder eben auch die Trends, Strömungen, kollektiven Wertungen, Präokkupationen einer Zeit, das Ineinander von „profaner" und „sakraler" Kultur und ihre Auseinandersetzung? Ist Theologiegeschichte — gerade auch im österreichischen Vormärz — nicht auch die Geschichte von Unterlassungen und Einseitigkeiten? Ein Bolzano, ein Günther machen das Kraut nicht fett, wie wir Österreicher sagen — unbeschränkt war ihre Reichweite und ihr Einfluß durchaus nicht und man kann einige große Gestalten nicht als repräsentativ für eine Zeit nehmen.

Vormärz und Romantik fallen zeitlich zusammen. Die Zeit erscheint mir aktuell: Gegenbewegung zum kalten einseitigen (wenn auch durchaus mit starken Gefühlsimpulsen durchwirkten) Vernunftkult der Aufklärung — die Gemüter waren — soweit kirchlich ansprechbar — einem trockenen Schwamm vergleichbar, der sich vollsaugen will. Wir erleben das heute ebenfalls wieder, Rückkehr zum Gefühl, zur „Romantik", Abkehr von einseitiger Rationalität. Allerdings ist diese heutige Gegenbewegung bedeutend irrationaler, rational unkontrollierter als die auch rational immerhin ansprechbare Romantik, die eben ihre Herkunft aus der Aufklärung durchaus nicht verleugnen konnte. Ungestüm und fremdartig ist die heutige Gegenbewegung der Jugend: Jugend fragt nicht mehr nach den ohnedies zu schweren rationalen Begründungswegen, sondern will zurück, zum ursprünglichen Erleben: Chance fürs Christentum, und wahrscheinlich werden wir dem nur sehr schwach ein Angebot entgegenstellen können, weil heutige Fachtheologie in für die Massen nicht mehr zugänglichen Regionen beheimatet ist. Wo Erleben ist, dort scheint der Wahrheitsaufweis nicht mehr gefragt, dort *ist* für die meisten Menschen ja bereits Wahrheit. Berücksichtigt das heutige praktische Theologie?

b) Das affektive Erleben der Zeit bis 1848

Mit der Preßfreiheit 1781 fing eine beispiellose Flut von kirchenkritischen Broschüren an. Diese Welle schwappte von Österreich, genauer: Wien, sogar nach Norddeutschland, und Nikolais „Allgemeine deutsche Bibliothek" hat sich anfangs mit Genuß die Aufgabe gestellt, diese Äußerungen aufgeklärter Gesinnung im bis dahin nach außen so stockfinsteren Lande hochzuloben. Daß deutsche Lande bessere Leistungen aufweisen mochten in Kritik und Polemik, störte nicht, man leistete gerne Schützenhilfe. Diese Flut von 1781/82ff. läßt sich nicht anders erklären, als daß hier lang Aufgestautes sich plötzlich den Weg bahnte. (Eine eingehende Zusammenstellung einiger hundert der wichtigsten Broschüren kirchenreformatorischen bzw. konservativen Inhalts aus der Zeit 1781—92 werde ich vielleicht erstellen). Aber schon unter dem nach außen als aufgeklärt vielgelobten Leopold II., unter dem Einfluß der Französischen Revolution, besinnen sich offizielle Stellen, der Hof, die Zensur: plötzlich ist diese Welle wieder passé, auch weil sie sich zunächst inhaltlich totgelaufen hatte, und so bleibt es — unter dem Druck des Metternich-Systems — bis 1848. Im Revolutionsjahr passiert in der literarischen Produktion Österreichs Ähnliches wie 1781: Plötzlich wieder eine Flut gehässigster Schriften; pathologischer

Kirchenhaß bricht durch. *Gustav Otruba* (Linz/D.) hat in der Loidl-Festschrift diese Literatur gewürdigt (Katholischer Klerus und „Kirche" im Spiegel der Flugschriftenliteratur des Revolutionsjahres 1848. Festschrift Franz Loidl, 2. Bd., Wien 1970, 265–313). Freilich: die Kirche durfte man auch bis 1848 — im Gegensatz wohl zu deutschen Landen — nicht offen angreifen. Sie, die Stütze von Thron und Altar? Franz I. († 1835) hat sie immer als Funktion für Ruhe und Sicherheit des Staates und Stütze der gesellschaftlichen Ordnung gesehen, und so auch Metternich (*E. Widmann*, Die religiösen Anschauungen des Fürsten Metternich. Darmstadt: Winter 1914).

Nicht zu übersehen ist im österreichischen Raum auch eine kulturgeschichtliche Beobachtung. Kalter, gefühlsarmer, rationalistische Grundeinstellung widerspiegelnder Klassizismus ist landläufig eher selten; das Barocke hält sich durch: es ist in den Massen genau wie voraufgeklärtes religiöses Empfinden zu verwurzelt und wird erst später durch (neu-)gotisches Empfinden ersetzt, was aber ein Anschließen an barocke kirchliche Mentalität durchaus einschließt. Nach der äußeren kulturellen Erscheinung: welch ein Weg von späten Äußerungen barocken Empfindens der 1770er bis 90er Jahre zu den ersten neugotischen Bauten und Kunstwerken! Innerlich dennoch: in vielem eine Einheit! Insgesamt ist der Vormärz arm an Kunst, von der Musik (Beethoven, Schubert) und der stillen Größe der meist dem Alltag zugewandten Malerei und Wohnkultur des „Biedermeier" abgesehen. Der Elan ist doch vorerst noch dahin — kann man von hier aus nicht auch Linien zur Theologie ziehen? Zeiten künstlerischer Vitalität sind auch Zeiten der Hochblüte bejahender Stellungnahmen zu Glaubensinhalten, wenigstens in den Zeiten der klassischen Stile.

Der Aufklärung bei uns waren gewisse Bereiche der Kunst kein Anliegen, etwa Kirchenbau, Malerei und ähnliches. Ich habe bei der Bearbeitung des *Hurter*-Bandes „Deutsche Lande — Aufklärung" keine eigenen Titel zum Problemkreis „Religiöse Kunst" feststellen können. Man weiß nur, daß Gotik-Mittelalter wie Barock, die in der Aufklärung überwundene Kunstepoche, von aufgeklärten Kreisen abgelehnt wurden. Im Vormärz wird Kunst langsam wieder ein Anliegen, auch wenn man sich historischen Mustern zuwendet — und ich meine, die Neopseudostile, die man landläufig so abwertet, sind durchaus beachtenswerte Äußerungen positiv-gläubiger Gesinnung und Gefühls. Doch klaffen im 19. Jahrhundert Kunst und Kirche bereits massiv auseinander: Die Stärke des österreichischen Vormärz lag etwa, was die Malerei betrifft, im profanen Bereich, nicht im sakralen: Waldmüller gefällt heute besser als Führich oder Schnorr von Carolsfeld.

Ich stehe der *Restauration* insgesamt positiv gegenüber. Es ist immer wieder zu beobachten, daß mit aufgeklärter Kopflastigkeit die Massen auf die Dauer nichts anzufangen wissen. Der sogenannte josephinische „Reformkatholizismus" war nun der Versuch, das äußere Element, das sinnenfällige, auszuklammern, zur Einfachheit zu kommen — aber was gab das den Massen? Das Wahre, Gute und Schöne gehören zusammen; die Massen finden das Schöne nicht in der Idee, so fehlte dem von Staatswegen streng reglementierten theologischen Denken das Element des Schönen, und dabei verkümmerten auch die anderen Werte zu leeren Phrasen, die

niemanden mehr fesselten. Dieser Geist wird aber bald überholt! Auf diesem Hintergrund mag ein „Bolzanist" wie der Prager Religionslehrer Franz Schneider (1794–
1858) durchaus als reaktionär gelten. Von seinem Buch „Geschichte . . . Jesu
Christi", [2]I, 1848, sagt eine Rezension (Kath. Literaturblätter zur Sion, 1848,
Nr. 17, Sp. 137–139), er beurteile die Güter einer Religion nach der numerischen
'Güte ihrer Lehren; seine ganze Darstellung leide auch an der ‚irrigen' Vorstellung,
die Religion sei bloß zur Besserung der Sitten und zur Läuterung und Aufklärung
des Verstandes da. Das ist natürlich in echt josephinisch-funktionalem Geiste gehalten!

Für die Zeit vor, sagen wir, Einsetzen der kriegerischen Wirren 1792/93 können
wir Aussagen zum Zeitgeschmack wagen. Wer den Geschmack dieser Zeit in österreichischen Landen kennen lernen möchte — und solche Dinge ergänzen das Verständnis theologischer Äußerungen vorteilhaft, ja notwendig! —, dem empfehle ich
einmal Mozarts Opern, vorab die für den vulgären, freimaurerisch getönten Zeitgeschmack sehr relevante „Zauberflöte". An Dichtern waren beliebt ein Gellert, Klop-
stock, der Exjesuit Michael Denis. Weiter verbreitet und viel gelesen war das Frivo-
le: Alxinger, Blumauer, v. Born, Leon, Retzer, Friedel, Pezzl und viel andere. Keine
aufbauenden Geister. Protest, negative Stellungnahme zur Finsternis von vorher
war ihr Thema. Sie wirken wie 17jährige Halbwüchsige, die gegen die Spießermen-
talität der Erwachsenen randalieren. Ein weiter Weg zu einer Aussage, wie sie das
durchaus nicht betont katholische „Jahrbuch der Literatur" (4, Wien, 1818, S. 70)
zu Silberts „Die heilige Lyra" (Wien 1819) traf:

In diesen Gesängen lebt durchgehends ein wahrhaft frommer Sinn und warmes religiöses Gefühl, und wenn es gleich einigen darunter an höherem Schwunge fehlt, so sind dagegen andere
von ausgezeichnetem Werthe und großer Schönheit.

Im josephinischen ausgehenden 18. Jahrhundert war in Wien dichterische Sprache
weithin herabgesunken, Medium für kritische bis zynische Äußerungen zu sein.
In der Romantik wird es wieder hoffähig, blühende Phantasie auf biblische Worte
etwa zu verwenden. Johann Emanuel Veith schrieb Bände voll über „Die Worte
der Feinde Christi" (Wien 1829) oder „Die Leidenswerkzeuge Christi" (Wien 1827):
neuer, selbstbewußter Katholizismus schart sich wieder jenseits jeglicher Unter-
kühltheit hinter einem festen klaren Ja zu einer bewußt anti-wissenschaftlich, emotional verstandenen Bibel und dem Nein zu den herrschenden Formen des Unglaubens, vermeintlichen und echten. Veith ist weitschweifig in seinen Bezügen
und Anspielungen, aber wortgewaltig. Seine Sprache entbehrt nicht des guten
Geschmackes. Allerdings sind die Aussagen auch oft allgemein und abstrakt —
Erbe des deutschen Idealismus, insofern er bis in niedrigere Schichten des Denkens und allgemeinen Bewußtseins heruntersteig? Für ein gebildetes Publikum
im Vormärz mochte er der richtige Mann wohl sein, und damals zählten gute
Predigten schließlich noch als gesellschaftliche Ereignisse.

Überhaupt wurde es spätestens nach 1820 wieder gestattet, Gefühl beim Anblick
religiöser Kunst zu äußern. Dahin war das gestörte Verhältnis zu religiöser Kunst
— die ja nie dem Streben nach reiner Idee entsprechen mochte. Schon 1825

wird etwa das Titelkupfer zu einem Silbert'schen Kommunionbuch wie folgt
beschrieben:

In Verlegenheit sind wir aber, wenn wir das Gefühl aussprechen sollen, das uns durchglüht,
wenn wir das von dem großen Mahler der heiligen Cäcilia, Schnorr von Carolsfeld gezeich-
nete und von Berger gestochene Titelkupfer betrachten. Wir finden die Worte nicht. Es ist
die Allerheiligste Hostie, in die unendlichen unbegränzten Räume ihre ewigen Strahlen hin-
aussendend, umringt von Myriaden liebentflammter Engel, die staunend anbethen das un-
aussprechliche Geheimniß. (Theol. Zeitschrift, hg. J. Frint, 13. Jh. 1. Bd., 1825, S. 383)

Auch Österreich macht im Vormärz — wie der gesamtdeutsche Raum — in den
Niederungen kirchlichen Schrifttums eine starke Rückwendung zu barocker Literatur und dem Mittelalter mit. Mittelalter und Barock — wie waren sie im josephinischen Jahrzehnt noch geschmäht worden! Alles darin war finster. Veith be-
nützte für seine „Die Leidenswerkzeuge Christi" (Wien 1827) etwa Paolo Segneri
SJ, Jermias Drexel SJ und Engelgrave; Silbert übersetzte Bernhard von Clairvaux
als mittelalterlichen Autor und eine Unzahl barocker, wie den ohnedies unbe-
strittenen Fénelon und Franz von Sales, aber auch solche, die im Österreich des
ausgehenden 18. Jahrhundert verpönt gewesen wären. Dieser Johann Peter Silbert
(1777—1844) galt auch im außerösterreichischen deutschen Raum als ein „noch
nicht übertroffener Meister in Übersetzungen" (ARelKfr, Kath.-theol. Lit.blatt
Nr. 9 v. 4.3.1842, S. 37). Von 1819 bis 1836 hatte er bereits an Übersetzungen
und eigenen Werken über 140 Bände geliefert (Chrysostomus 1836, 2. Bd., S.
335).

In bereits abgelebter Zeit galten Silbert, Passy, Sintzel so ziemlich für die fingerfertigsten
ascetischen Schrifsteller. Buchfelner war nur ein Stümper gegen die Heroen. Damit dieses
unschätzbare Genus nicht erblasse ist der ehem. Pfarrer von Thanheim (Dr. F. J. Holzwarth)
auf das Beste gemüht, die drei streitbaren Herren Silbert, Passy, und Sintzel in sich allein
zu verschmelzen. Die Hurter'sche Buchhandlung gibt den Senf . . ." (*A. Moser* in: Oesterr.
Vjschr. f. kath. Theol., 10. Jg., Wien 1871, S. 176)

Über Silbert gibt es eine umfangreiche Monographie von *Pierre Paulin* (Johann
Peter Silbert. Beitrag zur Wiener kath. Romantik, 1929). — Die Tatsache, daß
germanistische Studien über katholische Belletristik selten oder nie von Theologen berücksichtigt werden oder wenigstens registriert werden, mag auch eine
gewisse Rolle in der kirchlichen Geistesgeschichtsforschung spielen: Germanisten
und Kulturhistoriker kennen den Boden, auf dem auch kirchliches Denken wächst
und gegen den es sich abhebt, durchschnittlich ungleich besser: Literatur ist
mehr dem Zeitgeschmack verhaftet als abstrakteres Denken in Philosophie und
Theologie.

c) Schrifttum und Themen

Die Jahre politischer und kriegerischer Wirren mit den Höhepunkten 1800/01,
1805, 1809 und den Aufregungen bis zum endgültigen Sturz Napoleons sind
gekennzeichnet durch materielle Armut, bedingt durch Krieg und vielfältige Re-
quirierungen durch die Franzosen. Parallel dazu kann man im ganzen deutschen
Raum eine deutliche Abnahme literarischer Produktivität feststellen. Auch im

Vormärz stieg die Kaufkraft der Massen in Österreich nicht eben sonderlich: Not hielt auch nach dem Wiener Kongreß an, und die Jahre unmittelbar vor 1848 sind durch neue Not — Mißernten, Teuerung — charakterisiert. Indes wird doch 1815/48 weit mehr kirchliches Schrifttum gedruckt als etwa 1781/1815. Besonders die armenischen *Mechitaristen* hatten daran großen Anteil. Sie brachten bei der Übersiedlung nach Wien (1811) Druckereimaschinen mit und richteten eine Druckerei ein, besonders für den Druck von Werken in orientalischen Sprachen. 1828 erwarb der Erzbischof und Generalabt Aristaces Azaria das Verlagsrecht und das Recht, eine Buchhandlung einzurichten. Das wurde für die Verbreitung katholischer Bücher von großer Bedeutung, denn viele Verlage lehnten katholische Werke ab, weil sie infolge des oft geringen Absatzes wenig Gewinn einbrachten, andererseits verloren sie bei anderen Buchhandlungen dadurch an Ansehen. 1829—1850 bestand, veranlaßt durch die Mechitaristen, eine Buchgemeinschaft zur Verbreitung guter Bücher. Joh. Nep. Passy wurde Geschäftsführer des Verlages und der Buchgemeinschaft (*E. Hosp,* Kirche Österreichs im Vormärz, S. 290f.). Übrigens wäre es interessant, einmal Auflagenhöhe und Verbreitung kirchlicher Literatur in jener Zeit festzustellen. In österreichischen Landen hatte aufgeklärte und theologisch-wissenschaftliche Literatur wahrscheinlich nur wenig Absatz. Hingegen konnte das „Katholische Missionsbüchlein" der Redemptoristen (Wien: Mechitaristen) bis 1844 einschließlich der böhmischen Ausgabe einen Absatz von insgesamt 225 000 Exemplaren melden. (Sion 1844, Sp. 239.)

Auch *Zeitschriften* kirchlicher Richtung gab es — sie trugen wesentlicher bei zur geistigen Überwindung des Josephinismus und zum Anschluß an das gesamtdeutsche Denken. Georg Passy gründete die Zeitschrift „Ölzweige" (zu ihr: *E. Hosp,* Kirche Österreichs, S. 277ff.). Am 2.1.1819 erschien die erste Nummer. Man suchte darin die positive Formulierung, nicht die negative Polemik gegen das Abgelehnte in der katholischen Kirche, wie es vorher häufig noch üblich gewesen war. Die Mitarbeiter waren illustre Gestalten des vormärzlichen österreichischen Katholizismus: Dorothea Schlegel, Adam Müller, Zacharias Werner, Dr. Johann Emanuel Veith, Dr. Johann Madlerer, P. Anton Passy, Silbert, vielleicht auch Anton Günther, der damals im Hofbauerkreise stand. Die letzte Nummer stammte vom 31. Dezember 1823 — das Höherstehende hat immer einen kleinen Leserkreis. Das romantisch-ästhethische Element ist in den „Ölzweigen" unübersehbar.

Der Burgpfarrer und Universitätsprofessor Joseph Pletz wurde von *Hosp* (Kirche Österreichs im Vormärz) nicht genug gewürdigt. Er war ein wichtiger Mann der neu erstarkenden kirchlichen Richtung in Österreich. Geboren am 3.1.1786 in Wien, wurde er 1812 Priester, 1813 erzbischöflicher Zeremoniär, wirkte bald nach der Weihe an der Universität und im erzbischöflichen Seminar. 1815 supplierte er Dogmatik, 1816 wurde er zum wirklichen Hofkaplan und zum Studiendirektor am Augustineum (Frintaneum) ernannt. 1823 wurde er Professor der Dogmatik an der Universität, 1827 Domherr, 1829 Direktor der philos. Studien, 1830 Domdechant in Wien, 1832 Direktor der theolog. Studien und Regierungsrat, 1836 Hof- und Burgpfarrer. Er war Erzieher beim Hof und Beichtvater Kaiser Ferdinands, der 1835 den Thron bestieg. Eigene Bücher schrieb Pletz kaum, dafür um so mehr

Zeitschriftenbeiträge. Seit 1813 lieferte er fleißig Aufsätze in Frints „Theologische Zeitschrift". 1828 setzte Pletz das Frintsche Organ mit einer „Neuen theologischen Zeitschrift" fort, welche, gesamtdeutsch gesehen, ein durchaus profiliertes Organ war. Pletz zählte viele österreichische Priester und Ordensleute zu seinen Mitarbeitern. Neben Mitgliedern des Frintaneums arbeiteten auch Veith und Anton Passy mit. Der Bogen der Themen war weitgespannt — Informationen über kirchliches Geschehen in der Monarchie und außerhalb — besonders viele Missionsnachrichten (Leopoldinenstiftung!) — Rezensionen, Abhandlungen, und, verglichen mit deutschen Organen, wie „Katholik", „Sion", „Allgemeiner Religions- und Kirchenfreund", weit weniger Apologetik und viel weniger Erbauung. Insgesamt war die Zeitschrift eine Leistung, so daß sie es schon lange verdiente, einmal dargestellt zu werden. Pletz, der von *Hosp* als „streng kirchlich" bezeichnet wird (Kirche Österreichs, S. 244f., 286, 318), führte die Zeitschrift bis zu seinem Tod 1840; dann ging sie ein.

Natürlich fanden auch theologische Zeitschriften Deutschlands Leser im österreichischen Klerus, wie der „Allgemeine Religions- und Kirchenfreund" von Benkert in Würzburg, der „Katholik" von Mainz, die „Sion" und die „Neue Sion" von Augsburg, vor allem aber die 1838 von Josef Görres begründeten „Historisch-politischen Blätter" von München, die immer wieder Situationsberichte aus Österreich brachten. Schließlich entstanden in Tirol und Oberösterreich nach 1840 eigene „Katholische Blätter". So wurzelte sich der Geist der katholischen Restauration im Klerus Österreichs immer tiefer ein. 1850 schuf die theologische Fakultät Wien auf Anregung von Dr. Johann Michael Häusle (*E. Hosp*, Kirche im Sturmjahr. Erinnerungen an Johann Michael Häusle. Wien: Herold 1953) und Prof. Dr. Josef Scheiner die Halbjahresschrift „Zeitschrift für die gesamte Theologie". Mit der Verurteilung A. Günthers ging diese Zeitschrift wieder ein (1857) (*Hosp*, Kirche Österreichs, S. 287).

Ob viel katholisches Schrifttum aus Österreich hinausging in den deutschen Raum? Der Mainzer „Katholik" stellt 1824 bedauernd fest: „Aber so geht's mit fast allen Büchern, die in den österreichischen Staaten im Druck erscheinen; sie bleiben fast ausschließlich in österreichischen Buchläden". (Der Katholik, 12. Bd., 1824, S. 157). Daß aber österreichisches katholisches Schrifttums durchaus vor der deutschen Kritik bestehen konnte, zeigen die vielen wohlwollenden Rezensionen in deutschen kirchlichen Organen, auf die wir auf Schritt und Tritt stoßen. Einer der Denker, der am ehesten noch beiden Räumen zugetan war, dem österreichischen wie dem deutschen, war Johann Heinrich Pabst (1785—1838). Aus dem kurmainzischen Lindau im Eichsfeld gebürtig und Dr. med., verband er sich als Mitarbeiter sowohl mit dem Hermesianerkreis — er veröffentlichte in der Kölner „Zeitschrift für Philosophie und katholische Theologie" — als auch mit Günther, den er 1823/24 kennen lernte. Von ihm stammen qualitätsvolle, heute noch lesbare Ausarbeitungen. *Hosp* erwähnt ihn in seiner Geschichte der österreichischen Kirche im Vormärz nicht einmal.

Neben solchen Geistern wie Pabst, in denen sich neues kirchliches Erstarken und durch die Aufklärung geschultes Denken glücklich miteinander verbanden, gab es auch massivere Anzeichen der Restauration. Das um 1773 bereits altersschwache Element des Jesuitenordens, der sich in Augsburg bis um 1800 im Salvatorkolleg noch stark bemerkbar machte, konnte in Österreich im Vormärz wieder Fuß fassen: besonders in Tirol freute man sich darüber. Franz Xaver Weniger (1805 bis 1888) schrieb mit seinem apologetischen Werk „Die apostolische Vollmacht des Papstes in Glaubens-Entscheidungen" (Innsbruck 1841) das erste große Werk von vielen weiteren, mit denen Jesuiten hinfort ihren Beitrag zu österreichischer Theologie, besonders von Innsbruck aus wirkend, leisten sollten (*F. X. Weiser*, Ein Apostel der Neuen Welt, Franz X. Weniger S. J., 1805—1888, Wien 1937). Und welch ein Umschwung seit dem offiziell so ordens- und jesuitenfeindlichen Zeitalter eines Joseph II: Pletz, der Burgpfarrer, durfte in der größten kirchlichen Zeitschrift der Monarchie den Jesuiten einen „historischen Ehrentempel" widmen! (SA: Historischer Ehrentempel der Gesellschaft Jesu, Wien 1841). Daß Bruderschaften, Skapuliere, Litaneien, Andachten und ähnliches nicht so staatsgefährlich seien, wie Joseph II. und seine „Hoftheologen" einst gedacht hatten, diese Einsicht machte sich mit der Zeit wieder geltend, und entsprechende Literatur fand weitere Verbreitung. „Österreich erlaubt wieder die Einfuhr von Amuletten und Skapulieren", konnte die streng kirchliche „Sion" 1843 melden (Sion 1843, Sp. 230 bis 232). Anders war es noch bei den Wallfahrten, denen der Polizeistaat äußerst mißtrauisch gegenüberstand, doch auch diese wurden mit der Zeit von der Liberalisierung des Lebens berührt und konnten wieder aufleben.

Manche Themen waren ganz oder teilweise tabu, wie Kommunismus oder Sozialismus. Solches behandelte man — auch nur sehr knapp — höchstens außerhalb Österreichs. Erst in den 1860er Jahren setzte die Industrialisierung in Österreich so recht ein. Wenn man will: Über die Cholera 1831 und ihren Platz in der Vorsehung könnte man vielleicht mehr Literatur finden als über soziale Probleme. J. N. Ehrlich (1810—1864) macht hier eine rühmliche Ausnahme, und das Jahr 1848 bringt auch eine gewisse Beschäftigung mit sozialer Thematik, aber ob man von einer breitgelagerten Strömung sprechen darf, ist doch fraglich. (Eine Wiener staatswiss. Diss. beschäftigt sich mit dieser Thematik: *H. Belovari*, Christlicher Demokratismus und christlicher Sozialismus im Jahre 1848 in Wien, Diss. Wien 1960). Durch das verstärkte Interesse an Gesellschaftsproblemen rückte auch Johann Nepomuk Ehrlich in der letzten Zeit stärker ins Blickfeld theologiegeschichtlicher Forschung, der Schöpfer des Begriffes „Fundamentaltheologie", deren 1856 neugegründeten Lehrstuhl in Prag er erhielt. (Vgl. Briefe Anton Günthers an Johann Nepomuk Ehrlich. Mit einer Einleitung [von] *Joseph Pritz*, Wien 1971)

d) Die vormärzlichen Bischöfe

Nicht zu übersehen ist, daß im Vormärz der Hof endlich davon abkam, nur Adelige zu Bischöfen zu ernennen. Jetzt sind mehr Bürgerliche daran. Vertreter des Hochadels ist eigentlich nur Friedrich Fürst Schwarzenberg, dem Veith am 4. August 1833 die Primizpredigt hielt und der schon 1836 Fürsterzbischof von Salzburg wurde (vgl. *C. Wolfsgruber*, Friedrich Kardinal Schwarzenberg, Wien 1906—17), später nach Prag kam und seit 1842 Kardinal war. Insgesamt sind die Bischöfe der Zeit noch nicht genügend gewürdigt, obwohl hier einige Gestalten durchaus herausragen: etwa der Katechetiker Augustin Gruber von Salzburg, Bernard Galura von Brixen, der St. Pöltener Bischof Jakob Frint und der aus dem süddeutschen Raum stammende Gregorius Thomas Ziegler, welcher auch im außerösterreichischen deutschen Raum viel gelobt wurde und den restaurativen katholischen Zeitschriften als ein Bischof nach ihrem Sinn galt. Galura fand relativ viel Beachtung für sein reiches katechetisches Schrifttum. Galura und Ziegler prägten praktisch den gesamten Vormärz. Zeitlich spannt Galuras Schaffen einen weiten Bogen. Seine ersten Arbeiten sind Produkte aufgeklärter josephinischer Gesinnung auf dem liberalen und geistig recht aufgeregten Boden von Freiburg im Breisgau und beginnen 1790; er starb indes erst hochbetagt im Jahr 1856. Was zuerst einmal „progressiv" war, schliff sich mit der Zeit zusammen (vgl. *Joseph Hemlein,* Bernard Galuras Beitrag zur Erneuerung der Kerygmatik, Freiburg: Herder 1952 = Freib. Theol. Studien 65). Auch als Gebetbuchautor oder -kompilator ist Galura bedeutend; er wurde viel gelesen und exzerpiert.

Genauer zu untersuchen wäre auch noch die Bedeutung Frints für das intellektuelle und religiöse Leben Österreichs zur Zeit der späteren Franzosenkriege und des Vormärz. Wohl gibt es einige Arbeiten: eine ältere Innsbrucker Dissertation von *Leopold Schmutzer* (Abt und Bischof Dr. Jakob Frint [1810—1834], Diss. Innsbruck 1925), dann finden sich Bemerkungen über seine moraltheologischen Ansichten in *Diebolts* französischem Werk (La Théologie Morale Catholique en Allemagne au temps du Philosophisme et de la Restauration 1750—1850, Strasbourg 1926, 175—179), Ausführungen in *Lentners* bravem Buch „Katechetik und Religionsunterricht in Österreich. 1. Band: Katechetik als Universitätsdisziplin in der Zeit der Aufklärung, Innsbruck-Wien-München 1955, S. 301—315) und ein Buch von *Eduard Hosp:* Zwischen Aufklärung und katholischer Reform. Jakob Frint, Bischof von St. Pölten, Gründer des Frintaneums in Wien (Wien—München 1962). Nur: so vielseitig Hosp seinen Quellen nachgegangen ist, so gut er den Vormärz archivalisch und literarisch studiert hat, so ist es doch ein wissenschaftlichen Ansprüchen nicht recht genügendes Werk.

Auf dem Hintergrund der idealistischen Philosophie wäre einmal Frints „Handbuch der Religionswissenschaft für die Kandidaten der Philosophie" zu würdigen (Wien 1806—08). Das umfangreiche Werk muß Einfluß auf seine Zeit gehabt haben. Wenn ich es nicht falsch beurteile, ein Versuch einer allseitigen Näherbringung christlichen Glaubens und Lebens — nicht so sehr spezifisch katholischen — für Nichttheologen, unter zwangloser und eifriger Benützung idealistischer Terminologie. Ob Frint seinen Kant und dessen Nachfahren verstanden oder, wie wahrscheinlicher, mißverstanden, oder noch besser: einfach terminologisch ausgeschlachtet hat, ist dabei zu berücksichtigen. Leider zitiert er in dem sechsbändigen Werk keine Autoren. Daß es oft und ausführlich besprochen wurde, zeigt das Interesse, das die Zeit diesem heute fast unbekannt gewordenen Buch widmete. Eduard Winter hat es übrigens verachtet.

Frint war auch ferner noch eifrig bemüht, praktische Werke zu verfassen, etwa „Ueber Standes-Wahl" — damals ein beliebtes Thema (Oberrauch, Sulzer); „Der

Geist des Christenthums von seiner wohlwollenden Seite dargestellt", beide 1808; dann „Gedanken des Ernstes in den Tagen des Leichtsinnes", 1812, welches sogar in einer deutschen protestantischen Zeitschrift (Annalen der neuesten theologischen Litteratur, Rinteln 1813, 787–791) entschiedenes Lob erfuhr, und vor allem seine „Theologische Zeitschrift" ab 1813, in welche er sehr viele Beiträge lieferte, besonders über den Priesterstand und seine Aufgaben und Ausbildung. Wie schon im „Handbuch" 1806ff. nimmt er wieder gegen ‚Rationalismus' Stellung (Theol. Zschr., hg. J. Frint, III/2/1, 1815, 87ff.). 1816 schrieb er einen Wälzer, „Darstellung der katholischen Lehre von dem heiligen Abendmahle nach dem Bedürfnisse der neuern Zeiten" (Wien–Triest 1816). Darin findet man neben mancher Ablehnung des „Zeitgeistes" und des Rationalismus aber doch manches von der Verflachung der Zeit: trotz seines Protestes, Glaubenslehre dürfe nicht zugunsten der Sittenlehre zurückgedrängt werden, die Feststellung etwa, die Eucharistie sei das „vorzüglichste Tugendmittel", und die einst bei den Jansenisten so beliebte Hinwendung zu der Theologie der Kirchenväter unter gänzlicher Hintanstellung scholastischen Denkens jeglicher Art.

In einer Zeit, da die Universitätslehrer der Theologie in Österreich sich auf den von Staatswegen oktroyierten Lehrbüchern ausruhten, hatte Frint den Mut, eine Priesterweiterbildungsanstalt zu gründen, das nach ihm benannte Frintaneum, und er schrieb ein Buch dafür: „Darstellung der höhern Bildungsanstalt für Weltpriester zum h. Augustin in Wien, nach ihrem Zwecke sowohl als nach ihrer Verfassung. Ein Seitenstück zu der Abhandlung: über die intellektuelle und moralische Bildung der Kleriker" (Wien 1817). Eine Geschichte des Frintaneums und seines Einflusses auf die Kirche der Monarchie, mit welcher es auch fiel, steht noch aus; Maaß meinte einmal, die in desolatem Zustand befindlichen Akten müßten unbedingt bald durchgearbeitet werden, ihr Verfall sei zu befürchten.

Frints Stellungnahme zu den Nichtkatholiken ist ebenfalls kennzeichnend für die josephinische Zeit und ihren Geist, der wenigstens bis 1848 ziemlich alleinherrschend war. Entsprechend den stets wiederholten Empfehlungen des Jahrzehnts von 1780–1790, die Trennpunkte zwischen den Konfessionen zugunsten eines konfessionellen Friedens zu übergehen, das gemeinsam Christliche herauszustreichen, ist auch Frint hierin noch sehr vorsichtig, aber diese Haltung macht offenbar im Verlauf seiner schriftstellerischen Tätigkeit doch einem entschiedenen, wenn auch nicht vorlauten Beharren auf dem katholischen Standpunkte seiner Zeit Platz. Immerhin schrieb er 1818 in seiner Zeitschrift einen Artikel, „Einige Bedenken über religiöse Schriften für Christen, ohne Unterschied der Confession" (Theol. Zschr., hg. J. Frint, VI/1, 1818, 37–88). Aber so klar katholisierend wie die streitbareren deutschen Kollegen wurde er doch nie. Noch 1820 kommt auch eine „Sammlung praktischer Vorträge zur Befestigung des Glaubens, der Tugend und Zufriedenheit" (Wien–Triest 1820) – man beachte die zeittypische im Titel ausgedrückte Trias! Und wiederum recht kennzeichnend für den Vormärz ist Frints Exkurs über die Privatlektüre der Seelsorger (Theol. Zschr., hg. J. Frint, VIII/2, 1820, 339–363; IX/1, 1821, 185–198) und „Ueber zweckmäßige Nebenbeschäftigungen für Theologen und wirkliche Seelsorger" (ebd. 198–222), denn immerhin war der österreichische Klerus seit dem Vormärz bei allem möglichen fleißig engagiert, beim Gründen von Versicherungen, Sparkassen, Wohltätigkeitsvereinen, Landwirtschaftsgesellschaften, Musealvereinen u. ä. — auch ein Ausdruck dafür, daß eben der Staat die Kirche weithin als innerweltliche Funktion — aber unter sich stehend — auffaßte. Ab 1828 haben wir von Frint gedruckte Fastenpredigten und Exerzitien; letzteren galt sein besonderes Interesse — auch gegen den Geist des Josephinischen Zeitalters. Und überhaupt darf man die in Österreich besonders ab den 1840er Jahren feststellbare Exerzitienbewegung in Zusammenhang bringen mit der Annäherung an einen restaurativen Katholizismus deutscher Prägung. Als Frint als Bischof von St. Pölten am 11.10.1834 starb, sagte sogar Benkerts massiv kirchliche Zeitschrift: Frint habe entschieden zum Besserwerden in Österreich mitgewirkt, ja man möchte sagen, eine neue, besser Periode angebahnt (Allg. Rel.- u. Kirchenfreund, Feb. 1835, Sp. 78).

Auch im Falle von Gregorius Thomas Ziegler vermissen wir schmerzlich das Vorhandensein einer gründlichen Monographie, die sein Wirken als Schriftsteller und Bischof beleuchtete. *Hosps* fleißiges Buch, „Gregorius Thomas Ziegler, Bischof von Linz" (Linz 1955), ist zwar mit Belesenheit abgefaßt, aber wiederum genügt es nicht eingehenderen Bedürfnissen. Vor allem gelingt es Hosp nicht, den geistes- und theologiegeschichtlichen Ort des Schaffens Zieglers zu beleuchten; das Buch ist eher ein Erbauungsbuch als eine Biographie. Da Ziegler Bolzano ablehnte und in seiner Eigenschaft als Theologieprofessor gegen den umstrittenen Mann Stellung nahm, hat E. Winter seinerseits Stellung gegen Ziegler bezogen. Zieglers Nachfolger war übrigens der sture Bischof Franz Joseph Rudigier.

Viel gute Presse erhielt auch Roman Zängerle (1771—1848), der seit 1803 an den Universitäten Salzburg, Krakau, Prag und (seit 1812) Wien wirkte und 1824—48 Bischof von Seckau (Steiermark) war. Mit ihm geistesverwandt war Alois Schlör († 1852). Erbauung war Zängerle wichtiger als Wissenschaft, und wie Schlör setzte er den Hebel der Besserung erst einmal beim Klerus an, dessen Herausholung aus josephinischen Verhaltensweisen ja notwendig war. (Vgl. *Bonifacius Sentzer,* Roman Sebastian Zängerle, Graz 1901; *Hosp* in Jahrbuch der österr. Leo-Gesellschaft 1934, 133ff.; *G. Wintersberger,* Fürstbischof Dr. Roman Zängerle von Seckau . . . , Innsbruck 1937; *K. Amon,* Die Bischöfe von Graz-Seckau, Graz 1969, S. 405—420). Gregor XVI. sagte 1844 von Zängerle: Unicus est Romanus episcopus in Austria (*Hosp,* Kirche Österreichs, S. 106) — ein zweideutiges Wort!

Sehr verdient um intensivere Frömmigkeitspflege ist der schon genannte Dr. Alois Schlör, dem Joseph Pletz 1828 die Primizpredigt in Wien-Altlerchenfeld hielt. Schlör wiederum, erst 28 Jahre alt, hielt für Franz von Bruchmann, den wichtigen Redemptoristenprovinzial des Vormärz, 1833 die Primizrede; Ausdruck, wie kirchliche Restauration im österreichischen Vormärz mit diesem Orden Hand in Hand ging, mehr noch als mit den Jesuiten. (Beide Orden wurden 1848 Angriffspunkt pathologischen Ordens- und Kirchenhasses.)

Beachtung fand auch Augustin Bartholomäus Hille (1786—1865), der 1832 Milde auf dem Leitmeritzer Bischofsstuhl nachfolgte. Er schrieb das irenische Hauptwerk des österreichischen Vormärz, „Soll die Scheidewand unter Katholiken und Protestanten noch länger fortbestehen? Ein Wort der Liebe an alle, welche die katholische Kirche nicht kennen oder mißkennen . . ." ([1]1818, [2]1819, [3]1821, [4]1839). Die ersten drei Auflagen erschienen übrigens in Augsburg, Kennzeichen dafür, daß doch ab und zu Manuskripte ins Ausland gelangten. Sonst fanden hauptsächlich seine Hirtenbriefe Beachtung, welche gerne in deutschen Zeitschriften wie „Katholik", „Sion", abgedruckt wurden. (Vgl. *F. Reike,* Augustin Bartholomäus Hille, Bischof von Leitmeritz. Ein Lebensbild, Wien: Opitz 1910.)

Es gab im österreichischen Vormärz nicht ähnlich heftige Kämpfe wie in Deutschland zwischen den Konfessionen. Auch innerkirchliche Polarisierungen wie etwa in Württemberg, Baden oder Preußen gab es nicht. Der Österreicher, sagt man, streitet nicht so gerne, er nörgelt lieber. Die großen Triebfedern vormärzlichen Denkens in deutschen Landen, der Protestantismus, die Mischehestreitigkeiten, und, ab 1845, das Schreckgespenst Deutschkatholizismus, berührten Österreichs literarische Produktion fast nicht. Erst im Vormärz festigt sich die kleine Schar der Evangelischen, und erst in der zweiten Jahrhunderthälfte empfindet sie die katholische Kirche als Bedrohung. Apologetik und Kontroverstheologie liefern im Vormärz keine verbreiteteren Erzeugnisse. Erst 1848 kam es in den Wirren des Revolutionsjahres zu größerer deutschkatholischer Agitation in Wien. Kabinettsbefehle vom 1. und 20. April 1845 (Sion 1846, Sp. 693) unterbanden zunächst diese Bewegung, die im Reich ja ungeheuer breit pro und contra Widerhall fand. Metternich wies dieser Bewegung innerhalb der Kirchen dieselbe Rolle zu wie dem Kommunismus innerhalb der Gesellschaft.

e) Einzeldisziplinen (knappe Anmerkungen)

Auf dem Gebiete der Dogmatik wurde nicht sehr viel geleistet. Wer kennt heute etwa noch die „Institutiones theologiae dogmaticae" von Matthias Beyr aus St. Pölten? (3 Bde, Wien 1847, rez. von Hitzfelder in Tübinger ThQ 1847, S. 169–180). Vielleicht wirkte auch die josephinische Abscheu vor scholastischer Spekulation und dogmatischen ‚Spitzfindigkeiten' nach, wo man meinte, die Aufklärung würde es so weit bringen, daß man die Dogmatik in ein fingerdickes Bändchen komprimieren könne! Hosp nennt Bischof Ziegler „ohne Zweifel" den bedeutendsten Dogmatiker des österreichischen Vormärz (*Hosp,* Kirche Österreichs, S. 321). Bei den *Katechetikern* verdiente einmal der spätere Militärbischof Johann Michael Leonhard (1782–1863) eine Würdigung (Zusammenstellung von Daten und Lit.: *Hosp,* Kirche Österreichs, S. 153–156 u. Anm. dazu). Trotz schwächlicher Gesundheit war Leonhard ein unermüdlicher Schriftsteller. Seine praktischen Werke erlebten z. T. sehr viele Auflagen. Von Leonhards „Theoretisch-praktische Anleitung zum Katechisieren" (1819) urteilt Hofinger, das Werk habe der Aufklärung in den österreichischen Schulen den Todesstoß versetzt.

Das *Kirchenrecht* war eine stiefmütterlich behandelte Disziplin. In ihm offenbarte sich ja am meisten der ideologische Charakter des Josephinismus, und man mag sagen, dieses Staatskirchensystem sei nicht Kirchenfeindlichkeit, aber Feindlichkeit gegen das Kirchenrecht (*Hosp,* Kirche Österreichs, S. 19). Das Handbuch des frommen 1808 verstorbenen Linzer Konsistorialkanzlers Georg Rechberger galt bis tief in den Vormärz hinein – trotz Indizierung. Dollinger brachte ein dürres josephini-sches Kirchenrecht heraus. Schwerdling sammelte fleißig die oberste „Glaubens-quelle", die k. k. Verordnungen, in bändereichen Kompilationen. Wie beruhigend für josephinischen Klerus, zu wissen, daß er seiner Berufspflicht aufs vollkommen-ste genügte, wenn er jeder Eigeninitiative und schöpferischer Phantasie entbehren durfte, ja mußte. Nach diesen Heroen war es Joseph Helfert (1791–1847), seit 1821 Professor des römischen und kanonischen Rechts, der auf dem Boden des geltenden Staatskirchenrechts doch eine leise Wendung zum Besseren anbahnte, die sogar „Der Katholik" (1847, S. 520) anerkannte:

Es ist in der That nicht zu läugnen, daß Helfert seit Dollingers Tod der einzige Schriftsteller Oesterreichs gewesen ist, der in einer Reihe von Jahren fast alle Fächer des gemeinen und österreichischen Particularrechtes durch gründliche Schriften bearbeitete, denen als würdiger Schluß des Ganzen sein Handbuch des Kirchenrechts folgte . . .

Spezialist für die Mischehenfrage war Johann Baptist Kutschker (1810–1881), der spätere Wiener Erzbischof und Kardinal, der ein langes Werk, „Die gemischten Ehen von dem katholisch-kirchlichen Standpuncte aus betrachtet", 1834–36 in der Pletzschen Zeitschrift erstmals veröffentlichte. Hier ist direkter Anschluß an die fruchtbare außerösterreichische Diskussion gegeben: die Schriften von Zumbach, Leander van Eß, L. A. Nellessen und A. J. Binterim hatten ihn zur Abfassung angeregt. Und vergessen wir nicht Roskovany!

Um das indizierte Lehrbuch der *Kirchengeschichte* von Dannenmayer zu ersetzen, verfaßte der Klosterneuburger Chorherr Jakob Ruttenstock als Nachfolger Vinzenz Darnauts sein dreibändiges Lehrbuch, Institutiones historiae ecclesiasticae. Rutten-stock war von 1812 bis 1830 Professor der Kirchengeschichte an der Wiener Theo-logischen Fakultät. Das Werk reichte bis zu Luther. Der Autor vertrat in den Vor-lesungen teilweise noch protestantisierende Ansichten, überarbeitete aber seine Vor-lesungen dann in kirchlichem Geist. (Der Einfluß Schröckhs auf die Katholiken brauchte eine Würdigung!) Als Ruttenstock 1830 Prälat wurde, verhinderten seine Amtsgeschäfte die Vollendung des Werkes. Dieses wurde 1834 offizielles Lehrbuch für Österreich (*Hosp*, Kirche Österreichs, S. 324). Der genannte Darnaut legte den Grund zu einer kirchlichen Topographie von Niederösterreich. 1817 veröffentlichte er seinen Plan in Frints Zeitschrift. Die „Historische und topographische Darstellung der Pfarren, Stifte, Klöster, milden Stiftungen und Denkmäler im Erzherzogthum Österreich" wuchs auf 17 Bände an. Von Darnaut stammen der erste und zweite Band. *Hosp* nennt sie „eine reife Frucht der neuerweckten Liebe der Romantik zur geschichtlichen Vergangenheit und ihren Denkmälern" (Kirche Österreichs, S. 323). Landesgeschichte wird von Kirchenmännern eifrig betrieben. Für die späte-re Tiroler Geschichtsforschung – sie ist ja das Muster einer braven Geschichtsschrei-bung – ist von eminenter Bedeutung gewesen Franz Anton Xaver Sinnacher (3.12. 1772–9.1.1836), ein fleißiger Sammler, Kompilator, der so ziemlich am Anfang steht in österreichischer Lokal- und Kirchengeschichtsforschung. Mir ist keine ab-schließende Arbeit über ihn bekannt (zuletzt: *J. Baur*, Hg., Das Kirchenbuch des Kuraten F.A.S. für die Kirche von St. Magdalena in Gsies=Schlernschriften 240,

Innsbruck 1965). Was täten wir ohne seine neunbändigen „Beiträge zur Geschichte der bischöflichen Kirchen Säben und Brixen in Tirol" (Brixen 1824–36)? Franz Xaver Pritz (1792–1871) ist typisch für einen durchschnittlichen k.k. Theologieprofessor. Er veröffentlichte zwar einige exegetische Artikel, weil er in Linz/D. Exegese dozierte, aber bekannt wurde er als Geschichtsschreiber der oberösterreichischen Landes-, besonders Kirchengeschichte. Daß Priester fachlich „fremd" gehen ist häufig, denken wir an die St. Florianer Historikerschule, Kurz, Chmel, Pritz, später Czerny.

Die *Exegese* zehrte im übrigen noch vom Einfluß des der protestantischen Exegese der Aufklärung nahestehenden Johann Jahn, dessen Schriften z.T. auf dem Index landeten. Im übrigen wissen wir über die Geschichte der Exegese überhaupt sehr wenig, gerade was Aufklärung und Vormärz betrifft; in Österreich etwa: wie hat man Exegese doziert, was hat man geschrieben? Wie rezipierte man die Protestanten oder lehnte man sie ab? Der Klosterneuburger Chorherr Peter Fourerius Ackermann erwarb als Professor des Alten Testaments in Wien durch seine Überarbeitung der „Einleitung" (1825) und der „Archäologie" von Jahn Ansehen. Ackermann gehörte dem Hofbauer-Kreis an (*Hosp,* Kirche Österreichs, S. 321). Sein Vorgänger Altmann Arigler OSB-Göttweig († 1846) hatte sehr wenig veröffentlicht, gilt aber als aufgeklärter Exeget. Seminarprofessor Kaspar Unterkircher (Trient) gab in Innsbruck eine lateinische „Einleitung" (1835) und eine Hermeneutik (1831) heraus, die dem neuen kirchlichen Geist entsprachen (*Hosp,* Kirche Österreichs, S. 321).

In der Homiletik bildet es einen stehenden Grundsatz, der namentlich von den österreichischen Pastoralisten bis zum Ueberdruß ausgebeutet worden ist, daß sich der Redner zum gemeinen Volksverstande herablassen und demselben seine Gedanken mundrecht machen müsse. Herr Veith befolgt das gerade Gegentheil. Er zwingt das Auditorium, sich nach ihm zu richten und sich zu ihm zu erheben. Seine Reden taugen in keine unserer gewöhnlichen Kategorien: sie sind weder Predigten, noch Homilien, noch homiletische Abhandlungen, sondern Alles dieses zugleich, und dazu noch in einer Sprache dargestellt, die ... mehr dem Theologen vom Fach geläufig ist. (Der Katholik, 85. Bd., 1842, S. 299f.)

Predigtbände wurden, der Zeit entsprechend, viel herausgebracht. Veith war der bekannteste Homiletiker; verbreitet, aber schwach war Michael Kajetan Herrmann (1756– nach 1835).

Josephinische Sparsamkeit in der Liturgie war der Pflege dieses Faches nicht eben förderlich. 1844 meldet ein Korrespondent, „möglichste Vermehrung ... des feierlichen öffentlichen Gottesdienstes ist es aber unläugbar vor Allem, worauf man heutzutag das Augenmerk richten zu müssen glaubt ..." (Sion 1844, Sp. 959). Hofbauer hatte sich einfach nicht gekümmert um die Sparvorschriften – und die Leute waren zu seinen Gottesdiensten geströmt!

Einer der meistgelesenen Jugendautoren war der Laie Leopold Chimani (1774– 1844), seit 1819 Leiter der Normal-Schulbücher-Verschleiß-Administration in Wien. Er schrieb harmlose erbauliche Jugendbücher im Stil der Zeit, wie etwa auch in deutschen Landen außerhalb der k.k. Monarchie so viele ähnliche Bücher schrieben, ein Bauberger, Dewora, Nebel, v. Schmid und viele andere. Chimani lieferte auch in Pletz' Zeitschrift Artikel über Religionsunterricht, das Wiener Taubstummeninstitut, das deutsche Schulwesen seit Maria Theresia u.ä.

Der streitbare Klerus franzisko-josephinischer Prägung kündet sich in Sebastian Brunner ebenfalls schon an. Er veröffentlichte seit etwa 1842. Nach einigen Gehversuchen auf dem Gebiete der Erbauungsliteratur wechselte er bald in das für ihn so kennzeichnende polemisch-apologetische Gebiet über. Man kann ihn ein wenig mit dem Freiburger Alban Stolz vergleichen. Schon 1848 entfaltete er eine bedeutende journalistische Tätigkeit (vgl. *K. Ammerl,* S.B. und seine publizistische Stellungnahme in der Wiener Kirchenzeitung, Diss. Wien 1934; *Renatus Ritzen* OFM, Der junge Sebastian Brunner in seinen Verhältnissen zu Jean Paul, Anton Günther und Fürst Metternich, Aichach; Lothar-Schütte-Verlag 1927).

Desiderate für Forschung gäbe es sicher genug. Einige kleine wollen wir noch anmerken: Zu erforschen wäre die Auseinandersetzung der österreichischen katholischen Kirche mit dem *Liberalismus.* Daß hier zunächst ein potenter Gegner zu wenig gesehen wurde, ist nicht zu verkennen. Allerdings waren ja die politischen Zustände bis 1848 einem größeren Wirksamwerden des Liberalismus nach außen nicht förderlich. Veith schrieb 1834 seine Kanzone „Meisterlosigkeit" (Leipzig: Herbig 1834) gegen die ‚liberalen Umtriebe' der Zeit. Immerhin trugen die Bolzanisten auch, wie Winter feststellt, zum Zunehmen des Liberalismus in den Reihen der Katholiken bei — das *Wie* würde indes interessieren. Wer die verkalkte Mentalität österreichischer Kleinstadtliberaler kennt, weiß heute noch anhand praktischer Beispiele, was er vom Liberalismus zu halten hat.

Ebenfalls zu untersuchen wäre das Verhältnis der akademischen Theologie — der Fakultäten — mit den Erzeugnissen, welche aus der Praxis erwuchsen. Sicher kamen die besten Schriften durchschnittlich von Leuten, die an den Universitäten wirkten, doch war der Anteil von Schriften, welche von praktischen Seelsorgern kamen, eher bedeutender als heute. Die Kluft zwischen den fachtheologischen und den aus Praxis kommenden Schriften mag nicht so groß gewesen sein wie heute, wandte sich ja gerade das Schrifttum der besten Leute, etwa des Bolzano- und Güntherkreises — an die Gebildeten auch unter den Laien. (Man denke an Jakob Beers Erbauungsreden für Gebildete.) Wie weit wirkte der deutsche Geistesraum nach Österreich herein? Hätte der österreichische Klerus 1848 trotz vieler Bremsmanöver so bereit sein können, für die Freiheit der Kirche vom Staat (im damaligen Verständnis dieser Freiheit) eintreten zu können, wenn nicht das mächtige Beispiel des Ringens in Baden-Württemberg, Preußen und anderswo gegeben worden wäre? Allein in den staatlichen theologischen Fakultäten hätte jedenfalls der romtreue Geist nicht eingesogen werden können.

Eine interessante Gestalt auf anderem Gebiete ist Alexander Leopold Fürst von Hohenlohe-Waldenburg-Schillingsfürst (1794—1849), 1824 zum Domherrn in Großwardein ernannt. In jüngeren Lebensjahren führte er à la J. J. Gassner Gebetsheilungen durch, die natürlich heftige Ablehnung hervorriefen (vgl. *S. Merkle,* Zur Beurteilung des Wundertäters Alexander von Hohenlohe, JH 2/3, 1935, 371—391). Auch als Schriftsteller — konservativer Zeitkritiker und Homiletiker — war Hohenlohe fruchtbar. Jedenfalls war er eine der Zelebritäten im österreichischen Klerus seiner Zeit.

f) Schlußanmerkungen

Zeitgenossen sahen die Veränderungen, die Österreichs Kirche und mit ihr notwendig die Theologie im Vormärz mitmachten. Zitate mögen dies schlaglichtartig beleuchten:

Bemerker, Beilage zum Allgem. Rel. - u. Kirchenfreund Nr. 51 v. 3.12.1839, Sp. 677f.:

Von der böhmischen Grenze, im November 1839. Der kirchliche Gährungsproceß ist auch bei uns im besten Gange, und wir hoffen, daß er glücklich genug ablaufen werde, um alle politische Hefe auszustoßen, welche seit Kaiser Josephs Zeiten, und zum Theil schon früher, das kirchliche Element getrübt und um Geist und Kraft gebracht haben. Es war theilweise Alles bis zur eckelhaften Schalheit ausgegeistert. Dank, tausendfältigen Dank der ewigen Vorsehung, welche ein neues Ferment gefunden, und in . . . Gregor XVI. uns den Mann Gottes gegeben hat, der dasselbe mit kräftiger Hand unter das verdumpfte Mehl mischte. Nichts vermag mehr die geistige Kraft in ihrer Durchdringung zu hemmen; die Sichtung des Göttlichen vom Ungöttlichen muß zu Stande kommen. − Hier wird noch Alles von der Regierung erwartet; aber die ängstliche Ungeduld aus Irrthümern aufgeschreckter Gewissen, die man mit dem Vorgehen, als geschähe bei uns Alles im besten Einvernehmen mit dem h. Vater, sehr sorgfältig einlullte, dürfte bei der größten, durch jedes Opfer bewährten Anhänglichkeit an unsere Regierung, sich für mehr als berechtigt halten, auch andere Mittel zu suchen, um sich gehörige Beruhigung zu verschaffen . . .

Beilage zum Katholiken Nr. 7 (3. April 1846), S. 185:

Aus Sachsen im März. Das der „Katholik" seinen Lesern aus fast allen Diöcesen Deutschlands und der Nachbarstaaten die merkwürdigen Vorkommnisse auf kirchlichem Gebiete, leider aber aus den Diöcesen Böhmens und überhaupt der österreichischen Monarchie verhältnißmäßig weniger (wie wir wissen, ohne Schuld der Redaction) mittheilt . . .

Der Katholik 135 v. 10.11.1848, S. 544:

Prag, im November. Es fällt mir sehr schwer, die Feder zu ergreifen, um Ihnen aus unserm Böhmerlande eine Mittheilung zu übermachen. Gutes und Erfreuliches kann ich Ihnen diesmal nun schon leider nicht berichten. Ich bin ein Freund unserer heiligen katholischen Kirche und kann als solcher kein Freund des alten Kaunitz-Metternich'schen, die Kirche zur elenden Staatsmagd herabgewürdigenden Regierungssystemes seyn; aber der jetzige politische Zustand ist noch zehnmal schlechter, als der frühere. Die Meisten der Beamten sind Freunde der Anarchie, wenigstens der schrankenlosesten, unmöglich ausführbaren Freiheitsideen; die höchste und höhere Geistlichkeit scheint, mit sehr wenigen Ausnahmen, leider zu schlafen, und die Masse des Volkes, vergiftet von der schlechten Presse . . . und der Glaube, . . . der Wind und Wellen zu bewältigen vermag, − den haben schon längst die Bolzanisten gestohlen!

Sion XVIII/15 v. 4.2.1849, Sp. 136:

Wien. Der Erzbischof (Milde) hat endlich einmal das so zweideutige Stillschweigen gebrochen und mit seinen Suffraganen energisch protestiert gegen die Grundrechte, die da in der Kemsirer Garküche sollen ausgekocht werden: doch reitet er auf der sehr unpractischen Idee einer Staatskirche herum. Natürlich ein Hierokrat kann ohne Bureaukratie nicht bestehen. Die katholische Kirche kann und darf nie Staatskirche seyn, sonst sinkt sie, wie zu Zeiten des schmachvollen Josephinismus zur unthätigen Magd der Staatsomnipotenz herab . . .

Liberaler französischer Katholizismus im Vormärz (1830–1848)[1]

GEORG SCHWAIGER

Das Jahr 1830 bedeutet in der europäischen Geschichte keine derart epochale Wende wie die Jahre 1789, 1815, 1848 oder 1914, wohl aber einen deutlichen Einschnitt. Erneut ging eine revolutionäre Welle von Paris aus, und Paris war Frankreich. Nach der Ausschaltung Napoleons hatte die Restauration der Bourbonen in der französischen Gesellschaft tiefe Gegensätze aufgewühlt zwischen dem Adel, der seine alten Privilegien und Güter wiederhaben wollte, und dem Bürgertum, das die freiheitlichen Errungenschaften der Revolution zäh verteidigte. Die Gegensätze wuchsen unter dem streng legitimistisch gesinnten König Karl X. Die „Julirevolution" des Jahres 1830, eine Erhebung von Studenten und Arbeitern, zwang den König zur Flucht. Als Kandidat des liberalen Bürgertums übernahm der Herzog Louis Philippe von Orléans die Würde eines „Königs der Franzosen". Der politische Umsturz in Frankreich schlug wieder seine Wellen über weite Teile Europas hin. Die Teilung des Königreichs der Niederlande brachte den ersten großen Schlag gegen die Ordnung des Wiener Kongresses. Im russisch beherrschten Polen, in Irland, Piemont, in den Herzogtümern Parma und Modena und im Kirchenstaat kam es zu revolutionären Erhebungen oder doch zu explosiven politischen Gärungen, und auch in Spanien und Portugal brachen bald die schwelenden Konflikte neu auf.

In diesen revolutionären Gärungen spiegelte sich ein tiefer gehender Aufruhr der Geister. Die wirtschaftlichen und sozialen Strukturen begannen sich jetzt erst allmählich stärker zu wandeln. Aber Geist und Phantasie der Intelligenz waren vielfach dem langsamen Wandel der Strukturen weit vorausgeeilt, wie schon im 18. Jahrhundert. Die revolutionären Ideen der Freiheit und Gleichheit, der gleichen Gerechtigkeit für alle, hatten die Geister mächtig angerührt und Zukunftsträume ausgelöst: in liberalen Zeitungen, in zahlreichen kleinen Abhandlungen, in den Systemen eines utopischen Sozialismus und in der literarischen Romantik. Besonders die intellektuelle Jugend verlangte nach Änderung der bestehenden Verhältnisse. In Frankreich, Belgien, Deutschland und Italien träumte diese Jugend von einer Umgestaltung, deren Verwirklichung zunächst noch als unmöglich sich erwies, weil die Kräfteverhältnisse zu ungleich erschienen. Immer von neuem wurde dieses Verlangen unterdrückt und verdrängt, aber bei jeder Gelegenheit brach es wieder hervor, und 1848 explodierte es förmlich in mächtigen politischen Erdstößen über ganz Europa hin. Das Revolutionsjahr 1848 sah nicht nur das Bürgertum, den revoltierenden Dritten Stand von 1789, auf dem Höhepunkt — und weithin im kläglichen Scheitern seiner Bemühungen. Im selben Jahr ging auch, von der Öffentlichkeit kaum zur Kenntnis genommen, das „Manifest der Kommunistischen Partei" von London aus in englischer, französischer, deutscher, italienischer, flämischer und dänischer Sprache in die Welt. In den einleitenden Sätzen heißt es dort: „Ein Gespenst geht um in Europa — das Gespenst des Kommunismus. Alle Mächte des alten Europa haben sich zu einer heiligen Hetzjagd gegen dies Gespenst verbündet, der Papst und der Zar, Metternich und Guizot, französische Radikale und deutsche Polizisten."[2] Und im ersten Teil des „Manifestes" stehen unter dem Titel „Bourgeois und Proletarier" die Leitsätze aller künftigen marxistischen Geschichtsauffassung: „Die Geschichte aller bisherigen Gesellschaft ist die Geschichte von Klassenkämpfen ... Die aus dem Untergang der feudalen Gesellschaft hervorgegangene moderne bürgerliche Gesellschaft hat die Klassengegensätze nicht aufgehoben. Sie hat nur neue Klassen, neue Bedingungen der Unterdrückung, neue Gestaltungen des Kampfes an die Stelle der alten gesetzt ... Die ganze Gesellschaft spaltet sich mehr und mehr in zwei große feindliche Lager, in zwei große, einander direkt gegenüberstehende Klassen: Bourgeoisie und Proletariat."[3] Damit tritt der Vierte Stand auf die Bühne, und sein Kampf gilt, kaum ein Menschenalter nach dem Sturm auf die Bastille, zwar auch noch den immer mehr verblassenden „Kronen und Baronen", aber recht eigentlich dem Dritten Stand, der tödlich gehaßten „Bourgeoisie". So rasch hatte sich im Verlauf einer Generation die europäische Szenerie gewandelt.

Die geistige Auseinandersetzung war schon im 18. Jahrhundert von Frankreich angeführt worden. Am Ende des Jahrhunderts hatte das Land in der großen Revolution bereits die vielfältigsten Möglichkeiten bis zum Exzeß verwirklicht, erfahren und erlitten. Leidenschaftlicher als anderswo stießen hier die Bannerträger revolutionärer Änderung mit den seit 1789 unheilbar verstörten Anwälten der Tradition zusammen. In diesem bewegten, hochexplosiven Gelände stehen auch die verschiedenen, verschiedenartigen Versuche innerhalb des französischen Katholizismus, Christentum und Kirche in der neuen, vom Erbe der Revolution in jedem Fall mitgeprägten Zeit zu verwirklichen. Zwischen den Umstürzen von 1830 und 1848, im „Vormärz", hat der „liberale Katholizismus" in Frankreich seinen Höhepunkt erreicht.

Die Bezeichnungen „libéraux catholiques" — „catholiques libéraux" finden sich zum erstenmal in einem Artikel „Sendung des französischen Volkes, d. h. der Katholiken von Frankreich" (Mission du peuple français, c'est-a-dire, des catholiques de France), der am 3. Januar 1831 in der Zeitung „L'Avenir" erschienen ist[4]. Der Gedanke einer politischen Verbindung von Liberalen und Katholiken ist aber einige Jahre älter. Er tritt schon in den späten zwanziger Jahren in Belgien auf, wo ein großer Teil der katholischen Bevölkerung in Opposition gegen die niederländisch-protestantische Vorherrschaft stand. Das Zusammengehen von Katholiken und Liberalen in Belgien leitete hier eine Katholische Bewegung ein, die wesentlich zur staatlichen Emanzipation der katholischen Südprovinzen des Königreichs der Niederlande in der Revolution von 1830 beitrug[5].

Die eigentliche Restaurationsepoche ging in Frankreich, früher als im übrigen Europa, schon mit der Julirevolution 1830 zuende. Unter den Bourbonenkönigen Ludwig XVIII. und Karl X. wurden in Frankreich große Anstrengungen gemacht, die schwer angeschlagene Kirche wieder aufzurichten und wieder mit echtem Leben zu erfüllen. An diesem Aufbauwerk arbeiteten zahlreiche Priester und eine beträchtliche Zahl engagierter Laien. In diesen Kreisen erschien die Revolution und die mit der Revolution identifizierte Gesellschaftsauffassung als ein Übel schlechthin, gegen das man mit Eifer ankämpfte. Jetzt waren die letzten Sympathien, die ein Teil des „konstitutionellen", das heißt auf die Verfassung der Revolutionszeit vereidigten Klerus den freiheitlich-aufgeklärten Ideen des ausgehenden 18. Jahrhunderts entgegengebracht hatte, geschwunden.

Um 1830 sah in allen Ländern Europas die Masse der Katholiken das Heil der Kirche ausschließlich in der Wiederherstellung der politischen Verfassung des Ancien Régime und in der Rückeroberung der privilegierten Stellung der Kirche in der Gesellschaft. Zur gleichen Zeit begann eine steigende Zahl junger Kleriker und Laien nach einer Möglichkeit zu suchen, den Katholizismus in gewissem Maße mit dem Liberalismus auszusöhnen. Die jungen Leute waren mächtig ergriffen von der Mystik der Freiheit, die sowohl die Literaten und Künstler der Romantik als auch die liberalen revolutionären Verschwörer und jene Studenten inspirierte, die Gegner des Systems der Heiligen Allianz waren. Ohne den eigenen Glauben preiszugeben, begannen sie, eine auf den Grundsätzen von 1789 basierende Gesellschaftsordnung anzunehmen. Diese Grundsätze lauteten: persönliche Freiheit anstelle der willkürlichen Gewalt; politische Freiheiten, die nicht mehr nur gnädig gewährtes Privileg, sondern gesetzlich gesichert waren; das Recht der Völker auf nationale Selbstbestimmung gegenüber dem Legitimitätsprinzip einer monarchischen Herrschaft von Gottes Gnaden — dies war besonders aktuell für Irland, Belgien, Italien, Polen, für Teile des Kaisertums Österreich und Lateinamerika; schließlich Freiheit in dem Bereich, der unmittelbar das religiöse Leben betraf, Presse- und Religionsfreiheit zusammen mit einer Einschränkung der kirchlichen Privilegien. Sogar die Trennung von Kirche und Staat wurde als Möglichkeit erwogen. Hier wird klar, daß es beim „liberalen Katholizismus" des 19. Jahrhunderts nur um den politischen und gesellschaftlichen Liberalismus gehen kann, nicht um einen theologischen. Der theologische Liberalismus innerhalb der katholischen Kirche ging über Ansätze, etwa in kleinen Gruppen des belgischen Klerus der dreißiger Jahre, kaum hinaus. Er scheiterte und mußte scheitern, wo er versucht wurde, an der straff geübten Zensur der kirchlichen Autoritäten, die mit der wieder wachsenden Bedeutung der hierarchischen Ordnung, namentlich mit dem Ausbau der Geltung des Papsttums und der Römischen Kurie in der Kirche, überall erstarkt waren. Die Freiheit des aufgeklärten Zeitalters lag weit zurück. Wirklicher oder vermeintlicher Liberalismus in der Theologie endete in kürzester Zeit in der Entfernung aus jeder kirchlich bedeutsamen Stellung und auf dem Index der verbotenen Bücher.

Die Beweggründe für die da und dort versuchte Versöhnung zwischen katholischer Kirche und Liberalismus waren recht verschieden. Die einen hofften, dadurch wieder die kirchenfremde intellektuelle Jugend zu gewinnen. Andere erwarteten größere Freiheit für Katholiken unter protestantischer oder orthodoxer Herrschaft (Belgien, Irland, Polen). Wieder andere wollten die liberalen Institutionen dem Bund von Thron und Altar, der in der Praxis so häufig als erstickende Staatskirchenhoheit sich erwies, vorziehen, und andere teilten den Optimismus der Aufklärungsphilosophen über die Möglichkeit des freien Menschen; sie betrachteten das demokratische Ideal, das die Liberalen beflügelte, als Verwirklichung des Evangeliums: die Gleichheit der Natur sei über die Ungleichheit historischer Bedingungen und die Freiheit aller über die Herrschaft einiger zu setzen. Andere würden bald noch weiter gehen und größeren Freiheitsraum innerhalb der Kirche anmelden: weniger Behinderung theologischer und philosophischer Arbeit; größere Beweglichkeit in Hinsicht auf die traditionellen Pastoralmethoden; Hereinnahme aller Stände der Kirche, des niederen Klerus und auch der Laien in die kirchliche Mitbestimmung und Mitverantwortung, etwa auf Synoden. Von solchem Pathos christlicher, innerkirchlicher Freiheit waren zum Beispiel die Reformvorschläge eines Johann Baptist Hirscher in Tübingen und Freiburg[6], eines Raffaele Lambruschini[7] oder eines Antonio Rosmini[8] in Italien, eines Lamennais[9] in Frankreich bestimmt.

Das Problem eines möglichen „liberalen Katholizismus" oder „katholischen Liberalismus" hat das ganze 19. Jahrhundert hindurch katholische Intellektuelle fast aller Länder bewegt. Die Lösung erschien um so schwieriger, da die Liberalen auf Grund der wiederholten Verurteilung des Liberalismus durch die kirchlichen Autoritäten ihren Antiklerikalismus nur noch steigerten. So trieb ein Keil den anderen. Die meisten Verantwortlichen in der Kirche sahen ihre Überzeugung nur bestätigt, daß die Liberalen im Bund mit der Freimaurerei und als Erben der „ungläubigen" Philosophen des 18. Jahrhunderts die herrschende Ordnung auf religiösem und politischem Gebiet stürzen wollten.

Man hat lange Zeit Lamennais für den Begründer des katholischen Liberalismus gehalten, für den Mann, der in prophetischer Vision die Vorteile gesehen habe, die der Kirche erwüchsen, wenn sie sich auf das Gebiet der modernen Freiheiten begäbe. Neueste Forschungen haben stärker differenzieren lassen. Schon vor Lamennais hatten in Frankreich andere begonnen, ähnliche Gedanken zu entwickeln, zum Beispiel der einige Jahre recht einflußreiche Nikolaus von Eckstein (1790–1861), ein dänischer Konvertit, der seit 1816 in Frankreich ansässig war und mehrere junge Leute des späteren Kreises um Lamennais nachhaltig beeinflußt hat. Auf der anderen Seite ist heute nachgewiesen, daß die Verbindung des Katholizismus mit den modernen Freiheiten in Belgien zwischen 1825 und 1828 eingeleitet worden ist und daß diese tatsächlich verwirklichte „union" die Entwicklung Lamennais' beeinflußt hat[10]. Doch das Verdienst Lamennais' bestand darin, daß er in genialer Intuition die Möglichkeit erkannte, die sich am belgischen praktischen Beispiel für die Kirche überhaupt gewinnen ließ, daß er den Einzelfall sofort zu einem theoretischen System weiterentwickelte. Und er zögerte nicht, die Kirche aufzufordern, von sich aus die Richtung einzuschlagen, welche die Völker zur Demokratie drängte. Da er in dieser Zeit, in den frühen dreißiger Jahren, in Frankreich und weit darüber hinaus bereits größtes Ansehen besaß, konnte er diesen Gedanken weitgehende Beachtung verschaffen. So kann auch heute noch Lamennais den ersten Platz in den Anfängen des katholischen Liberalismus einnehmen[11].

Der Bretone Félicité Robert de Lamennais (1782–1854) hatte mit 16 Jahren den Glauben verloren und mit 22 Jahren (1804) unter dem Einfluß seines Bruders zum Glauben zurückgefunden. Er war seitdem entschlossen, im Dienst der Kirche zu arbeiten. Er las viel, namentlich die Heilige Schrift, Bossuet, Malebranche und Bonald. Zeitlebens blieb der von Gestalt kleine Lamennais von schwächlicher Gesundheit, immer wieder heimgesucht von langen nervösen Depressionen. 1815 ließ er sich von seinen geistlichen Führern nach langem Zögern zum Empfang der Priesterweihe bestimmen. Unablässig kämpfte er fortan durch Beiträge in ultraroyalistischen Blättern und durch apologetische Werke für den Schutz der Religion, für die Freiheit und Vorherrschaft der Kirche, für die Stärkung der Autorität, namentlich für die Stellung des Papsttums, hierin ähnlich dem älteren Mitstreiter Joseph de Maistre. Mitte der zwanziger Jahre schien ihm die Bulle „Unam Sanctam" Bonifaz' VIII. als die einzig richtige Darstellung des Verhältnisses von geistlicher und weltlicher Gewalt. Mehrere seiner Werke wurden ein beträchtlicher literarischer Erfolg, vergleichbar dem Chateaubriand's am Beginn des Jahrhunderts. Lamennais wurde seit 1817 fortschreitend ein Führer und schließlich der Führer einer idealistischen katholischen jungen Generation in Frankreich, einer kämpferischen Elite, mit Wirkungen weit über Frankreich hinaus, besonders nach Belgien und Italien, aber auch nach Deutschland: hier bestanden — noch zu wenig erforschte — Beziehungen zum Münchener Kreis, zu Franz von Baader, Joseph Görres und zum jungen Döllinger.

Der flammende, provozierende Angriff Lamennais' ging aber keineswegs nur auf Kirchenfeinde von außen, sondern ebenso scharf auf den Gallikanismus und die überwiegend gallikanisch gesinnten Bischöfe Frankreichs, denen er Verrat an den kirchlichen Prinzipien namentlich im Schulwesen vorwarf: schließlich empfahl er seit 1826, die Kirche solle sich von den Bourbonen trennen, die eben die gallikanische Staatskirchenhoheit mit Nachdruck übten.

Die Opposition gegen Lamennais und die um ihn gescharten jungen Reformer wuchs mit jedem Jahr, nicht nur von seiten der Jesuiten und Sulpizianer. Die Bischöfe waren empört über die Nonchalance, mit der dieser „religiöse Jakobiner" (wie ein Bischof Lamennais nannte) die Hierarchie in seinem Kampf gegen den Gallikanismus für eine betont katholische Schule behandelte. Viele Kirchenleute bangten auch um die offenkundigen Vorteile, nicht zuletzt finanzieller Art, die der Bund von Thron und Altar für sie bot. Jesuiten und Sulpizianer brachte Lamennais durch seine Angriffe auf ihre nicht mehr zeitgemäße Scholastik gegen sich auf.

Lamennais wirkte auf einen beträchtlichen Teil der intellektuellen Jugend ähnlich stimulierend und elektrisierend wie die Schlagworte mancher Soziologen, Politologen und Theologen auf Studierende unseres letzten Jahrzehnts. Dabei verband sich in Lamennais großartige Formulierungskunst mit dem prophetischen Charakter genialer Intuition und dem bezaubernden Charme einer liebenswerten Persönlichkeit. In den zwanziger Jahren hat sich eine begeisterte Elite junger Kleriker und Laien um ihn geschart, darunter die meisten führenden Köpfe des französischen Katholizismus der folgenden Jahrzehnte. Die wohlwollende Aufnahme, die Papst Leo XII. dem Vorkämpfer ultramontaner Doktrin bei einer Italienreise 1824 zuteil werden ließ, konnte diesen nur ermutigen; doch kann man wohl kaum davon sprechen, daß der Papst den Glaubenseiferer aus Frankreich zum Kardinal erheben wollte. Der kleine, kränkliche Abbé machte sich immer mehr zum Führer der jungen Generation. Sein Einfluß wuchs so beträchtlich, daß man von einer geistigen Diktatur Lamennais' über die Kirche Frankreichs sprechen konnte.

Ein wesentlicher Grund für diesen außerordentlichen Einfluß lag darin, daß Lamennais nicht in der Welt der Ideen, in der geistigen Arbeit allein verblieb, sondern ebenso große Bedeutung der Verwirklichung, der Veränderung der Gesellschaft, der Aktion zumaß. Von ihm stammt der Ausdruck „Action catholique" — „Katholische Aktion". Er wollte seine Mitkämpfer zu einer vollkommenen Reform der katholischen Gesellschaft und des Wirkens der Kirche in der Welt veranlassen. Deshalb forderte er sie auf, alle Probleme des sozialen Lebens nicht aus einer respektvollen, duldsamen Neutralität gegenüber allen anderen Meinungen zu lösen, sondern aus der Sicht der Offenbarung, wie sie das kirchliche Lehramt vermittelte. Aus dieser Sicht erklärt sich sein leidenschaftlicher Kampf für eine freie katholische Erziehung in den Schulen, aber auch die Entwicklung seiner politischen Ideen seit Ende der zwanziger Jahre, die diesen ehemaligen Ultra zum Anführer eines „katholischen Liberalismus" machten. Dabei ging sein Ziel auch hier in der stets gleichen Ausrichtung auf die Wiedereroberung der Gesellschaft für den Katholizismus, jetzt eben im Bunde und mit den Ideen des Liberalismus. Diese wesentliche Einschränkung darf man nie aus dem Auge verlieren.

1829 kündete Lamennais den Bourbonen den Sturz an, wenn sie nicht die Despotie der Restauration beseitigten. Er forderte jetzt klar die Trennung von Kirche und Staat. Pressefreiheit und Freiheit des Unterrichts — alles im Dienst der Kirche und einer vom Staat freien katholischen Erziehung. Die Julirevolution von 1830 konnte ihn nur in seinem prophetischen Sendungsbewußtsein stärken: um ihrer Wirksamkeit in der modernen Welt willen müsse die Kirche sich mit den Ideen des Liberalismus verbinden und deshalb den demokratischen Gedanken bejahen. Zur Verwirklichung seiner Ziele gründeten Lamennais und seine Freunde die Zeitung „L'Avenir", die erste katholische Tageszeitung modernen Stils. Das Motto lautete: „Gott und die Freiheit". Die erste Nummer erschien am 16. Oktober 1830. Hier wurden die Katholiken zum Bund mit der Demokratie, zum Bund mit dem die Demokratie propagierenden Liberalismus aufgefordert. Die Kampagne des „Avenir" bemühte sich auch um die volle Befreiung der Katholiken in Irland, Polen, Deutschland und den Niederlanden. Man wollte eine echte internationale Solidarität in der Erlangung nicht nur der religiösen, sondern auch der politischen Freiheit herstellen. Der Heiligen Allianz der Monarchen sollte „die Heilige Allianz der Völker" entgegengestellt werden. Am 15. November 1831 entwarfen die Redakteure des „Avenir" eine „Unionsakte, die allen jenen unterbreitet wird, die trotz des Mordes an Polen noch auf die Freiheit der Welt hoffen und an ihr mitwirken wollen".[12] Die Regierungen sahen in diesem Manifest ein Unternehmen zum internationalen Umsturz.

Die Zeitung kam nie über 3000 Abonnenten hinaus, gewann aber täglich größere Beachtung und fand begeistertes Interesse in ganz Europa, aber auch schärfste Ablehnung der monarchischen, restaurativen, reaktionären Kräfte. Im Rom des zerbrechenden Kirchenstaates hatte man sich wohl über die Glorifizierung der Papst-

macht durch den Lamennais der früheren Jahre gefreut, entsprach sie doch weitgehend den Wunschbildern, die der neue Papst Gregor XVI. in seinem „Trionfo
della Santa Sede" schon 1799 gezeichnet hatte. Aber die neuen Töne hörte man
nicht gern. Die päpstliche Herrschaft im Kirchenstaat schien nur durch eisernes
Festhalten am Legitimitätsprinzip der Monarchen, im Bund der Kirche mit den
überall spürbar wankenden Thronen und Kronen haltbar zu sein.

Es ist heute erwiesen, daß der österreichische Staatskanzler Metternich frühzeitig
an der Kurie gegen „L'Avenir" und seine Träger diplomatisch intervenieren ließ[13].
Metternich fand hier mit wenigen Ausnahmen offene Ohren. Der steigende Einfluß des Kardinals Luigi Lambruschini tat ein Übriges. Lambruschini, stets schroff
reaktionär gesinnt, ein entschiedener Vertreter des Polizeistaates der Restauration,
hatte 1827 bis 1830 als Nuntius in Paris geweilt, wurde aber nach den zu erwartenden Schwierigkeiten nach der Julirevolution abberufen. Im folgenden Jahr be-
stellte ihn Gregor XVI. zum Kardinal, 1836 zu seinem Staatssekretär. Die schroff
reaktionären Kardinalstaatssekretäre Bernetti und Lambruschini bestimmten wesentlich die Kirchenpolitik des politisch unerfahrenen, weltfremden Mönchspapstes
Gregor XVI. (1831–1846).[14]

Auf fruchtbarsten Boden fielen die Ideen eines liberalen Katholizismus in Belgien.
Stark unter dem Einfluß lamennais'scher Gedanken gewährte die belgische Verfassung von 1831 der Kirche im Staat eine Unabhängigkeit, wie sie damals kein
anderes katholisches Land kannte: Freiheit des Unterrichts, Recht auf freien Zusammenschluß, konkrete Freiheit für die Ordensleute, keinerlei staatliche Bedingungen bei der Ernennung der Bischöfe oder der Veröffentlichung päpstlicher Verlaut-
barungen. Dabei übernahm der Staat weiterhin die Zahlung kirchlicher Gehälter.
Andererseits waren aber alle kirchlichen Privilegien im Staat aufgehoben. Der Heilige
Stuhl, einzelne konservative Kirchenleute und einzelne Regierungen zeigten sich
über diese belgische Freiheit beunruhigt. Doch dem klugen Taktieren aus Kreisen
des belgischen Episkopats gelang es, eine förmliche Mißbilligung dieser „Freiheit
wie in Belgien" durch den Papst zu verhindern.[15]

Eines ist hier bedeutsam: der echte katholische Liberalismus hatte sich in den
Jahren 1829–1831 in zweifacher Form herausgebildet: einmal in den theoretischen Schriften Lamennais' und seiner Schüler, besonders in der Zeitung „L'Avenir", dann in der tatsächlichen Verwirklichung in der belgischen Verfassung von
1831. Die Tatsachen erbrachten also den Beweis für die Fruchtbarkeit der Ideen.

Die weitere Entwicklung ist wohl im Großen bekannt. Sie kann hier nur kurz
skizziert werden. Die Regierung des „Bürgerkönigs" Louis Philippe war auf Frieden mit der Kirche, das heißt mit der Hierarchie Frankreichs bedacht. Dupanloup,
der spätere Bischof von Orléans, beschreibt Lamennais für diese Zeit treffend als
„das Idol der jungen Priester . . . , aber das Ärgernis aller alten Geistlichen und
frommen Gläubigen".[16] Die Bischöfe begannen, ihre Seminarien von Anhängern
Lamennais' zu säubern. Die finanzielle Lage von „L'Avenir" wurde bald unhaltbar.
Die konservativ-kirchlichen Kreise warfen der Zeitung vor, „im Namen der Religion die Revolution zu predigen."

Da versuchte Lamennais, zutiefst überzeugt, geradezu besessen von der Richtigkeit, der Vorteilhaftigkeit seiner Gedanken für die Zukunft der Kirche, den Durchbruch nach vorn. Er wandte sich persönlich an Papst Gregor XVI. Mit mehreren Freunden reiste er im Dezember 1831 nach Rom, um dem Papst sein Anliegen vorzutragen. Vier Wochen zuvor, am 15. November 1831, hatte „L'Avenir" sein Erscheinen eingestellt. Nun hofften die „Pilger Gottes und der Freiheit" für ihr Unternehmen den Segen des Papstes zu erhalten und dann mit neuem, noch stärkerem Elan beginnen zu können.

Lamennais war gewarnt worden, wie gefährlich es sei, den Papst zu einer Entscheidung gleichsam zu nötigen. Er wußte nicht, daß Metternich bereits zweimal beim Heiligen Stuhl gegen Lamennais und „L'Avenir" interveniert hatte. Mit der Leidenschaft und auch gewissen Blindheit aller Visionäre glaubte Lamennais fest daran, daß er den Papst, der doch nicht zwischen Gut und Bös, Wahrem und Falschem neutral bleiben dürfe, von seinen Einsichten überzeugen könne. Die Erwartung trog. Wohl fand Lamennais auch in Rom einige Freunde und Fürsprecher. Aber die Gegner waren übermächtig. So erging am 15. August 1832 die Enzyklika „Mirari vos".[17] Mit blumig-pathetischen Worten wurden hier nicht nur der Rationalismus und Gallikanismus erneut verurteilt, sondern mit äußerster Heftigkeit auch der Liberalismus in seinen verschiedenen Formen. Ohne Namen zu nennen, waren nun Lamennais und sein Programm feierlich verworfen. Alle Thesen dieses Kreises, die man fälschlich mit dem naturalistischen Indifferentismus in Zusammenhang brachte, waren schroff verurteilt. Ein Exemplar der Enzyklika ging direkt an Lamennais, der damals bei seinen Freunden in München weilte[18], mit einem Begleitschreiben Kardinal Pacca's. Lamennais widerrief nichts, erklärte aber, daß er, „der obersten Autorität des Stellvertreters Jesu Christi ergeben, den Kampfplatz verlasse, auf dem man zwei Jahre lang loyal gekämpft habe", daß „L'Avenir" nicht mehr erscheinen werde und daß die Agentur aufgelöst sei. Man gab sich in Rom damit zufrieden.

Doch weder die Anhänger Lamennais' noch die wachsende Zahl seiner Gegner ruhten. Man drängte den Papst zur förmlichen, namentlichen Verurteilung Lamennais', wenn dieser nicht förmlich widerrufe. Nach langem Streit gab Lamennais, physisch und psychisch erschöpft, 1833 Erklärungen ab, die aber in Rom nicht befriedigten. Da entschied er sich im April 1834 dazu, wieder offen hervorzutreten, und veröffentlichte unter dem Titel „Paroles d'un croyant" eine Reihe von Prosagedichten: im Stil der Propheten des Alten Testaments wurde hier die Ankunft eines neuen Zeitalters visionär verkündet, in dem ein neues Eingreifen Christi schließlich die Völker von der Tyrannei der Despoten und sonstigen Machthaber befreie. Diese leidenschaftlichen „Worte eines Glaubenden" waren ein bewegter Hymnus zum Ruhm all dessen, was der Papst in „Mirari vos" aufs schärfste verurteilt hatte. Jetzt erging die Enzyklika „Singulari nos" vom 21. Juni 1834[19]. Darin wird der Ablauf der Ereignisse aufgezeigt und schließlich ausführlich Lamennais verurteilt. Sein revolutionäres Werk sei um so verwerflicher, als es diese Lehren auf die Heilige Schrift zu stützen suche.

Erst im November 1836 reagierte Lamennais — zutiefst verwundet, verbittert, bereits kirchenfremd geworden. Die Veröffentlichung seiner „Affaires de Rome" machten seinen Bruch mit der Kirche offenkundig. Wir wissen heute, daß nicht so sehr die Enzykliken „Mirari vos" und „Singulari nos", so wichtig sie sein mochten, Lamennais in eine religiöse Krise stürzten, als vielmehr die Haltung Gregors XVI. gegenüber dem russischen Kaiser Nikolaus I. in der brutalen Niederwerfung der revoltierenden katholischen Polen. Im Aufstand der unterdrückten katholischen Völker 1830/31 ergriff Lamennais leidenschaftlich Partei. In seinem berühmten „Acte d'Union" vom 15. November 1831 rief er die liberalen Katholiken Frankreichs, Belgiens, Irlands, Polens, Deutschlands zu einer größeren Föderation gegen die menschenunwürdige Unterdrückung auf. Die römischen Kreise um Papst Gregor XVI. und die restaurativen politischen Kräfte in Europa sahen darin Agitation und Revolution. Nicht nur, daß der Papst die revoltierenden katholischen Polen im Stich ließ: er hat sie in den Augen Lamennais' direkt verraten und den schismatischen Kaiser von Rußland gegen sie unterstützt, wenn er durch sein Breve vom 9. Juni 1832 — an die Bischöfe Polens gerichtet — die übelgesinnten Agitatoren, die ihr Vaterland in einen Abgrund des Elends gestürzt hätten, verurteilte und zum Gehorsam gegen die rechtmäßige Obrigkeit mahnte. Für Lamennais hatte sich nicht nur Gregor XVI., hatten sich vielmehr Papsttum, katholische Kirche und Hierarchie mit dem Satan verbunden, die heiligen Gesetze Christi, der Gerechtigkeit und der Humanität mißachtet und verraten.[20] In den beiden Wintern 1833 und 1834 verfiel er auf den Gedanken, die katholische Hierarchie habe sich „von Christus, dem Retter des Menschengeschlechtes, losgesagt, um mit all seinen Henkern zu buhlen".[21]

In der „Niedermetzelung" Polens und in der Stellungnahme der Hierarchie, besonders des Papstes, zu den Freiheiten am Beginn der dreißiger Jahre hatte die tiefste, nicht mehr heilbare religiöse Krise Lamennais' begonnen. Nach seiner förmlichen Verurteilung zog er sich verbittert zurück. Er geriet in der Folgezeit immer mehr in ein sozialistisch-revolutionäres Fahrwasser. Die meisten seiner Freunde unterwarfen sich dem päpstlichen Urteil. Um Lamennais wurde es still und einsam. Er starb, fast schon vergessen, unversöhnt mit der Kirche trotz aller Aussöhnungsversuche seiner Freunde, am 27. Februar 1854 in Paris.

Seine Gedanken aber wirkten in der katholischen Bewegung des 19. Jahrhunderts in vielen Rinnsalen fort, auch wenn man den genialen, geistesmächtigen Urheber kaum mehr kannte. Erst in den letzten Jahrzehnten hat man die Bedeutung Lamennais' wieder klarer erkannt, dieses mächtigen Vorkämpfers kirchlicher, christlicher, und in fortschreitender Entwicklung menschlicher Freiheit überhaupt, dieses selbstlosen Anwalts der sozial Entrechteten. Lamennais steht in der langen Reihe großer katholischer, tragischer Gestalten, an denen das 19. Jahrhundert reich ist.

Das Kennzeichen der Frühstufe einer katholischen liberalen Bewegung, verbunden mit den Namen Lamennais und „L'Avenir", ist die ausschließlich politische, genauer gesagt die kirchenpolitische Zielrichtung, die den „liberalen Katholizismus" von allen weltanschaulichen Liberalismen trennt. Liberal ist dieser Katholizismus nur in Bezug auf das Verfahren in der Politik (Teilnahme am Parlamentarismus, Bildung von Parteien, öffentliche Wirksamkeit durch Volksversammlungen und Volkspetitionen), nicht aber im Hinblick auf eine gleichsam dogmatisch verstandene Idee der Freiheit oder die Absolutsetzung der Demokratie als Staatsform.

Auch der „liberale Katholizismus" Frankreichs nach 1831, der sich von Lamennais getrennt hat, gehört noch der Frühstufe des „unionisme" an, des taktischen Zusammengehens mit dem Liberalismus. Er tritt vor allem mit kulturpolitischer Tendenz auf, vornehmlich als Anwalt der katholischen Freiheiten in Kirchen- und Unterrichtsfragen. Vom weltanschaulichen Liberalismus hält sich dieser „Unionismus" betont fern. Liberalismus ist letztlich nur Mittel zum Zweck, wenn auch Lamennais selber bereits bedeutend weitergeht. Die Blütezeit dieses „liberalen Katholizismus" in Frankreich fällt in die Jahre 1835–1848. Sein letzter bedeutender Erfolg, zugleich das letzte Beispiel des Zusammengehens katholischer und liberaler Parteien in Europa, ist das französische Schulgesetz von 1850. In der Revolution von 1848 in die Opposition gedrängt, weicht der „liberale Katholizismus" in der Zeit des Zweiten Kaiserreichs allmählich der wachsenden intransigenten Richtung in der französischen Kirche. Der Syllabus von 1864 scheint dann auch sein Schicksal zu besiegeln. Doch kommt es gerade in dieser Zeit noch einmal zu bedeutenden Anstrengungen der liberal-katholischen Vermittlungstheologie. Dupanloup, der Wortführer des Unionismus im französischen Episkopat, löste den Begriff der Freiheit von der Bindung an die demokratische Staatsform los und öffnete den Weg für den Einbau liberal-konstitutioneller Elemente in die katholische Politik. Diese Lösung, von Ketteler auch für den deutschen politischen Katholizismus übernommen, wurde später von Papst Leo XIII. weiter ausgebaut und genauer differenziert.

In der zweiten Hälfte des 19. Jahrhunderts fiel der Liberalismus immer mehr auf seine voltairianischen Ausgangspositionen zurück. Er nahm in wachsendem Maße ein antikirchliches, kulturkämpferisches Gepräge an. Dadurch wurden die Grundlagen eines möglichen Unionismus immer schwankender. Die entscheidenden Stufen der Entwicklung sind: die Spaltung des politischen Katholizismus in Frankreich nach 1848 in die gegnerischen Schulen des liberalen „Correspondant" und des konservativen „Univers", wovon die zweite Gruppe siegreich blieb; die Inanspruchnahme der katholisch-liberalen Formel „L'église libre dans l'état libre" (Montalembert) durch Cavour, den politischen Gegner der Päpste in Italien; endlich die katholische-liberale Opposition gegen das Unfehlbarkeitsdogma (1870) und die späteren – wirklichen oder vermeintlichen – Verbindungen zwischen dem „liberalen Katholizismus" und dem Modernismus. Durch diese Entwicklungen gewann der verdächtige „liberale Katholizismus" vollends den Geruch des Kirchen- und Papstfeindlichen, der Häresie. Es wurde im späteren 19. Jahrhundert immer schwieriger, schließlich so gut wie unmöglich, das Wort „liberaler Katholizismus" unpolemisch zu gebrauchen und auf seinen politischen Sinn zu beschränken. Erst durch Leo XIII. beginnt – recht zaghaft und wenig wirksam – wieder eine genauere Unterscheidung.[22]

Anmerkungen

1 Wichtigstes allgemeines Schrifttum: H. Haag, Les origines du catholicisme libéral en Belgique (1789–1839), Löwen 1950. – R. Aubert – J.-B. Duroselle – A. Jemolo, Le libéralisme religieux au XIXᵉ siècle: X Congresso internazionale di scienze storiche. Relazioni V, Florenz

1955, 305–383 (Stand der Forschung). – K. Jürgensen, Lamennais und die Gestaltung des belgischen Staates. Der liberale Katholizismus in der Verfassungsbewegung des 19. Jahrhunderts, Wiesbaden 1963. – A. Dru, Erneuerung und Reaktion. Die Restauration in Frankreich 1800–1830, München 1967. – R. Aubert, in: Handbuch der Kirchengeschichte. Hsg. v. H. Jedin, VI/1, Freiburg-Basel-Wien 1971, 320–365. – H. Maier, Revolution und Kirche. Studien zur Frühgeschichte der christlichen Demokratie (1789–1901), Freiburg i. Br. ³1973. – H. J. Pottmeyer, „Auctoritas suprema ideoque infallibilis". Das Mißverständnis der päpstlichen Unfehlbarkeit als Souveränität und seine historischen Bedingungen. In: Konzil und Papst. Historische Beiträge zur Frage der höchsten Gewalt in der Kirche. Hrsg. v. G. Schwaiger, München-Paderborn-Wien 1975, 503–520. – Ders., Unfehlbarkeit und Souveränität. Die päpstliche Unfehlbarkeit im System der ultramontanen Ekklesiologie des 19. Jahrhunderts, Mainz 1975.

2 Karl Marx. Auswahl und Einleitung von F. Borkenau. Frankfurt a. M. 1971 (Fischer Bücherei 6130), 98.

3 Ebda. 98f.

4 C. Constantin, Liberalisme catholique, in: Dictionnaire de Théologie Catholique IX (1926) 510f.

5 H. Haag, Les origines du catholicisme libéral en Belgique (1789–1839), Löwen 1950. – K. Jürgensen, Lamennais und die Gestaltung des belgischen Staates, Wiesbaden 1963.

6 Mit Rücksicht auf die gesellschaftlichen Verhältnisse hat Hirscher „Die christliche Moral als Lehre von der Verwirklichung des göttlichen Reiches in der Menschheit" (Tübingen 1935) in der 4. Auflage (1845) entscheidend umgestaltet. Hier einschlägig sind außerdem vor allem folgende seiner Werke: Erörterungen über die großen religiösen Fragen der Gegenwart, Freiburg i. Br. 1846 (1. Heft), 1847 (2. Heft), 1855 (3. Heft). – Die Notwendigkeit einer lebendigen Pflege des positiven Christenthums in allen Klassen der Gesellschaft, Tübingen 1848. – Die socialen Zustände der Gegenwart und die Kirche, Tübingen 1849. – Die kirchlichen Zustände der Gegenwart, Tübingen 1849. – Antwort an die Gegner meiner Schrift: Die kirchlichen Zustände der Gegenwart, Tübingen 1850. – Literatur: J. Rief, Reich Gottes und Gesellschaft nach Joh. S. Drey und Joh. B. Hirscher, Paderborn 1965. – Ders., Kirche und Gesellschaft. Hirschers kritische Analysen und Reformvorschläge der vierziger Jahre. In: Kirche und Theologie im 19. Jahrhundert. Hsg. v. G. Schwaiger, Göttingen 1975, 103–123. – E. Keller, Gedanken Johann Baptist Hirschers zur Reform der Kirche. Ebda. 91–101. – Ders., Johann Baptist Hirscher. In: Katholische Theologen Deutschlands im 19. Jahrhundert; Hsg. v. H. Fries u. G. Schwaiger, Bd. II, München 1975, 40–69.

7 QQ. u. Lit. im Handbuch der Kirchengeschichte VI/1, S. 384.

8 Ebda. 288, 385f.

9 Die Lamennais-Forschung hat in den letzten zwei Jahrzehnten in ganz Europa einen gewaltigen Aufschwung genommen. Umfassende Bibliographie in: Handbuch der Kirchengeschichte VI/1, S. 272f., 320–347, und bei H. Maier, Revolution und Kirche, Freiburg i. Br. ³1973. – Y. Le Hir, Lamennais, écrivain, Paris 1950. – J.-R. Derré, Lamennais, ses amis et le mouvement des idées à l'époque romantique (1824–1834), Paris 1962. – Ders., Metternich et Lamennais, Paris 1963. – R. Colapietra, La Chiesa tra Lamennais e Metternich. Il pontificato di Leone XII, Brescia 1963. – G. Verucci, F. Lamennais, dal cattolicesimo autoritario al radicalismo democratico, Neapel 1963. – W. G. Roe, Lamennais and England, London 1966. – L. Le Guillou, L'évolution de la pensée religieuse de Félicité Lamennais, Paris 1966. – Ders., Les discussions critiques. Journal de la crise mennaisienne, Paris 1967. – Die allgemeine Korrespondenz Lamennais' liegt jetzt in einer kritischen Ausgabe vor: Félicité de Lamennais. Correspondence générale. Textes réunis, classés et annotés par L. Le Guillou, I–IV, Paris 1971–1973.

10 H. Haag, Les origines du catholicisme libéral en Belgique, Löwen 1950. – A. Simon, Aspects de l'unionisme, Wetteren 1958. – Ders., Rencontres mennaisiennes en Belgique, Brüssel 1963. – K. Jürgensen, Lamennais und die Gestaltung des belgischen Staates, Wiesbaden 1963.

11 R. Aubert, in: Handbuch der Kirchengeschichte VI/1, S. 322.

12 Articles de l'Avenir, Bd. 7 (Löwen 1831) 176–185.

13 J.-R. Derré, Metternich et Lamennais, Paris 1963.

14 QQ. u. Lit.: G. Schwaiger, Gregor XVI., in: Lexikon für Theologie und Kirche IV (1960) 1190f. – Handbuch der Kirchengeschichte VI/1, S. 311.

15 K. Jürgensen, Lamennais und die Gestaltung des belgischen Staates, Wiesbaden 1963.

16 F. Lagrange, Vie de Mgr Dupanloup, I (Paris 1883) 132.

17 Text bei A. Bernasconi, Acta Gregorii PP XVI, I (Rom 1901) 169–174.

18 L. Ahrens, Lamennais und Deutschland, Münster i. W. 1930, 86ff.

19 A. Bernasconi, Acta Gregorii PP XVI, I 433f.

20 Dies ist das Ergebnis der eingehenden Untersuchungen von L. Le Guillou, L'évolution de la pensée religieuse de Félicité Lamennais, Paris 1966, und besonders: Les discussions critiques. Journal de la crise mennaisienne, Paris 1967. – M.-J. Le Guillou, Die Krise von Lamennais, in: Concilium 3 (1967) 567–572.

21 L. Le Guillou, Les discussions critiques. Journal de la crise mennaisienne, Fragment 3.

22 H. Maier, Revolution und Kirche. Studien zur Frühgeschichte der christlichen Demokratie (1789–1901), Freiburg i. Br. ³1973.

Bischof Kettelers Kritik am deutschen Liberalismus[1]

ADOLF M. BIRKE

Bischof Ketteler gehört zu den bedeutenden Repräsentanten des politischen Katholizismus im 19. Jahrhundert. Die zahlreichen, seinem Leben gewidmeten Darstellungen, Spezialstudien und Aufsätze sind von unterschiedlichem wissenschaftlichen Wert. Sie untersuchen vorwiegend die Stellung des Bischofs zur „sozialen Frage". Daß seine Einstellung zum deutschen Liberalismus in gleichem, wenn nicht bedeutenderem Maß für das Verständnis seiner Persönlichkeit herangezogen werden muß, ist bisher nicht hinreichend beachtet worden. Katholische Autoren begnügten sich lange Zeit mit einer innerkatholischen, häufig auf pastorale Verwertbarkeit ausgerichteten Darstellung, während bei liberalen Historikern eine kritische Auseinandersetzung mit dem Staatsbegriff des deutschen Liberalismus nach 1848, der für das Verständnis der Position Kettelers von zentraler Bedeutung ist, nur zögernd aufgenommen wurde. Auch die umfassende, historisch exakte und in ihrem Urteil ausgewogene Biographie des Gießener Historikers Fritz Vigener, die bereits im Jahre 1924 erschien, konnte diese Lücke nicht schließen; zumal Vigener, dem es nicht möglich war, den Nachlaß des Bischofs einzusehen, selbst noch zu stark einer nationalliberalen Sichtweise verhaftet war[2].

Allerdings sprengt die Frage nach dem Verhältnis Kettelers zum deutschen Lieberalismus den Rahmen eines rein biographischen Interesses. Sie stellt den Bischof — mit all den Besonderheiten seiner persönlichen Entwicklung und Anschauung — hinein in die Entwicklungsgeschichte des politischen Katholizismus, ohne deren Voraussetzungen er nicht verstanden werden kann und deren Verlauf er wesentlich mitbestimmte. Sein Leben spiegelt die Schwierigkeiten wider, die unter deutschen Bedingungen ein Zusammengehen von Katholiken und Liberalen behinderten und schließlich unmöglich machten. So ist das Schicksal seiner Bestrebungen verknüpft mit jenen historischen Vorbelastungen des deutschen Parlamentarismus, die aus dem Fehlen einer einheitlichen und starken Bewegung des Bürgertums resultierten.

Hier soll der biographische Ansatz genutzt werden, um einen ersten Zugang zu den historischen Problemen zu eröffnen, die sich in Deutschland aus der Konfrontation des politischen Katholizismus mit dem bürgerlichen Liberalismus ergaben. Der Kulturkampf mit seinen langfristigen Auswirkungen hat den Eindruck eines unüberbrückbaren Gegensatzes katholischer und liberaler Prinzipien nachhaltig verstärkt. Daß trotz der unbestreitbar unterschiedlichen Wurzeln und Intentionen eine Basis für beide Strömungen bestand, die unter günstigen Voraussetzungen eine gemeinsame politische Stoßrichtung ermöglichte, ist häufig vergessen worden. Bischof Ketteler hat zeitlebens an der Forderung der allgemeinen Grundrechte des Jahres 1848 als Grundlage für die Gestaltung eines Nationalstaats in Deutschland fest-

gehalten und das auch, als er zum entschiedenen Gegner breiter Strömungen des
deutschen Liberalismus wurde. Es ist besonders der Arbeit von Kurt Jürgensen
über „Lamennais und die Gestaltung des belgischen Staates" zu danken, daß auch
in Deutschland die Bedeutung des liberalen Katholizismus für die Verfassungsbewegung des 19. Jahrhunderts ins Blickfeld der Forschung gerückt ist[3]. Jürgensen
hat dargelegt, daß bereits in den Anfängen des politischen Katholizismus Möglichkeiten und Grenzen einer Annäherung an die politischen Forderungen des Bürgertums enthalten waren. Zwar stand die katholische Kirche, solange sie im engen
Bündnis von Thron und Altar verharrte, im direkten Gegensatz zu den politischen
Freiheitsvorstellungen des Liberalismus. Aber die enge Verbindung mit dem „Ancien
Régime" wurde dort in Frage gestellt, wo verschärfte staatskirchliche Praktiken die
nach den napoleonischen Kriegen religiös neubelebte und in ihrem Unabhängigkeits-
gefühl gestärkte Kirche bedrohten. In der Bekämpfung des Absolutismus konnten
sich katholische und liberale Interessen treffen. Das geschah zuerst in einigen katholischen Ländern wie Irland, Polen und vor allen Dingen Belgien, in denen der Kampf
um die nationale Unabhängigkeit gegen nichtkatholische Mächte entbrannte. Auch
hier setzte das Zusammengehen den Abbau gegenseitiger Voreingenommenheiten
voraus. Denn während die kirchliche Lehrautorität ständig versucht war, die Forderung der Toleranz und der Gewissensfreiheit als Angriffe auf ureigene Rechte und
Aufgaben zu empfinden, die sie als Hüterin und Verkünderin der „allein wahren
Lehre" glaubte wahrnehmen zu müssen, konnte der aufklärerische Elan und der
Antiklerikalismus Liberale bis zur kämpferischen Ablehnung eines positiven religiösen Bekenntnisses treiben. Die Spannung blieb selbst dann bestehen, wenn sie
durch gemeinsame politische Ziele eingedämmt war. Auch in Deutschland schien
es vorübergehend, als könnte sich die gemeinsame Interessenlage zwischen Katholiken und Liberalen gegenüber dem absolutistischen Regime zu einer breiten politischen Bewegung ausformen. Doch fehlten viele der historischen Voraussetzungen,
die in Westeuropa die Bildung der bürgerlichen Nationalstaaten begünstigten. Es
ergaben sich Komplikationen besonderer Art. Die Ideen von 1789 waren eben doch
aus der Fremde überkommen, und anders als in den romanischen Ländern war
die katholische Kirche in Deutschland nur eine der großen Konfessionen. Während
in Frankreich der Liberalismus trotz seiner rationalistischen und freigeistigen Prägung aus einer nationalen Kultur hervorging, die traditionell eng mit dem Katholizismus verbunden war, während er dort früh als politische Bewegung eines selbst-
bewußten, ökonomisch bedeutenden Dritten Standes in Erscheinung trat, entstand
der deutsche Liberalismus mehr als Produkt einer protestantisch-rationalistischen
bzw. -idealistischen Doktrin, noch bevor ihm eine wirtschaftlich erstarkte Bourgeoisie
politische Inhalte zu geben vermochte.

Dennoch erwies sich im Jahre 1848 die gemeinsame Stoßrichtung gegen den „Absolutismus" als stark genug, um in der Paulskirchenversammlung zu einer Übereinstimmung in wichtigen konstitutionellen Forderungen zu gelangen. Der westfälische
Abgeordnete und Pfarrer v. Ketteler stellte sich auf den Boden der neuen Verfassung
und er akzeptierte das Prinzip der Volkssouveränität. Der Biographie Vigeners liegt
die These zugrunde, daß Kettelers „politische Gedanken zuletzt eben kirchlich bestimmt" gewesen seien und daß man daher nur in einem sehr begrenzten „kirch-

lich-politischen Sinne" von einem liberalen oder demokratischen Verhalten sprechen könne.[4] Gewiß ist das kirchliche und religiöse Motiv für das politische Handeln Kettelers seit den Tagen der „Kölner Wirren" entscheidend, aber es muß zugleich als Bestandteil der Vorstellungswelt des westfälischen Adeligen begriffen werden. Man darf nicht übersehen, daß Ketteler auch in der Zeit seines Priester- und Bischofsamtes immer der jeglicher Bevormundung abgeneigte westfälische Freiherr geblieben ist. Diese antiabsolutistische Grundeinstellung prägte auch seine Auffassung von der Kirche.

1848 konnte er mit Liberalen zusammengehen, weil sie in ihrer überwiegenden Mehrheit die allgemeinen Grundrechte als überstaatliche Rechte akzeptierten, die sie der Gesetzgebungskompetenz des Staates entzogen wissen wollten, um seine Macht zu beschränken. Auch seine Vorstellungen über Selbstverwaltung bewegten sich durchaus im Rahmen von Forderungen, wie sie auch von gemäßigten Liberalen erhoben wurden. Zwar war der Paulskirchenliberalismus durchaus nicht frei von antiklerikalen Ressentiments. Die Schüler des deutschen Idealismus verachteten die römische Kirche, und auf der Linken zeigte sich deutlich die Neigung, sie mit obrigkeitsstaatlichen Mitteln zu bekämpfen. Die Mehrheit aber erklärte sich bereit, ihr den Status einer freien, nicht privilegierten Vereinigung zu schaffen, ohne ihren gesellschaftlichen Einfluß entscheidend zu schmälern. Die Sicherung allgemeiner Rechte gegenüber staatlicher Machtvollkommenheit sollte nicht durch eine Ausnahmegesetzgebung gegen eine unliebsame Institution in Frage gestellt werden.

Aber schon damals war Ketteler überzeugt, daß eine bloß rationale Begründung der Menschenrechte nicht ausreiche, um ihre Unantastbarkeit zu gewährleisten. Er glaubte, daß sie nur als Teil eines theologisch fundierten Naturrechts gesichert seien. Dieses auf neuthomistischen Vorstellungen beruhende Naturrechtsdenken bewirkte, daß Ketteler die Politik im wesentlichen als Problem einer „gerechten Gesetzgebung" ansah[5]. Die Legitimation staatlicher Macht spielte dabei für ihn eine untergeordnete Rolle. Absolutismus hielt er in allen Staatsformen für möglich. So gesehen war er weder Demokrat noch Monarchist und doch beides zugleich.

Obwohl der westfälische Abgeordnete von einer grundrechtlichen Regelung der Kirchenfreiheit mehr erwartet hatte, hielt er sie insgesamt für eine vertretbare politische Basis. Aber der Versuch der nationalen Einigung Deutschlands scheiterte und mit ihm das Verfassungsprojekt. Doch der König von Preußen gestand die begehrten Verfassungsparagraphen aus eigener Macht noch vorbehaltloser zu, als das in der Frankfurter Nationalversammlung geschehen war. Als Bischof von Mainz wollte Ketteler die preußischen Kirchenparagraphen zur Grundlage der Kirchenpolitik weiterer deutscher Staaten machen, und er erstrebte sie besonders energisch für ein geeinigtes Deutschland, als die Katholiken durch die kleindeutsche Lösung im nationalen Rahmen in die Minorität zu geraten drohten.

Doch vorerst war es nicht mehr die allgemeine Volksbewegung mit der Forderung allgemeiner Freiheit, sondern der gerechte Regent, von dem der junge Mainzer Bischof die Freiheit für die Kirche erhoffte. Obwohl er stets die Überzeugung behielt, daß die Kirchenfreiheit im Rahmen allgemeiner politischer Freiheiten erreicht werden könne, scheute er zunächst nicht das Bündnis mit der politischen Reaktion.

Ketteler erreichte im Jahre 1854 den Abschluß einer Konvention mit dem Ministerium Dalwigk im Großherzogtum Hessen, die ihm die wichtigsten bischöflichen
Rechte über Erziehung und Anstellung der Geistlichen, über die Handhabung der
kirchlichen Disziplin, weitgehende Freiheit bei der Gründung von Klöstern und
Einführung von Orden und nicht zuletzt den Einfluß der Kirche auf das gesamte
Schulwesen zubilligte. Auch in anderen deutschen Ländern kam es zu konkordatären Vereinbarungen. Sie konnten während der Reaktionszeit auf staatlicher Seite
ohne größere Schwierigkeiten unter Ausschluß der Öffentlichkeit durchgesetzt
werden. Aber kaum war der katholischen Kirche diese rechtliche Regelung ihrer
Ansprüche und Interessen gelungen, da wurde ihre Stellung erneut und heftiger
als zuvor in Frage gestellt. Denn der innenpolitische Vorstoß des neuerstarkten
und gewandelten Liberalismus der „Neuen Ära" zielte in doppelter Hinsicht gegen
die konkordatären Vereinbarungen zwischen Kirche und Staat. Man wandte sich
gegen die Konkordate, weil sie im Bündnis mit der Reaktion zustandegekommen
waren, aber stärker noch, weil man in diesen Verträgen einen Angriff auf die staatliche Gewalt erblickte. Denn die Auffassung vom starken Staat, die sich mit dem
Wandel vom „Idealismus" der Paulskirchenversammlung zum „Realismus" und
„Empirismus" der Bismarckzeit immer mehr durchsetzte, ließ eine Selbsteinschrän-
kung staatlicher Souveränität nicht zu. Als Nachfahren der Aufklärung und des
deutschen Idealismus sahen diese Liberalen im „katholischen Prinzip" die Verkörpe-
rung der theologischen, geistigen und politischen Reaktion. Bei aller Unterschiedlichkeit ihrer Positionen war ihnen das idealistische, autonomische Persönlichkeits-
denken gemein, das die geistige Kluft zum Katholizismus vertiefte. Dem „reaktionären katholischen Prinzip" stellten sie das „Prinzip des Protestantismus" oder den
„modernen Zeitgeist" gegenüber. Die kleindeutschen Politiker, die von Preußen
das Werk der nationalen Einigung erwarteten, forderten den deutsch-protestanti-
schen Nationalstaat — unter Ausschluß Österreichs — als Konsequenz des historischen Fortschritts. Für viele Liberale wurden der nationale und der geistig-kul-
turelle Fortschritt identisch, und das Preußen seit der Reformation repräsentierte
für sie diese Identität. Daher implizierte die Forderung einer kleindeutsch-protestan-
tischen Lösung nicht nur den Gegensatz zur habsburgischen Kaisermacht, sondern
zugleich auch den Gegensatz zu der ihr in Deutschland eng verbundenen katholischen Kirche. So verschiedenartig die liberalen Strömungen in sich sein mochten,
sie teilten — wenn auch mit unterschiedlicher Intensität — die Abneigung gegen
die katholische Kirche, die vielfach die Aversion gegen den orthodoxen Protestantismus einschloß. In ihrer Agitation, die in vielem schon die Sprache des Kultur-
kampfs vorwegnahm, verbanden sich Momente eines ideologisch gefärbten Anti-
katholizismus mit dem neuen Staatsbewußtsein des politischen Liberalismus auf
der Grundlage der kleindeutschen Propaganda gegen den „Ultramontanismus".
Konkret ging der politische Streit um Probleme der Konfessionsschule, der Erziehung und Anstellung des Klerus, der Zulassung und des Verbots von Orden
(besonders des Jesuitenordens), der päpstlichen Jurisdiktion etc. Angestrebt wurde eine Einschränkung der gesellschaftlichen Macht der Kirche. Neben notwendige
Reformforderungen trat dabei das Verlangen nach staatskirchenrechtlichen Rege-
lungen, die selbst gegen „liberale" Bedenken erkämpft werden sollten. Im Mittel-

punkt der geistigen Auseinandersetzung stand die Diskussion über „Religionsfreiheit" und „Toleranz", die nach Erscheinen des „Syllabus" besonders heftig entbrannte. Doch blieb dieses Vorspiel vorläufig auf die süddeutschen Staaten beschränkt.

So war für Ketteler — anders als noch 1848 — der eigentliche Gegner nicht mehr der traditionelle Staat, der ja den kirchlichen Forderungen weitgehend entgegengekommen war und der sich vorerst der Kirche gegenüber wohlwollend verhielt, sondern der wiedererwachte und gewandelte Liberalismus, der das klassische Instrumentarium des staatskirchlichen Regiments forderte, um die katholische Kirche zu kontrollieren oder zu reformieren. Kettelers Antiabsolutismus wurde nun zu einem dezidierten Antiliberalismus, den der Bischof in seinen Schriften, die seit 1860 in regelmäßiger Folge erschienen, grundsätzlicher reflektierte.

Für ihn war es der militante theologische Subjektivismus, der den „modernen Liberalismus" zum Feind der katholischen Kirche machte, der „politische Egoismus", der ihn als Nachfolger des Absolutismus auswies, der „gesellschaftliche Egoismus", der in der Form der freien Konkurrenz die sozialen Mißstände des Proletariats bedingte. Kettelers Liberalismuskritik wies drei entsprechende Schwerpunkte auf; sie richtete sich gegen einen liberalen Humanismus, der die katholische Kirche als reaktionäres geistiges und politisches Institut bekämpfe; gegen den Staatsbegriff, der eine Einschränkung staatlicher Souveränität nicht zulasse und gegen das Wirtschaftsprinzip des Laissez-faire, das den Arbeiter den Bedingungen des „Ehernen Lohngesetzes" ausliefere.

Die Ereignisse des Jahres 1866 leiteten einen Wandel ein, der das Verhältnis von Katholiken und Liberalen zusätzlichen schweren Belastungsproben aussetzte, der den Konflikt aus der Enge kleinstaatlicher Verhältnisse hob und ihm die Möglichkeit nationaler Tragweite eröffnete. Die Niederlage von Königgrätz kam dem Sieg der Idee eines kleindeutschen Reiches über den großdeutschen Gedanken gleich. Durch das Ausscheiden des habsburgischen Reiches sahen sich die Katholiken auch im nationalen Rahmen in die Minorität versetzt. Sie gehörten zu den Besiegten von 1866. Pessimismus und Enttäuschung kennzeichneten ihre Reaktion. Die Kluft zu Preußen wurde dadurch vertieft, daß die preußisch-deutsche Lösung im geistigen Bündnis mit dem Liberalismus zustandekam, dessen rechter Flügel angesichts der außenpolitischen Erfolge Bismarcks den Kompromiß mit dem Obrigkeitsstaat suchte, indem er sein Parlamentarisierungsprogramm zurückstellte. Der Bischof von Mainz war einer der ersten Repräsentanten des deutschen Katholizismus, die ein preußisch-deutsches Reich befürworteten.[6] Es war die Möglichkeit einer Übertragung der Kirchenartikel der preußischen Verfassung, jener von ihm seit vielen Jahren als „Magna Charta" des religiösen Friedens für das gemischt-konfessionelle Deutschland gepriesenen Paragraphen auf das gesamte künftige Reich und damit die Aussicht, dem beginnenden Kirchenkampf, der sich in einigen süddeutschen Staaten abzeichnete, auf verfassungsrechtlichem Wege den Boden zu entziehen, die seine traditionelle Vorliebe für Österreich hinter der Entscheidung für die neue Lösung der deutschen Frage zurücktreten ließ. Mit dieser Forderung stieß er nicht nur auf die Gegnerschaft der Liberalen, sondern auch auf die Kritik konservativer katholischer Theologen, die ihm nach der Veröffentlichung des „Syllabus" das Recht bestritten, für die Religionsfreiheit einzutreten.[7]

Ketteler hat auch gegenüber den Anwürfen von kirchlicher Seite an der Vereinbarkeit seiner politischen Forderung mit der päpstlichen Lehraussage festgehalten. Er bediente sich zu ihrer Rechtfertigung ähnlicher Interpretationsregeln, wie sie kurz zuvor von Dupanloup, dem Bischof von Orléans und Schüler Montalemberts, zur Absicherung liberal-katholischer Forderungen angewandt worden waren.[8] Nach dessen Auffassung standen die bürgerlichen Freiheiten, als Hypothese verstanden, nicht im Widerspruch zum päpstlichen Urteil. Dieser Interpretation schloß sich die Mehrzahl mittel- und westeuropäischer Bischöfe, unter ihnen der Mainzer Bischof an. Hans Maier stellt in seiner Arbeit über „Revolution und Kirche" fest, daß die Dupanloupsche liberal-katholische Vermittlungstheologie, die mit ihrer „Unterscheidung von These und Hypothese den Weg für den Einbau liberal-katholischer Elemente in die katholische Politik" eröffnet habe, von Ketteler auch für den deutschen politischen Katholizismus übernommen worden sei.[9] Diese Feststellung bedarf einer Modifizierung: Obwohl die Bischöfe von Orléans und Mainz freundschaftliche Beziehungen pflegten und viele Jahre miteinander korrespondierten, obwohl Ketteler der Schrift Dupanloups über die Enzyklika vom 8. Dezember 1864 seine Zustimmung nicht versagte, fehlt doch bei ihm der Begriff der „liberalen Hypothese", mit dem jener die bürgerliche Toleranz verteidigt hatte. Der deutsche Kirchenfürst wollte die liberalen Freiheiten unter allen Umständen an den Grundbestand des „allgemeinen Sittengesetzes" gebunden wissen, und es mag sein, daß ihm die Unterscheidung zwischen Thesis und Hypothesis diesen Zusammenhang nicht klar genug herausarbeitete. Jedenfalls lag es ihm fern, sich den „verderblichen Irrtümern" einiger „Katholiken in Frankreich und Belgien" anzuschließen, die Religionsfreiheit als völlige Trennung von Staat und Religion begriffen, weil sie nach seiner Vorstellung einer „ganz abstrakten, törichten Staatsidee folgten".[10]

Die Forderung der Religionsfreiheit unter den gegebenen Umständen glaubte der Mainzer Bischof aufrecht erhalten zu können, und er sah ihre beste Garantie in den preußischen Verfassungsartikeln. Daß er jedoch unter anderen Bedingungen — z. B. im Falle Spaniens — von einem „wohlbegründeten Recht" der katholischen Kirche auf Anerkennung als Staatsreligion sprach[11], machte seine prinzipiellen Aussagen zur Religionsfreiheit nicht nur in den Augen der liberalen Gegner suspekt. Es zeigt vielmehr, daß sein eigenes liberales Bekenntnis nicht völlig frei war vom Makel taktischer Absichten, wenn auch an seinem aufrechten Eintreten für die Parität der Konfessionen in Deutschland nicht gezweifelt werden kann. Indem Ketteler die Vereinbarkeit der preußischen Verfassungsartikel mit der Aussage des „Syllabus" verteidigte, hat er sowohl theologisch als auch politisch die Voraussetzungen für den Grundrechtsantrag des Zentrums im deutschen Reichstag geschaffen.

Um die Sicherung der konfessionellen Parität im Sinne der preußischen Verfassung auch für das neue Reich zu erlangen, hatte er sich noch während des deutsch-französischen Krieges in einem Schreiben an Bismarck gewandt, das nicht beantwortet wurde.[12] Es ist zu vermuten, daß das Ansinnen des Bischofs der Zurückhaltung des preußischen Staatsmannes in Fragen der zentralen Reichsorganisation und seiner Vorstellung von der Kultur- und Kirchenhoheit der Länder zuwiderlief. Auch zwei weitere Treffen mit dem Kanzler im Verlauf des Jahres 1871 blieben erfolglos. Um so nachdrücklicher verlagerte Ketteler seine politischen Anstrengungen auf die parlamentarische Ebene, um in der direkten Konfrontation mit dem liberalen Gegner die gewünschte Lösung herbeizuführen. Zwar war er nicht unmittelbar an der Gründung des Zentrums beteiligt, aber er hatte dem Programm der jungen Partei unverkennbar seinen Stempel mit aufgedrückt.

Die Grundrechtsdebatte im Reichstag Anfang April 1871, an der Ketteler als Wortführer des Zentrum beteiligt war, ließ eine seltsame Verkehrung der Fronten sichtbar werden: Während Katholiken als Hüter der Grundrechte auftraten, vermochten viele Liberale darin nurmehr — wie Treitschke es ausdrückte — „politischen Dilettantismus" zu sehen, der ihn an die Zeit der Frankfurter Nationalversammlung erinnere, „da wir in der Politik noch die Kinderschuhe trugen".[13] Bischof Ketteler bezweifelte, daß diese Ansicht „ein Fortschritt zu einer besseren und richtigeren Freiheitserkenntnis sei".[14] Er scheute sich nicht, seinen Gegnern Verrat an den eigenen Grundsätzen vorzuwerfen. Seine Kritik an der „liberalen Staatsauffassung" war tiefgründiger und weitblickender als viele seiner Zeitgenossen erkannten, obwohl er dem breiten Spektrum der politischen Ansichten im deutschen Liberalismus nicht immer gerecht wurde. In einer bisher unveröffentlichten, von ihm eigenhändig verfaßten Schrift aus dem Nachlaß heißt es:

So lange . . . der Liberalismus ehrlich war, d. h. so lange er die freiheitlichen Grundsätze, welche er für sich geltend machte auch ehrlich für seine Gegner anerkannte, war ein friedliches Zusammenleben mit ihm auf bürgerlichem Gebiete möglich. Mit seinen Grundsätzen über politische Freiheit, über politische Gleichberechtigung, über Gewissensfreiheit, über Freiheit des Unterrichtes, über den Wegfall aller Ausnahmegesetze, über die Verwerflichkeit aller Präventivgesetze, über die Alleingültigkeit der allgemeinen Gesetze, hatte er sich in den alten christlichen Staaten Bahn gebrochen. (. . .) Kaum hatte aber der Liberalismus unter Mitwirkung vieler Katholiken den Absolutismus des Fürstenregimentes beseitigt und in dem modernen konstitutionellen Staate eine gewisse Machtstellung errungen, so fing er sofort an, alle seine alten liberalen Prinzipien, welche er als die unveräußerlichen Menschenrechte proklamiert hatte, seinen Gegnern gegenüber zu verleugnen. Diese Häutung des Liberalismus hat sich allmählich, und fast unbemerkt vollzogen. Sie hat bald nach den fünfziger Jahren begonnen; sie hat dann ihre ersten Übungsjahre, wo sie sich schon auf die großen Schläge der späteren Zeit vorbereitete in den deutschen Kleinstaaten durchgemacht; bis sie dann jetzt endlich so sehr die Oberhand gewonnen hat, daß von den alten liberalen Parolen fast keine Spur mehr übrig ist. Um unsere jetzigen Zustände richtig aufzufassen muß man durchaus festhalten, daß der Liberalismus unserer Zeit vielfach das gerade Gegenteil des Liberalismus vor dem Jahre 1848 ist.[15]

Religionsfreiheit sah der Mainzer Bischof für Katholiken nur dort verwirklicht, wo die Unabhängigkeit der Kirche von staatlichen Einflüssen gesichert war, weil, wie er immer wieder betonte, die Lehrinstitution Kirche inhaltlich zum katholischen Glauben gehöre. Die Versuche liberal-protestantischer Kreise, die staatliche Kontrolle über die katholische Kirche zu verstärken, mußten spätestens dort eine unerbittliche Kampfsituation schaffen, wo sie zu Eingriffen in diesen Lehramtsbereich verleiteten. Als diese Situation im Kulturkampf tatsächlich eintrat, erwog Ketteler — wie

eine Schrift im Nachlaß beweist — ernsthaft die völlige Trennung von Kirche und
Staat nach nordamerikanischem Vorbild, eine Forderung, die traditionell von Liberalen gegenüber der Kirche erhoben worden war.[16]

Einen Hauptgrund für den Wandel des Liberalismus sah Ketteler darin, „daß der
Einfluß der katholischen Kirche auf das Volk nie stärker war als nach der Proklamation der liberalen Freiheit."[17] Tatsächlich war das optimistische Selbstverständnis des Dritten Standes — als Repräsentant der Gesamtnation zu fungieren
— nur begrenzt geeignet, Verständnis für eine nichtliberale Volksbewegung zu
wecken. Wenn es gar der katholischen Kirche gelang, einen auf breite Massen ge-
stützten, an kulturpolitischen Forderungen orientierten Widerstand gegen die „Partei
des Volkes" zu organisieren, was lag da näher, als auf „Verdummung" und „Ver-
führung" durch die kirchliche Hierarchie zu schließen. Der latent vorhandene Antiklerikalismus wurde durch diese „Erkenntnis" zur offenen Konfliktbereitschaft
angeheizt. Die Erfahrungen mit einer nichtliberalen Volksbewegung, das Unver-
mögen, die Ursachen ihrer Entstehung zu analysieren und mit reformerischen
Mitteln auf sie einzuwirken, haben die Bereitschaft des Bürgertums zur Anleh-
nung an den nichtparlamentarischen Staat, zur Anwendung obrigkeitsstaatlicher
Methoden und damit die Zurückstellung des eigentlichen Verfassungsprogramms
begünstigt.[18] Der Mainzer Bischof erkannte, daß hier eine der Hauptursachen des
Kulturkampfes zu suchen war.

Anmerkungen

1 Der vorliegende Beitrag basiert auf den Ausführungen in meiner Arbeit: Bischof Ketteler und
  der deutsche Liberalismus. Eine Untersuchung über das Verhältnis des liberalen Katholizismus
  zum bürgerlichen Liberalismus in der Reichsgründungszeit (= Veröffentlichungen der Kommission für Zeitgeschichte bei der Katholischen Akademie in Bayern, Reihe B: Forschungen, Bd 9), Mainz 1971.
2 Fritz Vigener, Ketteler. Ein deutsches Bischofsleben des 19. Jahrhunderts, München—Berlin
  1924.
3 Kurt Jürgensen, Lamennais und die Gestaltung des belgischen Staates. Der liberale Katholizismus in der Verfassungsbewegung des 19. Jahrhunderts, Wiesbaden 1963.
4 Vgl. F. Vigener, a.a.O., S. 63.
5 Zur Theologie und zum Kirchenverständnis Kettelers vgl. die Arbeit von Elmar Fastenrath,
  Bischof Ketteler und die Kirche. Eine Studie zum Kirchenverständnis des politischen Katholizismus (= Beiträge zur neueren Geschichte der katholischen Theologie, Bd 13) Essen 1971.
6 Vgl. Wilhelm Emmanuel v. Ketteler, Deutschland nach dem Kriege von 1866, Mainz 1867.
7 So Clemens Schrader S. J., Der Papst und die modernen Ideen, 5 Hefte, Wien 1864—1867,
  bes. Heft 2, S. 33.
8 Félix Antoine Philibert Dupanloup, La convention du 15 septembre et l'encyclique du 8
  décembre, Paris 1865.
9 Hans Maier, Revolution und Kirche. Studien zur Frühgeschichte der christlichen Demokratie
  1789—1901, Freiburg ²1965, S. 299.
10 W. E. v. Ketteler, Deutschland nach dem Kriege von 1866, S. 153f.
11 Ebd. S. 137f. u. a.

12 Ketteler an Graf Bismarck in Versailles, Mainz, 1. Oktober 1870, in: Briefe von und an Wilhelm Emmanuel Freiherrn von Ketteler, Bischof von Mainz, hrsg. v. J. M. Raich, Mainz 1879, S. 422–426.

13 Rede Treitschkes vom 1. April 1871. Stenographische Berichte über die Verhandlungen des Deutschen Reichstages, 1. Session 1871, Bd 19, Berlin 1871, S. 104ff.

14 Rede Kettelers vom 3. April 1871. Ebd. S. 107ff. u. 111ff.

15 W. E. v. Ketteler, Wie ist Bismarck ein Feind der Kirche geworden? Gedr. bei Adolf M. Birke, Bischof Ketteler und der deutsche Liberalismus, S. 111f.

16 Trennung zwischen Staat und Kirche, gedr. bei A. M. Birke, a.a.O., S. 122–127.

17 W. E. v. Ketteler, Wie ist Bismarck ein Feind der Kirche geworden? Ebd. S. 113.

18 Dazu auch Adolf M. Birke, Zur Entwicklung und politischen Funktion des bürgerlichen Kulturkampfverständnisses in Preußen–Deutschland, in: Aus Theorie und Praxis der Geschichtswissenschaft. Festschrift für Hans Herzfeld zum 80. Geburtstag, Berlin–New York 1972, S. 257–279.

Kardinal Hohenlohe und das römische Milieu in der zweiten Hälfte des 19. Jahrhunderts*

KARL AUGUST FINK

Schon die Formulierung des Themas zeigt, daß es in dem kurzen Referat nicht um theoretische Fragen geht, sondern, viel bescheidener, versucht werden soll, eine umstrittene Persönlichkeit der zweiten Hälfte des 19. Jahrhunderts aus der erhaltenen und bis jetzt zugänglichen Überlieferung zu deuten. Da nach einem Lieblingswort des großen Historikers und Quellenforschers Paul Kehr Geschichte die „Geschichte der Überlieferung" sei, ist zunächst die wichtigste ungedruckte und gedruckte Überlieferung kurz anzuführen.

Der Nachlaß des Kardinals ist zerstreut und zum großen Teil verschollen; auch sind viele Materialien kurz vor dem Ableben des Kardinals von ihm vernichtet worden. Es zeigt sich auch hier die sehr verschiedene Überlieferung für diesen Zeitraum: für die Kurie, die Bischöfe und die staatlichen Stellen ist sie im allgemeinen gut, für die sogenannten Liberalen dürftig, da sie nicht über eine Organisation verfügten. Deshalb sind die Nachlässe solcher Persönlichkeiten besonders wichtig.

Im Familienarchiv auf Schloß Schillingsfürst befindet sich der Nachlaß des Reichskanzlers, darin auch einiges über den Kardinal, über dessen Ableben und Nachlaß; vieles ist in den drei Bänden der „Denkwürdigkeiten" aus den etwa hundert Briefen des Kardinals an seinen Bruder gedruckt, aber oft sehr stark gekürzt aus damals verständlichen Rücksichten. In Frage kommen weitere Archivalien in Schloß Langenburg, in Wien (Haus-, Hof- und Staatsarchiv), Karlsruhe (Großherzogliches Familienarchiv), im Nachlaß von F. X. Kraus (Stadtbibliothek Trier), ebenso im Nachlaß des Rotadekans Mons. de Montel (im Privatbesitz in Matarello bei Trient).

An gedruckten Quellen sind zu nennen:

Hermann Rust, Reichskanzler Fürst Chlodwig zu Hohenlohe-Schillingsfürst und seine Brüder Herzog von Ratibor, Cardinal Hohenlohe und Prinz Constantin Hohenlohe, Düsseldorf 1897 (mit vielen zeitgenössischen Pressestimmen).

Denkwürdigkeiten des Fürsten Chlodwig zu Hohenlohe-Schillingsfürst, 2 Bände, hrsg. von Friedrich Curtius, Stuttgart–Leipzig 1907.

Fürst Chlodwig zu Hohenlohe-Schillingsfürst, Denkwürdigkeiten der Reichskanzlerzeit, hrsg. von Karl Alexander von Müller, Stuttgart–Berlin 1931.

Kurd von Schlözer, Letzte römische Briefe, 1882–1894, hrsg. von Leopold von Schlözer, Stuttgart 1924.

Bogdan Graf von Hutten Czapski, Sechzig Jahre Politik und Gesellschaft, 2 Bände, Berlin 1936.

Franz Xaver Kraus, Tagebücher, hrsg. von Hubert Schiel, Köln 1957.

Rudolf Lill, Vatikanische Akten zur Geschichte des deutschen Kulturkampfes, Teil 1, Tübingen 1970; dazu: Rudolf Lill, Die Wende im Kulturkampf, in: Quellen und Forschungen aus

italienischen Archiven und Bibliotheken 50 (1971) 227–283, 52 (1972) 657–730 (mit vielen neuen Einzelheiten).
Christoph Weber, Kirchliche Politik zwischen Rom, Berlin und Trier 1876–1888, Tübingen 1970. (Wichtig ist vor allem die Benützung des Nachlasses von de Montel.)
Christoph Weber, Quellen und Studien zur Kurie und zur vatikanischen Politik unter Leo XIII. (Bibliothek des Deutschen historischen Instituts in Rom XLV), Tübingen 1973. (Diese große Publikation ist von überragender Bedeutung, da sie weitgehend auf neuem, mit großer Umsicht zusammengetragenem Material beruht.)
Walter Peter Fuchs, Großherzog Friedrich I. von Baden und die Reichspolitik 1871–1907. Briefwechsel, Denkschriften, Tagebücher. Erster Teil: 1871–1879, Stuttgart 1968; 2. Band: 1879–1890, Stuttgart 1975.

Lebenslauf des Kardinals[1]

Geboren 1823 im landgräflichen Schloß Rotenburg a. d. Fulda, das seinem Onkel gehörte. Nach Studium der Rechte in Bonn, der Theologie in Breslau und München bei Döllinger ging er 1846 nach Rom, trat 1847 in die Accademia dei Nobili ecclesiastici ein und folgte Pius IX. 1848 nach Gaeta. Dort wurde er vom Bischof von Gaeta 1849 zum Priester geweiht. Im selben Jahr wurde er Wirklicher Päpstlicher Kammerherr, dann Geheimkämmerer nach Rückkehr des Papstes im Quirinal und Vatikan. 1857 Großalmosenier (elemosiniere segreto) und Titularerzbischof von Edessa, 1866 Kardinalpriester mit dem Titel Santa Maria in Traspontina (Borgo). Von 1870 bis 1876 hielt er sich in Schillingsfürst auf, wurde 1878 Erzpriester von Santa Maria Maggiore und bezog dort die ihm zustehende Wohnung. 1879 optierte er auf das suburbikarische Bistum Albano, das allerdings sehr schwach dotiert gewesen sei. Viel beachtet wurde der Rücktritt in den Status der Kardinalpriester 1883 bis 1884, dabei erhielt er den Titel S. Callisti, seit 1895 San Lorenzo in Lucina, seit 1886 war er primo prete, der dienstälteste der Kardinalpriester. Gestorben am 30. Oktober 1896 am Schlaganfall nach längerem Unwohlsein; wurde im deutschen Campo Santo neben der Peterskirche begraben. In seinem Testament setzte er seinen Sekretär Nobili als Alleinerben ein, was nicht ohne Weiterungen blieb. Die Versteigerung des Inventars und des schriftlichen Nachlasses führte zum Einschreiten der preußischen Gesandtschaft und zur Beschlagnahme durch die italienische Regierung. Einige Schulden wurden durch seinen Bruder Chlodwig bezahlt, wie das auch früher oft der Fall war. Kurz abzutun sind hier die oft übertrieben herausgestellten Bewerbungen um deutsche Bistümer. Schon früh bemühte er sich um eine Domherrnstelle im reichen Olmütz, galt 1853 als Kandidat für Breslau. Nach der Erhebung zum Kardinal waren solche Bewerbungen schwieriger, so 1864 Köln, 1868 Freiburg, 1881 Breslau, 1883 Posen. Als Gründe für diese Bewerbungen kommen in Frage: die finanzielle Misere; das Kardinalsgehalt (piatto cardinalizio) war sehr gering. Und das Bistum Albano soll Zuschuß erfordert haben, da die besseren Pfründen die jesuitisch gesinnten Kardinäle wie etwa Ledóchowski erhielten.

Das römische Milieu

Rom hatte immer ein eigenes Milieu, vor dem Untergang des Kirchenstaates vorwiegend geistlich und doch nicht immer geistig. Eine gebildete Gesellschaft mit literarischen und künstlerischen Interessen gab es seit langem, vor allem in den Fremdenkolonien der Dichter und Künstler, so sind bekannt die deutschen Künstler. Ein Blick auf die Gräber im deutschen Campo Santo bei St. Peter und an des Cestius stillem Mal zeigt die große Zahl der Romverehrer. Das Milieu unmittelbar vor 1870 hat Kurd v. Schlözer in seinen Römischen Briefen meisterhaft beschrieben. In dieses Milieu kommt der junge Prinz und steigt kraft seiner hohen Herkunft bald auf in der römischen Prälatur. Als Kardinal wird er ein Mittelpunkt gepflegter Gesellschaftlichkeit. Dazu dient ihm die unvergleichliche Villa d'Este in Tivoli. Diese berühmteste aller römischen Villen gehörte seit 1550 dem prachtliebenden Kardinal Ippolito d'Este, kam dann an Österreich, zuletzt an Herzog Johann von Modena, dessen Erben dem Kardinal Hohenlohe die Villa auf Lebenszeit überließen. In Tivoli sah er viele Gäste; dort gab es glanzvolle Empfänge und viele politische Besprechungen. Zahlreiche Briefe von Franz Liszt stammen aus Tivoli, im Nachlaß des Kardinals sollen etwa 1500 Briefe von Liszt gewesen sein. Dieses römische Milieu wird durch die Ereignisse des Jahres 1870, die Eroberung Roms durch die Piemontesen unterbrochen. Es bilden sich jetzt zwei Richtungen, die aber oft ineinander verklammert sind. Die staatskirchlichen Auffassungen des neuen Italien stammen aus der Toscana, aus Piemont, aus dem österreichischen Italien (Lombardei und Venetien), daher sind sie oft liberal und antiklerikal. Das sogenannte vatikanische Italien will die reaktionären Ideen Gregors XVI. weiterführen, also ultraklerikal und ultramontan. Beide Richtungen sind katholisch, wenigstens dem Namen nach. Das neue römische Milieu spiegelt sich in den Personen, die manchmal auch Persönlichkeiten sind. Der aus Deutschland kommende Prinz wird bald rezipiert, er ist zunächst, wie bei der Beurteilung der Person gezeigt wird, vatikanisch eingestellt, wird aber sehr bald liberal im kirchenpolitischen Bereich und im Verhältnis zum neuen Italien. Dies zeigt sich deutlich in einigen Schwerpunkten: 1. Im Vatikanischen Konzil von 1869/70, 2. im deutschen Kulturkampf, 3. in der römischen Frage.

Das Vatikanische Konzil

Nach der einseitigen jesuitischen Schilderung von Granderath gab es in den letzten Jahren viel neues belastendes Material, so daß man beinahe sagen kann: Wenn es in der Geschichte der Konzilien ein Latrocinium (Räubersynode) gegeben hat, dann war es das 1. Vatikanum. Hohenlohe hat von Anfang an einen eindeutigen Standpunkt: Das Konzil ist unnötig und innerkirchlich gefährlich. Die erstrebte Infallibilität ist nicht so zu fürchten als vielmehr der zu erwartende Primatus administrationis. Deshalb sieht er dem Konzil mit Sorgen entgegen, und darüber gibt es viele Briefe an Chlodwig, den damaligen bayerischen Ministerpräsidenten. Auszüge aus Briefen des Kardinals an Chlodwig finden sich in den Denkwürdigkeiten I und II, aber es sind meist nur Auszüge. Über die Zirkulardepesche Chlodwigs an die bayerischen Vertretungen im Ausland vom 9. April 1869 hat vor einigen Jahren J. Grisar gehandelt[2]. Sie ist entstanden aus Zusammenarbeit von Döllinger und dem Kardinal, der Originalentwurf von Döllingers Hand ist erhalten. Der Kardinal stand immer in Verbindung mit Döllinger. Er macht dessen Schüler Friedrich zu seinem Theologen (Sachverständigen). Friedrich liefert das Material für die Briefe vom Konzil an Döllinger. Dazu den Brief des Kardinals an seinen Bruder Chlodwig vom 24. Dezember 1869, wo er bemerkt:

Sehr freue ich mich über die exemplarische Tätigkeit des Grafen Tauffkirchen, es konnte kein besserer hierher geschickt werden. Auch Professor Friedrich hat meinen vollkommenen Beifall und wir kommen sehr gut zusammen aus. Auch hat er schon manches genützt hier. Ich habe ihn sorglich beim Papst gemeldet, der ihn gut empfangen hat und so ist wenigstens sein Hierbleiben gesichert. Es wird hier furchtbar intrigiert gegen alles, was nicht jesuitisch ist . . . Daß die deutschen Bischöfe sich bei Nardi versammeln, ist vielleicht nicht von Schwarzenberg, sondern von dem Bischof von Regensburg und Ketteler und ein paar anderen, die Schwarzenberg erschreckt haben, ausgegangen. Als Schwarzenberg ankam, hatte ich ihn gleich gefragt, ob er die Bischöfe bei sich sehen wollte und wenn nicht, würde ich sie sehen bei mir. Er versicherte, daß er sie bei sich in der Anima versammeln wolle. Das wurde aber von einer gewissen Partei nicht angenommen zu dem antiultramontanen Schwarzenberg zu gehen und gegen mich hatten sie dieselben Vorurteile. Es wird wohl für mich kein großer Verlust sein, und zum Essen habe ich sie fast alle schon gehabt aus Deutschland und Österreich. Nardi ist schon bei den Versammlungen nicht zugegen, deshalb sind die Bischöfe nicht unter seinem Einfluß, wohl aber teilweise unter dem von falschen Freunden, wie Ketteler, Regensburg, Trient usw. Kardinal Rauscher ist sehr gut und antijesuitisch . . .

Hohenlohe geht selten in die Konzilskongregationen. Bei der entscheidenden Abstimmung über die Unfehlbarkeit des Papstes am 18. Juli 1870 ist er nicht anwesend. Er schreibt an Kardinal Schwarzenberg, der auch nicht dabei war, er würde mit non placet gestimmt haben, weil er die Dogmatisierung für inopportun halte. Es wird behauptet, er habe sich nachher dem Papst gegenüber für die Infallibilität ausgesprochen. Dagegen spricht aber ein Brief an den Geheimsekretär des Papstes: Er habe immer an die Infallibilität geglaubt, so wie es ihm im Apollinare gelehrt wurde, bemerkte aber nicht, daß man dies dem Papst sagen solle. Diese sibyllinischen Formulierungen sind noch genauer zu deuten. Er ist der Meinung, das Konzil habe nicht konziliariter verhandelt und er sei sich über die Gültigkeit nicht im klaren. Das ist ein deutliches Urteil. Eindeutig ist die Haltung des Kardinals bei der Erstürmung Roms durch die Piemontesen am 20. September 1870: Seine Abreise aus Rom am 22. September (wie Windhorst im Reichstag sagte: Um 11 Uhr). Die Frage, ob mit Erlaubnis des Papstes, ist schwer zu beantworten. Allem nach ist er wohl ohne Urlaub abgereist. Er begab sich in das Schloß Schillingsfürst, wo ihm Chlodwig eine Wohnung anbot. Dort erinnern an ihn noch einige karitative Gründungen, und bei der Bevölkerung war er wegen seiner Güte sehr beliebt. Von dem Intermezzo von 1872, als der Kardinal von Bismarck als Botschafter des Reiches am Vatikan ernannt und von der Kurie abgelehnt wurde, ist das meiste bekannt[3]. Als neue Quelle einige Briefstellen aus dem Briefwechsel mit dem Papst bei Pirri: Es sind 21 Briefe von 1870 bis 1875. Interessant sind die beiderseitigen Formulierungen und die Rückvermerke des Papstes, z. B. Laudate pueri dominum —

aberramenti Hohenlohjani – Lügen nichts als Lügen usw.[4] Der Kardinal aber wahrte seinen Standpunkt.

Während Hohenlohe in Schillingsfürst weilte, begann der Erlaß der Kulturkampfgesetze. Später geht es um den Abbau, vor allem ist es das Bestreben Leos XIII. Zunächst geht es um Fühlungnahmen zwischen dem Vatikan und Deutschland, zwischen dem Vatikan und Italien – Dreibund. Hohenlohe bringt schon 1877, also vor dem Tod Pius' IX., den Großherzog Friedrich von Baden mit Kardinal Franchi zusammen. Hohenlohe war einer der Initiatoren, später gehen die Dinge vorwiegend an die Diplomaten und Ministerien über. Aber da wird auch deutlich, daß auf beiden Seiten keine genaue Kenntnis der Lage vorhanden war, auch nicht der Stimmung auf der jeweiligen Gegenseite. Schlözer meinte dazu: Das eingebildete Berliner Kontinentalgehirn = preußische Bürokratie (nicht Bismarck) und denkt etwa an den Kultusminister v. Gossler und andere. In Rom sind es die Intransigenten. Aber in Italien ist mehr Gespür für die Lage, weil man dort die Formulierungen nicht allzu ernst nimmt. Für die Situation und ihr Verständnis ist bezeichnend: Bei der Zusammenkunft Kaiser Wilhelms I. und König Viktor Emanuels in Mailand im Jahre 1875 sagte der Ministerpräsident Marco Minghetti zu Staatssekretär v. Bülow: „Wir Italiener haben seit tausend Jahren mit dem Papsttum zu tun und wir kennen es, wenn Sie mir gestatten, Ihnen das offen zu sagen, doch besser als die Fremden, selbst als die sehr von uns geschätzten und bewunderten Deutschen, die alles von der wissenschaftlichen Forschung erwarten und glauben, das Historische Seminar sei der richtige Ort, um große politische Fragen zu lösen. Ich bin überzeugt, daß wir mit dem Papsttum in denselben erträglichen Beziehungen stehen werden wie heute, ohne Nachgiebigkeit in politischen Lebensfragen, aber unter Schonung aller religiösen Empfindungen und ohne unnötige reizende Gewalttätigkeiten, wenn der große Fürst Bismarck längst seine Maigesetze revidiert und damit den Rückzug angetreten haben wird"[5]. Während Hohenlohe sich nach seiner Abreise von Rom im September 1870 in Schillingsfürst aufhielt, wurden in Preußen die Kulturkampfgesetze erlassen. Nach seiner Rückkehr nach Rom im Jahre 1876 begann der Kardinal sich sofort um die Befriedung zu bemühen. So brachte er schon 1877, also noch vor dem Tod Pius' IX., den Großherzog Friedrich von Baden mit dem Kardinal Franchi zusammen, wie schon gesagt wurde. Einige Briefe des Kardinals sind bei Lill publiziert, mehr findet sich in Karlsruhe und Schillingsfürst. Der Abbau des Kulturkampfes vollzieht sich in zwei oder auch drei Phasen. Als erste Phase gilt das Zusammentreffen Bismarcks mit dem Nuntius Aloisi Masella 1879 in Bad Kissingen von Ende Juli bis Mitte August. Die zweite Phase steht unter dem Zeichen der diskretionären Vollmachten von 1880 an. Hier beginnt auch F. X. Kraus seine Tätigkeit in Rom aufzunehmen, und in diesem Jahre 1880 lernt er den Kardinal Hohenlohe kennen und ist bis zum Tode des Kardinals 1896 in enger Verbindung mit ihm. Der Kardinal erscheint von da ab nicht mehr viel in den Akten, aber er ist eifrig tätig auf gesellschaftlicher Ebene. Über die Einladungen bei ihm gibt es zahlreiche Berichte des österreichischen Botschafters Graf Paar und oft auch viel Entstelltes in der Presse. Seit 1882 amtiert Kurd v. Schlözer als preußischer Gesandter am Vatikan, der mit seinen Freunden Jacobini Mocenni, de Montel und Galimberti oft bei Hohenlohe zu Besuch weilt, auch in Tivoli. Wegen der guten Bekanntschaft mit römischen Prälaten nannte man Schlözer scherzhaft ‚il cardinale Schlözer‘. Später werden wichtig der Bischof und Kardinal Kopp von Breslau; von seinen Briefen an Montel sind in dessen Nachlaß viele enthalten.

Die römische Frage

Rom ist seit 1870 die Hauptstadt des geeinten Italiens. Diese Situation ist merkwürdig und schwierig. Die meisten Italiener sind innerlich für die Einigung, vor allem auch die weitsehenden im höheren Klerus, trotz der vatikanischen Einsprüche: Don Bosco, Bonomelli, Tosti. Auch der Papst ist als Privatperson und Italiener für diese Lösung. Bezeichnend dafür folgende Begebenheit: Pius IX., hinter dessen Stuhl der Graf Mérode (1860–1864 päpstlicher Kriegsminister) stand, empfing einen deutschen katholischen Grafen. Dieser beklagte sich über alles das Leid, das die italienische Einheitsbewegung über die Kirche gebracht habe. Der Papst hörte andächtig zu und gab hier und da Zeichen bewegter Zustimmung. Als der deutsche Herr entlassen war, sagte Pius IX., der vergessen hatte, daß Mérode noch hinter seinem Stuhl stand, zu dem diensttuenden italienischen Kämmerer neben sich: Questo bestione tedesco non capisce la grandezza e la bellezza dell'idea nazionale italiana[6]. Die in den Jahren nach 1870 öfters geäußerten Pläne des Papstes zum Verlassen Italiens waren meist Phantasien, um die Weltpresse zu beeinflussen. Pius IX. und Leo XIII. betrieben mit großer Energie die Restitution des Kirchenstaates; deswegen war Leo gegen den Dreibund, deswegen neigt er zu Bismarck und ist für den Abbau des Kulturkampfes durch großes Entgegenkommen der Kurie. Kardinal Hohenlohe war von Anfang an und immer für die Einigung Italiens, dazu einige betonte Gesten: Besuch des italienischen Gesandten Barbolani 1883 in München, 1885 zum Essen bei Crispi und dem Baron Blanc, dem italienischen Minister des Äußeren; dagegen bestand der angebliche Toast auf Crispi nur im Erheben des Glases. Hohenlohe trifft auch öfters Döllinger nach dessen Exkommunikation und billigt Döllingers Ansicht über den Kirchenstaat. Zu erinnern ist in diesem Zusammenhang, daß bei den berühmten Odeonsvorträgen Döllingers 1861 in München der päpstliche Nuntius demonstrativ den Saal verließ. Beim Ableben Pius' IX. 1878 war Hohenlohe einer der führenden sogenannten liberalen Kardinäle, die auch im Konklave zur Wahl Leo XIII. eine bedeutende Rolle spielten und vor allem für die Abhaltung des Konklave in Rom waren[7]. Wichtig in diesem Zusammenhang ist auch das sogenannte Veto: Die von Österreich, Frankreich, Spanien und Portugal seit Jahrhunderten beanspruchte Ablehnung eines Papstkandidaten im Konklave. Diese Ablehnung bzw. dieses Veto ist politisch durchaus verständlich von der Geschichte des Kirchenstaates her, dessen Monarch ja der Papst war. Das Veto wurde selten angewandt, von der Kurie nicht anerkannt, aber es ist nie ein Exkludierter, also ein Ausgeschlossener gewählt worden. Viele Jahre vor dem Ableben Leo XIII. begannen die Wahlvorbereitungen für den schon lange erwarteten Tod des Papstes. Und hier spielt das Veto viele Jahre hindurch eine große Rolle, und es gibt eine

Reihe von Diskussionen über das Veto. Italien war dagegen, weil es kein Veto hatte, aber Österreich war gegen Frankreich und Rampolla, vor allem nach dem sogenannten Ralliement mit Frankreich. Von Österreich wurde das Veto vorbereitet, und in diesen Diskussionen spielten der Kardinal und vor allem Franz Xaver Kraus und auch Kopp eine große Rolle. Der deutsche Kaiser war dafür auf den Rat des Reichskanzlers Chlodwig und auch des Kardinals Hohenlohe, später auch der Kardinal Kopp von Breslau. Dann erst 1903 nach dem Tode Leos wurde das Veto verwirklicht, gegen Rampolla ausgesprochen durch den österreichischen Kardinal Puszina von Krakau.

Eine wichtige Quelle für die Persönlichkeit des Kardinals sind die Briefe an seinen Bruder, den Reichskanzler Chlodwig. Als junger Mensch, aus fürstlichem Geschlecht stammend, kam er mit 24 Jahren nach Rom. Interessant sind die ersten Romerlebnisse, die er in seinen Briefen festgehalten hat. Vor allem das Verhältnis zu Papst Pius IX., der ein merkwürdiger Mensch war, menschlich rührend, theologisch, politisch weniger. Befangen in den engen Gedanken des Kirchenstaates so wie Pius VII., dessen Herz nach dem Obduktionsbefund größer gewesen sei als das Gehirn. Hohenlohe hatte ein kindliches Verhältnis zu Pius, der dem jungen bescheidenen deutschen Geistlichen von Anfang an sehr zugetan war. Seine Briefe aus Rom verraten noch die Sorge um die evangelische Schwester Elise. Doch bald wird er vorsichtiger und reflektierender, allmählich löst er sich von den jugendlichen Vorstellungen und Emotionen bei aller persönlichen Frömmigkeit. Er besaß eine gute Allgemeinbildung, Kenntnisse der klassischen Literatur, war sehr belesen, von seinem Lehrer Döllinger für Kirchengeschichte und Exegese interessiert im Gegensatz zur Trierer Form der Klerikerbildung. Sein Ideal war und blieb die alte Kirche. Die Hetze der Jesuiten gegen ihn ist von der Presse in unverantwortlicher Weise übernommen worden. So hat man ihn nach dem Fernbleiben bei der Abstimmung auf dem Vatikanischen Konzil Simon Magus genannt. Von da ab bleibt die Beurteilung konstant. Seine Begabung sei nur mittelmäßig, er verfüge über geringe Kenntnisse in der Theologie, vor allem in der scholastischen Theologie. Aber wenn man die Kardinäle Pius' IX. und einen großen Teil der Leos XIII. ansieht, so macht er doch eine gute Figur und verfügt über für einen Kardinal ausreichende Bildung, damals und vielleicht auch heute. Er hatte viele Freunde und Bekannte, sehr gute Beziehungen zur badischen großherzoglichen Familie, nach Berlin und in die römischen Aristokratie. Treu stand er sein Leben lang zu Döllinger, hatte enge Kontakte zu Odilo Rottmanner, zu Abt Haneberg, zu den Rosminianern, die er oft in Cadenabbia am Comer See besuchte. Über die lebhaften Beziehungen zu Augustin Theiner gibt der neuerdings publizierte Briefwechsel Auskunft. Nicht ohne Urteil (außer über seinen Sekretär Nobili) war er kritisch gegenüber Hoensbroech, auch zu Kraus, Hutten Czapski, Kopp und Monts. Auch den in allen Sätteln reitenden de Montel, von dem der österreichische Botschafter Paar sagte: der Welschtiroler ist mit sieben Salben gesalbt, beobachtete er mit Vorsicht. Viele Bonmots zeigen seine klassische Bildung. In seinen Privatbriefen benützt er starke Ausdrücke z. B. Papst Pius IX. gegenüber, von dem er sagt, die Jesuitenzeitschrift Civiltà sei das von den Jesuiten für Pius IX. erfundene Spielzeug. Seine Wohltätigkeit wurde vielfach ausgenützt. Er blieb eine selbständige Persönlichkeit, trotz aller Gegenstimmen der Jesuiten und der Zentrumspresse ist daran festzuhalten. Von schriftlichen Meditationen im Alter ist anscheinend nichts erhalten. Dem Urteil seiner Zeit voraus, gehört er in gewisser Hinsicht zu den Wegbereitern einer neuen Zeit, und zwar unter mehreren Gesichtspunkten: 1. In der Beurteilung der innerkirchlichen Lage, vor allem auf dem 1. Vatikanischen Konzil; 2. in der römischen Frage, in seinem engen Kontakt mit den aufgeschlossenen italienischen Geistlichen Tosti, Bonomelli, Scalabrini Capecelatro und weiteren anderen. Gegen das „Non expedit" und gegen „Né elettori né eletti" war er von Anfang an ablehnend. Für die Bemühungen um die Beendigung des Kulturkampfes im friedlichen Sinne, für ein starkes ökumenisches Interesse sowohl gegenüber den Protestanten als auch der Ostkirche ist ihm zu danken. Interessant ist von den vielen Urteilen[8] das des österreichischen Botschafters Graf Revertera an den Außenminister am 3. November 1896, drei Tage nach dem Tode des Kardinals. Er schreibt:

Durch den am 30. Oktober erfolgten Tod des Cardinals Hohenlohe ist dem Cardinalskollegium eine jedenfalls interessante Persönlichkeit entrissen worden. Er war 73 Jahre alt und seit 30 Jahren Cardinal, der Creierung nach der zweitälteste dieser hohen Würde ... Glänzend begabt und durch seine Geburt berechtigt, die höchsten Anforderungen an das Leben zu stellen, hat sich der Cardinal Hohenlohe doch in dem von ihm erwählten Beruf niemals heimisch gefühlt. „Il oubliait souvent qu'il était prince de l'église et jamais qu'il était prince de l'empire" lautet das Urteil, welches ein hochgestellter Prälat über ihn fällte. Ein unruhiger Geist verführte ihn häufig zu Schritten, welche in kirchlichen Kreisen Aufsehen, im Vatikan Anstoß erregten. Er liebte, sich die Wege, die er gehen wollte, selbst zu suchen und gefiel sich in ätzenden Satyren, mit welchen er selbst den hl. Vater nicht verschonte ... Versäumte aber nie eine Gelegenheit den Gegensatz seiner Anschauungen mit Leo XIII., zu dessen Wahl er durch seine Stimme beigetragen hatte, möglichst scharf zu betonen ... Kunstsinn und eine große Belesenheit machten den Verkehr mit ihm überaus anziehend und sein gastfreies Haus öffnete sich gerne Freunden und Besuchern, unter welchen die Mitglieder regierender Häuser häufig zu finden waren. Die Villa d'Este in Tivoli, in welcher der Cardinal einen großen Teil des Jahres zubrachte, ist bekanntlich Eigentum der Erben des Herzogs von Modena. Sie war ihm zu lebenslänglicher Benützung eingeräumt. Seit einiger Zeit unwohl, war er nach der Stadt zurückgekehrt, um ärztliche Hilfe zu suchen, doch hatte man keine Ahnung von der drohenden Gefahr als ihn plötzlich der Tod ereilte. Wohltaten spendend hatte er sich in den ärmeren Bevölkerung einer großen Beliebtheit zu erfreuen. Seine Herzensgüte war aber auch oft mißbraucht worden, ohne daß er sich dadurch abhalten ließ, seiner Freigebigkeit die Zügel schießen zu lassen. Er verdient es, ungeachtet seiner Eigentümlichkeiten, den Menschen in dankbarer Erinnerung zu bleiben.[9]

Auf dem von Adolf Hildebrand gestalteten Grabmal im Deutschen Campo Santo bei St. Peter hat Chlodwig seinem Bruder folgende zutreffende Inschrift gewidmet:

Heic in pace quiescit Eminentissimus DD Gustavus de Hohenlohe S R E presb. cardinalis tit.s Callisti Basilicae Liberianae archipresbyter Imperii Germanici princeps qui nobilis genere mente nobilior Ecclesiae Patriae Amicis fidelis artium amator pauperum pater LXXIII annorum Romae in Dno obiit III kal nov. MDCCCIVC Chlodovicus princeps de Hohenlohe imperii Germanici cancellarius fratris memoriae M P.

Anmerkungen

*Die Vortragsform des kurzen Referates im Arbeitskreis „Katholische Theologie" des Forschungsunternehmens „19. Jahrhundert" der Fritz Thyssen Stiftung in Frankfurt/Main am 18. Januar 1974 wurde beibehalten; in den Hinweisen auf Archivalien und Literatur sind nur neuere einschlägige Untersuchungen angeführt, in denen die älteren Arbeiten zu finden sind. Ich hoffe in absehbarer Zeit die schon lange geplante größere Monographie über den Kardinal endlich vorlegen zu können.

1 Kurze Würdigungen des Kardinals bei: F. X. Kraus, in: Essays II, Berlin 1901, 165–175; der Artikel im Lexikon für Theologie und Kirche 5 (1960) 431 ist ebenso wie in der vorhergehenden Auflage ungenügend; die Skizze in der Neuen Deutschen Biographie 9 (1972) schwach. In den drei Artikeln von Hubert Jedin, Gustav Hohenlohe und Augustin Theiner 1850–1870, in: Römische Quartalschrift 66 (1971) 171–186; Kirchenhistorikerbriefe an Augustin Theiner, ebenda 187–231 und: Augustin Theiner. Zum 100. Jahrestag seines Todes am 9. August 1874, in: Archiv für schlesische Kirchengeschichte 31 (1973) 134–176 finden sich viele Einzelheiten bis zur Zeit des 1. Vatikanischen Konzils.

2 Josef Grisar, Die Zirkulardepesche des Fürsten Hohenlohe zum Vat. Konzil, in: Archiv und Wissenschaft, Schriftenreihe der archivalischen Zeitschrift Bd. 3 (1961) 216–240.

3 Johannes Heckel, Die Beilegung des Kulturkampfes in Preußen, in: Zeitschr. der Savigny-Stiftung für Rechtsgeschichte, Kanonist. Abt. 19 (1930) 288ff.; Ernst Deuerlein, Bismarck und die Reichsvertretung beim hl. Stuhl, in: Stimmen der Zeit 164 (1959) 203–219, 256–266.

4 Pietro Pirri, Pio IX e Vittorio Emanuele II dal loro carteggio privato, III: La Questione Romana, parte seconda: I documenti (1961) 412–424: Carteggio del cardinale Gustavo Adolfo di Hohenlohe con Pio IX dopo la presa di Roma (21 Briefe, autografi' von 1870 bis 1875 während des Aufenthaltes des Kardinals in Schillingsfürst).

5 Bernhard Fürst von Bülow, Denkwürdigkeiten 4 (1931) 330.

6 Ebenda 326.

7 Weber, Quellen und Studien, 343.

8 Beurteilungen des Kardinals z. B. bei Weber, Quellen und Studien, 239, 444, 475, 488.

9 Wien, Haus-Hof- und Staatsarchiv PA XI, 237 Nr. 49 B.

Liberaler Katholizismus in England

VICTOR CONZEMIUS

I. Gesellschaftliche Voraussetzungen

Der liberale Katholizismus des 19. Jahrhunderts war seinem Wesen nach eine elitäre Bewegung. Auf kleine Kreise und esoterische Zirkeln beschränkt, hat er sich keine breite Gefolgschaft im Klerus und in der Laienschaft sichern können. Er ist nie zur Sache der katholischen Massen geworden. Wohl gab es 1829/30 in Frankreich und 1847/48 in Italien in verschiedenen Gesellschaftsschichten offen zu Tage tretende liberal-katholische „Trancezustände"; mehr als eine kurzlebige Euphorie katholischer Intellektueller darf man nicht dahinter suchen. Was an liberalkatholischem Gedankengut päpstliche Verurteilung oder nachrevolutionäre Reaktion überdauerte, mußte im Untergrund überwintern. Es konnte sich bloß in kleinen Kreisen, in Zeitschriften mit bescheidener Auflagenziffer und in privaten Begegnungen und Sympathiekundgebungen artikulieren. Soziologisch gesehen wird hier die Tradition der englischen Clubs, der französischen Salons des 18. und frühen 19. Jahrhunderts oder der bekannten katholischen Erneuerungskreise (Gallitzin-, Görres-, Sailerkreis) weitergeführt, deren Breitenwirkung nicht immer erreicht wird[1].

Es mag paradox erscheinen, gerade bei einer solch elitären Bewegung zunächst nicht von ihren Trägern und ihren Ideen, sondern von ihren gesellschaftlichen, sozialen und politischen Voraussetzungen auszugehen. Das Paradox ist jedoch nur ein scheinbares. Denn die spezifischen Merkmale dieses liberalen Katholizismus, seine nationaltypische Eigenart, seine Erfolge und Mißerfolge lassen sich nur auf dem Hintergrund jenes größeren Gebildes enträtseln, das ihn umschließt. Diese Feststellung gilt besonders für den liberalen Katholizismus in England. Sein Schicksal hängt aufs engste mit der sozialen Struktur des englischen Katholizismus zusammen.

II. Innerkatholische Gruppenbildung

Zwei Daten markieren den äußern Aufstieg des englischen Katholizismus im 19. Jahrhundert. 1829 gewährte ein Gesetz den Katholiken staatsbürgerliche Gleichberechtigung[2] — freilich verblieben noch einige kleine diskriminierende Schönheitsfehler —, 1850 errichtete Pius IX. in England und Wales eine katholische Hierarchie mit dem Metropolitansitz in Westminster und 12 Suffraganbistümern. Owen Chadwick hat das Bild von der Eule gebraucht, die blinzelt und Schwierigkeiten hat, sich ans Tageslicht zu gewöhnen[3], um die vielfältigen Probleme zu bezeichnen, die sich aus dem Übergang in einen neuen und ungewohnten Zustand öffentlicher

Duldung und toleranten Gewährenlassens ergaben. Dahinter aber stehen harte demographische Realitäten.

In den Jahren zwischen 1800 und 1851 hat sich die Bevölkerung von England und Wales von 11 auf nahezu 22 Millionen verdoppelt, um von 1851 bis 1870 noch um fünf weitere Millionen zuzunehmen. Hand in Hand mit der Bevölkerungszunahme geht eine progressive Verstädterung: um 1870 leben zwei Drittel der englischen Bevölkerung in Städten, davon allein 3 1/4 Millionen in London[4]. Viel sprunghafter noch ist der katholische Bevölkerungsteil in diesem Zeitraum in die Höhe geschnellt. Während es 1814 schätzungsweise kaum 160 000 Katholiken in England und Wales gab[5], bezifferte sich ihre Zahl 1850 auf etwa 700 000[6]. Höchstens ein Viertel davon war in England geboren; zwischen 1841 und 1851 sind vermutlich 400 000 Iren nach England eingewandert[7]. Gegen Ende des Jahrhunderts wird sich diese Zahl unter dem zwar abgeschwächten, doch immer noch anhaltenden Zustrom irischer Einwanderer verdoppeln und über anderthalb Millionen erreichen[8].

Gegenüber dieser massiven irischen Einwanderung nimmt sich die Konversionswelle zur römisch-katholischen Kirche im Anschluß an die Oxfordbewegung (seit 1833) wie ein schmales Rinnsal aus. Etwa 186 anglikanische Geistliche und 444 Laien sind in den Jahren 1842 bis 1856 zur katholischen Kirche übergetreten[9]. Der Höhepunkt der irischen Einwanderung, der sich mit demjenigen der Konversionsbewegung überschneidet, dürfte zwischen 1840 und 1854 liegen; es sind die Jahre, in denen das Selbstbewußtsein der katholischen Minderheit wächst[10]. Während das Bild des Katholizismus in England in dieser Periode in geistesgeschichtlicher Perspektive durch die Konversionsbewegung bestimmt wird, wird der mit der Wirklichkeit Vertraute dem Historiker des Catholic Revival, Bischof Bernhard Ward, recht geben müssen, der sagt, daß für die Geschicke der katholischen Kirche in England die irische Einwanderung schicksalhafter war als die Oxfordbewegung[11]. Um die Mitte des Jahrhunderts gibt es in England drei Gruppen innerhalb der katholischen Bevölkerung. Einmal die „Old Catholics", d. h. die Nachkommen jener Familien, die seit der Reformation katholisch geblieben waren oder sich im 17./18. Jahrhundert dem römischen Katholizismus zugewandt hatten, dann die eingewanderten Iren und ihre Nachkommen und schließlich die Konvertiten der jüngsten Zeit. Die numerisch stärkste Gruppe, die irischen Einwanderer, scheiden für unsere Betrachtung aus. Hier fehlen die Voraussetzungen für die Entfaltung liberal-katholischer Ideen. Indirekt aber spielt das Übergewicht der Iren im englischen Katholizismus eine konfliktverschärfende Rolle; Episkopat und Klerus werden von den unmittelbaren Problemen dieser Gruppe, d. h. von der Sorge um Schulen, Kirchen, Kapellen, Spitäler, Klerus, Armenpflege, derart in Anspruch genommen, daß die intellektuellen und theologischen Fragen für sie zur „cura posterior", ja an den Rand gedrängt und schließlich verdrängt werden. Der von liberalen Katholiken beklagte Provinzialismus, die geistige Enge der katholischen Kirche in England hat hier ihre konkreten Ursachen.

Gewisse Voraussetzungen für liberal-katholische Gedankenansätze boten jedoch die „Old Catholics", der Grundstock autochthon englischer Katholiken. Ihr Kerngebiet bildeten Gutshöfe in Northumberland und Durham und Bauerndörfer in Lancashire und Staffordshire; auch in London und Liverpool gab es größere Gemeinden. Sofern sie zur wohlhabenden Klasse der Bevölkerung gehörten, zeichneten sie sich weniger durch intellektuelle Regsamkeit als durch Treue und Opfergeist aus[12]; eine herbe, altväterliche Frömmigkeit hatte sie in die Lage gesetzt, die Jahrhunderte der Verfolgung zu überstehen. Dem Klerus, der aus ihren Reihen hervorging, wird geistige Aufgeschlossenheit und Bildung nachgesagt[13]; der Historiker John Lingard z. B. konnte mit seiner „History of England" (8 Bde, London 1819—30), über die Konfessionsgrenzen hinaus allgemeines Ansehen erreichen[14]. Nicht nur werden diese Leute von den irischen Einwanderer-Massen aufgescheucht und beunruhigt; ihr traditionsbewußter kultiviert-zurückhaltender Katholizismus hat es schwer, sich mit dem Konvertiteneifer und den neurömischen, aus dem Süden von italienischen Missionaren und italianisierenden Konvertiten importierten Frömmigkeitsformen zurechtzufinden[15]. Sie mußten sich den Vorwurf mangelnden Glaubenseifers, des Gallikanismus und des Semiprotestantismus gefallen lassen, der freilich nur in den seltensten Fällen sachlich berechtigt war[16]. Allerdings hob diese Gruppe sich nicht nur durch ihre Herkunft und ihre altväterische Frömmigkeit von den beiden anderen Richtungen ab; sie hielt bewußte Distanz zur forscheren Gangart, die die neue Hierarchie und der in römischer Disziplin erzogene jüngere Klerus einschlugen.

Die leicht antiklerikal getönte Reserve der „Old Catholics", gepaart mit antirömischem Vorbehalt, war keineswegs das Ergebnis von Rivalitäten jüngeren Datums; sie ging auf eine ältere Tradition zurück, die man als Anglo-Gallikanismus bezeichnet hat[17]. Darunter ist eine seit dem Ende des 18. Jahrhunderts auftretende Tendenz zu verstehen, den Einfluß der Hierarchie, vor allem des Papstes in englischen Kirchenaffären herunterzuspielen, um eine günstigere Ausgangsposition für die politische Emanzipation der Katholiken zu schaffen[18].

Die Wortführer des Anglo-Gallikanismus, die sich vor allem auf den begüterten Teil der Laienschaft, den größeren Teil des Klerus und einige Apostolische Vikare abstützen konnten, sammelten sich zuerst im Katholischen Komitee (1782). Sein Begründer war der Rechtsanwalt Charles Butler. Dieses Komitee veröffentlichte 1788 eine Erklärung, in der es die weltliche Macht des Papstes und seinen Anspruch auf Unfehlbarkeit bestritt. Diese Ansichten wurden vom Cisalpine Club (1792) übernommen, der erklärte, sich jeder päpstlich-kirchlichen Intervention zu widersetzen, welche die Freiheit der englischen Katholiken verletze. Noch kurz vor und sogar nach der Errichtung der Hierarchie wurden Petitionen vorgelegt, in denen ein Mitspracherecht des Klerus bei der Ernennung von Bischofen gefordert wird.

Diese Kreise betrieben eifrig die Errichtung einer selbständigen Hierarchie. Sie hofften dadurch das enge Abhängigkeitsverhältnis von Rom einzuschränken und sich ein Mitspracherecht bei der Ernennung von Bischöfen und Pfarrern zu sichern. Denn England galt bis zur Errichtung der Hierarchie — und tatsächlich lange darüber hinaus — als Missionsland und war direkt der römischen Kongregation „De propaganda fide" unterstellt. Eigene Bischöfe und Domkapitel, ja sogar inamovible

Pfarrer, sollten den „Kolonialstatus" des katholischen England ablösen. Als die Ablösung 1850 tatsächlich kam, verflogen diese weitgespannten Hoffnungen allerdings ziemlich rasch, weil der neue Erzbischof Nicholas Wiseman entschlossen ins römische Fahrwasser lenkte und die kirchliche Neuorganisation nicht so sehr als Mittel zur Integration, sondern zur Romanisierung benutzte.

Profilierteste Vertreter des Klerus im frühen 19. Jahrhundert sind der bereits erwähnte Historiker John Lingard und Edward Cox[19], der Leiter des Priesterseminars St. Edmund, Old Hall — sein Einfluß geht allerdings in den 50er Jahren zurück mit der Beauftragung des Laien William George Ward[20] zum Lehrer der Dogmatik —, ferner der Liturgiehistoriker Daniel Rock[21], der Kirchenhistoriker M. A. Tierney[22], F. C. Husenbeth[23], der Biograph von Bischof Milner, Robert Tate[24] und Thomas Youens[25]. Im englischen Episkopat der 50er Jahre begegnen zumindest zwei Männer, die dieser Richtung nahestehen, wenngleich ihre Opposition weniger aus bewußter Reflexion hervorging, als vielmehr der Unzufriedenheit entsprang gegenüber dem Kurs des Erzbischofs Wiseman und dem Mißtrauen gegenüber dem Übereifer der Konvertiten: George Errington und William Clifford. Beide entstammten dem gleichen sozialen Milieu; Errington kam aus der landed gentry von Yorkshire[26], Clifford war der Sohn eines einflußreichen katholischen Peers. Errington, 1855 gegen seinen Willen zum Koadjutor mit dem Recht der Nachfolge von Erzbischof Wiseman ernannt, wurde bereits 1860 vom Papst dieses Rechtes verlustig erklärt, weil er sich nicht für Wisemans Kirchenpolitik erwärmen konnte. Clifford, 1857 mit 33 Jahren zum Bischof von Clifton ernannt, war 1864 einer der ganz wenigen Bischöfe, die Newmans Projekt eines katholischen College in Oxford unterstützten[27]. Errington, Clifford und William Vaughan von Plymouth — er entstammte ebenfalls der landed gentry und wurde 1855 Bischof von Plymouth — waren die einzigen Mitglieder des englischen Episkopats, die 1870 auf dem Vatikanischen Konzil gegen die Unfehlbarkeit des Papstes stimmten[28].

Der liberale Katholizismus dieser Männer wird nicht so recht faßbar; er ist eher pragmatisch-kirchenpolitischer als theologisch-grundsätzlicher Natur und äußert sich vorwiegend im Gegensatz zu der von Wiseman, später von seinem Nachfolger Manning betriebenen Romanisierungs-Tendenz. Seine Abhängigkeit von der älteren „anglogallikanischen" Richtung müßte noch eingehender untersucht werden. Dabei wird man allerdings berücksichtigen müssen, daß Kardinal Wiseman und Mgre Talbot, der als Agent der englischen Bischöfe in Rom und päpstlicher Kammerherr eine verhängnisvolle Rolle spielte, das Etikett des „Anglo-Gallikanismus" bedenkenlos verwendeten, um damit ihre persönlichen Gegner zu treffen. Talbot hat böswillig, überlegt und gezielt Kurie und Papst falsch über englische Zustände und Personen informiert[29].

Wie sieht es mit der dritten Gruppe englischer Katholiken aus, den Konvertiten? Es scheint auf den ersten Blick aussichtslos, hier nach Liberalen Ausschau halten zu wollen. Denn viele von ihnen hatte gerade der religiöse Liberalismus der Kirche ihrer Herkunft angetrieben, in der nach Kirchenlehre und Disziplin festgefügteren römisch-katholischen Kirchenorganisation eine sichere, staatlichen Übergriffen entzogene Heimstatt für ihren Glauben zu suchen. Manche werden nach ihrem

Übertritt gerade diejenigen Elemente betonen, die sie bei ihrer ursprünglichen Gemeinschaft entbehren mußten: das Nicht-Englische in Liturgie und Frömmigkeit, den katholischen Universalismus, die strengere Kirchendisziplin, die zentralistische Kirchensteuerung, den Gleichklang der Lehre. Von der Übernahme italienischer Sandalen und Schuhschnallen, vom getreulichen Kopieren römischer Soutanen und Kollare, über die Nachahmung von Renaissance und Barock in den Kirchenbauten bis hin zur bedingungslosen Unterwerfung unter die römische Kurie erstreckt sich die Variationsbreite solchen Konvertiteneifers. William George Ward, der sich zu jedem Frühstück eine unfehlbare Aussage des päpstlichen Lehramtes wünschte[30], und Erzbischof Manning, der 1866 mit einem Gelübde schwor, die Unfehlbarkeit des Papstes durchzubringen, weil er sich von einem unfehlbaren Papsttum eine unwiderstehliche Anziehungskraft für seine englischen Landsleute erhoffte, repräsentieren diesen Typ des Konvertiten.

Dennoch wäre es eine unzulässige Vereinfachung, den zum reaktionären Überschwang Neigenden als den einzig möglichen Typus des Konvertiten anzusehen. Es gab auch Konvertiten, die sich nicht zur Übersteigerung der neugewonnenen Sicherheiten hinreißen ließen und beim Eintritt in die neue Gemeinschaft auf die Ausübung ihrer kritischen Vernunft keinen Verzicht leisteten. Hierzu gehört vor allem der Kreis um J. Henry Newman, seine persönlichen Freunde oder Männer, die ihm der Gesinnung nach nahestanden, auch wenn sie mitunter radikalere Positionen als der geistliche Leiter des Oratoriums von Birmingham einnahmen. Folgende Persönlichkeiten wären zu nennen: der Ägyptologe Peter le Page Renouf[31], der Jurist James Hope-Scott[32], Robert Wilberforce[33], der Pädagoge und Schulmann Scott Nasmyth Stokes[34], der Altphilologe Frederick Apthorp Paley[35], die Journalisten Richard Simpson und Thomas Wetherell[36], sowie der mit Döllinger befreundete Theologe Henry Nutcombe Oxenham[37].

Unsere Aufzählung kann nicht den Anspruch auf Vollständigkeit erheben. Man müßte auch einmal fragen, wieviele Konvertiten von Rom den Weg nach Canterbury zurückfanden; einige Intellektuelle haben sich nicht im römischen Tropenklima der 50er Jahre zurechtgefunden und sind wieder aus der römisch-katholischen Kirche emigriert[38].

III. Einzelne Persönlichkeiten: Richard Simpson, J. D. Acton, J. H. Newman, Charlotte Blennerhassett

Wegen ihrer geistigen Wachheit stellen die Konvertiten in einem stärkeren Ausmaß den Nährboden für liberalkatholische Gedankengänge als die „old catholics", deren Anti-Romanismus mehr gefühlsmäßig-pragmatisch war und in vielen Fällen geistiger Durchdringung ermangelt. John Acton, der bedeutendste Vertreter des liberalen Katholizismus, der dieser Gesellschaftsschicht entstammt, ist als kultivierter, intellektuell interessierter Laie untypisch für sein Milieu. Nur in der Allianz mit den vorhin genannten Konvertiten hat er in den von ihm herausgegebenen Zeitschriften der liberal-katholischen Stimme Gehör verschaffen und eigene Akzente setzen können[39].

1. Richard Simpson

Bevor wir uns mit Acton als dem Hauptrepräsentanten des liberalen Katholizismus im England des 19. Jahrhunderts befassen, soll Richard Simpson, sein Freund und literarischer Associé, vorgestellt werden. Damit wird zugleich sichtbar, daß die Problematik Actons kein von Deutschland oder vom Kontinent her eingeschleppter Virus ist, sondern sich im eigenen Lande an den hier sich ergebenden Problemen der Theologie und Kirchenpolitik entzündet hat. Die Selbständigkeit der Ansätze Simpsons tritt so vermehrt ins Licht, wenngleich die gegenseitige Abhängigkeit der beiden auch nach seiner jüngst veröffentlichten Biographie nicht genügend geklärt ist[40].

Richard Simpson wurde 1820 in Barrington (Surrey) in einer begüterten, kirchlich gesinnten anglikanischen Familie geboren. Er verbrachte seine Jugend in dem heute von London eingemeindeten Städtchen Mitcham, wohin seine Eltern kurz nach seiner Geburt übergesiedelt waren. Über die Mittelschule, die er besuchte, Merchant Taylor's School in London, hat er sich später kritisch geäußert. Wohl eher seinem Fleiß als der dort genossenen Ausbildung verdankt er es, daß er die anderen Kandidaten beim Wettbewerb um ein Stipendium für Oriel College in Oxford überrundete. Oriel, das College von Newman und Keble, hatte im Jahre seiner Immatrikulation (1839) seinen Höhepunkt bereits überschritten und befand sich auf einer absteigenden Linie.

Simpson studierte die Klassiker, Theologie und Mathematik. Das theologische Curriculum umfaßte die Geschichte des Alten Testaments, die Apostelgeschichte, Johannes und Lukas, die „Analogy of Religion" von Bischof Butler und die 39 Artikel der Anglikanischen Kirche. Seine Essays fielen auf durch ihren lebendigen Stil und ihre Neigung zur treffenden Pointe. Über den Schulbetrieb hinaus haben zwei Problemkreise den Studenten gefesselt, Architektur und Geologie. Das Interesse für die Geologie ist vom Bibelstudium her angeregt worden. Die Frage, wie der Schöpfungsbericht mit neuen wissenschaftlichen Theorien über Entstehung und Entwicklung des Kosmos in Einklang zu bringen sei, hat Simpson somit sehr früh gepackt und ihn zu einer grundsätzlichen Beschäftigung mit dem Verhältnis von Offenbarung und Naturwissenschaft angeregt[41]. Seine Lösungsvorschläge werden später zu Konflikten mit den theologischen Zensoren seiner Aufsätze führen.

Der Versuch, ein Fellowship an Oriel zu erwerben, schlug fehl. 1844 ließ Simpson sich zum Priester weihen. Zu diesem Zeitpunkt stand er der römisch-katholischen Kirche noch fern, aber im Verlauf von zwei Jahren bereits kam er zur Auffassung, daß er nicht mehr in der Anglikanischen Kirche bleiben könne, weil sie „dasjenige, was ich glaube, als einen argen Irrtum verwirft"[42]. Er war inzwischen unter den Einfluß der traktarianischen Bewegung geraten, die ihm ein neues Verhältnis erschlossen hatte für die persönliche Heiligung des Christen und die Sakramente. Insbesondere nährte die offizielle Eucharistielehre der Anglikanischen Kirche seinen Zweifel an der Rechtmäßigkeit dieser Kirche. Die Lektüre von Newman's Essay on the Development of Christian Doctrine (London 1845) gab dann den Ausschlag für die Konversion.

Damit war der 26jährige, kurz zuvor Verheiratete, stellenlos geworden. Seine
Pfarrei mußte er aufgeben. An eine Universitätslaufbahn war nicht zu denken;
der Name des Abtrünnigen wurde in der Matrikel des Oriel College gelöscht. Aber
die katholische Kirche hatte weder für den verheirateten Priester, noch für den
theologisch interessierten Laien Verwendung. Simpson blieb zeitlebens stellenloser
Privatier, dessen von den Eltern ererbtes Vermögen zwar ein behagliches Aus-
kommen und genügend Muße, aber keine feste Beschäftigung sicherte. Nach der
obligatorischen Romreise (1847), in deren Verlauf er die Feststellung traf, daß
unter demokratischer Verfassung die Kirche die größten Fortschritte macht[43],
wußte er die Zeit außer mit Lektüre kaum totzuschlagen.

Einen seiner Begabung annähernd entsprechenden Zeitvertreib fand er erst 1850,
als er für den „Rambler" zu schreiben begann. Der „Rambler" war 1848 von dem
Konvertiten J. M. Capes als Monatszeitschrift und Organ der Konvertiten gegründet
worden. Zwischen 1850 und 1858 steuert Simpson als gelegentlicher Mitarbeiter Aufsätze zu dieser Zeitschrift bei; im Februar 1848 wird er Herausgeber und neben
John Acton Miteigentümer der Zeitschrift. Nach einem kurzen Zwischenspiel von
Newman als Chefredakteur zeichnet Acton ab Herbst 1859 als verantwortlicher Herausgeber, ohne auf die Partnerschaft mit Simpson zu verzichten. Auch nach der
Umwandlung der Monatszeitschrift in eine Vierteljahreszeitschrift und ihre Umbe-
nennung in „Home and Quarterly Review" (1862) bleibt Simpson sein literarischer
Associé. Er hat sich später mit gelegentlichen Beiträgen an Actons weiteren jour-
nalistischen Experimenten, dem „Chronicle" (1867) und der „North British Review"
(1869/71) beteiligt.

Mit zwei Arbeiten hat Simpson sich bleibende Anerkennung erworben. Seine Biographie des Jesuiten Edmund Campion (1540–81), die zuerst 1868 erschien und
posthum 1907 noch einmal aufgelegt wurde, ist ein bis heute gültiges Standard-
werk geblieben. Weiterhin haben seine Forschungen zu Shakespeares Biographie
und dramatischer Kunst, denen er sich in den 60er Jahren zuwandte, in Fach-
kreisen Zustimmung gefunden; weniger glücklich war seine Deutung von Shakespeares Sonnetten[44].

Aber nicht diese Arbeiten beschäftigen uns hier, sondern seine Stellungnahme zu
theologischen Problemen oder Grenzfragen, die ihn in Konflikt mit den kirchlichen
Autoritäten brachten. Um diesen auszuweichen, flüchtete er in die Historie, in die
Literaturkritik, ja sogar in die Musik. Im Mittelpunkt seines philosophisch-theo-
logischen Interesses standen das Verhältnis von Bibel und Naturwissenschaft, das
Erkenntnisproblem in der Philosophie und die Frage nach der Erbsünde. Da Simpsons jüngster Biograph kaum auf den Inhalt seiner Aufsätze zu diesen Fragen eingeht, sondern den unzulänglichen Maßstab von obiter dicta von Zeitgenossen an
dessen philosophisch-theologische Produktion legt, sind wir leider nicht in der Lage
zu sagen, wie z. B. seine Auseinandersetzung mit Darwins „Origin of Species"[45]
zu bewerten ist. Wir können höchstens abklären, von welchen Grundsätzen er
dabei ausging und welche hermeneutischen Forderungen er an den Theologen
stellte. Unter dem Titel „Theologia male ferrata" beklagte er sich in einem Brief
an den Herausgeber des „Tablet" im Jahre 1856 über die Rückständigkeit der Theo-

logen in naturwissenschaftlichen Fragen. Mit ihrem Rückgriff auf veraltete Hypo-
thesen gäben sie die Sache der Theologie dem Gespött der Wissenschaft preis.
Theologie könne nur dort sachgemäß betrieben werden, wo sie sich der Konfrontation mit modernen Erkenntnissen stelle. Nicht die Offenbarung, wohl aber ihre
theologische Deutung habe sich dem Test der Geschichte zu stellen. Wahrer Glaube
habe von der Wissenschaft nichts zu fürchten und der Theologe sollte sich eigentlich freuen über die neuen Erkenntnisse, die die Wissenschaft für ihn bereitstelle.
Außerhalb der Sphäre definierter Glaubenslehre sollten die kirchlichen Autoritäten
freie theologische Forschung dulden[46].

Die Ausweitung des Freiheitsraumes der theologischen Forschung ist eines der
Grundanliegen von Simpson geblieben, auf das er öfter zurückkommt[47]. Aber
gerade dies nahm Bischof Ullathorne von Birmingham ihm sehr übel. Als nega-
tives Beispiel theologischer Kompetenzüberschreitung stand Simpson der Fall
Galilei vor Augen, den er wiederholt aufrollt[48]. Es war für ihn sonnenklar, daß
die römischen theologischen Experten des 17. Jahrhunderts nicht mit den Erkenntnissen der Naturwissenschaft vertraut gewesen waren. Einem seiner Gegner
räumte er 1862 ironisch ein, daß die Kirche „sub ratione peccati" eine gewisse
Kontrolle über die Wissenschaft ausüben könne, aber er kritisierte die Art, in der
der Klerus das tat. Er klammere sich nämlich auf Kosten neuer Erkenntnisse an
alte Irrtümer fest, und zwar in folgender Kadenz: „eine Aufregung anzetteln über
Forscher, diese Aufregung einen Skandal nennen und in der Folge dann die Forschung selber verbieten. Menschen in Zweifel jagen durch blinde Opposition gegenüber Wissenschaft und historischer Wahrheit, dann die Wissenschaft und die historische Wahrheit anklagen als Verursacher von Zweifel und sie zuletzt verbieten
nicht qua Wissenschaft und Geschichte, aber sub ratione peccati. Kann es ein be-
schämenderes Vorgehen geben?"[49]

Im Abstand von mehr als hundert Jahren mögen diese Forderungen an die Theologie reichlich banal anmuten; die Überzeugungskraft, mit der sie vorgetragen wurden, und der Widerspruch, auf den sie stießen, zeigen jedoch, daß sie damals nicht
so zahm und selbstverständlich wie heute waren. Dennoch wird man den Verdacht
nicht los, daß es sich um Prinzipiendeklamationen handelt, die aus gläubig-harmo-
nistischer Weltschau, aus einem unreflektierten Optimismus oder aus prophetischer
Intuition herausgeschleudert wurden, ohne daß sie in der konkreten Beweisführung
ihre Probe bestanden hätten. Das ist bei liberal-katholischen Positionen nichts Sel-
tenes, ja sogar eher etwas Typisches. Der prästabilierten Harmonie, die Simpson
zwischen Naturwissenschaft und Theologie voraussetzt, entspricht die Annahme
des jungen Acton, daß es zwischen geschichtlicher Forschung und gläubiger Wahrheit keine wirklichen Konflikte geben kann. Deutlich ist hier der Nachhall des
großen Lehrmeisters des liberalen Katholizismus, Lamennais', zu spüren, der der
Verbindung von Kirche und Volk eine neue, harmonische Symbiose geweissagt
hatte. Bei Acton und Simpson schaute aber kein Heinrich Heine zu, der ihre Hoffnungen als ein aus den Psalmen und der Marseillaise zusammengesetztes Lied ver-
spottete, sondern einige Bischöfe und Theologen, die, wie der jüngste Biograph
Simpsons feststellt, mit „einer unglaublichen Naivität" die „Herabsetzung und

Schwächung der Lehrautorität der Kirche" anprangerten. Ein Aufsatz von Simpson über das Verhältnis von „Vernunft und Glaube"[50], in dem er seine vorhin dargelegten Grundsätze weiterentwickelte und zwischen dem unwandelbaren Inhalt eines Dogmas und einer wandelbaren geschichtlichen Begründung und Auslegung desselben unterschied, zog ihm die Zensur von Bischof Ullathorne zu, der gegen den Rambler nacheinander zwei Pamphlete schrieb. Simpson hatte versucht, die Vernunftgemäßheit der Glaubenszustimmung darzulegen: Das Prinzip des Sich-Verlassenkönnens auf Zeugnisse sei einer der ersten Grundsätze der Vernunft, der praktischen wie der spekulativen. Ullathorne behauptete, in völliger Entstellung der Argumentation von Simpson, er vertrete die Unterordnung des Glaubens unter die Vernunft, während dieser in Wirklichkeit bloß die alte Lehre der Scholastiker von der „potentia oboedientialis" neu formuliert hatte[51].

Man wird hier einräumen müssen, daß dieses Mißverständnis nicht eine Sache des Stils, sondern der theologischen Ausbildung war, die Ullathorne offensichtlich nicht bei seiner Weihe als „eingegossenes Wissen" mitbekommen hatte. Simpson ist nämlich von einigen seiner Freunde — auch bei dem jüngsten Biographen scheint dieser Vorwurf durch — wegen seiner pointierten Formulierungen, seiner witzigen Seitenhiebe, seinem forschen, wenig diplomatischen Umgang mit Bischöfen, getadelt worden, als ob er die kirchlichen Amtsträger unnötigerweise zum Widerspruch reizte. Aber auch ein braver Artikelschreiber ohne journalistisches Temperament hätte bei diesen Anstoß erregt, wenn er das, was Simpson deutlich erkannt und zu seinem Anliegen gemacht hatte, in entschärfter Form vorgetragen hätte.

Newman hat es zwar nicht gerne gesehen, daß Simpson theologische Fragen in den Spalten einer literarischen Zeitschrift aufgriff: mit welchem Recht aber konnte man dem ordinierten Theologen, der kirchenrechtlich gesehen jetzt nur mehr ein Laie war, den Mund schließen, wenn theologische Fragen überall auf dem Wege lagen und der theologisch ausgebildete Laie tatsächlich der bessere Denker war? Newmans Forderung an Simpson, theologische Fragen grundsätzlich zu umgehen[52], war wenig realistisch. Simpson klagte dem jüngeren Freunde Acton, was bleibe einem noch übrig, „wenn man sieht, wie die Bischöfe in Irland Politik diktieren, die englischen Bischöfe die Schulfrage tabuieren[53], und ich könnte hinzufügen, Kardinal Wiseman sich so geriert, als ob er alle Wissenschaft in Erbpacht genommen hätte".[54] Niemand konnte seine Frage beantworten, warum denn ein Laie nicht über theologische Fragen schreiben dürfe. Ihm ging es wie dem um Enthaltsamkeit ringenden Mönch: „Je eifriger ich versuche, das verbotene Gebiet zu meiden, desto mehr zieht es mich dorthin."[55]

Weniger aus Überzeugung denn aus Enttäuschung hat er sich der Zumutung theologischer Abstinenz gefügt und, wie wir gesehen haben, in Geschichte und Literatur des 16. und 17. Jahrhunderts Zuflucht gefunden. Liberaler Katholik ist er nach wie vor geblieben; die erzwungene Enthaltsamkeit von theologischen Fragen, die Verkennung seiner Absichten und die Tendenz der Hierarchie, unbequeme Frager durch ein Machtwort kaltzustellen, haben ihn in seiner liberalkatholischen Haltung bestärkt. Er hat die römische Kirchenpolitik seiner Zeit ebenso abgelehnt

wie den Syllabus, dessen taktische Verteidigung durch Dupanloup keine Gnade
in seinen Augen fand. Schon 1862 hatte ein Beichtvater dem Journalisten die
Absolution verweigert [56]; nach 1870 fragten die Beichtväter anscheinend nicht nach
seiner Einstellung zum Dogma der Unfehlbarkeit, das er 1871 in einem Brief an
Döllinger als „Spiel mit der Wahrheit, als zweigesichtiges und zweizüngiges Rätsel"
bezeichnete, das von Menschen aufoktroyiert würde, die sich keinen Deut um
historische Wahrheit kümmern und meinten, das Gewissen der anderen sei so lieder-
lich wie ihr eigenes [57]. Spätere Aufzeichnungen hellen seinen Vorbehalt auf: er erhoffte sich von der geschichtlichen Entwicklung, konkret von der Arbeit der Theologen und den Ergänzungen späterer Konzilien, eine Integration der Lehre. Simpson,
dem die Sakramente der Kirche unendlich viel bedeuteten, ist in dieser Kirche geblieben [58]. Am Mittwoch, den 5. April 1876 ist er in Rom in der Villa Sciarra, die
seinem Freund, dem Grafen Hertz gehörte, an Magenkrebs gestorben.

2. J. D. Acton

Mehr als journalistische Partnerschaft, echte Freundschaft verband Simpson mit
dem um vierzehn Jahre jüngeren Sir John Acton [59]. Simpsons Hintergrund war
ein englischer, und sein liberaler Katholizismus hat sich aus eigener Kraft im englischen Milieu entfaltet. Acton hingegen war europäischer Kosmopolit; als liberaler
Katholik hat er unmittelbar kontinentale Anregungen aufgenommen und eigen-
ständig verarbeitet. Lagen Simpsons Probleme auf dem Gebiet der Theologie, so
befand sich der Schwerpunkt von Actons Ansatz auf demjenigen von Politik und
Geschichtswissenschaft.

John Dalberg Acton wurde 1834 als Sohn des englischen Diplomaten Sir Richard
Acton und der Marie-Luise-Pelline, der einzigen Tochter des ersten und letzten
Duc de Dalberg, in Neapel geboren [60]. Der Vater starb drei Jahre nach seiner Geburt.
1840 heiratete die Mutter in zweiter Ehe Lord Leveson, der als 2. Earl Granville
einer der führenden liberalen Politiker und mehrfach Außenminister wurde. Acton
studierte zunächst unter der Leitung von Felix Dupanloup in St. Nicolas du Char-
donnet in Paris (1842), dann in Oscott (1843—48), das von Nicholas Wiseman geleitet wurde, ferner zwei Jahre mit einem Privatlehrer in Edinburgh und schließlich
— die wichtigste Etappe — von 1850 bis 1856 in München unter der Verantwortung
von Ignaz von Döllinger. Die Münchener Jahre sind für ihn deshalb so bedeutsam
geworden, weil sich in dieser Zeit nicht nur sein früh angelegter historischer Sinn
entfalten konnte, sondern weil er hier in eine ganz bestimmte Form der Wahrnehmung seiner Verantwortung als katholischer Laie hineinwuchs. Als er 1856 nach
England zurückkehrte, um dort sein Erbe anzutreten, wollte er seine in Deutschland erworbenen Kenntnisse und kontinentalen Verbindungen einsetzen, um der
katholischen Kirche in seinem Lande zu einem größeren Ansehen zu verhelfen.
Der in Deutschland Geschulte hoffte, daß sowohl der Vorsprung an historisch-
wissenschaftlicher Methode, den er besaß, als auch die Internationalität des Katholizismus konkurrenzlose Starthilfe seien: eine allzu sanguinische Erwartung, die
bald in der insularen Selbstgenügsamkeit Englands abkühlte. 1858 stieg er in die
Redaktion des „Rambler" ein, den er mit Simpson bis 1864 als hauptverantwort-

licher Redakteur führte (seit 1862 als Vierteljahreszeitschrift unter dem Namen „Home and Foreign Review").

Weil er 1864 — es ist das Jahr des Breves des Papstes an den Erzbischof von München (datiert vom 21. Dezember 1863) und das Jahr des Syllabus vom 8. Dezember 1864 — eine Kollision mit dem englischen Episkopat vermeiden wollte, stellte er von sich aus das Erscheinen der Zeitschrift ein. Der Rückzug ins Privatleben — 1865 heiratete er die bayerische Gräfin Marie Arco-Valley — ermöglichte ausgedehnte Archivaufenthalte und Studienreisen in Deutschland und Italien: Als junger Mann bereits hatte er die Vereinigten Staaten von Nordamerika (1853) und Rußland (1855) besucht. Versuche, noch einmal im Journalismus Fuß zu fassen — als Mitarbeiter der von seinem Freunde Wetherell herausgegebenen und der liberalen Partei nahestehenden Zeitschriften „The Chronicle" (1867/68) und „The North British Review" (1869/71) — schlugen fehl; die Gründe hierfür sind allerdings nicht in Konflikten mit der Hierarchie, sondern im Desinteresse des englischen Publikums zu suchen.

1869/70 weilte Acton in Rom als privater Berichterstatter von Premierminister Gladstone, der ihn kurz vor Konzilsbeginn, um seinen Rang aufzubessern, als ersten Katholiken seit der Reformation als Lord Acton of Aldenham ins Oberhaus erhoben hatte. Eine seinen Fähigkeiten entsprechende Position wurde für den jungen Peer nicht gefunden. Seine farblose parlamentarische Karriere als Abgeordneter von Carlow (1859—1865) scheiterte endgültig nach erfolglosen Bewerbungen 1865 und 1868 um den Wahlbezirk Bridgenorth (Shropshire), in dem seine englischen Güter lagen. Er wurde 1871 nicht, wie einige erwartet hatten, englischer Botschafter in Berlin. Die Ernennung zum Lord-in-Waiting — d. h. zum diensttuenden Kammerherrn der Königin — im Jahre 1892 bestätigte bloß, daß seine politische Karriere ein Fiasko war. Die Jahre nach 1870 waren gefüllt mit Reisen, dem Privatstudium, der Erziehung der Kinder, mit Pläneschmieden und dem Ausbau seiner riesigen Privatbibliothek; zum Schluß kamen Vermögenssorgen hinzu. Ehrendoktorate von München (1872), Cambridge (1888) und Oxford (1889) milderten die Enttäuschung nicht, daß es dem kosmopolitischen Peripatetiker nicht einmal gelungen war, in eine geruhsame akademische Laufbahn einzusteigen. Der politicien manqué und der von Erzbischof Manning von Westminster Verfemte, 1874 mit der Exkommunikation Bedrohte, stand zwischen allen Fronten. 1895 endlich, nach dem Rücktritt seines Freundes Gladstone, dessen Skrupel seiner Karriere wohl am meisten geschadet hatten, ernannte ihn Premierminister Lord Roseberry zum Regius Professor für moderne Geschichte in Cambridge.

Die wenigen Jahre, die Acton in Cambridge lesen konnte, haben einen starken und nachhaltigen Eindruck hinterlassen und eine reiche wissenschaftliche Ausbeute gezeigt. Man kann sich vorstellen, was der jahrzehntelang zum Amateurismus verurteilte Gelehrte als akademischer Lehrer hätte leisten können. Im April 1901 erlitt er einen Schlaganfall, der seiner Arbeit ein Ende setzte. Am 19. Juni 1902 ist er in Tegernsee gestorben.

Actons Name ist mit der „Cambridge Modern History" verbunden, dem ersten Team-work internationaler Geschichtsforschung, dessen Konzeption er entworfen hat. Er hat kein einziges bedeutendes Buch geschrieben, nur Aufsätze, Vorworte, Besprechungen und vor allem viele Briefe. Lediglich seine Antrittsvorlesung „A Lecture on the Study of History" (1895) und seine Vorlesungen über die Französische Revolution (1897/98) stellen Buchpublikationen dar, die eine geschlossene Thematik behandeln. Freunde und Kollegen haben nach seinem Tode die Vorlesungen und die wichtigsten Aufsätze in vier Bänden herausgegeben[61], ebenso Teile seines Briefwechsels. Seine riesigen Zettelkästen, die heute in der Universitätsbibliothek von Cambridge stehen, wurden nie ganz ausgewertet; seine reichen Auszüge vor allem aus italienischen Archiven zu Problemen englischer Politik und neuzeitlicher Kirchengeschichte sind zum Teil verschollen oder in Kästen vergilbt. Sie betrafen u. a. das Konzil von Trient, die Geschichte des Index, die Bartholomäusnacht, den englischen Katholizismus im 17. und 18. Jahrhundert, Papsttum und protestantisches England, alles Problemkreise, bei denen das Thema des Verhältnisses von Kirche und Staat im Vordergrund stand, hintergründig aber die Frage nach dem Ethos der Kirchenpolitiker gestellt war.

Herbert Butterfield, einer der späteren Nachfolger Actons als Regius Professor in Cambridge, hat ihn den größten historischen Denker genannt, den England je besessen hat[62]. Butterfield hat die wissenschaftliche Beschäftigung mit Acton eingeleitet, die in den späten 40er Jahren begann und eine Acton-Renaissance in England und Amerika bewirkte. Im deutschen Sprachraum ist Acton kaum bekannt; die einfühlende Trilogie, die Ulrich Noack schrieb, die 1935 und auch nach dem Kriege ein gewisses Interesse fand, hat hier keine Actonforschung eingeleitet[63]. Im Deutschen existiert nicht einmal eine Auswahl aus seinem Werk.

Die Entwicklung von Actons liberalem Katholizismus hängt aufs engste mit der Ausbildung seines Historikerethos zusammen. Sie läßt sich hier am ehesten verfolgen. Die charakteristischen Züge sind bereits beim Heimkehrer vom Kontinent angelegt, auch wenn sie sich erst in der Auseinandersetzung mit der gegnerischen Position entfalten und klare Konturen annehmen. Acton selber brauchte einige Jahre, bis er sich seiner Zugehörigkeit zu einer bestimmten Gruppe im Katholizismus bewußt wurde, die man die Liberalen nannte. Daß der Heimkehrer sich eine kurze Zeit mit Manning gut verstand, daß er erst 1859/60 unter Döllingers Einfluß sich zur Auffassung von der Entbehrlichkeit des Kirchenstaates bekehrte, daß er noch 1862 zwischen einem wahren und einem falschen Ultramontanismus unterschied, ja das Wort selber, das später für ihn zum Inbegriff aller Verwerflichkeit im Katholizismus wird, positiv gebrauchen kann, all das darf nicht zur Schlußfolgerung verführen, als hätte er einen grundlegenden Wandel mitgemacht. Man kann bei ihm von einer konsequenten Weiterentwicklung und Reifung liberaler Ansätze sprechen, die sich bereits in seiner Jugend finden. Daß er für dasjenige, was außerhalb des Katholizismus gewachsen war, stets Verständnis behielt, ob es sich dabei um Geister wie Richard Rothe, Alexandre Vinet oder um eine zum Atheismus sich bekennende Frau wie George Eliot handelt, lag in der Konsequenz seines Ansatzes. Ihn deswegen als Opfer der Fortschrittsideologie des 19. Jahrhunderts anzuklagen, der sich wegen der Doppelbödigkeit seines Denkens des inneren Widerspruchs zwischen seinem Liberalismus und seinem Katholizismus nicht bewußt geworden sei[64], ist ein Vorwurf, der sich nur aus der Enge der Maßstäbe eines geschlossenen, ultramontan-integralistischen Geschichts- und Weltbildes erklären läßt. Um dieses Mißverständnis völlig auszuräumen, bräuchte es aber eine viel tiefere Analyse seines Katholizismus und seines Liberalismus, als die bisherige Acton-Forschung sie geliefert hat.

Im Blick auf eine solche Untersuchung läßt sich seine Bedeutung als liberaler Katholik in folgender Weise umschreiben:

1. Als römischer Katholik in England war Acton Mitglied einer kirchlichen Gemeinschaft, die nach freikirchlichem Modell organisiert, das liberalkatholische Postulat der Trennung von Kirche und Staat bereits verwirklichte. Damit entfiel für ihn die Diskussion über die Zweckmäßigkeit dieser Trennung, die auf dem Kontinent zahlreiche Auseinandersetzungen unter liberalen Katholiken ausgelöst hatte und eine ihrer Grundforderungen geblieben war.

2. Auch wenn Acton, wie Simpson, für eine Intensivierung der theologischen Forschung und eine Ausweitung ihres Freiheitsraumes eingetreten ist, so hat er noch weit weniger wie jener die Konsequenzen einer solchen Forderung überdacht. Trotz einer nicht alltäglichen Belesenheit auf theologischem Gebiet blieben die eigentlichen Grundfragen der Lehre und des Dogmas aus seinem Studium ausgeklammert. Der kritische Historiker hatte „nicht die geringste Schwierigkeit, zu glauben"[65]. In den kritischen Jahren seines Journalismus und der Spannungen mit den Bischöfen hat er nie den Schatten eines Zweifels über ein katholisches Dogma verspürt[66]. Seine Ablehnung des 1. Vatikanums einige Jahre später ändert nichts an dieser Feststellung, da sein Widerspruch nicht aus theologischen, sondern aus ethischen Gründen erfolgte. Acton unterscheidet sich deshalb sowohl von den liberalen Protestanten seiner Zeit, als auch von den späteren katholischen Modernisten.

3. Acton war einer der ganz wenigen Katholiken, der auch in der zweiten Jahrhunderthälfte überzeugtes Mitglied einer liberalen Partei wurde und ihr zeitlebens verbunden blieb. Für den Kontinent lassen sich kaum Gegenbeispiele anführen, es sei denn Politiker, deren kirchliche Bindung zerfallen oder zumindest sehr abgeschwächt war. Politischer Liberalismus und dogmatisch gebundener Katholizismus sind bei ihm eine einzigartige Verbindung eingegangen. Auch im englischen Raum, wo die Beziehungen zwischen liberaler Partei und katholischer Kirche weniger durch Spannungen als auf dem Kontinent vorbelastet waren, blieb das eine Seltenheit, wenngleich die katholischen Parlamentarier, vor allem irischer Herkunft, sich stärker zu den „Whigs" als zu den „Tories" hingezogen fühlten. 1879 hat er in einem Brief an die Freundin Lady Blennerhassett sein liberales Credo in packender Weise ausgesprochen:

Lassen Sie mich so kurz wie möglich und ohne weitere Umschweife meine Geschichte sagen, die nun wirklich sehr einfach, unkompliziert und nicht einmal interessant ist. Es ist die Geschichte eines Mannes, der in seinem Leben damit angefangen hat, ein aufrichtiger Katholik und ein aufrichtiger Liberaler zu sein, der deshalb im Katholizismus auf alles verzichtete, was nicht mit der Freiheit verbunden war, und in der Politik auf das, was nicht mit Katholizismus in Einklang gebracht werden konnte. Als englischer Liberaler war ich der Auffassung, daß von den beiden Parteien – d. h. von den beiden politischen Doktrinen – die England in den letzten zweihundert Jahren beherrscht haben, die liberale am besten zum göttlichen Plan paßte, bürgerliche und religiöse Freiheit zu garantieren. Deshalb gehörte ich zu denen, die weniger an das denken, was ist, als an das, was sein sollte, die das Gegenwärtige dem Ideal, das Interesse der Pflicht, die Autorität der Moral opfern. Um es glatt herauszusagen, weil dies ein Bekenntnis ist und keine Apologie, habe ich weiter als andere den Glauben an den bloßen Liberalismus getragen, indem ich ihn mit der Sittlichkeit identifizierte und den ethischen Maßstab als den höchsten der Dinge ansah. Diesen Grundsatz habe ich auch in meinem Studium der Geschichte angewandt . . . [67]

Acton hat tatsächlich nach dieser Maxime gehandelt: er hat 1864 das Erscheinen seiner Zeitschrift eingestellt und es nicht auf den Bruch mit den Bischöfen ankommen lassen; aus Rücksicht auf seine Glaubensgemeinschaft hat er seine parlamentarische Laufbahn aufgegeben, weil seine Einstellung zum Kirchenstaate nicht mit der Auffassung der Hierarchie übereinstimmte und er in ein unmögliches Dilemma hineingeriet; in seinem Einsatz für eine Liberalisierung der Irlandpolitik hat er sich nicht von konfessionellen, sondern von politischen Gesichtspunkten lenken lassen und deswegen die Home-Rule-Politik Gladstones unterstützt.

Gerade der Rigorismus seiner Anschauungen und die Verweigerung jeglicher Konzessionen im kirchlichen und politischen Bereich haben verhindert, daß er unmittelbar politisch aktiv werden konnte. Als Kathederliberalen könnte man ihn bezeichnen, wenn dieses Etikett wegen seiner Bläße nicht die persönlichen Opfer vergessen ließe, die er für seine Überzeugung gebracht hat, obwohl er ausgezeichnete Voraussetzungen für eine erfolgreiche politische Karriere mitgebracht hatte.

3. J. H. Newman

Acton hätte wegen seines liberalkatholischen Purismus denjenigen nicht zu seinem Parnaß gezählt, der mit Rosmini wohl der eigenständigste theologische Denker des liberalen Katholizismus überhaupt gewesen ist: J. H. Newman[68]. Newman (1801–90), nach einem Wort von Loisy, „der offenste Theologe der Kirche seit Origenes"[69], hat, obwohl er sich ausdrücklich vom religiösen Liberalismus in der anglikanischen Kirche seiner Herkunft distanzierte[70] – diese Abkehr war geradezu der Beweggrund für seine Hinwendung zur römisch-katholischen Kirche –, mehr als irgendein anderer Theologe des 19. Jahrhunderts getan, um die katholische Theologie auf die Probleme der Neuzeit hin offenzuhalten. Seine Pionierleistung wurde zur Vorläuferschaft, weil er in seiner eigenen Lebenszeit nicht in der katholischen Theologie zum Zuge kam und erst über das deutsche und französische theologische Schaffen im 20. Jahrhundert wieder den Weg nach England zurückfand. Dieser Einfluß, der hier nur stichwortartig festgehalten werden kann, hat die verschiedensten Gebiete der Theologie befruchtet: systematische Theologie, Dogmenentwicklung, ökumenische Theologie, Spiritualität, praktische Theologie (Predigt), Vätertheologie. Erziehungs- und Bildungsideal, Begegnung von Kirche und Kultur.

Newman selber hat sich der Geistesrichtung der liberalen Katholiken Frankreichs verbunden gewußt. In der Apologia pro vita sua hat er zur Klärung seines Verhältnisses zum Liberalismus ein eigenes Kapitel beigefügt und sich zu Männern wie Montalembert und Lacordaire bekannt. „Ihrer Geistesrichtung und Handlungsweise stimme ich im ganzen begeistert bei und halte dafür, daß sie ihrem Zeitalter weit voraus waren."[71] Wenn er zögerte, sich selber als Liberalen zu bezeichnen, so bloß deshalb, weil im englischen Sprachgebrauch dieses Wort negativ vorbelastet war im Sinne eines für ihn unerträglichen religiösen Liberalismus. Andrerseits sind auch die Spannungen mit Lord Acton und dessen Vorbehalt gegenüber Newman kein ausreichender Grund, um ihm die Bezeichnung eines liberalen Theologen abzuerkennen. Weder der Rigorismus Actons noch auch ein rein begriffsformalistischer Gesichtspunkt werden Newmans Geisteshaltung gerecht. Von allen Vertretern des liberalen Katholizismus hat Newman über seine Zeit hinaus größte Tiefenwirkung gehabt. Es bräuchte eine eingehende Untersuchung, um darzulegen, warum der gegen den religiösen Liberalismus protestierende anglikanische Pfarrer einen so fruchtbaren liberalisierenden Einfluß innerhalb des römischen Katholizismus ausüben konnte. Mehr als diese Frage aufzuwerfen, vermögen wir in dieser kurzen Skizze nicht.

4. Charlotte Lady Blennerhassett

Es mag vielleicht verwundern, wenn wir zuletzt noch [72] eine Frau anführen, Charlotte Lady Blennerhassett. Man wird einwenden, daß sie trotz ihres klangvollen englischen (eigentlich irischen) Namens Deutsche geblieben sei, die zumeist in Deutschland lebte und vorwiegend in deutscher Sprache schrieb. Dieser Einwand trifft zu. Doch als Vermittlerin zwischen beiden Kulturen — ihre schriftstellerische Tätigkeit galt mehr der „Übersetzung" englischen Literaturschaffens ins Deutsche als umgekehrt — hat Charlotte Blennerhassett starke Anregungen von liberalen englischen Katholiken empfangen und ihrerseits auch solche Impulse nach England weitergeleitet.

Charlotte Gräfin Leyden (1843—1917) stammte aus einer nicht sehr reichen und nicht sehr bedeutenden bayerischen Adelsfamilie, über deren Gesichtskreis sie rasch hinauswuchs. Eine Zufallsbegegnung mit I. v. Döllinger im Jahre 1865 lenkte ihren schon früh auf historische Stoffe gerichteten Leseeifer in die Bahn gezielter, methodischer Lektüre. Im Briefwechsel mit ihrem Lehrmeister zeigt sie ein erstaunlich kritisches Urteil und eine ausgeprägte Individualität. Döllinger, der sich in den späten 60er Jahren zusehends romkritischer entwickelte, mußte von ihr manche Mahnung einstecken, sein Urteil in kirchlichen Dingen zu mäßigen. Während des ersten Vatikanischen Konzils weilte sie in Rom und hatte enge Kontakte zu den Oppositionskreisen. Ihrem „verehrten Freund" ist sie 1870 zwar nicht in die kirchliche Isolation gefolgt, blieb ihm aber weiterhin in herzlicher Freundschaft zugetan, zumal die kirchliche Entwicklung der Nachkonzilszeit ihre Distanz zum offiziellen „ultramontanen" Katholizismus verschärfte. 1870 heiratete sie nach kurzer Bekanntschaft den irischen Gutsbesitzer und Parlamentarier Sir Rowland Blennerhassett. Die Ehe, aus der drei Kinder hervorgingen, war nicht unglücklich, wohl aber bald durch finanzielle Sorgen getrübt. Diese Schwierigkeiten dürften sie bewogen haben, nach München überzusiedeln, wo sie mit ihrer Mutter einen gemeinsamen Haushalt führte. In München ist sie, getrennt von ihren Kindern, die sich in England niedergelassen hatten, während des ersten Weltkrieges gestorben.

Von Jugend an mit den europäischen Hauptsprachen vertraut, konnte Charlotte Blennerhassett ihre literarischen Studien ungewöhnlich weit spannen. Ihre Vorliebe galt der modernen Geistes- und Kulturgeschichte, insbesondere der Biographie. Ihr Hauptwerk bleibt wohl die dreibändige Biographie von Madame de Stael (Berlin 1887–89). Daran schlossen sich an Lebensbilder von Talleyrand (1894), Marie-Antoinette (1903), Châteaubriand (1903), J. H. Newman (1904), Maria Stuart (1909), Ludwig XIV. und Madame de Maintenon (1910). Sie pflegte auch die in Deutschland weniger verbreitete Form des Essays — es ist geradezu auffallend, wie sehr ihre liberalkatholischen Freunde Lord Acton, Döllinger, Franz Xaver Kraus — dieses literarische Genre als Ausdrucksmittel bevorzugen. Zu einer ausgedehnteren Mitarbeit an englischen Zeitschriften — Spectator, Nineteenth Century, Fortnightly Review — ist es nicht gekommen. Hingegen wurde Lady Blennerhassett ständige Mitarbeiterin an deutschen Zeitschriften, so z. B. der in Berlin erscheinenden „Deutschen Rundschau", des „Literarischen Echo", der „Cosmopolis", sowie der „Augsburger Allgemeinen Zeitung". Sie hat auch von Anfang an im „Hochland" mitgearbeitet, an jener Zeitschrift also, durch die Karl Muth die deutschen Katholiken aus ihrer kulturellen Isolierung herausführen wollte.

Kritiker haben ihr solides Wissen gerühmt — 1897 erhielt sie als erste Frau den philosophischen Ehrendoktor von München — und erwähnen fast tadelnd ihre angeblich für eine Frau untypische Begabung zu scharfsinniger Analyse. Hier wirkte der prägende Einfluß von Döllinger nach, der auch für ihre liberalkatholische Entwicklung schicksalhaft geworden ist. Ein Aufenthalt in Paris 1869, und dann in Rom während des Konzils, war entscheidend, da sie in diesen Hauptstädten mit den bedeutendsten Vertretern dieser Richtung in Gesellschaft und Episkopat zusammenkam und die Begegnung ihr das Gefühl internationaler Solidarität dieser Gruppe vermittelte. Zu ihrem Bekanntenkreis gehörten Bischof Dupanloup von Orléans — mit ihm stand sie seit 1867 in brieflicher Verbindung —, die Marquise de Forbin-Oppède, Auguste Cochin, der Vicomte de Meaux, Lord Acton, Mrs. Augustus Craven, der Kirchenhistoriker Franz Xaver Kraus und der englische Liturgiewissenschaftler Edmund Bishop; ihr Mann, Sir Rowland Blennerhassett, der selber literarisch hervorgetreten ist, hatte sich bereits früher dieser Richtung angeschlossen.

Die Hauptquellen für ihre liberalkatholische Haltung sind die Briefe, die sie mit ihren Freunden Döllinger, Acton und Kraus gewechsel hat[73]. Ihre Einstellung wurzelt in einem unverwüstlichen Glauben an das Christentum.

Das Christentum ist mir Maßstab der Vervollkommnungsfähigkeit: es bestimmt den Umfang des Gebietes, das den finsteren Mächten — langsam, aber stetig — abgerungen wird, und alles in allem genommen hat das 19. Jahrhundert einen Fortschritt zu verzeichnen und berechtigt zum Optimismus. Selbst diejenigen, welche die Axt an die Wurzel des Baumes zu legen versuchten, leben von seinen Früchten und streuen Saaten, die seine Sonne zur Reife bringen wird. Die Zeit größter materialistischer Entwicklung, welche die Geschichte kennt, wird schließlich für geistige Zwecke gearbeitet haben und unter anderm den Geschlechtern, die da kommen werden, die Notwendigkeit aufzwingen, dem sozialen Problem die ideale Lösung zu geben, die in der Bergpredigt verkündet und von der einst in Assisi geträumt wurde … Die Polemik von Renan ist auf dem Wege dahin, wo die Polemik von Strauß schon längst in Ver-

gessenheit ruht. Aber das Ergebnis dessen, was Heiligkeit der Welt bedeutet, wird nie auf-
hören, die Seelen zu begeistern, und was von Renan zu leben verdient, ist dem religiösen
Gedanken zugute gekommen.[74]

Ihr Bekenntnis zum katholischen Christentum war zwar dogmatisch gebunden,
blieb aber frei von jener Enge, die viele Katholiken ihrer Zeit kennzeichnet. Am
liberalen Katholizismus Frankreichs, zu dessen Nachfahren[75] sie sich rechnete,
hat sie, wohl unter dem Einfluß von Döllinger und Acton, die ungenügende wissen-
schaftlich-historische Fundierung bemängelt[76]. Eines ihrer ersten Arbeitsprojekte
war übrigens eine Biographie Montalemberts, zu dem sie sich besonders hingezogen
fühlte. Die Veröffentlichung kam jedoch nicht zustande; immerhin ging aus dem
Material, das sie gesammelt hatte, ein respektabler Aufsatz hervor[77]. Montalembert hat sie noch in späten Jahren beschäftigt; seine Biographie sollte nur den Auf-
hänger für ein größeres Werk über den liberalen Katholizismus bilden[78]. Das Werk
wurde jedoch nicht geschrieben.

In ihr letztes Lebensjahrzehnt fiel die Auseinandersetzung mit dem Modernismus.
Seine Verurteilung war für sie die Wiederholung der „alten Geschichte", die sie
aus den Erfahrungen des liberalen Katholizismus kannte. Trotz aller Abscheu vor
dem „ultramontanen" System hat sie auch in diesen Jahren für die Kirche gehofft.
Es wird die Aufgabe ihrer Biographen sein, einmal aufzuzeigen, wie sie nicht nur
Spannungen, sondern den harten Widerspruch zur herrschenden Richtung in der
Kirche ertrug, ohne, wie Döllinger, sich kirchlich zu isolieren, oder, wie Lord Acton,
sich in Bitterkeit zu tränken. Wer etwas mit ihrem Schrifttum vertraut ist, darf
feststellen, daß sie stets um ein gerechtes, abgewogenes Urteil bemüht war und als
Frau mitunter sachlicher als ihre berühmten männlichen Freunde urteilte.

IV. Ausblick auf die Forschung

An Arbeitsthemen über den liberalen Katholizismus in England leiden wir also
keinen Mangel. Zuerst gäbe es auf biographischem Gebiete noch manches zu tun.
Biographien von Acton, Newman und Lady Blennerhassett wären fällig, gerade
unter dem Gesichtspunkt ihres liberal-katholischen Engagements. Daneben gibt es
noch eine Reihe von Sachproblemen, für die zum Teil ansehnliche Vorarbeiten bestehen, die richtigen, d. h. zentralen Fragen aber noch zu stellen sind. Das gilt besonders für den katholischen Journalismus, wie wir es am Beispiel Simpsons gesehen haben[79]. Die Frage nach der Herkunft liberal-katholischer Denkansätze wäre
hier zu behandeln, insbesondere die Abhängigkeit von älteren katholischen und
nicht-katholischen Philosophen und Theologen. Für einen Einfluß liberal-katholischen
Gedankenguts vom Kontinent her sind die Voraussetzungen, abgesehen von Acton,
ziemlich gering. Eine sorgfältige Studie von W. G. Roe über die Lamennais-Rezep-
tion in England zeigt, daß das Echo auf Persönlichkeit und Schrifttum des breto-
nischen Geistesmannes in nichtkatholischen größer als in katholischen Kreisen
war[80]. Außer Lamennais wären aber auch Montalembert und Dupanloup zu untersuchen; der erstere hatte nicht nur enge familiäre Bindungen an England — seine

Mutter war Schottin —, sondern kann als ausgesprochen anglophil bezeichnet werden.

Die Reaktion der englischen Katholiken auf den Syllabus ist von Damian Mc Elrath untersucht worden[81]. Cwiekowski hat die Haltung des englischen Episkopats in der Unfehlbarkeitsfrage analysiert[82]. Darüber hinaus müßte noch geklärt werden, inwieweit das erste Vatikanum für den englischen Katholizismus insgesamt tatsächlich eine Wasserscheide darstellt. Die Haltung der liberalen Katholiken in Schul- und Unterrichtsfragen ist bisher weniger beachtet worden. Mc Clelland hat kürzlich nachgewiesen[83], daß hinter den Divergenzen in der Universitätsfrage — konkret, ob die Katholiken Cambridge und Oxford besuchen dürften — nicht nur Aufgeschlossenheit und Vorurteil gegenüber den englischen Bildungsinstitutionen sich gegenüberstanden, sondern eine mehr elitäre und eine mehr demokratische Bildungskonzeption. Die Liberalen gaben ersterer den Vorzug, während die Ultramontanen an einer breiteren Streuung der Ausbildung, wenn auch unter enger bischöflicher Kontrolle, interessiert waren. Die bisherige Auffassung, daß bloß die Furcht vor der Ansteckung der katholischen Jugend im indifferenten oder glaubensfeindlichen Milieu 1865 Newmans Absicht vereitelt habe, nach Oxford überzusiedeln, ist etwas zu nuancieren. Auch für England läßt sich die Beobachtung machen, daß die liberalen Katholiken durchwegs wenig Interesse an der aufkommenden sozialen Frage hatten und den Ultramontanen das Feld überließen.

Unser Überblick hat gezeigt, daß auch in einem minoritären Katholizismus liberalkatholisches Gedankengut sich entwickeln konnte. Der englische Beitrag zeichnet sich aus durch eine ausgesprochene Originalität und Vielseitigkeit. Wenn auch seine unmittelbare Einwirkung auf das theologische und kirchenpolitische Leben der katholischen Kirche in England gering war, so war seine Ausstrahlung außerhalb des eigenen Landes außerordentlich groß. Über einen Mann wie Newman und seinen Freundeskreis schließlich erreicht er weltweite, bis ins 20. Jahrhundert nachwirkende Dimensionen.

Anmerkungen

1 Die ältere Literatur über den liberalen Katholizismus bei C. Constantin in: Dictionnaire de théologie catholique, Bd. 9, Sp. 506–629; neuere Übersichten bei R. Aubert, J. B. Duroselle u. A. C. Jemolo: Le libéralisme religieux au XIXe siècle. X. Congresso Internazionale di scienze storiche, Relazioni, Bd. 5, Florenz 1955, S. 303–383; M. Prélot: Le libéralisme catholique. Paris 1970; R. Aubert passim in seinen Beiträgen zum Handbuch der Kirchengeschichte (Hrsg. H. Jedin), Bd. 6, T. 1, Freiburg i. Br. 1971; Les Catholiques libéraux au XIXe siècle, Actes du colloque international d'histoire religieuse de Grenoble des 30 septembre – 3 octobre 1971, hrsg. v. J. Gadille, Grenoble 1974, darin auch der Aufsatz von V. Conzemius: Les foyers internationaux du catholicisme libéral hors de France au XIXe siècle: Esquisse d'une géographie historique, S. 15–51.
2 Vgl. G. I. T. Machin: The Catholic Question in English Politics 1820–1830. Oxford 1964; D. Holmes: Catholics and Politics at the time of Emancipation. In: New Blackfriars, August 1973.
3 O. Chadwick: The Victorian Church, Bd. 1, London 1973³, S. 271.

4 Angaben bei F. J. Cwiekowski: The English Bishops and the First Vatican Council. Löwen 1971. S. 3.
5 Ibid. S. 7; um 1780 schätzte Edmund Burke ihre Zahl auf 60 000; vgl. G. A. Beck (Hrsg.): The English Catholics 1850–1950, London 1950, S. 46. – Grundlegend für die frühere Periode das demnächst erscheinende Werk von J. Bossey. Für das 18. und 19. Jahrhundert besitzen wir die eingehende Untersuchung von J. A. Lesourd: Les Catholiques dans la société anglaise de 1765 à 1865. Ungedr. Diss. Paris 1974.
6 Beck gibt nach dem Zensus von 1865 679 067 an.
7 Chadwick, op. cit. S. 272.
8 Ibid. Bd. 2, S. 402.
9 E. G. K. Browne: History of the Tractarian movement. Dublin u. London 1856, gibt die Liste von Konvertiten für jedes Jahr. – Auf eine höhere Anzahl kommt W. G. Gordon: Converts to Rome, London 1878, 9. Aufl. 1910 (572 anglikan. Geistliche, 23 Pfarrer der Church of Scotland, 12 der Church of Ireland, 50 anglikan. Schwestern, 500 Mitglieder des Adels usw.). Diese Zahlen hier sind nicht so zuverlässig, zumal auch der erfaßte Zeitraum den der Oxfordbewegung im strikten Sinne übersteigt. Ich verdanke diese Angaben Father Stephen Dessain vom Oratorium in Birmingham.
10 Chadwick, op. cit. Bd. 2, S. 401.
11 Vgl. B. Ward: The Sequel to Catholic Emancipation: The Story of the English Catholics continued down to the reestablishment of their Hierarchy in 1850. 2 Bde., London 1915; dieser Anspruch ist zitiert nach D. Gwynn in Beck, op. cit. (Anm. 5) S. 270.
12 Vgl. D. Mathew: Old Catholics and converts. In: G. A. Beck (Hrsg.), op. cit., S. 223–242; id.: Catholicism in England: The Portrait of a Minority, its Culture and Tradition. London 1955.
13 Chadwick, op. cit. Bd. 1, S. 275.
14 Über ihn vgl. Dictionary of National Biography, Bd. 33, S. 320–323; M. Haile – E. Bonney: Life and Letters of John Lingard. London 1911. Dictionary of English Catholics Bd. 4, S. 254–278. G. Culkin: The Making of Lingard's History. In: The Month 192 (1951) S. 7–18; D. Milburn: A history of Ushaw College. Durham 1964.
15 Vgl. C. Leetham: Luigi Gentili, a Sower for the Second Spring. London 1965; E. Larkin: The Devotional Revolution in Ireland 1850–1875. In: American Historical Review 77 (1972).
16 Henry Charles Howard 13. Herzog v. Norfolk, ein lauer Katholik, distanzierte sich nach der Errichtung der kath. Hierarchie von 1850 von der kath. Kirche und ging zur Kommunion in die anglikanische Kirche. Vgl. Chadwick, op. cit. Bd. 1, S. 299.
17 Cwiekowski, op. cit. S. 13; zur Vorgeschichte das Werk von B. Ward (Anm. 11) sowie die Aufsatzreihe von E. Duffy: Ecclesiastical Democracy detected: I (1779–1787). In: Recusant History 10 (1969/79) S. 193–209 u. 309 bis 331; id. in Downside Review 88 (1970) S. 246–269; vgl. dazu die unveröffentlichte Dissertation des gleichen Verf. über eine zentrale Figur der „zisalpinischen" Katholiken: Joseph Berington and the English Catholic Cisalpine movement 1772–1803. Cambridge 1972. – Die in der Literatur gebräuchliche Bezeichnung „Anglo-Gallikanisch" ist ungenau, da sie den grundlegenden Unterschied zwischen dem europäisch-kontinentalen Gallikanismus und dem aus der besonderen Situation der englischen Katholiken erwachsenen antirömischen Vorbehalt nicht deutlich macht. Gallikanismus, Josephinismus und Febronianismus setzen die Einheit von Kirche und Staat voraus. Doch eine solche Ausgangsposition war für die englischen Katholiken nicht annehmbar, da sie als Angehörige einer Minderheit außerhalb der Symbiose von Staat und Kirche standen. Ihre Sprecher Josef Berington, Charles Butler und John Lingard sind deshalb – im Gegensatz zu den Gallikanern – für eine strikte Trennung von Staat und Kirche eingetreten und haben religiöse Freiheit auf Grund der Rechte des Gewissens verlangt. Sie beriefen sich auf eine englische Tradition, deren bedeutendster Vertreter wohl John Locke war. Das schließt nicht aus, daß die englischen Cisalpinen theologisch gesehen gallikanische oder semigallikanische Positionen vertraten, wie z.B. die Überordnung des Konzils über den Papst. Es scheint, daß man auf dem Kontinent diese Unterschiede nicht begriff und das gängigere Etikett des

Gallikanismus für die englischen Vertreter dieser Richtung verwandte, weil man sich hier-
unter etwas vorstellen konnte. – Ich danke Joseph Chinnici, Oxford, der mich auf diese
Unterschiede aufmerksam gemacht hat.

18 Vgl. D. Holmes: ‚Conciliarists' versus ‚Papalians'. The victory of Ultramontanism and the
decline of Gallicanism in England illustrated by the controversy over the restoration of
the hierarchy. In: Annuarium historiae conciliorum 3 (1974) S. 424–436. – Im „Contro-
versial Catechism" des Stephen Keenan (3. Aufl. 1854) steht die Frage: Müssen die Katholiken nicht glauben, daß der Papst unfehlbar ist? Antwort: Dies ist eine protestantische Er-
findung; es ist kein katholischer Glaubensartikel; keine seiner Bestimmungen kann unter
der Strafe der Häresie verpflichten, es sei denn, daß sie von der lehrenden Kirche, d. h.
von den Bischöfen angenommen und eingeschärft wird. Vgl. I. v. Döllinger – Lord Acton:
Briefwechsel, hrsg. v. V. Conzemius, Bd. 2, München 1965, S. 45.

19 Edward Cox 1802–56), engl. Theologe, studierte in Old Hall (Hertfordshire), wurde Priester
und Professor, 1840 Präsident des St. Edmund College, 1851 Rektor in Southampton, Kanonikus von Southwark u. Generalvikar von Bischof Grant; übersetzte als junger Geistlicher zahlreiche Werke kath. deutscher Autoren ins Englische, darunter G. Görres, J. E. Veith, H. Klee
und Döllingers Kirchengeschichte in 4 Bänden. Vgl. J. Gillow: A literary and biographical
history, or biographical dictionary of the English Catholics, Bd. 1, S. 578. Cox wurde,
obwohl vier Bischöfe ihn als geeignetsten Kandidaten empfahlen, nicht zum Bischof von
Southwark ernannt, weil er angeblich „anglo-gallikanische Ansichten hege". Vgl. R. J. Schieffen: Anglo-Catholicism in Nineteenth-Century-England. Manuskript, von Joe Chinnici zur Einsicht überlassen.

20 Über Ward vgl. W. Ward: William G. Ward and the Oxford movement. London 1889; id.:
Ward and the Catholic Revival. London 1893; Th. Hoppen: W. G. Ward and Liberal Catholicism. In: Journal of Ecclesiastical History 23 (1972), S. 324–344.

21 Daniel Rock (1799–1871), röm.-kath. Theologe, studierte am St. Edmund's College (Ware),
seit 1813 am neueröffneten engl. Kolleg in Rom, 1824 Priester, Hauskaplan des Earl of
Shrewsbury, 1838–45 Mitglied der Priestervereinigung „Adelphi" zur Wiederrichtung der
Hierarchie in England, 1840 Pfarrer von Buckland, 1852 Kanonikus von Southwark; schrieb
über praktische Theologie und Liturgie. Gillow, op. cit. Bd. 5, S. 436.

22 Mark Aloysius Tierney (1795–1862), engl. Kirchenhistoriker, 1818 röm. kath. Priester,
seit 1824 Hauskaplan des Herzogs v. Norfolk. 1852 Kanonikus von Southwark; Verf.
einer engl. Kirchengeschichte (bis 1625) in 5 Bänden (1839–43) und einer Biographie
Lingards. Dictionary of National Biographie, Bd. 19, S. 866. – Cwiekowski zitiert Lingard,
Cox, Rock und Tierney als liberale Katholiken, op. cit. (Anm. 4), S. 15.

23 F. C. Husenbeth (1796–1872), Priester und histor. Schriftsteller, veröffentlichte 1862 ein
Leben von Bischof Milner, Apost. Vikar des Midlanddistrikts, der sich den antirömischen
Tendenzen in Klerus und Laienschaft entgegengestellt hatte. Über H. siehe Dictionary of
National Biography, Bd. 10, S. 320–321.

24 Robert Tate (1801–76), Priester, später Präsident des Seminars von Ushaw.

25 Thomas Youens (1790–1848), Rektor von St. Cuthbert's College, Ushaw, später Seelsorger
in Liverpool.

26 Über Errington vgl. H. Farmer in Dictionnaire d'histoire et de géographie ecclésiastiques,
Bd. 15, Sp. 816–818.

27 Cwiekowski, op. cit., S. 47.

28 Ebd. S. 269.

29 Die Belege bei R. Schieffen, art. cit. (Anm. 19).

30 Vgl. Anm. 20.

31 Sir Peter Le Page Renouf (1822–97), engl. Aegyptologe, Orientalist und Theologe, aus vor-
nehmer Familie auf Guernsey, studierte seit 1841 am Pembroke College in Oxford, wo er
sich Newman anschloß und Ostern 1842 in Oscott zur röm.-kath. Kirche übertrat; studierte
und reiste von 1846–55, wurde dann an der kath. Universität Irlands Professor für klass.,
später für oriental. Sprachen, trat 1864 zurück, schrieb später Beiträge für die „Home and
Foreign Review" und die „North-British Review"; 1866 Oberinspektor des engl. Schul-

wesens, 1885 Direktor der ägyptolog. Abteilung am British Museum, 1887 Präsident der
Gesellschaft für Biblische Archäologie. – Renouf, dessen Frau eine Brentano war, war mit
I. v. Döllinger befreundet und griff auch in die Kontroversen um das 1. Vatikanum ein.
Über ihn Dictionary of National Biography, Suppl. Bd. S. 1166; R. Blennerhassett in: The
Life Work of Sir Peter Le Page Renouf, Bd. 4, Paris 1907, S. V–CXXIII; Th. Freudenberger:
Die Universität Würzburg und das Erste Vatikanische Konzil. Würzburg 1969, S. 138–140 u.
passim.

32 James Robert Hope Scott (1812–73) aus dem Hause der Earls of Hopetown, führender
Rechtsanwalt, studierte in Eton und Oxford zuerst Theologie, dann die Rechte, 1849 Queen's
Counselor, konvertierte 1851; gab große Summen für Kirche und Wohltätigkeit aus und
übte als prominentester kath. Jurist erheblichen Einfluß auf den progressiven Abbau der
antikatholischen Gesetzgebung aus. Vgl. über ihn Dictionary of National Biography, Bd. 9,
S. 1224.

33 Robert Isaac Wilberforce (1802–57), einer der bedeutendsten Theologen der Oxfordbewegung, zweiter Sohn des bekannten Vorkämpfers der Sklavenemanzipation William Wilberforce, studierte am Oriel College Oxford, dessen Fellow er 1826 wurde, 1828 anglikan. Geistlicher, schloß sich Newman und Pusey, seit 1840 bes. Manning an; verließ 1832 Oriel, 1841
Archidiakon von East Riding; trat 1854 nach langem inneren Kampf zur röm.-kath. Kirche
über und starb kurz vor der Priesterweihe. Vgl. über ihn Dictionary of National Biography,
Bd. 21, S. 201.

34 Scott Nasmyth Stokes (1821–91), gründete nach hervorragenden Studien am Trinity College
in Cambridge zusammen mit Beresford-Hope u. F. A. Paley die geschichtsforschende „Cambridge Camden Society", konvertierte zur röm. kath. Kirche; 1852 Anwalt; 1853 Schul-
inspektor, seit 1871 Oberinspektor des kath. Schulwesens, stellte die Ausbildung in den
kath. Lehrerseminaren auf neue Grundlagen. Vgl. F. Boase: Modern English Biography,
Bd. 3, Sp. 768.

35 Frederick Apthorp Paley (1815–88), klass. Philologe, studierte am St. John's College in
Cambridge, 1838 Bachelor of Arts, sympathisierte mit der Oxford-Bewegung, 1846 röm.-
kath., 1846–56 Hauslehrer in den Familien Shrewsbury, Throckmorton und Kenelm Digby,
seit 1860 wieder als private tutor in Cambridge; 1874–77 Prof. an Mannings kurzlebiger
Universität in Kensington. Vgl. Dictionary of National Biography, Bd. 15, S. 99.

36 Thomas F. Wetherell (1831–1908), engl. Publizist, studierte am Brasenose College Oxford,
konvertierte (vor 1855) zur röm.-kath. Kirche, 1855–78 Beamter im Heeresministerium,
beteiligte sich an den liberalkath. Zeitschriften „The Rambler" (1858–64) und „The
Chronicle" (1867–68) und „North British Review" (1869–71); für kurze Zeit Privat-
sekretär des liberalen Politikers und Außenministers Lord Granville. Vgl. über ihn D. Mac-
Elrath, op. cit. S. 98–100, und die ungedr. Diss. von G. Ryan: The Acton Circle 1964–71,
University of Notre-Dame 1969.

37 Henry Nutcombe Oxenham (1829–88), engl. Theologe, Sohn eines Lehrers von Harrow,
studierte in Harrow, dann am Balliol College in Oxford, 1854 anglikan. Geistlicher, 1857
röm.-kath.; dachte zuerst daran, Priester zu werden, wurde aber nicht zu den höheren
Weihen zugelassen, weil er nicht von der Ungültigkeit der anglikanischen Weihen überzeugt
war, reiste 1863 zu einem längeren Studienaufenthalt nach Deutschland und schloß lebens-
lange Freundschaft mit Döllinger; übersetzte Döllingers „Christentum und Kirche" und den
zweiten Band der Konziliengeschichte von Hefele. Über ihn s. Dictionary of National Biography, Bd. 15, S. 13.

38 Hierzu gehören John Moore Capes (1812–89), der nach seiner Konversion (1845) 1848 den
„Rambler" begründete, um 1860 wieder Anglikaner wurde und das Buch schrieb „To Rome
and back" (1873), zuletzt aber sich mit der römisch-kath. Kirche aussöhnte; vgl. Boase;
op. cit. Bd. 4, Sp. 598; William Gifford Palgrave (1826–88), Konvertit und Jesuit, der
1865 aus der kath. Kirche austrat und später Gesandter in Uruguay wurde (vgl. Dictionary
of National Biography, Bd. 15, S. 109); ferner Edmund Salusbury Ffoulkes (1819–94), der
1870 wieder Anglikaner wurde; (vgl. Times v. 21. April 1894); ferner Robert R. Suffield
(1821–91), Dominikaner, der am 10. August 1870 aus der kath. Kirche austrat und uni-

tarischer Geistlicher wurde; vgl. Boase; op. cit. Bd. 3, Sp. 819; s. auch [C. Hargrave]: Life of R. R. Suffield. 1893.

39 J. Altholz: The Liberal Catholic Movement in England: The Rambler and its contributors 1848–1864, London 1962; nicht zugänglich war mir E. V. Clark: Catholic Liberalism and Ultramontanism: Freedom and Duty: A study of the quarrell over the control of catholic affairs in England. Ungedr. Diss. University of Notre-Dame 1965.

40 Vgl. D. McElrath: Richard Simpson 1820–1876. A study in XIXth Century English Liberal Catholicism. Löwen (Bibliothèque de la Revue d'histoire ecclésiastique, Bd. 55) 1972.

41 McElrath, ebd. S. 14–16.

42 Abschiedspredigt v. 1. Aug. 1846, McElrath, S. 36.

43 McElrath, S. 44.

44 Zu diesen Forschungen vgl. McElrath, S. 101–116.

45 1859 erschienen; in der Märznummer des Rambler 1860 befaßte Simpson sich bereits mit dem Buche.

46 McElrath, S. 52.

47 Z. B. S. 86, 88, 91.

48 1852, 1856 u. 1862 vgl. McElrath, S. 52, 91, 128.

49 Simpson an Charles Meynell 1862, McElrath, S. 91.

50 Rambler V (Juli 1861) S. 166–190 u. (Sept. 1861) S. 326–346.

51 Vgl. McElrath, S. 92–93.

52 McElrath, S. 75.

53 Sie weigerten sich, mit der staatlichen Kommission zusammenzuarbeiten, die eine Untersuchung des engl. Schulwesens durchführen sollte. vgl. V. A. McClelland: English Roman Catholics and Higher Education 1830–1903. Oxford 1973.

54 An Acton, 4. Nov. 1859, McElrath, op. cit. S. 75.

55 Ebd.

56 McElrath, S. 88.

57 S. 143.

58 Nach 1870 stellte er allerdings die Zahlung eines jährlichen Beitrags für die kath. Pfarrei in Mitcham ein. McElrath, S. 139.

59 Zu ihrem Briefwechsel vgl. A. F. Gasquet: Lord Acton and his Circle. London 1906; eine neue kritische Ausgabe des Briefwechsels bieten J. L. Altholz u. D. McElrath: The Correspondance of Lord Acton and Richard Simpson, 3 Bde., Cambridge 1971–75.

60 Trotz mancher Unzulänglichkeiten, die in der Hauptsache darauf zurückzuführen sind, daß die Verfasserin große Unkenntnis über die Kath. Kirche zeigt und deshalb auch den liberalen Katholizismus eines Acton nicht verstand, ist die beste Biographie bis jetzt: Gertrud Himmelfarb: Lord Acton: A Study in Conscience and Politics. Chicago 1962. Die beste Kurzbiographie ist diejenige von H. Butterfield (Anm. 62). Vgl. weiter F. E. Lally: As Lord Acton says. Newport (R. I.) 1942; D. Mathew: Acton, the formative years. London 1945; G. E. Fasnacht: Acton's political philosophy. London 1952; Lionel Kochan: Acton on History. London 1954; D. Mathew: Lord Acton and his Times. London 1968; D. McElrath u. a.: Lord Acton. The decisive decade 1864–1874, Löwen 1970 (Bibliothèque de la Revue d'histoire ecclésiastique, Bd. 52); V. Conzemius: Propheten und Vorläufer. Wegbereiter des neuzeitlichen Katholizismus. Zürich-Einsiedeln-Köln 1972, S. 136–158.

61 J. D. Acton: Lectures on Modern History. Hg. J. N. Figgis und R. V. Laurence. London 1906; id.: The History of Freedom and other Essays. London 1907; id.: Historical Essays and Studies. London 1907; id. Lectures on the French Revolution London 1910.

62 H. Butterfield, Bespr. v. D. Mathew: Acton the Formative Years. In: English Historical Review 61 (1946) S. 412–417; id.: Journal of Lord Acton: Rome 1857. In: Cambridge Historical Journal 8 (1946) S. 186–204; id.: Lord Acton (Historical Association Pamphlet) London 1948; id. u. A. Watkin: Gasquet and the Acton-Simpson Correspondence. In: Cambridge Historical Journal 10 (1950) S. 75–105; id.: Acton and the Massacre of St. Bartholomew. Ibid. 13 (1953) S. 27–47; id.: Lord Acton In: Cambridge Journal 6 (1953) S. 475–485; id.: Man on his past. Cambridge 1955; id.: Acton: His Training,

Methods and Intellectual System. In: Studies . . . in Honour of G. P. Gooch, hg. v. A. Sarkissian, London 1961, S. 169–198.

63 U. Noack: Geschichtswissenschaft und Wahrheit. Nach den Schriften von John Dalberg Acton. Frankfurt 1935; id.: Katholizität und Geistesfreiheit. Frankfurt 1936; id.: Politik als Sicherung der Freiheit. Frankfurt 1947.

64 H. A. MacDougall: The Acton-Newman Relations. The Dilemma of Christian Liberalism. New York 1962, vertritt diese Auffassung. Er geht dabei vom zeitweilig gestörten Verhältnis Actons zu Newman aus, dessen Position Acton nicht immer verstand und einseitig scharf beurteilte. Vgl. dazu meine Bespr. in Revue d'histoire ecclésiastique 59 (1964) S. 605–609.

65 Oskar Browning, ein Kollege Actons in Cambridge, zitiert von G. Himmelfarb, op. cit. S. 229.

66 Acton an Sir Mountstuart Grant Duff, ebd.

67 J. N. Figgis u. R. V. Laurence (Hg.): Selections from the Correspondence of the First Lord Acton, Bd. I: Correspondence with Cardinal Newman, Lady Blennerhassett, W. E. Gladstone and others. London 1917, S. 54.

68 Die Literatur über Newman ist unübersehbar geworden. Wir verweisen hier bloß auf den Überblick von C. S. Dessain: John Henry Newman. London 1971²; Dessain gibt seit 1961 den Briefwechsel Newmans heraus, von dem bisher etwa 15 Bände erschienen sind. – Über die laufenden Veröffentlichungen über Newman orientieren die seit 1948 im Glock und Lutz-Verlag in Nürnberg erscheinenden Newman-Studien (bis 1975 10 Bde.).

69 Zitiert nach A. Vidler: The Modernist Movement in the Roman Church. Its origins and outcome. Cambridge 1934, S. 94.

70 Zum Unterschied zwischen liberalem Katholizismus und liberalem Protestantismus vgl. die Einführung in meinen in Anm. 1 zitierten Artikel. – Was Newman selber unter religiösem Liberalismus verstand, hat er im „Essay on Development" festgehalten: „That truth and falsehood in religion are but matter of opinion; that one doctrine is as good as another; that the Governor of the world does not intend that we should gain the truth; that there is no truth; that we are not more acceptable to God by believing this than by believing that; that no one is answerable for his opinions; that they are a matter of necessity or accident; that it is enough if we sincerely hold what we profess; that our merit lies in seeking, not in possessing; that it is a duty to follow what seems to us true, without a fear lest it should not be true; that it may be a gain to succeed, and can be no harm to fail; that we may take up and lay down opinions at pleasure; that belief belongs to the mere intellect, not to the heart also; that we may safely trust to ourselves in matters of Faith, and need no other guide, – this is the principle of philosophies and heresies, which is very weakness". Essay on development, 11. Aufl. London 1900, S. 357–358. J. Sillem macht darauf aufmerksam, daß Newman einen „religiösen" Liberalismus ablehnte, aber einen „persönlichen" Liberalismus akzeptierte. J. Sillem: The Philosophical Notebook of J. H. Newman, Bd. 1, Löwen 1969, S. 23–66 u. 67–148.

71 J. H. Newman: Apologia pro vita sua. Geschichte meiner religiösen Überzeugungen (Übersetzung M. Knoepfler). Mainz 1922, S. 302–309, bes. S. 302.

72 Über sie vgl. K. Muth: Charlotte Lady Blennerhassett. In: Hochland 14 (1916/17) S. 753 bis 754; Marie v. Bunsen: Erinnerungen an Lady Blennerhassett. In: Das literarische Echo 19 (1917) S. 719–721; Lady Blennerhassett über sich selbst. Ebd. S. 721; A. Dumaine: Lady Blennerhassett – La dernière Européenne. In: Le Correspondant 1917, S. 430–453; St. Lösch: Döllinger und Frankreich. Eine geistige Allianz. München 1955, S. 255, 258 u. 352–355; R. Aubert u. J. R. Palanque: Lettres de Lady Blennerhassett à la Marquise de Forbin d'Oppède au lendemain du concile du Vatican. In: Revue d'histoire ecclésiastique 58 (1963) S. 82–135. – Unveröffentlicht geblieben ist die Mainzer philos. Diss. von Edith Schuhmann: Charlotte Lady Blennerhassett als Historikerin und Essayistin. Ein Beitrag zur Geistesgeschichte um die Jahrhundertwende. 1955.

73 Ihr Briefwechsel mit Döllinger wird von mir zur Publikation vorbereitet. Demnächst erscheinen soll ihr Briefwechsel mit F. X. Kraus, der von Hubert Schiel bearbeitet wird. Eine

weitere Veröffentlichung ihres Briefwechsels mit der Marquise de Forbin d'Oppède durch
Prof. J. R. Palanque von Aix-en-Provence ist vorgesehen.

74 Aus einem Brief v. 4. März 1897 an den Herausgeber des „Literarischen Echos". In:
Das Literarische Echo 19 (1917) Sp. 723/24.

75 Der erste anonym erschienene Aufsatz der 26jährigen galt den liberalen Katholiken [Ch.
Leyden]: Die liberalen Katholiken in Frankreich. Eine Reiseerinnerung. In: Historisch-
politische Blätter 63 (1869) S. 898–918.

76 Ch. Blennerhassett: Félicité de Lamennais. In: Hochland 1 (1903/04) S. 722–735, bes.
S. 733.

77 [Ch. Blennerhassett]: Le Comte de Montalembert. In: Edinburgh Review 1899, S. 209–
243.

78 Briefwechsel mit Albert Ehrhard, zitiert von Thomas Michael Loome: Liberal Catholicism
– Reform Catholicism – Modernism. A Contribution to a New Orientation in Modernist
Research. Ungedruckte Diss. Tübingen 1974.

79 Vgl. meine Besprechung von J. L. Altholz: The liberal Catholic movement in England.
1962. In: Revue d'histoire ecclésiastique 69 (1964) S. 602–605.

80 W. R. Roe: Lamennais and England. The reception of Lamennais's religious ideas in the
Nineteenth Century. Oxford 1966.

81 D. McElrath: The Syllabus of Pius IX. Some reactions in England. Löwen 1964.

82 Vgl. Anm. 4.

83 V. A. McClelland: English Roman Catholics and Higher Education 1830–1903. Oxford
1973.

„Die Trümmer des liberalen Katholizismus" in Großbritannien und Deutschland am Ende des 19. Jahrhunderts (1893–1903): Die kirchenpolitische Grundlage der Modernismuskontroverse (1903–1914)

THOMAS MICHAEL LOOME

I. Einleitung

Es sollen hier einige Ergebnisse einer Untersuchung vorgelegt werden, die demnächst in einer umfassenden Arbeit veröffentlicht werden sollen. Die Arbeit wurde als eine systematische Untersuchung über den britischen Modernisten George Tyrrell begonnen. Es zeigte sich aber im Laufe des Forschens, daß der historische Kontext noch nicht erstellt ist, der für eine differenzierte Interpretation der theologischen Entwicklung Tyrrells wie auch der Modernismuskontroverse selbst — und zwar vor allem in Großbritannien und Deutschland — unerläßlich ist. Deshalb sah ich mich veranlaßt, eine historische Untersuchung vorzunehmen, die sich eher mit den Jahren vor und nach der Kontroverse befaßt. Die Arbeit stützt sich auf die Durchsicht von etwa 40 Nachlässen, die sich in Archiven oder im Privatbesitz befinden, vorwiegend in Großbritannien und Deutschland[1]. Sie soll zugleich die historische Entwicklung der Modernismuskontroverse wie auch die theologische Entwicklung eines typischen Modernisten beleuchten und die oft übersehene Tatsache deutlich darstellen, daß sich die entscheidenden Etappen während des Pontifikats Leos XIII. ereignet haben, längst vor dem Auftauchen des Wortes „Modernismus".

Eine Schwierigkeit der Untersuchung stellt die Vielfalt der Bezeichnungen für die theologischen bzw. kirchenpolitischen Tendenzen dieser Zeit dar: Liberalkatholizismus, Amerikanismus, Reformkatholizismus, Modernismus usw. Mit Absicht benutze ich diese „Ismen", zunächst weil sie historisch nicht eliminiert werden können, vor allem aber, weil sich zeigen wird, daß hinter verschiedenen „Ismen" dieselbe Sache steht. In dieser Hinsicht kann die Arbeit als ein Beitrag zur Präzisierung, aber auch zur Relativierung solcher Begriffe verstanden werden.

II. Stadien der Modernismusforschung

1. Die Suche nach den „Erzvätern"[2] des Modernismus

Die Aufgabe, den historischen Kontext zu finden, innerhalb dessen die Modernismuskontroverse verständlich wird, kann man auch als eine Suche nach Verbindungslinien mit den vorhergehenden Epochen der Kirchengeschichte auffassen. Das erste

Stadium der Modernismusforschung – von der Kontroverse selbst bis in die fünfziger Jahre – war weithin beherrscht von einer solchen Suche nach Verbindungslinien, oder von dem Versuch, die Vorläufer der Modernisten zu entdecken. Das Ergebnis dieser ersten Etappe war eine solche Menge von umstrittenen und sich gegenseitig ausschließenden Theorien, daß die Frage nach den Vätern des Modernismus – wie oft bei unehelichen Kindern – nicht so sehr eine Sache gesicherter Fakten als wilder Spekulation blieb.

Das Problem lag nicht darin, daß es den Forschern nicht gelang, einen Vater des Modernismus zu entdecken, sondern daß so viele – und ziemlich berüchtigte – Väter vorgeschlagen wurden. Das Ergebnis des ersten Stadiums der Modernismusforschung war die Erstellung eines Stammbaums, in dem so ziemlich alle anrüchigen, nicht ganz einwandfrei katholischen Theologen der Neuzeit auftauchten.

Daß die erste Etappe der Modernismusforschung so unbefriedigend geblieben ist mag vor allem auf drei Faktoren beruhen: 1. Der Begriff „Modernismus" selbst war umstritten. 2. Nur wenige der damaligen Modernismusforscher konnten als objektive und unparteiische Beobachter gelten. 3. Jede noch so extravagante oder historisch unhaltbare Theorie, die Väter des Modernismus außerhalb der Kirche oder unter verurteilten Katholiken fand, durfte ohne Furcht und Widerspruch frei dargestellt werden; jede Theorie jedoch, die die Wurzeln des Modernismus innerhalb einer katholisch-theologischen Tradition sah, wurde zurückgewiesen. Man muß zusammenfassend sagen, daß die katholische Theologie bis jetzt den historischen Kontext, der die Modernismuskontroverse historisch und theologisch verständlich macht, noch nicht gefunden hat, und das trotz einer unbestreitbaren Erneuerung der Modernismusforschung in den letzten zehn Jahren.

2. Die Darstellung des Modernismus als isoliertes Phänomen

Die neuere Modernismusforschung ist durch zwei Dinge gekennzeichnet: einmal durch die Publikation bisher unzugänglichen oder unbekannten dokumentarischen Materials; zum anderen durch theologische Monographien über den einen oder anderen Modernisten. Die Methode der letzteren ist einfach: man übergeht den historischen Kontext, in dem der einzelne Modernist lebte und schrieb, und unterwirft seine unveröffentlichten Schriften[3] einer minutiösen Prüfung auf einen spezifischen Aspekt hin: Offenbarungsbegriff, apologetische Methode, Ekklesiologie usw. Ob die Theologie des einzelnen Modernisten am besten auf diese Weise studiert wird, ob diese tatsächlich das große Gewicht solcher Studien aushält (es handelt sich hier schließlich nicht um einen Thomas von Aquin oder einen Calvin), ob und inwieweit solche Studien zu unserem Verständnis der Modernismuskontroverse und von daher des einzelnen Theologen beitragen, diese und ähnliche Fragen über die methodologischen Voraussetzungen solcher Monographien scheinen selten gestellt zu werden.

Die Veröffentlichung neuer Quellen muß man jedoch ohne Einschränkung begrüßen. Ich denke vor allem an die bisher unzugänglichen Briefe und Schriften von Blondel, Loisy und Bremond, die in den letzten zehn Jahren herausgegeben wurden. Leider glänzt diese Art der Forschung in Großbritannien[4] und Deutschland[5] durch Abwesenheit. Obwohl in Deutschland z. B. eine große Menge dokumentarischen Materials existiert, das zwei Weltkriege überlebt hat und zugänglich ist, ist es zum größten Teil nicht einmal konsultiert worden. Es dürfte nicht übertrieben sein, die Geschichte der katholischen Theologie Deutschlands für die Zeit von 1890 bis 1914 als unbeschriebenes Blatt zu bezeichnen.

Was aber die neuere Modernismusforschung vor allem charakterisiert, ist das Studium der Modernismuskontroverse als isoliertes Phänomen: das Aufgeben einer Suche nach einem historischen Kontext. Nur ein größeres Werk mehr systematischer Natur ist erschienen: Emile Poulats „Histoire, dogme et critique dans la crise moderniste", dessen erster und bisher einziger Band 1962 veröffentlicht wurde. Trotz eines hohen Maßes an sorgfältiger historischer Detailforschung zeigt das Buch von Poulat mindestens zwei beachtliche Schwächen: 1. Eine zu enge Konzentration auf die Jahre der Kontroverse selbst (Poulats erster Band handelt ausschließlich von den Jahren 1902–1904); 2. Eine viel zu starke Konzentration auf französische Quellen, so daß eine Darstellung der Entfaltung der Kontroverse allein in Frankreich herauskommt. Englische und italienische Erscheinungen des Modernismus werden nur herangezogen, soweit sie zur Erhellung der französischen Szene wichtig scheinen. Fast völlige Unkenntnis verrät Poulat über die Lage der katholischen Theologie in Deutschland am Anfang des Jahrhunderts. So trägt das Buch von Poulat wohl unbewußt dazu bei, die Natur der Kontroverse und ihre Ausfaltungen in Großbritannien und Deutschland eher zu verdunkeln. Das Problem des historischen Kontexts bleibt.

III. Der historische Kontext der Modernismuskontroverse

1. Die Kontinuität zwischen Leo XIII. und Pius X.

a) Die Fortführung der innerkirchlichen Politik Leos durch Pius

Daß die letzten Jahre von Papst Leo XIII. – von etwa 1893 bis zu seinem Tode zehn Jahre später im Alter von 93 Jahren – von einer immer dichteren Reihe innerkirchlicher Konflikte und Kontroversen, päpstlicher Mahnungen, Indizierungen und Verurteilungen geprägt wurden, ist ein Phänomen, das selten gesehen und berücksichtigt wird. Ob die Initiative für diese päpstlichen Eingriffe bei Leo selber zu suchen ist, ob er lediglich dem Drängen nationaler Episkopate nachgegeben hat, ob sein Staatssekretär Rampolla der Hauptverantwortliche war – das sind Fragen, die wir momentan übergehen können. Vorübergehend genügt dies: daß der Nachfolger Leos, Pius X., eine innerkirchliche Politik vorfand, die eher als repressiv, wenn nicht sogar als reaktionär zu bezeichnen ist. Nur dies erklärt den Optimismus, mit dem die liberalen Katholiken die Wahl von Giuseppe Sarto begrüßten. Auch diejenigen, die am meisten zum Pessimismus neigten und die Narben des Streites und der Maßregelungen der vorhergehenden Jahre trugen, äußerten vorsichtige Gefühle der Hoffnung: „Unser neuer Papst", schrieb George

Tyrrell an Henri Bremond, „ist wenigstens ein herzensguter Mensch, der nicht glaubt, daß Versemachen der Beginn und das Ende aller Weisheit ist. Wenn er uns in Ruhe läßt, ist es genug; mehr wird es sein, wenn er die Armen durch die Tat und nicht nur durch Dokumente und falsche Phrasen liebt; wenn er den byzantinischen orgueil des vatikanischen Hofes verachtet und daran denkt, daß Christus es nicht zuließ, daß ihm seine Jünger die Füße küßten, sondern ihnen die Füße wusch ... Ich liebe Sarto vor allem, weil er nicht Rampolla heißt".[6]

Vier Jahre später (im Jahre 1907) konnte Kardinal Merry del Val in einem vertraulichen Brief an den Erzbischof von Westminster nur zwei Worte zu Tyrrells theologischen Ansichten finden: „shocking and heretical"[7]. Fünf Tage nach diesem Brief wurde Tyrrell seine Exkommunikation mitgeteilt.

Diese ersten vier Jahre des Piuspontifikats sind durch eine fast ununterbrochene Kette von Indizierungen und Verurteilungen gekennzeichnet: 35 Schriften wurden auf den Index gesetzt; bis zu Pius' Tode im Jahre 1914 stieg die Zahl auf fast 150. Etwas ähnliches hatte die Kirche seit dem Jansenismusstreit nicht erlebt. Es gab keinen Bereich, der den Augen Roms entging. Die Kirchenhistoriker Batiffol, Bremond, Duchesne, Merkle und Franz Wieland, die Philosophen Bergson und Laberthonnière, systematische Theologen wie Wilhelm Koch in Tübingen, die italienischen Schriftsteller Fogazzaro und D'Annunzio, der belgische Dichter Maeterlink — keiner von ihnen konnte vor Roms gestrengem Auge bestehen. Unter den ersten Schriften, die Pius X. indizierte, war „L'Église et l'état" vom Abbé Charles Denis; die letzte indizierte Schrift des Pontifikats war Theodor Wackers „Zentrum und kirchliche Autorität". Es war, als ob Pius auf diese Weise zeigen wollte, daß die Feinde Roms nicht nur diejenigen waren, die abstruse philosophische Theorien entwarfen.

Das Pontifikat von Pius X. fiel der Chronologie nach ins 20. Jahrhundert: 1903 bis 1914. Waren diese Jahre das Ende einer Ära und der Beginn einer anderen? Der Historiker wird sagen müssen, daß im ganzen gesehen eine auffallende Kontinuität festzustellen ist — nicht zwischen Pius und seinem Nachfolger Benedikt XV., sondern innerhalb einer Periode von etwa zwanzig Jahren: 1893–1914. Die „Ismen" wechseln; die Kontinuität bleibt ungebrochen. Liberalkatholizismus und Amerikanismus, Reformkatholizismus und Modernismus: einer nach dem anderen wird verurteilt, die angeblichen Vertreter werden gemaßregelt oder exkommuniziert. Aber der Blick auf die Kontinuität ist wichtiger als der auf die flüchtigen „Ismen".

b) Ein gespaltener Katholizismus als Erbe Leos

Im November 1903, nur drei Monate nach der Thronbesteigung Pius' X., zu einer Zeit, noch bevor der Terminus „Modernismus" allgemeine Münze wurde, griff Maurice Blondel in die Kontroverse um Alfred Loisys „L'Évangile et l'église" ein. Blondels Bändchen „L'histoire et dogme" ist bemerkenswert, weil es die Kontroverse um Loisy in einen größeren als den bloß theologisch-exegetischen Rahmen stellt: „Man darf sich keineswegs darüber hinwegtäuschen: Zwischen den Auffassungen, die die Katholiken in allen Bereichen — im sozialen und politischen wie im philosophischen — gegeneinander aufbringen, enthüllt sich eine Spannung, die sich von Tag zu Tag mehr zuspitzt und ausweitet. Man möchte fast sagen, daß man augenblicklich, vor allem in Frankreich, zwei ganz und gar unverträgliche ‚katholische Grundhaltungen‘ („mentalités") antrifft. Das ist offensichtlich ein anormaler Zustand, denn es kann nicht zwei Katholizismen geben." Obwohl Blondel in seinem Werk die beiden Mentalitäten nicht näher definiert, betont er „die gegenseitige Verbundenheit der verschiedenen Richtungen in jedem der gegnerischen Systeme"[8].

Blondel war jedoch nicht der einzige, der glaubte, die religiöse Krise, die sich als „die Modernismuskontroverse" manifestierte, könne nur verstanden werden in der Form von „zwei ganz und gar unverträglichen ‚katholischen Mentalitäten". Immer wieder begegnet man in der Literatur jener Zeit der Erkenntnis, daß der Katholizismus in zwei feindliche und anscheinend unversöhnliche Parteien gespalten war. Obwohl verschiedene Worte dafür verwendet wurden (Tendenzen, Theologien, Parteien, Traditionen, Mentalitäten), herrschte weitgehend Übereinstimmung, daß es Rom nicht allein darum ging, ein theologisches System zu unterdrücken, das sich bei einer Handvoll katholischer Intellektueller eingeschlichen hatte. Die Krise so eng zu begrenzen, würde heißen, das Drama mißzuverstehen, das sich vor den Augen der Welt abspielte.

Obgleich die Kürze der Zeit eine genaue Analyse der beiden entgegengesetzten Mentalitäten nicht zuläßt, mag es doch angebracht sein, hier einen Zeitgenossen Blondels zu Wort kommen zu lassen, der, obwohl er Blondel zustimmte, die Dinge doch differenzierter sah: der Kirchenhistoriker Albert Ehrhard. Die „Krisis der katholischen Theologie", schrieb Ehrhard im Jahre 1908 mitten in der Modernismuskontroverse, ist eine, die „seit geraumer Zeit besteht und durch die jüngsten Ereignisse nicht geschaffen, sondern nur vor aller Welt bloßgelegt wurde. Man könnte sie am bündigsten als einen innerkatholischen Kulturkampf bezeichnen, wenn dieses Wort nicht seine bekannte historische Vergangenheit hätte. Ich wähle daher lieber folgende Formel: Die katholische Kirche der Gegenwart hat wohl ein einheitliches Dogma; sie besitzt aber keine einheitliche Theologie. Es kämpfen vielmehr zwei feindliche Theologien in ihrem Schoße um die Vorherrschaft: die scholastische und die moderne. Dieser Kampf geht in seinen Anfängen bis in die Zeiten des Humanismus zurück ... Die Periode der anti-protestantischen Polemik lenkte davon ab; seit der Mitte des 17. Jahrhunderts hat der Kampf aber nicht mehr aufgehört, und im Verlaufe des 19. hat er sich immer mehr zugespitzt, bis er in unsern Tagen den unheilvollen Charakter eines Kampfes auf Leben und Tod angenommen hat ..."[9].

Aus diesen Gründen täuschte sich Ehrhard nicht einen Augenblick über das in der Enzyklika „Pascendi dominici gregis" als „Modernismus" bezeichnete System. Er hielt diese Zusammenstellung für wenig mehr als eine Sammlung theologischer Banalitäten, bezweifelte, ob irgendein lebender Theologe ein solches System verteidigen würde, und schloß barsch: „der dogmatische Teil der Enzyklika bietet daher keine Schwierigkeit"[10]. Ehrhards Verdacht, daß man die Modernismuskontroverse nicht mit dem Begriffsmaterial der Enzyklika begreifen könne, ist sicher berechtigt. Was immer man von dem modernistischen System halten wollte, es war geeignet, Roms Ansichten eher zu verschleiern als zu erhellen. „Modernismus" schien Ehrhard zu sagen, war ein Feigenblatt.

Wenn die bisher dargelegte These im wesentlichen stimmt, wenn Blondel und Ehrhard mit ihrer Auffassung recht hatten, erheben sich mehrere Fragen: Warum brach der Konflikt in den ersten Jahren dieses Jahrhunderts von neuem auf? Hat Pius X. diese Krise provoziert, oder hatte sie sich schon vor seiner Wahl gezeigt?

Es gibt eine dreifache Antwort darauf: 1. Die Wurzeln des Konflikts lagen in der nachkonziliaren Kirche von 1870 — genauer: in dem anscheinenden Triumph der einen Partei (des Ultramontanismus) und in der entsprechenden Niederlage der anderen (des Liberalkatholizismus). 2. Die unmittelbare Ursache der Modernismuskontroverse muß man sehen in der Renaissance des liberalen Katholizismus in Deutschland, Großbritannien, Amerika und Frankreich in den letzten Jahren des Pontifikats Leos XIII., in der unerwarteten Blüte einer neuen Generation von liberal-katholischen Gelehrten. 3. Solange die beiden Parteien ungleich stark waren, solange die eine beherrschend, die andere schwach war, mußte der Konflikt latent bleiben, und der Vatikan konnte sich eine weniger repressive, sogar „liberale" Haltung leisten. Das war der Ursprung des Mythos von einem „liberalen" Leo XIII. In dem Augenblick jedoch, als sich ein wieder lebendiger und sprachfähiger liberaler Katholizismus also zeigte, war ein neuer Konflikt unausweichlich. Piux X. hat also die Krise weder erfunden noch provoziert. Sie war schon zehn Jahre lang akut gewesen, bevor er Papst wurde. Sein Hauptbeitrag zur Kontroverse war lediglich dies, die Kampagne Roms gegen den liberalen Katholizismus unter einem neuen Namen fortzusetzen: „Modernismus". Diejenigen, die sich unter Leo XIII. als „liberale Katholiken" verstanden, fanden sich unter Pius als „Modernisten" wieder.

2. Die näheren Ursachen und die historische Entwicklung der Modernismus-kontroverse

a) 1870—1893 (Eine nachkonziliare Kirche): Der Triumpf des Ultramontanismus — „Die Trümmer des liberalen Katholizismus"

Wenn die letzten Jahre des Pontifikats Pius' IX. einen „Triumph des Ultramontanismus" bezeugen, so gab es vielleicht keinen, der mehr dazu beitrug als Henry Edward Manning, Erzbischof von Westminster. Unter seinen persönlichen Papieren findet sich eine selbstbiographische Aufzeichnung, in der Manning den Triumph des Ultramontanismus beim Vatikanum I beschreibt und diejenigen charakterisiert, die diesen Triumph bekämpften:

Die Welt vergötterte sie und jedes Wort, das sie sprachen und schrieben. Sie waren „die größten Theologen des Tages", die „Führer des katholischen Denkens", die „unabhängigen und männlichen Geister, die die katholische Kirche von Servilität und Kleinheit befreien". Aber die Kirche entschied gegen sie ... Wir aber, die Ignoranten, die Trottel, die Schmeichler, die Hohlköpfe, wir hatten Recht nach all dem. Ein Ökumenisches Konzil rechtfertigte uns, und die katholische Kirche glaubt und lehrt, was wir sagten ... Sie waren die „Männer von Kultur", die „wissenschaftlichen Historiker". Sie schmähten, setzten herab, machten lächerlich, verspotteten, verhöhnten jeden, der sich ihnen entgegensetzte. Sie täuschten viele: die Welt glaubte Ihnen. Sie waren weise, und wir dumm. Aber seltsam, es kam so, daß die Weisen dauernd pfuschten, und die Dummen immer Recht hatten. Am Ende mußten die weisen Männer den Mund halten und unrühmlicherweise sich unterwerfen und still sein. Wahrlich, der bezeichnende Zug dieser Männer war Eitelkeit („vanity") – intellektuell und literarisch. Sie hatten die Aufgeblasenheit deutscher Professoren und das freche Geschwätz von Studenten. Für sie war das Vatikanische Konzil fatal.[11]

Das war damals eine Weise, die Bedeutung des Konzils zu werten und die beiden Parteien zu beschreiben, die miteinander gerungen hatten. Aber „die Männer von Kultur", die „wissenschaftlichen Historiker", diejenigen, die „die Aufgeblasenheit deutscher Professoren" hatten, was hatten sie zu sagen? Wenn Manning als Repräsentant der triumphierenden Ultramontanen gelten kann, so mag Franz Xaver Kraus für die bezwungenen liberalen Katholiken stehen. In einem Brief an Lady Charlotte Blennerhassett legte Kraus mit folgenden Worten die Bitte dar, sie möge im Falle seines Todes die Verantwortung für die Herausgabe seiner Tagebücher und persönlichen Papiere übernehmen:

Unter allen meinen Freunden ist aber kaum jemand, der in so vielen Fragen mit meiner Auffassung übereinstimmt als Sie, der den Mut so hätte, alles zu sagen und zu drucken, was ich gedacht und wie ich's gedacht. Sie haben ein warmes, unvergängliches Interesse an der heiligen Sache des liberalen Katholizismus, dessen Trümmer wir sind; vielleicht nutzt es, der Welt zu zeigen, wie der Ultramontanismus eine Seele zertreten und zerstören konnte.[12]

Kraus hatte lange vorher sein Urteil über den ultramontanen Triumph beim Vatikanum I niedergeschrieben:

Wo gibt es in der Geschichte der Kirche ein schmerzlicheres, fürchterlicheres Ereignis als dieses Vatikanische Konzil, als diesen Papst, der sich unfehlbar erklärt! ... Es ist die letzte Karte, die das absolute Papsttum ausspielt ... die katholische Einheit wird inmitten der ungeheuren Spaltung unter uns zur Lächerlichkeit, Wissenschaft und Glaube, Theologie und Kirche, alles, alles hat dieser Pontifex aufs Spiel gesetzt ..."[13]

Gedanken wie diese von Kraus erblickten während seines Lebens nie das Licht der Öffentlichkeit. Sein Los war es, den Mund zu halten, sich zu unterwerfen und still zu sein. Man erinnert sich der Worte von Montalembert kurz vor seinem Tode, mit denen er ausdrücklich auf das Erste Vatikanum Bezug nahm: „Wir dürfen mit dem Apostel Paulus sagen: ‚Miserabiliores sumus omnibus hominibus' "[14].

Was es für einen liberalen Katholiken bedeutete, in der nachkonziliaren Kirche von Pius IX. und Leo XIII. aufzuwachsen, kann man gut an Aussagen zeigen, die vierzig Jahre später von zwei hervorragenden Katholiken ihrer Generation gemacht wurden, von dem englischen Historiker und Liturgiewissenschaftler Edmund Bishop[15] und der Lady Charlotte Blennerhassett[16], der engen Freundin von Dupanloup, Döllinger, Acton und Kraus. Beide waren nicht nur wichtige Repräsentanten der früheren liberalkatholischen Schule; sie waren die einzigen dieser Schule, die bis ins 20. Jahrhundert hinein lebten und die Modernismuskontroverse beobachteten. Beide starben erst 1917.

Über Bishop schrieb Baron Friedrich von Hügel 1922: „Ich kannte Herrn Bishop gut, ein großer Gelehrter, einer von Lord Actons Schülern, dessen einzige Schwächen meiner Meinung nach die seines Lehrers waren. Er hatte eine dauernde Gereiztheit gegen Philosophie oder was er dafür hielt, und dann waren sein Mißtrauen und seine

Antipathie gegen den Vatikan ... deutlich übertrieben" [17]. Aber Bishop war ein Mensch, der tief und unwiderruflich von der Vernichtung des liberalen Katholizismus in seiner Jugend gezeichnet war und der sich selbst als einen Mann beschrieb, „der die Lektion gelernt hatte, die die Jahre 1863–1871 zu geben hatten"[18]. Oder zwei andere höchst erhellende Selbstbeschreibungen: „Ich war ein unbußfertiger Modernist längst vor dem Tage, als der Modernismus erfunden wurde"[19] ... „wissen Sie, ich bin ein Modernist des Vormodernismus"[20].

Aus diesen Gründen war Bishop tief betroffen, aber nicht einen Augenblick überrascht von Loisys Verdammung im Jahre 1903: „Die Verdammung von Loisy habe ich geradezu erwartet. Ich habe nie eingesehen, warum die erneuerte ‚wissenschaftliche‘ Bewegung unter den Katholiken ein besseres Schicksal haben sollte als die alte in meiner Jugend. Die Unterschiede zwischen den katholischen Schulen sind eine Frage von Prinzip, die mit einem methodologischen Antagonismus beginnen. Der Antagonismus liegt in den Dingen selbst. Da gibt es keine Versöhnung"[21].

In einem Brief aus dem Jahre 1912, nachdem die schlimmsten Auswüchse der Modernismuskontroverse vorbei waren, bestätigte Lady Blennerhassett die Analyse von Bishop und sprach einer Generation von liberalen Katholiken aus dem Herzen: „Ich habe ehrlich versucht, die liberale Position innerhalb der Herde der katholischen Kirche zu verteidigen, fern von Ultramontanismus", aber „es ist meine Überzeugung, daß der liberale Katholizismus ein Fehlschlag war und einer werden mußte. 1902, als Lord Acton starb, und stets seit diesem Datum ist es für mich unmöglich geworden, die Augen davor zu verschließen, daß das, was uns bleibt, eine ultramontane Kirche ist. Diese Tatsache gefährdet meinen Glauben nicht. Eines Tages, wenn wir nicht mehr da sind, werden sich und müssen sich die Dinge ändern. Aber in der Zwischenzeit sind Sophismen und Wortspielereien von jetzt an aufzugeben"[22].

b) 1893–1903: Die Renaissance des liberalen Katholizismus und die Anfänge der Modernismuskontroverse

Im Jahre 1874 mag Franz Xaver Kraus nur „die Trümmer des liberalen Katholizismus" gesehen haben; zwei Jahre später konnte er in sein Tagebuch schreiben, „daß die latenten Elemente des liberalen Katholizismus viel verbreiteter, mächtiger und zukunftsreicher sind, als ich es noch zu hoffen wagte. Ein Trost in der entsetzlichen Lage der Gegenwart, wo die Partei, welche sich der kirchlichen Leitung bemächtigt hat, täglich anmaßender und toller wird"[23].

Das Entstehen einer neuen Generation von liberalen Katholiken aus der Asche des Ersten Vatikanums kann auf doppelte Weise gezeigt werden: einmal, indem wir den Blick auf die Leute richten, die sich während dieser Zeit selbst als „liberale Katholiken" bezeichneten und sich als Erben einer liberalkatholischen Tradition verstanden haben; zum anderen, indem wir den Blick auf die Kette von Zensuren und Verurteilungen richten, mit denen Rom von den frühen neunziger Jahren an auf dieses Phänomen zu reagieren begann.

Eine kurze chronologische Aufzählung einiger typischer Dekrete und Interventionen dieser Periode ergibt, daß vier Nationen — Deutschland, Frankreich, Großbritannien und Amerika — besonders hart von den Zensuren und Verurteilungen betroffen wurden.

1893: Rom setzte eine Schrift des berühmtesten katholischen Naturwissenschaftlers Englands auf den Index: St. George Mivart (1827—1900), Anatom, Evolutionist, von 1890 bis 1893 Professor in Löwen [24]. Mivart war der erste prominente Katholik Englands seit Lord Actons Indizierung 1871, der in dieser Weise gemaßregelt wurde.

Das Jahr 1893 sah auch die Promulgation von Leos Bibelenzyklika „Providentissimus Deus". Für Leute, die mit der damaligen Lage der kritischen Exegese nicht vertraut waren, mag die Enzyklika furchtbar fortschrittlich gewesen sein, aber für andere stellte sie — besonders in den Aussagen über biblische Irrtumslosigkeit — die erste Stufe dar in einem Prozeß, der in den Entscheidungen der Bibelkommission zwei Jahrzehnte später gipfeln sollte. Der französische Exeget Alfred Loisy schrieb persönlich an den Papst und drückte ihm seine Unterwerfung unter die Enzyklika aus. Rom antwortete mit einem Brief des Kardinalstaatssekretärs Rampolla, der Loisy der gnädigen Annahme seines Briefes durch den Papst versicherte, doch hinzufügte: „Seine Heiligkeit glaubt, es sei opportuner und für Sie vorteilhafter, wenn Sie, gemäß Ihrem großzügigen Verlangen, Ihre Talente zur Ehre Gottes und zum Dienst am Nächsten einzusetzen, diese Talente auf einen anderen Zweig der Wissenschaft richten würden" [25].

1896: Durch die Bulle „Apostolicae curae" erklärte Leo feierlich die anglikanischen Weihen für mangelhaft in der Form und Intention: null und nichtig. Durch diesen Akt griff Leo in einen Streit ein, der jahrelang die englischen Katholiken geteilt hatte. Er intervenierte zugunsten des Kardinal Vaughan, der in dieser Frage ein zweifaches Ziel hatte; einmal die anglikanische Kirche zu demütigen, zum anderen, diejenigen liberalen Katholiken zu blamieren, die eine „corporate reunion" zwischen Rom und der Kirche von England anstrebten [26].

1898: Der Heilige Stuhl verurteilte vier Werke des deutschen Theologen Herman Schell, darunter die dreibändige „Katholische Dogmatik" wie auch die zwei Bände „Die göttliche Wahrheit des Christentums" — praktisch die opera omnia Schells bis zu diesem Datum. Das war das erste Mal seit 40 Jahren, seit der Verurteilung Anthon Günthers 1857, daß Rom in dieser Weise einen deutschen Theologen maßregelte.

1899: Durch den apostolischen Brief „Testem benevolentiae" an Kardinal Gibbons von Baltimore verurteilte Leo in globo ein komplexes theologisch-politisches System, das er „Amerikanismus" nannte. Félix Kleins Behauptung, der „Amerikanismus" sei von A bis Z eine „hérésie fantôme", scheint durch Kardinal Gibbons verblüffende Antwort an den Papst bestätigt zu werden: „Diese Lehre, die ich wohlüberlegt als extravagent und absurd bezeichne, dieser ‚Amerikanismus', wie er genannt worden ist, hat mit den Ansichten, den Hoffnungen, der Lehre und dem Verhalten der Amerikaner nichts gemeinsam" [27].

1900: Am 27. Januar verkündete Kardinal Vaughan von Westminster die Exkommunikation von St. George Mivart. Daß er dabei nicht nur auf Mivart zielte, daß es nur der erste Schritt in einer viel breiter angelegten Kampagne war, geht aus einem

persönlichen Brief Vaughans hervor: „Die Mivart Affäre ist jetzt entschieden. Heute
Nacht lasse ich das Beigefügte, das Sie interessieren wird, hinausgehen. [Wahrschein-
lich der Text der Exkommunikation.] Wir haben eine Gruppe von ungezogenen
Katholiken, denen es als Warnung dienen wird. Im Laufe der nächsten Monate
werden wir die Luft reinigen und um so besser gerüstet sein für die Auseinandersetzung mit Häresie und Aufstand"[28].

Sollte es unklar gewesen sein, wer diese „ungezogenen Katholiken" waren, wurden
die letzten Zweifel darüber weggeräumt durch den Hirtenbrief vom Dezember 1900,
„Die Kirche und der liberale Katholizismus", den der Gesamtepiskopat Englands
herausgab. Die Gefahren, denen die Kirche in England gegenüberstand, waren dem-
nach „aufrührerischen Charakters" und zurückführbar „auf verschiedene Formen
des Rationalismus und des menschlichen Stolzes". Liberale Katholiken „verpesten
und beunruhigen die Geister von vielen, nicht nur in privater Rede, sondern auch
auf literarischem Gebiet"[29].

1901: In die hitzige Debatte[30] um den Hirtenbrief „Die Kirche und der liberale
Katholizismus" griff Leo XIII. persönlich ein mit einem Apostolischen Brief an
Kardinal Vaughan und die anderen Bischöfe der Kirchenprovinz von Westminster:
„Ihr Brief schien Uns in der Tat klug und wichtig ... Zu gut bekannt ist das
aktuelle und drohende Unheil dieses Systems von trügerischen Meinungen, das man
allgemein Liberaler Katholizismus heißt ... Sie waren gut beraten, diese feierliche
Warnung herauszugeben gegen die heimtückische und hinterlistige Ausbreitung des
Rationalismus: kein Gift ist tödlicher für den Glauben"[31].

1902: Wenn das Jahr 1901 in Großbritannien eine heftige Debatte um den liberalen Katholizismus gesehen hatte, die mit Roms förmlicher Intervention endete,
so erlebte Deutschland 1902 die Publikation von Albert Ehrhards Buch „Der Katholizismus und das zwanzigste Jahrhundert im Lichte der kirchlichen Entwicklung
der Neuzeit", das eine Kontroverse auslöste, die sich über Deutschland und Österreich ausbreitete, deren Erschütterungen man noch in Frankreich und Großbritannien
spürte und deren Ende in einem Eingreifen Roms bestand. Es ist kein Zufall, daß
fast alle diejenigen, die Ehrhards Buch als „liberalen Katholizismus" verketzerten,
früher an der Verdammung von Schell beteiligt waren[32] oder später als Gegner des
„Modernismus" auftraten. Typisch für die letzten war Albert Maria Weiss, der aus-
gesprochenste Gegner des Modernismus in Deutschland, von dem der Satz stammt:
„überaus schwer" ist es „zu sagen, worin der Unterschied zwischen Liberalismus
und Modernismus bestehe, und wo die Grenzlinien zwischen beiden liegen. Sie
liegen eben nirgends. Da kein wesentlicher Unterschied besteht, können auch keine
deutlichen Abgrenzungen festgestellt werden"[33].

Die Kontroverse um Ehrhards Buch erreichte ihren ersten Höhepunkt mit der Veröffentlichung seiner Antwort: „Liberaler Katholizismus? Ein Wort an meine Kritiker", deren Titel von Ehrhard gewählt wurde, „damit der gemeinsame Vorwurf
ausgesprochen ist, den diese Reihe von Kritikern ... gegen mein Buch erhob, und
weil dieser Titel die Hauptfrage formuliert, die mein Buch im katholischen Lager
selbst heraufbeschworen hat"[34].

Das zweite Buch Ehrhards konnte aber die Kontroverse nicht beruhigen. Sie erreichte ihre angespannteste und erbitterste Phase im Dezember 1902 mit der Publikation einer Rede von Bischof Paul Wilhelm Keppler von Rottenburg: „Wahre und falsche Reform". Ohne einen einzigen Namen zu nennen, war es überdeutlich, gegen wen Keppler seine Wort gerichtet hatte: Franz Xaver Kraus, der im Jahr zuvor gestorben war, und Albert Ehrhard. In einem ungewöhnlich scharfen und spöttischen Ton beschrieb Keppler den Katholizismus solcher Männer wie Kraus und Ehrhard als „Margarinekatholizismus", „Salonkatholizismus", „Kompromißkatholizismus". Sie selbst wurden lächerlich gemacht als Männer, die nichts anzubieten hätten als „das Geschrei, die zweideutigen Phrasen, das pharisäische Geflunker falscher Reformerei". Keppler verhöhnte ihren „hochmütigen Pharisäismus", beschrieb sie als „Wölfe im Schafskleidern" und sprach von ihrem „Zwischenkatholizismus, . . . der sich zwischen zwei Stühle setzen will: zwischen Autorität und ‚Bildung', zwischen Gott und Welt, zwischen Petri Stuhl und den Logenstuhl . . . Die falsche Reform geht darauf aus, den heutigen Falschgebildeten den Katholizismus, sowie auch die heutige Falschbildung den Katholiken genehm zu machen: das ist verkehrt und unmöglich". „Das", schloß Keppler vernichtend, „das ist eben Amerikanismus"[35].

In der Wahl ihrer Worte gibt Kepplers Rede einen Vorblick auf die Modernismuskontroverse. Keppler gebraucht den Terminus „Modernismus" nicht, spricht aber von den Reformern als Leuten, die ein „modernisiertes Christentum" anstrebten. Für eine solche Arbeit hatte Keppler nur Verachtung:

Man . . . sieht nicht, wie senil die moderne Kultur und Menschheit ist und wie dringend sie einer Verjüngung bedarf, die niemand anders ihr bringen kann als Christentum und Kirche . . . das Christentum kann nicht durch die „Moderne" verjüngt werden, die Moderne muß durch das Christentum verjüngt werden . . . Was der modernen Welt und Kultur am Christentum zuwider ist, ist in intellektueller Hinsicht das Wunder, in sittlicher Hinsicht die Autorität. Was hilft es den Kompromißkatholiken, um ersteres so viel als möglich sich herumzudrücken, letzterer sich so viel als möglich zu entziehen? Ehe sie nicht das Wunder ganz leugnen und die Autorität ganz verleugnen, können sie bei den Modernen doch nicht zu Gnaden kommen[36].

Die Kontroverse um Ehrhards Buch hatte ein ganzes Jahr gedauert und war von Monat zu Monat garstiger und erbitterter geworden. Im Januar 1903 intervenierte Rom offiziell, wie es das ein Jahr vorher schon in Großbritannien getan hatte. In einem Brief an Keppler gratulierte ihm der Kardinalstaatssekretär Rampolla zu seiner Rede gegen „die verwegenen Versuche der falschen Reformer" („nimirum temerarios pseudoreformatorum") und versicherte ihm, daß „Seine Heiligkeit von dem Inhalt Deiner Ausführung mit der größten Freude Kenntnis genommen hat, und über die gründliche Beweisführung, mit der Du den Kunstgriffen und der Kühnheit der Neuerer („audaciam novatorum") entgegengetreten bist, hoch erfreut war"[37].

Wie könnte man kurz die letzten Jahre des Pontifikats Leos XIII. zusammenfassen? War Leo, wie Schmidlin meinte, ein „echt moderner" Papst[38]? Das war kaum das Urteil vieler Katholiken im Jahre 1903. In diesem Jahre schrieb Wilfrid Ward einen Nachruf auf Leo, in dem er den „Liberalismus" Leos als Mache entlarvte. Diesen Aufsatz schickte Ward vorher zwecks Korrektur an Baron Friedrich von Hügel. Der Kommentar des Barons war kurz und eindeutig: „Ich schätze Ihre Ausführungen über Leo XIII. Ich halte sie für wirklich bewundernswert. Besonders die Stelle von der nur angeblichen ‚Liberalität' oder dem supponierten ‚Liberalismus' des Papstes war, meiner Meinung nach, genau richtig und höchst prägnant"[39].

Edmund Bishop war der Meinung, die imposante Persönlichkeit Leos habe die Tatsache verdeckt, „daß die Politik Roms durch das ganze Jahrhundert hindurch im Bezug auf die Dinge, die uns interessieren, de facto einheitlich, uniform und folgerichtig war"[40].

c) 1903—1914: Die eigentlichen Anliegen Roms in der Modernismuskontroverse

Obwohl ein endgültiges Urteil über das Pontifikat Pius' X. erst nach Öffnung des Vatikanischen Archivs für diese Periode möglich sein wird, läßt sich inzwischen auf der Basis eines sorgfältigen Studiums seiner päpstlichen Entscheidungen und der zugänglichen Dokumente in Diözesanarchiven zeigen, daß die innerkirchliche Politik von Pius im Grunde nur die Fortführung der Politik von Leo war: der Versuch, eine neue Generation von liberalkatholischen Gelehrten mindestens scharf zu bremsen, wenn möglich völlig zu unterdrücken — oder umgekehrt: der Versuch, die päpstliche Autorität gegenüber liberalisierenden Tendenzen innerhalb Kirche und Theologie zu stärken und eine Theologie, die in Rom gängig war, als einzige Theologie der ganzen katholischen Kirche aufzuzwingen[41].

Was aber läßt sich über den „Modernismus" sagen? Man weiß, was in jedem Lexikon steht. Um Erich Przywara zu zitieren: „ein religiös-theologischer agnostischer Irrationalismus, der in innerer Folgerichtigkeit Pantheismus und Atheismus wird"[42]. Solch eine Auffassung des Modernismus ist innerhalb eines bestimmten kirchenpolitischen Zusammenhangs zu verstehen, aus dem sie entstanden ist. Sie bedeutet zugleich eine scharfe Eingrenzung des Begriffs „Modernismus" und deshalb auch eine Entschärfung der Modernismuskontroverse und ist in erster Linie als politische Taktik gegenüber Roms Hetze gegen die Modernisten zu sehen. Als eine Taktik war sie wohl geeignet, die schlimmsten Folgen der damaligen Verwirrung zu vermeiden. Diese rein spekulativ-theologische Auffassung des Modernismus taucht ständig in Zusammenhang mit einer anderen Behauptung auf: „Bei uns gibt es ja keine ‚Modernisten'. ‚Reformkatholiken' vielleicht, einige ‚liberale Katholiken'. Aber ‚Modernisten'? Das geht nur die Franzosen an". Es ist deshalb keine Überraschung, wenn Przywara beifügt, Erscheinungen wie „kritischer Katholizismus", „Gegenwartskatholizismus" oder „Kulturkatholizismus", die oft im deutschen Sprachraum zu beobachten sind, haben mit dem Modernismus nichts zu tun.

Obwohl die Ausführungen Przywaras über Modernismus — wie die vieler anderer Systematiker — für die damalige Zeit eine erhebliche Entgiftung der innerkirchlichen Atmosphäre nach Pius X. herbeigeführt haben, scheint es mir sicher, daß solch eine Auffassung keineswegs den Intentionen Roms entsprach. Noch heute auf einem so eingeschränkten, die historischen Realitäten verharmlosenden Modernismusbegriff zu beharren, bedeutet für die Geschichtsschreibung nur die Unmöglichkeit, der Modernismuskontroverse gerecht zu werden und sie zu verdeutlichen. Daß die Intentionen Roms keineswegs richtig verstanden werden, wenn man Modernismus nur als einheitliches schwerverständliches theologisches System bezeichnet, kann mindestens zweifach bewiesen werden:

1. Die antimodernistische Enzyklika „Pascendi dominici gregis" ist und bleibt in ihrer Auffassung von Modernismus weder einheitlich noch konsequent. Es gibt eine erhebliche Diskrepanz zwischen der theoretischen Beschreibung des Modernismus (als „einheitliches geschlossenes System . . . als eine Zusammenfassung aller Häresien") im ersten Teil der Enzyklika und den praktischen disziplinarischen Maßnahmen des zweiten und dritten Teils, die gegen Modernisten gerichtet sind. Diese Diskrepanz wurde von vornherein gesehen, sehr selten aber betont. Albert Ehrhard war einer von denen, die den Mut hatten, direkt auf diese höchst verwirrende Tatsache hinzuweisen:

> Was nun bei diesen Maßregeln in hohem Maße überrascht, das ist zunächst ihre Ausdehnung über die Grenze des im ersten Teil der Enzyklika ausführlich dargestellten Modernismus hinaus auf „Anzeichen und Spuren" des Modernismus, auf Schriften, die vom Modernismus „angehaucht", „angesteckt sind oder ihn fördern", auf „alles, was nach Modernismus schmeckt", auf die Kritik der Kirchenväter und der Scholastik, ja sogar auf das Suchen nach neuen Lösungen in der Kirchengeschichte, in der Archäologie und in der Exegese![43]

(Nach der Enzyklika waren diejenigen „ohne irgendwelche Rücksichtnahme von der Leitung und vom Lehramt . . . zu entfernen, qui in historica re, vel archeologica, vel biblica nova student"[44]).

Daß es aber dieser letzte disziplinarische Teil der Enzyklika war, der für Rom am wichtigsten blieb, zeigt die Tatsache, daß das Motuproprio „Sacrorum antistitum" vom 1. September 1910, das bekanntlich den sogenannten Antimodernisteneid vorgeschrieben hat, hauptsächlich aus einer wörtlichen und vollständigen Wiedergabe dieses disziplinarischen Teils der früheren Enzyklika besteht. Merkwürdig ist auch, daß dieses Motuproprio erst 1910 veröffentlicht wurde, in einer Zeit, nachdem die sogenannten Modernisten, die man in Lehrbüchern erwähnt findet, längst exkommuniziert, ausgetreten oder sogar gestorben waren. Offensichtlich hatte Rom andere im Auge als einen Loisy oder Houtin oder Schnitzer, die seit Jahren exkommuniziert waren, geschweige einen Tyrrell, der längst tot war.

2. Daß die Intentionen Roms hinsichtlich des Modernismus mit der „kirchlichen Kaltstellung"[45] eines Tyrrell oder eines Loisy nicht erfüllt werden konnten, läßt sich auch aus den vertraulichen Instruktionen und Mahnungen an einzelne Bischöfe beweisen, die der Vatikan während der Kontroverse versandte. Ein Beispiel genügt hier für viele. Unter den Papieren von Kardinal Bourne, die heute im Archiv der Westminster Erzdiözese aufbewahrt werden, befindet sich eine bemerkenswerte Korrespondenz aus dem Jahre 1907 zwischen Bourne und dem damaligen Staatssekretär Merry del Val. Kurz nach Erscheinen der Enzyklika „Pascendi" schickten die Bischöfe Englands ein Huldigungsschreiben an den Papst und beabsichtigten, das Schreiben als offizielle Auslegung der Enzyklika für England zu veröffentlichen. In einer vertraulichen Antwort (mit dem Kennzeichen „private") verbot Merry del Val ausdrücklich die Veröffentlichung des Schreibens der englischen Bischöfe. Ich zitiere:

> Der Heilige Vater schätzte das vortreffliche Schreiben der englischen Bischöfe und die darin geäußerten Gefühle. Selbstverständlich hatte er absolut keinen Zweifel an der Orthodoxie und vollkommenen Loyalität der englischen Bischöfe und der englischen Katholiken in ihrer Mehrheit. Es gibt aber einen Satz, der gerade jetzt nicht sehr opportun erscheint, ich meine, wenn

gesagt wird, daß es nur wenig oder gar nichts an Modernismus unter den englischen Katholiken gäbe . . . Sollte das Schreiben veröffentlicht werden, habe ich nur geringen Zweifel, daß man in Frankreich, Deutschland und Italien diesen Satz sofort usurpieren würde . . . Darüber hinaus, obwohl es nicht viele englische Modernisten gibt, gibt es doch genug von ihnen in verschiedenen Abstufungen (,, in different grades") [46].

Ähnliche Überraschungen aus Rom erfuhren z. B. Kardinal Mercier und der deutsche Moraltheologe Joseph Mausbach, die beide 1908 eine klar abgegrenzte, auf den ersten Teil der Enzyklika „Pascendi" sich stützende Auslegung des Modernismus wagten, um sagen zu können (wie Mausbach auf dem Katholikentag 1908): „Die katholische Theologie und Philosophie in Deutschland stand schon vor der Enzyklika in allen ihren namhaften Vertretern entschieden ablehnend dieser ganzen Strömung gegenüber . . . die Enzyklika hat die philosophischen und theologischen Überzeugungen, für die wir bisher eingetreten sind, feierlich bestätigt" [47]. Der unglückliche und für ihn verhängnisvolle Satz von Mercier war noch deutlicher: „Gott sei dank, diese Häresien finden in Belgien kaum einen Vertreter" [48].

Kurz vor dem Konklave von 1914 verfaßte der Hauptmodernistenjäger Erzbischof Umberto Benigni eine Liste der stimmberechtigten Kardinäle und fügte Bemerkungen für jeden dazu. Nach dem Namen Mercier liest man: „anrüchig, bekannt als intim mit allen Verrätern der Kirche" („louche, connu comme lié avec tous les traîtres de l'Eglise"). Kardinal Gibbons: „vieux libéral américain". Kardinal Bourne: „libéral modernisant" [49].

IV. Einige Konsequenzen für die Kirchen- und Dogmengeschichte

1. Modernismus war von vornherein nur ein Schimpfwort, ein verschwommener Begriff, der unter den Gegnern einer bestimmten theologischen bzw. kirchenpolitischen Tradition entstanden ist, von diesen geprägt wurde und der intendierte, alles denkbar Böse einzuschließen.

2. Es läßt sich dokumentarisch feststellen, daß die Verwendung des Terminus „Liberalkatholizismus" aufhörte, als der Terminus „Modernismus" erfunden und verwendet wurde, und daß genau diejenigen, die vorher „liberale Katholiken" genannt wurden, sich später als „Modernisten" verdächtigt fanden.

3. Man verkennt das Wesen und die Entfaltung der Modernismuskontroverse, wenn man die Kontroverse außerhalb jedes historischen Kontexts betrachtet oder die früheren Erscheinungen desselben Konflikts nicht berücksichtigt.

4. Man verkennt das Wesen und die Entfaltung der Modernismuskontroverse, wenn man auf einem Interpretationsmodell beharrt, das obwohl geeignet, die Entfaltung der Kontroverse in einem Sprachraum zu beleuchten, die Entfaltung in einem anderen Zusammenhang eher verdunkelt. Die Kontroverse, wie sie sich in Deutschland oder Großbritannien entwickelte, läßt sich mit französichen Brillen nicht sehen.

5. Man verkennt das Wesen und die Entfaltung der Modernismuskontroverse, wenn man den Begriff „Modernismus", der in päpstlichen Dokumenten wie auch

in der polemischen Literatur der Zeit eine ausgedehnte und keineswegs scharf abgegrenzte Verwendung zeigt, auf ein abgeschlossenes einheitliches und rein spekulatives System einschränkt.

6. Man verkennt einen wichtigen Sachverhalt, wenn man mit Begriffen wie „Reformkatholizismus", „Modernismus" und „Liberalkatholizismus" in einer Weise arbeitet, daß man relativ sekundäre Unterschiede hervorhebt und eine wesenhafte Gleichheit übersieht oder unterdrückt. Die kirchenpolitischen bzw. theologischen Unterschiede zwischen z. B. den „Modernisten" Joseph Schnitzer, Hugo Koch oder Franz Wieland, den „Reformkatholiken" Albert Ehrhard oder Sebastian Merkle, dem „Liberalkatholiken" Franz Xaver Kraus und den anscheinend orthodox(er)en Joseph Sauer, Heinrich Schrörs, Franz Xaver Funk oder Georg Pfeilschifter, alles deutsche Kirchenhistoriker, werden sich erst zeigen lassen, wenn man von der Verwendung von verschwommenen „Ismen" absieht und ihre eigenen Schriften — vor allem die anonymen, pseudonymen und unveröffentlichten — einer gründlichen Untersuchung unterzieht. Es wäre auch zu raten, von den späteren, nach den Verwirrungen der Modernismuskontroverse vollzogenen Entwicklungen des einzelnen Theologen abzusehen und sich auf seine Haltung vor und während der Kontroverse zu konzentrieren. Daß die Entwicklung eines Schnitzer nach seiner Exkommunikation wesentlich anders war als die eines Sauer, der jeder Verurteilung entging, ist zu erwarten, trägt jedoch nicht dazu bei, ihre theologischen bzw. kirchenpolitischen Überzeugungen vor und während der Kontroverse zu erhellen. Es dürfte sich auch zeigen lassen, daß die Maßregelung des einzelnen nicht so sehr die Folge seiner theologischen Ansichten war als die zufälliger Umstände: seines Temperaments (ungestüm oder still, kämpferisch oder mild, unbesonnen oder vorsichtig, zum Zorn oder zur Geduld neigend), des Eifers seiner Denunzianten, des Schutzes, dessen er sich von Seiten seiner kirchlichen Oberen erfreute.

Anmerkungen

1 Um nur einige von den wichtigsten Nachlässen zu erwähnen: BRD (Ehrhard, Keppler, Kraus, Sauer, Schnitzer); DDR (Eucken); Großbritannien (Acton, Bishop, Blennerhassett, Bourne, Butler, Fleming, Halifax, Hügel, Lilley, Newman, Petre, Raffalovich, Ryder, Tyrrell, Vaughan, Ward); USA (Ireland, Lea); Frankreich (Blondel, Bremond, Houtin, Laberthonnière, Loisy, Mignot, Venard); Italien (Semeria).

2 Der Ausdruck stammt vom Grazer Apologeten Anton Michelitsch. Vgl.: Der biblisch-dogmatische ‚Syllabus' Pius' X. samt der Enzyklika gegen den Modernisten und dem Motu proprio vom 18. November 1907, Graz 1908, wie auch seine Ausgabe der Enzyklika „Pascendi", Graz 1908, 136–149. Für Michelitsch waren die „Erzväter" des Modernismus Kant, Schleiermacher und Darwin.

3 Daß so viele Theologen dieser Zeit mehrere ihrer Schriften anonym oder pseudonym herausgaben; daß einige, um eine rigorose Zensur umgehen zu können, Schriften „privat" drucken ließen; daß die unveröffentlichte Korrespondenz der meisten damaligen katholischen Theologen ein differenzierteres Bild darstellt als ihre veröffentlichten Schriften — solche Erwägungen scheinen zu oft übersehen zu werden. Der Verfasser dieses Aufsatzes veröffentlichte

in The Heythrop Journal X (1969) 280–314 eine umfangreiche Bibliographie der gedruckten Schriften George Tyrrells und im folgenden Jahre in The Heythrop Journal XI (1970) 161–169 eine Ergänzung mit über zwanzig bis zu diesem Zeitpunkt unbekannten Schriften Tyrrells. Inzwischen wurden weitere dreißig Schriften Tyrrells im Laufe der Forschung entdeckt, die Mehrzahl anonym oder pseudonym, so daß eine zweite Ergänzung der Tyrrellbibliographie nötig wird. Eine systematische Arbeit über Tyrrell, die diese Schriften, die gerade wegen ihrer Dezidiertheit nicht unter seinem Namen erschienen, übergeht, muß seine theologische Entwicklung notwendig verzeichnen. Tyrrell ist in dieser Hinsicht unter den katholischen Theologen seiner Zeit kein Einzelfall.

4 Die einzigen Ausnahmen bilden vereinzelte Briefe Hügels und Tyrrells, die in den letzten Jahren in The Month veröffentlicht wurden, und einige Aufsätze Tyrrells, die The Heythrop Journal seit dem Jahre 1969 veröffentlichte. Angesichts der großen Zahl von höchstwichtigen Schriften Hügels und Tyrrells, die noch einer Edition harren, muß das bisher Geleistete als ein bescheidener Beginn bezeichnet werden.

5 Ausnahmen sind nur die Tagebücher von Franz Xaver Kraus, hrsg. von Hubert Schiel, Köln 1957, und die vor kurzem erschienene Studie von Max Seckler, Theologie vor Gericht: Der Fall Wilhelm Koch – Ein Bericht, Tübingen 1972, eine aktenmäßige Darstellung der Verketzerung eines angeblichen „Modernisten".

6 Tyrrell an Bremond, 20. August 1903, Original: Archiv der S. J., Paris.

7 Kardinal Merry del Val an Kardinal Bourne, 17. Oktober 1907, Original: Archiv der Erzdiözese von Westminster.

8 Maurice Blondel, Geschichte und Dogma, mit Einführungen von Johannes B. Metz und René Marlé, Mainz 1963, 1–2.

9 Albert Ehrhard, Die neue Lage der katholischen Theologie, in: Internationale Wochenschrift für Wissenschaft, Kunst und Technik, 18. Januar 1908 , 78–79.

10 Op. cit. 71.

11 Edmund Sheridan Purcell, Life of Cardinal Manning Archbishop of Westminster, London 1896, II, 457–458.

12 Kraus an Lady Blennerhassett, 26. September 1874, Original: The Blennerhassett Papers, University Library Cambridge, Add. Mss. 7486, E 51 X.

13 Tagebücher (23. August 1870), op. cit. 288.

14 Zitiert in einem anonym veröffentlichten Aufsatz über Montalembert von Lady Blennerhassett, The Edinburgh Review, Juli 1899.

15 Edmund Bishop (1846–1917). Vgl. Nigel Abercrombie, The Life and Work of Edmund Bishop, London 1959; Friedrich von Hügel's Letters to Edmund Bishop, in: The Dublin Review 227 (1953), 68–78, 179–189, 285–298, 419–438.

16 Lady Blennerhassett, geborene Charlotte Gräfin Leyden (1843–1917); 1870 mit dem englischen Diplomaten Sir Rowland Blennerhassett verheiratet.

17 Baron Friedrich von Hügel an Mrs. Lillie, 29. November 1922, Selected Letters 1896–1924, edited with a Memoir by Bernard Holland, London 1927, 362.

18 Edmund Bishop an Friedrich von Hügel, 31. Mai 1912, Original: Hügel Papers, University Library St Andrews, Schottland.

19 Edmund Bishop an W. C. Bishop, 6. September 1908, Original: Bishop Papers, Downside Abbey, Somerset.

20 Edmund Bishop an Friedrich von Hügel, 28. Juni 1908, Original: Hügel Papers, University Library St Andrews, Schottland.

21 Edmund Bishop an Abt Cuthbert Butler, O. S. B., 29. Dezember 1903, Original: Butler Papers, Downside Abbey, Somerset.

22 Lady Charlotte Blennerhassett an Wilfrid Ward, 4. März 1912, Original: The Blennerhassett Papers, University Library Cambridge, Add. Mss. 7486, E 52 20

23 Tagebücher (5. November 1876), op. cit. 374.

24 Vgl. Jacob W. Gruber, A Conscience in Conflict: The Life of St George Jackson Mivart, New York 1960; Sir Shane Leslie, St George Mivart: An Angry Victorian, in: The Dublin Review 235 (1961) 48–55.

25 Alfred Loisy, Mémoires pour servir à l'histoire religieuse de notre temps, Paris 1930–1931, I 317.

26 Vgl. Jahn Jay Hughes, Absolutely Null and Utterly Void, London 1968; J. Derek Holmes, Archbishops of Westminster and the Reunion Movement during the Nineteenth Century, One in: Christ 8 (1972) 55–68.

27 Zitiert nach LThK² I, 435; vgl. Robert D. Cross, The Emergence of Liberal Catholicism in America, Cambridge, Mass. 1958.

28 Kardinal Vaughan an Pater David Fleming, O. F. M. (später ein Mitglied der päpstlichen Bibelkommission), 19. Januar 1900, Original: Fleming Papers, Archiv des O. F. M., Forest Gate, London.

29 The Church and Liberal Catholicism: Joint Pastoral Letter by the Cardinal Archbishop and the Bishops of the Province of Westminster, in: The Tablet, 5. Januar und 12. Januar 1901, 8–12, 50–52.

30 Mit Recht darf die Kontroverse um diesen Hirtenbrief als der entscheidende Wendepunkt in der theologischen Entwicklung George Tyrrells betrachtet werden. Für die Schriften (alle anonym oder pseudonym!), die er während dieser Kontroverse veröffentlichte, siehe: Schriften 126 bis 134 in der Tyrrellbibliographie, The Heythrop Journal X (1969) 305–306.

31 The Tablet, 22. März 1901, 357–358.

32 Vgl. Karl Braun (Dompfarrer in Würzburg), Distinguo. Mängel und Übelstände im heutigen Katholizismus nach Professor Dr. Schell in Würzburg und dessen Vorschläge zur Versöhnung der modernen Cultur und des Protestantismus mit der katholischen Kirche, Linz–Urfahr 1902; oder Matthias Höhler (Domkapitular zu Limburg), Fortschrittlicher „Katholizismus" oder Katholischer Fortschritt? Beiträge zur Würdigung der Broschüre des Herrn Professors Dr. Schell zu Würzburg, Trier 1897, und: Für und Wider in Sachen der katholischen Reformbewegung der Neuzeit, Freiburg 1903. Wichtig für ein Bild der Reaktion auf Ehrhards Buch ist der Brief Hügels an Ehrhard vom 1. Mai 1902, der einen ausführlichen Kommentar über das Buch bietet, eine baldige Übersetzung ins Englische vorschlägt und in dem Hügel schreibt: „Auch . . . mein lieber Freund, der zwar protestantische aber warm religiös fühlende und so kompetente Philosoph Prof. Eucken; endlich der fein gebildete junge Dr. Joseph Sauer, Kraus'ens Jünger, den ich diesen Winter in Rom öfter gesehen und so gerne gesprochen habe: sie alle schrieben oder sprachen entzückt über das Buch, seine (Sprache) und seinen Ideengehalt . . . Daher möchte ich denn noch sagen, wie sehr mich die oft sehr unschöne und geradezu ungerechte Opposition gegen Ihre ja doch durchsichtig edel gemeinten, nur der Kirche gewidmeten Bestrebungen betrübt und geärgert hat. Ich habe zwar nichts von dem Allen gelesen; konnte mir dazu aber doch auch in Rom, wo ich seit November gewesen bin, im Verkehr mit der offiziellen Welt, einen Begriff der Natur und Trageweite dieser Anfechtungen machen." Original: Ehrhard-Nachlaß, Abtei Scheyern, Bayern.

33 Albert Maria Weiss, O. P., Liberalismus und Christentum, mit dem Anhang „Rückblick auf eine Lebensarbeit gegen den Liberalismus", Trier 1914, 104.

34 Albert Ehrhard, Liberaler Katholizismus? Ein Wort an meine Kritiker, Stuttgart und Wien 1903, IX.

35 Paul Wilhelm v. Keppler, Wahre und falsche Reform, Freiburg 1903, 34–35.

36 Op. cit. 12–13.

37 Op. cit. 3–4; Original: Keppler-Nachlaß, Diözesanarchiv Rottenburg. Unter dem Keppler-Nachlaß finden sich mehrere Briefe, die während seiner Auseinandersetzung mit Ehrhards Buch an ihn gesandt wurden: u. a. von Braun, Weiss, Commer, Heiner und Rösler, alle bekannte Gegner des Liberalkatholizismus, Reformkatholizismus bzw. Modernismus wie auch Briefe von Ehrhard selbst, Heinrich Schrörs usw.

38 Josef Schmidlin, Papstgeschichte der neuesten Zeit II, München 1934, 589. Schmidlin meint auch, die Schwächen Leos seien nicht „übertriebene Härte oder Rückständigkeit, sondern . . . allzu große Milde und Fortschrittlichkeit", 588. Es wäre dagegen nicht ganz falsch, Schmidlins Charakterisierung von Pius IX. auch auf Leo XIII. zu übertragen: „innerkirchlich durch seine unversöhnliche Haltung von allem getrennt, was als ‚katholischer Liberalismus' Brücken zum Fortschritt und zur modernen Kultur schlagen wollte", 331.

214 Thomas Michael Loome

39 Friedrich von Hügel an Wilfrid Ward, 21. September 1903, Original: im Privatbesitz der Tochter Wards, Mrs. Frank Sheed, London.

40 Edmund Bishop an Abt Cuthbert Butler, O. S. B., 4. Januar 1904, Original: Butler Papers, Downside Abbey, Somerset. In demselben Brief schreibt Bishop: „However things may have seemed in the 50ies/60ies and 80ies/90ies, I don't think that any one competently informed & looking back at the scientific-liberal movement among Catholics can have any doubt whatever that it is on principle & as a settled policy viewed with as much suspicion and disfavour as political liberalism. Certain hopes were justified in the 50ies/60ies, but the then generation experienced how they had deceived themselves by their very generosity of good will and high aspirations. It might he and excusable that a new generation that had not ‚known‘ those things and be filled with the same high hopes and generous aspirations – which I hold most strongly were good in themselves – but I think it must be allowed on a full survey of the century that the Authority's policy is just the same as before, is consistent throughout, and the Authority is itself subject to just the same (as I think pernicious and fatal) influences as in the times of the older generation".

41 „Was also zunächst die Studien angeht, so wollen und verordnen Wir in aller Form, daß die scholastische Philosophie zur Grundlage der kirchlichen Studien gemacht werde . . . Auf dieser philosophischen Grundlage soll man dann mit größter Sorgfalt das Gebäude der Theologie errichten . . . Gewiß verlangt die positive Theologie mehr Beachtung als bisher; doch soll darüber die Scholastik keinen Schaden leiden. Daher sind die zu tadeln, welche die positive so über alles erheben, daß daneben die scholastische Verachtung trifft, weil sie damit die Sache der Modernisten fördern . . . Keiner soll in Zukunft den Doktorgrad in der Theologie und im kanonischen Rechte erhalten, der nicht vorher den regelmäßigen Kursus in der scholastischen Philosophie absolviert hat. Wird er trotzdem verliehen, so soll er null und nichtig sein". Zitiert nach der autorisierten Ausgabe der Enzyklika „Pascendi", Freiburg 1907, 99–105.

42 Erich Przywara, Modernismus, in: Staatslexikon [5], III, 1374.

43 Albert Ehrhard, Die neue Lage der katholischen Theologie, op. cit. 74.

44 Enzyklika „Pascendi", op. cit. 103.

45 Der Ausdruck stammt von Sebastian Merkle, Ausgewählte Reden und Aufsätze, Würzburg 1965, 577. Vgl. den Aufsatz Merkles, Vergangenheit und Gegenwart der katholisch-theologischen Fakultäten, in: Akademische Rundschau I (1912) 16–25, 74–87, der am 16. Juni 1913 indiziert wurde (aber im obengenannten Sammelband nicht neugedruckt worden ist).

46 Kardinal Merry del Val an Kardinal Bourne, 17. Oktober 1967, Original: Bourne Papers, Archiv der Erzdiözese Westminster, London.

47 Joseph Mausbach, Aus katholischer Ideenwelt: Gesammelte Aufsätze und Vorträge, Münster 1921, 211. Vgl. Ėmile Pulet, Intégrisme et catholicisme intégral. Un réseau secret international antimoderniste: La «Sapinière» (1909–1921), Paris 1969, 411 (Anmerkung 9).

48 Désiré Joseph Mercier, Lettre pastorale et mandement de Carême (1908), vollständig wiedergegeben in: George Tyrrell, Medievalism, a reply to Cardinal Mercier, London 1908, 189 bis 210: „Dieu merci„ des erreurs . . . ne comptent guère d'adeptes en Belgique", 189.

49 Emile Poulat, op. cit. 328–331. Vgl. die Bemerkung Poulats über den Terminus „modernisant": „En adoptant, parce que c'était aussi la pensée de Pie X, la thèse des intégristes que ‚les modernisants en un certain sens étaient aussi plus dangereux que les modernistes, présentant les mêmes erreurs sous une forme plus subtile et insidieuse . . .", 51.

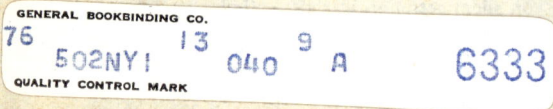